Cultivando Iglesias Saludables:

Nuevas Direcciones Para El Crecimiento

De La Iglesia

En El Siglo 21

Daniel R. Sánchez
y Ebbie C. Smith

CULTIVANDO IGLESIAS SALUDABLES:

Nuevas Direcciones Para El Crecimiento De La Iglesia

En El Siglo 21

© Copyright 2008 de
Daniel R. Sánchez y Ebbie C. Smith

Todos los derechos reservados.

Ninguna parte de esta obra se debe reproducir o transmitir en ninguna forma o por ningún medio electrónico o mecánico, incluyendo el fotocopiado y la grabación, o por cualquier almacenamiento de información o sistema de recobro, excepto en citas breves de evaluación del libro en forma impresa, sin el permiso previo por escrito del publicador.

Church Starting Network es un centro de reflexión evangélico dedicado a aplicar los principios misiológicos en Norteamérica y más allá.

Solicitudes para permisos deben dirigirse por escrito a: Church Starting Network, 3515 Sycamore School Road, Fort Worth, Texas, 76133 al contactarnos en la página web indicada más adelante.

Para más información de este libro y otros recursos y materiales de capacitación, o para contactar al autor, favor de referirse al portal: www.churchstarting.net

Datos de la Biblioteca del Congreso que Cataloga la Publicación

Sánchez, Daniel R. y Smith, Ebbie Cullen,

Cultivando Iglesias Saludables: Nuevas direcciones para crecimiento de iglesias en el siglo 21 /Daniel R. Sánchez y Ebbie Cullen Smith. Incluye las referencias bibliográficas.

ISBN: 978-0-9820875-9-6

1 Crecimiento de Iglesias. 2 Renovación de Iglesias. I. Título1. Church Growth. 2. Church Renewal. I. Title.

DEDICACIÓN

Este libro está dedicado a todos los pastores hispanos que a través de los años se han esforzado por servir al Señor mediante el establecimiento de iglesias saludables. Entre éstos quermes incluir a dos siervos del Señor que fueron líderes ejemplares en la obra Hispana en los Estados Unidos.

El Dr. Oscar I. Romo fue uno de los líderes Hispanos más destacados en este país. Su preparación en la universidad y en el seminario para el ministerio sirvió como un modelo para muchos jóvenes Hispanos que ahora son líderes en este país y a través del mundo. Además de servir como pastor de varias iglesias, el Dr. Romo fue el Director de los Ministerios Multi-Étnicos en la Junta de Misiones Nacionales (Home Mission Board) por más de 25 años. En esa posición él guió a su denominación a comenzar grandes cantidades de iglesias entre muchos grupos culturales (Hispanos, Asiáticos, Africanos, Americanos Nativos, Europeos, etc.). Sólo la eternidad podrá medir el impacto del ministerio del Dr. Romo en este país y en muchos países del mundo.

El Dr. Rudy Sánchez fue un pastor consagrado en varias congregaciones claves en el estado de Texas. Su visión de ganar a los Hispanos para Cristo, de discipularlos y de animarlos a servir al Señor dentro y fuera de la iglesia caracterizó su ministerio. Durante sus pastorados el Dr. Sanchez tomó en serio el mandato de Cristo de ser la luz del mundo y la sal de la tierra. Él siempre guió a sus congregaciones a involucrarse tanto en ministerios de benevolencia en la comunidad como en ministerios proféticos en las agencias principales de la ciudad. Verdaderamente podemos decir que las iglesias que pastoreó el Dr Rudy Sánchez fueron ejemplos hermosos del crecimiento saludable que honra al Señor.

PRÓLOGO

Después de leer *Cultivando Iglesias Saludables* la expresión probable será "ide maravilla!" Daniel Sánchez y Ebbie Smith lo han logrado nuevamente, pero esta vez su libro acerca del crecimiento saludable de la iglesia no sólo es comprensivo sino que es sistemático, contextual, histórico, completo, estratégico, urbano y bíblico. Así que si usted está buscando un libro que une el crecimiento de la iglesia con los movimientos de iglesias saludables, este es el libro. Si desea un libro que trate de la importancia de la participación de la iglesia local en sembrar iglesias y misiones, aunado al entendimiento de las ciencias sociales y antropología cultural, éste es el texto correcto. Añada a esto la magnífica sección en liderazgo de servicio y encontrará un libro que se tiene que leer por todos los estudiantes serios de la iglesia.

Por más de una década, he dedicado una gran porción de mi ministerio al estudio de las iglesias. Estoy fascinado por los que abrazan gozosos el diagnóstico de su propia salud con los bien investigados principios, y a la vez intrigado por quienes, por otra parte, resisten esta excelente oportunidad de aprendizaje. Ha sido interesante notar que los que desean participar en el crecimiento de las iglesias también están dispuestos a evaluar seriamente la situación actual, analizar su efectividad y luego participar en el proceso de escuchar, aprender, planear y cambiar. O, como Daniel y Ebbie lo articulan, "las iglesias saludables crecen de maneras saludables con el uso de medios saludables." Mientras que los que resisten esto, se quedan atrás en su viaje que a menudo se denomina status quo. ¿Cuál es su elección?

También es fascinante notar que los que abrazan el proceso de ser más saludables tienen una pasión propulsora para alcanzar a los perdidos para Cristo dentro de su esfera de influencia, en comunidades subestándares cerca de ellos y alrededor del mundo. Cuando las iglesias crecen meramente por transferencia o por crecimiento biológico, hay algo que falta—el gozo de ver a la gente que viene a la iglesia por el camino de una conversión genuina. Combinar todos estos ingredientes de crecimiento llevan a Sánchez y a Smith a lo que llaman: "crecimiento viable y auténtico de la iglesia" porque dura más y se reproduce. ¿No fue esa la clase de compromiso que Cristo nos modeló? ¡Que así sea en esta generación!

Además, lo que nos afirma al notar las iglesias que están seriamente comprometidas con las disciplinas de la iglesia saludable y el crecimiento, es que animan esas mismas disciplinas en las vidas de los que forman las congregaciones. Daniel Sánchez y Ebbie Smith elocuentemente describen la meta de la iglesia de crecimiento saludable como "responsable, reproduciendo creyentes en iglesias responsables que se reproducen." El edificio no es la iglesia, es la gente, "Pero ustedes son linaje escogido, real sacerdocio, nación santa, pueblo que pertenece a Dios, para que proclamen las obras maravillosas de aquel que los llamó de las tinieblas a su luz admirable" (1 Pedro 2:9). No hay crecimiento de la iglesia a menos que el reino de Dios se expanda por todas partes, una vida a la vez.

Finalmente, la postura de todos los líderes eficaces en el siglo 21 es el de siervo. Que agradecidos estamos por el enfoque de Daniel Sánchez y Ebbie Smith en el liderazgo de siervos. Su llamada de clarín hacia un crecimiento balanceado de la iglesia que surge del método del liderazgo de servicio está exactamente a tono con el ejemplo de liderazgo de Cristo. Con las relaciones como la prioridad central, equipando a los santos para la obra del ministerio como el resultado natural, y con la obra misionera común como principio guiador, el crecimiento de la iglesia y la salud vendrán como guante a la mano la una con la otra. Gracias, Daniel y Ebbie, por recordarnos de esta cualidad esencial del liderazgo.

Goce el recorrido por delante, al ser desafiado y obligado a pensar en los siguientes capítulos. Alístese para marcar las páginas, escriba notas al margen, y esté seguro de aplicar lo que ha observado en las varias responsabilidades de su ministerio. Es tiempo que los líderes de la iglesia abracen los principios comunes del crecimiento de la iglesia saludable, y esta contribución a este tema será una que nos sobrevivirá.

¡A Dios le pertenece toda la gloria!

Stephen A. Macchia, D.Min.
Autor de *Becoming a Healthy Church* (Baker, 1999) y *Becoming a Healthy Church Workbook* (Baker, 2001)

PREFACIO

¿Cuál será el lugar del movimiento de crecimiento de la iglesia en el siglo 21? ¿Ya tuvo su día este movimiento? ¿Se les ha puesto naftalina a sus ideas y se han almacenado? ¿Ha superado el mundo los conceptos de Donald A. McGavran y de sus asociados? Tales cuestionamientos surgen y se les ha dado a luz en este estudio de *Cultivando Iglesias Saludables: Nuevas Direcciones para el Crecimiento de la Iglesia en el siglo 21*. Este libro mostrará las direcciones que creo que necesariamente tomará el crecimiento en los años que siguen al año 2000 D.C.

Como persona comprometida con las enseñanzas básicas del movimiento del crecimiento de la iglesia, debo inquirir en cuanto a la relevancia y métodos de enseñanzas que tomará en este nuevo siglo. *La tesis de este libro es que los conceptos, estrategias, métodos, y tácticas del pensamiento básico del crecimiento de la iglesia son aún válidos para el siglo 21 pero que, como muchos otros planes y procedimientos, se tiene que alterar para satisfacer las nuevas necesidades de las personas nuevas en estos días.* Las enseñanzas básicas del crecimiento de la iglesia permanecen válidas. Junto con todo lo demás en este período de tiempo, se tienen que ajustar para que encajen.

Distinguiré entre el Movimiento del Crecimiento de la Iglesia y las estrategias de crecimiento de la iglesia en general. Los términos, Movimiento del Crecimiento de la Iglesia y la Teoría del Crecimiento de la Iglesia, o aun Crecimiento de la Iglesia, se refieren al cuerpo de enseñanza asociado con la metodología de Donald A. McGavran, Allan R. Tippett, C. Peter Wagner, Win Arn y otros de la así llamada "escuela de Fuller." El Movimiento de Crecimiento de la Iglesia vino a ser prominente alrededor de 1955 con la publicación de McGavran titulada Bridges of God.

Numerosos escritores incluyendo a George Hunter III, Aubrey Malphurs, Bill Hybels, Rick Warren, Ken Hemphill, Robert Logan, Christian A. Schwarz, Thom Rainer, Allan Roxburg y muchos otros extensamente han aumentado el movimiento del crecimiento de la iglesia. Estos escritores y otros, que podrían añadirse, no están directamente relacionados con el Dr. McGavran ni con la "escuela de Fuller" y algunos no se considerarían a sí mismos discípulos de McGavran. No obstante, en muchas maneras como el fundador del movimiento del crecimiento de la iglesia, contribuyeron al conocimiento de cómo y por qué las iglesias dejan de crecer.

Uso los términos *Especialista del Crecimiento de la Iglesia* o *Escritor del Crecimiento de la Iglesia* para referirme a personas que siguen las ideas básicas del movimiento del crecimiento de la iglesia. Algunas personas llamadas especialistas del crecimiento de la iglesia, sin embargo, puedan no estar en realidad directamente relacionados con McGavran o sus seguidores directos. En algunos casos pueden estar en desacuerdo con algo de lo que él enseñó. Con todo, siguieron las direcciones básicas tratando de entender el porqué crecen las iglesias y cómo se puede avanzar este progreso.

Usaré los términos *crecimiento de la iglesia* o *estrategias del crecimiento de la iglesia* para referirme a los métodos, las estrategias y los medios de ayudar a las iglesias y a las denominaciones para que se continúen moviendo en direcciones de progreso y de crecimiento de la iglesia saludable. También usaré los términos crecimiento de la iglesia o estrategias del crecimiento de la iglesia para referirme a los métodos, estrategias y medios de ayudar a las iglesias y denominaciones a continuarse moviendo en direcciones de progreso y crecimiento saludable de la iglesia. Estos métodos y estrategias pueden o no reflejar las ideas de McGavran. Algunos pueden parecer estar en conflicto con la teoría básica del crecimiento de la iglesia. Discutiré y proyectaré algunas ideas que van más allá de las enseñanzas de McGavran y de sus discípulos más allegados.

El término *Iglesia* (con *I* mayúscula) significa ya sea la Iglesia universal, esto es el Reino, el cristianismo organizado como un todo, o una denominación. Por ejemplo, la Iglesia existe en cada nación o la Iglesia Reformada en Nueva Inglaterra creció rápidamente. El término *iglesia* (con *i* minúscula) significa una congregación local o es usada como adjetivo, como el uso de maneras sanas de trabajo elevarán el ministerio de cualquier iglesia (congregación) o el ministerio de la música.

Los términos *Misión, misión* y *misiones* se usarán en maneras distintivas. Usaré el término *Misión* para referirme al mandato de la evangelización mundial dado por el Señor a Su Iglesia. Por ejemplo, es la *Misión* de la Iglesia predicar el evangelio a toda persona. El término *Misión* también habla de una organización que trabaja en conjunto, usualmente en un lugar en particular, tal como la *Misión* a la Nuevas Tribus que busca evangelizar a grupos no alcanzados. El término *misiones* se refiere a las maneras, medios y métodos de desarrollar la tarea. Muchas estrategias para *misiones* existen y se deben emplear.

Cuando hablo de *ideas de crecimiento de la iglesia*, básicamente hablo de los métodos para hacer la tarea de las misiones. Estos métodos y estrategias no son principios que se tienen que usar cada vez en cada lugar. Trabajadores e iglesias tienen que ajustar estos métodos a las situaciones. Lo que sirve en Nigeria (entre los Igbo) pueda no dar resultado en Chicago entre los inmigrantes europeos. Las estrategias que dan una cosecha en Texas pueden causar resistencia en Hong Kong, Perú o Polonia. Los líderes de la iglesia pueden evitar muchos malos entendidos y tener en cuenta que básicamente el crecimiento de la iglesia enseña sobre métodos y medios que deben ser alterados, ignorados o usados como lo demande la situación.

Este libro no tiene la intención de reordenar ni de defender el movimiento del crecimiento de la iglesia. Simplemente llama a un balance en estos medio por los cuales las iglesias y denominaciones pueden lograr un crecimiento saludable en los Estados Unidos y en otros países. Las metas finales son que las ideas se puedan aplicar a las iglesias para ayudar a estas congregaciones a alcanzar mejor a los perdidos y a los que no asisten a la iglesia en sus áreas. ***Estamos buscando las nuevas direcciones que el Movimiento de Crecimiento de la Iglesia debe tomar en el siglo 21.***

ÍNDICE

DEDICACIÓN iii
PRÓLOGO v
PREFACIO vii

1. **PEREGRINAJE AL CONCEPTO DE UNA IGLESIA SALUDABLE** 1

   Crecimiento Saludable de la Iglesia — ¿Qué Es? 1
   Crecimiento Saludable de la Iglesia — ¿Por Qué? 8
   Crecimiento Saludable de la Iglesia — ¿Cómo? 13
   Preguntas Y Actividades 15

2. **OBTENIENDO UNA PERCEPCIÓN CLARA DEL CRECIMIENTO SALUDALBLE DE LA IGLESIA** 17

   Esperando el Crecimiento de la Iglesia 18
   Refinando el Concepto del Crecimiento Saludable de la Iglesia ... 22
   Acepte el Desafío del Crecimiento Saludable de la Iglesia 28
   Conclusión 31
   Preguntas y actividades 32
   Lecturas adicionales 32

3. **ENFOCANDO EN LOS FUNDAMENTOS DEL CRECIMIENTO SALUDABLE DE LA IGLESIA** 33

   Los "Puentes de Dios" 34
   Crecimiento Balanceado de la Iglesia 38
   Evangelización Eficaz 51
   Multiplicación Ilimitada de Congregaciones 56
   Ministerios Sociales De Amor 63
   Reproductividad Sin Impedimentos 66
   Dependencia en el Espíritu Santo 68
   Conclusión 69
   Preguntas y actividades 69
   Lecturas adicionales 70

4. **PROBANDO ESTRATEGIAS PARA EL CRECIMIENTO SALUDABLE DE LA IGLESIA (I)** 71

   Asuntos Generales para Probar las Estrategias 72
   La Estrategia de la Unidad Homogénea 79
   La Estrategia Autóctona 96
   La Estrategia del Movimiento de la Gente 107
   La Estrategia de la Contextualización 112

La Estrategia para la Formación de Discípulos Después el
Perfeccionamiento 119
Conclusión 122
Preguntas y actividades 122

5. **PROBANDO ESTRATEGIAS PARA EL CRECIMIENTO
   SALUDALE DE LA IGLESIA (II)** **125**

   Movimientos de Plantacion de Iglesias 125
   La Estrategia de la Iglesia Clave 129
   La Iglesia Impulsada por el Propósito 130
   Iglesias Misioneras 134
   La Guerra Espiritual 138
   Conclusión 140
   Preguntas y actividades 141
   Lecturas adicionales 142

6. **DESCUBRIENDO LOS POR QUÉ DEL CRECIMIENTO
   SALUDALE DE LA IGLESIA** **143**

   Ayuda para Descubrir los Porqué 144
   Proveyendo Material de Trasfondo 146
   Obteniendo los Datos del Crecimiento 150
   Visualizando los Datos del Crecimiento 156
   Interpretando los Datos del Crecimiento 163
   Actuando en Base a los Datos del Crecimiento 171
   Conclusión 173
   Preguntas y actividades 174
   Lecturas adicionales 174

7. **APLICACIÓN DE LAS IDEAS DE LAS CIENCIAS
   SOCIALES AL CRECIMIENTO SALUDABLE DE LA IGLESIA** **175**

   ¿Qué son las Ciencias Sociales? 176
   Usando las Ciencias Sociales en el Crecimiento
   Saludable de la Iglesia 177
   Proveyendo Conciencia Cultural 179
   Tratando con el Ajuste Personal 192
   Logrando la Acomodación sin Sincretismo 199
   Estrategias para la Acomodación 209
   Conclusión 213
   Preguntas y actividades 214
   Lecturas adicionales 214

8. **SUPERANDO OBSTÁCULOS PARA EL CRECIMIENTO
   DE LA IGLESIA** **215**

   Superando los Obstáculos Teológicos 215

Superando los Obstáculos Metodológicos 226
Superando los Obstáculos Eclesiásticos 233
Superando los Obstáculos Espirituales 242
Conclusión 247
Preguntas y actividades 247
Lecturas adicionales 248

9. **ENCONTRANDO CLAVES PARA PLANTAR IGLESIAS** **249**

   Cuatro Clases de Crecimiento 251
   Visualizando y Persuadiendo 252
   Preparando el Plan 258
   Implementando o Produciendo 268
   Conclusión 276
   Preguntas y actividades 276

10. **DESARROLLANDO MÉTODOS URBANOS DE CRECIMIENTO DE LA IGLESIA** **279**

    La Importancia Estratégica de las Ciudades 280
    Las Iglesias y la Ciudad 286
    Componentes de los Ministerios Urbanos 288
    Métodos Directos De Los Ministerios Urbanos 294
    Conclusión 306
    Preguntas y actividades 307

11. **LIDERAZGO DE SERVICIO EN EL CRECIMIENTO SALUDABLE DE LA IGLESIA** **309**

    El Modelo Bíblico de Servicio 310
    La Expresión del Liderazgo de Servicio 314
    La Tragedia de la Ausencia del Método de Siervo 322
    Adoptando el Método de Servicio 324
    Conclusión 327
    Preguntas y Actividades 327
    Lecturas Adicionales 327

12. **NUEVAS DIRECCIONES PARA EL CRECIMIENTO DE LA IGLESIA EN EL SIGLO 21** **329**

    El Camino Hasta Aquí 329
    Conclusión 362
    Preguntas y Actividades 363

FUENTES PARA EL ESTUDIO DEL CRECIMIENTO SALUDABLE DE LA IGLESIA **365**

CAPÍTULO 1

PEREGRINAJE AL CONCEPTO DE UNA IGLESIA SALUDABLE

Al comenzar su marcha en el siglo 21 el movimiento cristiano valientemente confronta un siglo radicalmente diferente de los 100 años que lo precedieron. Nuevos días típicamente demandan nuevas tácticas. Es razonable, por lo tanto, que los procesos por medio de los cuales las iglesias y las congregaciones crecen sean diferentes en el siglo 21. Entonces el asunto que naturalmente surge es en cuanto a cómo será la teoría del crecimiento de la iglesia y la estrategia para el crecimiento de la iglesia en este nuevo siglo.

Una indicación inmediata es que el énfasis sobre el crecimiento de las iglesias está cambiando de un que enfoca solamente en el crecimiento numérico a uno que incluye a la salud de las iglesias. Una de las principales nuevas direcciones para el crecimiento de la iglesia en el siglo 21 será la adopción de la idea de iglesias saludables creciendo en maneras saludables usando medios saludables. Para demostrar mi propio peregrinaje hacia el concepto de la iglesia saludable, trataré de bosquejar el crecimiento saludable de la iglesia desde la posición ventajosa de lo que es, por qué tenemos que considerarlo y cómo se puede obtener.

Encuentro que el moverse al crecimiento saludable de la iglesia no elimina lo que por largo tiempo he creído y practicado en cuanto al crecimiento de la iglesia. No obstante, debemos ajustar y añadir el concepto de iglesia saludable. El resultado de pensar en términos del crecimiento saludable de la iglesia ha acontecido en este estudio, *Cultivando Iglesias Saludables: Nuevas direcciones para el crecimiento de la iglesia en el siglo 21*, que busca contribuir con ideas a las nuevas direcciones del crecimiento de la iglesia que tendrá lugar en este nuevo siglo.

CRECIMIENTO SALUDABLE DE LA IGLESIA - ¿QUÉ ES?

Antes de explicar por qué he llegado al concepto de la iglesia saludable y crecimiento saludable de la iglesia, estableceré lo que quiero decir con los dos términos. Sorprendentemente, parte de la respuesta está en el estudio del diccionario. El término "crecer," significa no sólo el aumento de tamaño al asimilar nuevo material a un organismo sino también surgir y madurar. Significados adicionales incluyen ideas de progreso y florecimiento. Un cuarto significado de acuerdo con el diccionario, se relaciona con ser más grande y fuerte. Cómo estos significados se relacionan con las iglesias se puede ver fácilmente en las enseñanzas del Movimiento de Crecimiento de la Iglesia.

De acuerdo al diccionario, el término "salud" contiene algo diferente, aunque relacionado con los matices del crecimiento. Salud es el estado de no estar enfermo, sano y útil en cuerpo, mente y alma—especialmente en el sentido de ausencia de la enfermedad, el dolor o la debilidad. El significado del término se puede explorar un poco más al compararlo con los sinónimos. Mientras que saludable se relaciona con fortaleza completa y vigor, tanto como con la libertad de la enfermedad, dolor, debilidad e inhabilidad, el término sano sugiere la presencia de bienestar y ausencia de enfermedad. Sano expresa la indicación positiva de sanidad física, mental y moral. Robusto contiene la idea de todo lo que es antitético, delicado, débil o limitado. Saludable expresa la condición de no mostrar señales de debilidad o enfermedad.

El estudio de los términos, crecimiento y salud demuestra la necesidad de incorporar estos significados en nuestro entendimiento de la iglesia.

Características de iglesias saludables

- Una iglesia saludable aumenta de acuerdo con su etapa de vida y lugar de servicio.

- Una iglesia saludable posee partes que funcionan completamente.

- Una iglesia saludable demuestra su sanidad en que está libre de la enfermedad y elementos disfuncionales—tiene un sistema inmune eficaz.

- Una iglesia saludable demuestra salud total en que tiene la fortaleza y habilidad para lograr su misión.

- Una iglesia saludable provee para su propio liderazgo y recursos necesarios.

- Una iglesia saludable se adapta a las necesidades del grupo que desea alcanzar y de las comunidades a las cuales sirve.

- Una iglesia saludable mantiene cuidadosa vigilancia de su propia vida y de las vidas de sus miembros.
- Una iglesia saludable provee cuidado de sus miembros y de la comunidad a la cual sirve.
- Una iglesia saludable tiene y emplea la capacidad y el deseo de reproducirse sembrado otras congregaciones y grupos.

El estudio de los términos, crecimiento y salud, demuestra la necesidad de incorporar estos significados a nuestro entendimiento de crecimiento de la iglesia y crecimiento saludable de la iglesia. Una nueva dirección principal para el crecimiento de la iglesia en el siglo XXI será la incorporación de los significados más completos de iglesias saludables y del crecimiento de la iglesia saludable. Mientras que crecimiento retendrá todo el significado de aumentar, el crecimiento saludable de la iglesia añadirá los conceptos de sanidad (la ausencia de enfermedad o disfuncionalidad), salud (en el sentido de lo físico, mental, emocional y fortaleza moral), y robustez o sanidad (la habilidad para realizar las tareas asignadas).

Entonces, ¿qué es una iglesia saludable y qué es el crecimiento saludable de una iglesia? Quizás la mejor manera de definir estos conceptos sea bosquejar las características de cada una. Las iglesias saludables hasta cierto punto demuestran la inclusión de nueve características.

Una iglesia saludable aumenta de acuerdo con la etapa de su vida y el lugar de servicio. Los organismos saludables aumentan. Una iglesia jamás debería cesar de aumentar— en tamaño, en fortaleza y en servicio. En 1984 en *Balanced Church Growth: Church Growth Based on the Model of Servanthood*, yo contendía que en el crecimiento auténtico de la iglesia deberían ser más grandes, mejores y más amplias. Además decía que todas estas etapas de crecimiento y desarrollo debían permanecer en equilibrio. Las iglesias se hacen más grandes al añadir miembros y unidades, mejores al aumentar fortaleza para cumplir sus misiones, y más amplias al participar en misiones y ministerios.

En diferentes etapas de sus vidas y desarrollos, las iglesias enfatizarán uno u otro de estos tipos de crecimiento, pero jamás destacarán uno excluyendo a los otros. Sin embargo, algunas iglesias se encontrarán en situaciones donde el crecimiento, como lo más grande es limitado, pero el crecimiento en lo más amplio es crítico. Las situaciones determinarán el énfasis que las iglesias pondrán en cada uno de estos tipos de crecimiento.

Una iglesia saludable añade una dimensión a este énfasis en el aumento de la iglesia. Una iglesia puede encontrar que en una etapa inicial en su desarrollo crecerá rápidamente en tamaño al añadir muchos nuevos miembros y nuevas organizaciones. Posteriormente, esta iglesia puede experimentar un lento crecimiento en crecer más grande, pero un aumento en el crecimiento misionero—quizá en el sentido de sembrar nuevas congregaciones. Pero el concepto de aumento jamás debe estar ausente del crecimiento de la iglesia. Las iglesias saludables continuarán creciendo y como se verá posteriormente— crecerán en balance.

Una iglesia saludable goza y trabaja con el funcionamiento de todas las partes. Las iglesias saludables siguen muchos de los elementos de los sistemas metodológicos que surgen en varias disciplinas. La idea del completo funcionamiento de todas las partes significa que cada elemento en la iglesia realiza la razón básica de ser. Cada parte no se intenta, ni se espera, que realice la misma función. Como en cualquier organismo exitoso, una iglesia saludable experimenta las acciones integradas de sus varias partes. Cada parte contribuye al trabajo del todo.

En una iglesia que funciona en su totalidad, el personal directivo de la iglesia trabaja junto con los miembros, equipando y dirigiendo a estos miembros en el servicio de la iglesia. Muchas iglesias en el momento presente han fallado en alcanzar la salud de la iglesia a causa de prácticas no bíblicas de confiar el ministerio de la iglesia al personal pagado de la iglesia y al no motivar ni permitir que los miembros sirvan. Lo que sea que disminuya el completo funcionamiento limita la salud de la iglesia.

Una iglesia saludable demuestra sanidad en que está libre de elementos que distraen de la vida de la iglesia. Así como un organismo es sano porque ni enfermedad ni disfunción están presentes, una iglesia es sana porque ni enseñanzas, ni prácticas, ni actitudes están presentes que amenacen al funcionamiento o compañerismo. Las iglesias saludables poseen sistemas inmunes que funcionan bien. Éstos protegen contra peligros que lastiman, amenazan, o destruyen sus vidas y ministerios.

Pablo le advirtió a las iglesias en Éfeso de las perversas influencias de los hombres no regenerados (2 Timoteo 3:1-9) y a los cristianos de Corinto de la tragedia de las divisiones en la iglesia (1 Corintios 3:1-23). Un cuerpo saludable debe de ser capaz de resistir esas amenazas que traerán enfermedad y disfunción. Las iglesias tienen que ser capaces de expulsar la falsa doctrina, las actitudes anticristianas, las prácticas no bíblicas, y las acciones enfermizas si se va a mantener la salud de la iglesia.

Una iglesia saludable posee bienestar, firmeza y sanidad para tener las habilidades de realizar las funciones dadas por Dios. Esta fortaleza en la iglesia saludable viene no de algún poder inherente sino del poder capacitante y dador del Espíritu Santo. Iglesias saludables se dan cuenta que el Espíritu equipará a los miembros para cualquier y todas las tareas que la iglesia debe hacer. Una iglesia jamás es más débil que el Señor que la compró con Su sangre y el Espíritu que siempre provee para sus necesidades. Cuando las iglesias son débiles es porque fracasan en aceptar las provisiones del Señor.

Una iglesia saludable provee para sus propias necesidades. Este principio, desde luego, tiene que tomarse en conexión con las enseñanzas dadas anteriormente sobre la provisión del Espíritu Santo. Aquí el concepto es que la iglesia saludable no tiene que confiar en recursos de afuera o de otros grupos para realizar su misión. Las iglesias saludables no tienen que tener necesidad de transfusiones constantes. No dependen en el liderazgo de afuera. Proveen su propio sustento económico. Tienen su propio liderazgo.

Una iglesia saludable se adapta a sus situaciones específicas y medio ambiente. Ante la presencia de calor un cuerpo transpira como mecanismo de control del calor dentro del cuerpo. Las iglesias saludables encuentran maneras para acomodarse a las culturas y circunstancias en las cuales se encuentran. Estas iglesias no insisten en que el ambiente cambie sino que se disponen a cambiar en maneras que no comprometen las convicciones bíblicas y así se ajustan a la gente a la cual sirven.

Este concepto no quiere decir que cada congregación llegue a ser exactamente como las otras congregaciones en las mismas circunstancias. Diferentes congregaciones pueden servir a diferentes personas que vivan cerca el uno del otro. La idea es que la Iglesia, sea una denominación o el movimiento cristiano como un todo, estará dispuesta a cambiar y a hacer ajustes para servir a toda la población y poblaciones.

Sin embargo, cada iglesia estará dispuesta a cambiar cuando la cosecha demanda que se alteren los métodos. Las iglesias innovadoras han descubierto que ciertos segmentos de la población en los Estados Unidos no respondían al tipo de iglesias más tradicionales. Por lo tanto, decidieron cambiar para llamar la atención de adultos más jóvenes. Estas iglesias no comprometieron las enseñanzas bíblicas sino que sólo ajustaron sus metodologías. Las iglesias saludables necesitan este poder para ajustarse.

Una iglesia saludable tiene un cuidado esmerado sobre su bienestar espiritual y físico. Las iglesias saludables se dan cuenta que los cristianos e iglesias sufren ataques demoniacos todo el tiempo. Estas congregaciones desarrollan los medios para reconocer cuando los miembros son asediados por Satanás. Tienen mecanismos para ayudar a la gente a vencer la tentación, las falsas enseñanzas y las influencias dañinas.

Este servicio no involucra intrusión en las vidas de los miembros sino simplemente una práctica constante de cuidado espiritual. Por medio de los ministerios de la enseñanza y de la proclamación, la iglesia saludable ayudará a sus miembros a descubrir las necesidades espirituales y procurarán ayudarlos a corregirlos. Cuando surgen necesidades espirituales obvias, la iglesia estará lista para apoyar sin ninguna muestra de crítica o superioridad.

La iglesia saludable estará lista para advertir a sus miembros y comunidad de las tendencias peligrosas que se presenten. Esta acción tiene que estar vestida en oración y la búsqueda de la dirección del Señor para que la práctica no caiga en el error de simplemente enfatizar los sentimientos y actitudes de los líderes de la iglesia. Aun cuando el peligro espiritual o moral surja, la iglesia saludable estará dispuesta a sostenerse en los principios bíblicos y oponerse al mal. Las iglesias saludables vigilan a su gente contra el mal y jamás le permite caer sin advertirles de las trampas espirituales.

Una iglesia saludable provee cuidado pastoral para sus miembros y para la comunidad a la cual sirve. Las iglesias saludables guían a sus miembros en su desarrollo espiritual, les enseñan cómo vivir en el mundo, les ayudan a fortalecer sus familias, los guardan de enseñanzas falsas y los consuelan en sus aflicciones. La gente en la comunidad que no son miembros de la iglesia comparte en el cuidado provisto por esta iglesia porque sus necesidades le interesan a la iglesia saludable.

Proveer cuidado cristiano es una función primaria de las iglesias saludables. Ninguna persona queda fuera del cuidado en una iglesia saludable. Se puede decir que una iglesia es saludable hasta el punto en que iguala las necesidades espirituales, familiares, físicas y otras de los miembros y de la comunidad en la que sirve. Las iglesias saludables proveen el cuidado para cada aspecto de la vida de los miembros. El ministerio de una iglesia saludable es un ministerio total para la gente y la comunidad. Una iglesia saludable constituye un ministerio que provee para sus miembros y su comunidad.

Una iglesia saludable tiene y emplea la capacidad de reproducirse al sembrar otras congregaciones. La reproducción es la necesidad de cualquier organismo o grupo para continuar la existencia. Limitando o prohibiendo la posibilidad de la reproducción en el crecimiento de la iglesia representa una gran falta de salud en la iglesia. Como veremos, varios factores pueden limitar la capacidad reproductora de Iglesias y congregaciones y el crecimiento saludable de la iglesia trabajará arduamente para eliminar tales situaciones. Las iglesias saludables hallan maneras para reproducirse al sembrar nuevas iglesias de muchas diferentes clases.

> Una iglesia saludable provee para las necesidades de cada miembro y para las personas en la comunidad.

Indudablemente que otras características se podrían añadir a esta lista de cualidades de iglesias saludables. Aunque no es comprensiva, esta lista provee la guía de lo que debe ser una iglesia saludable. Por lo menos, la iglesia a la que le falten estas características no será una iglesia saludable.

Las palabras anteriores indican la naturaleza de las iglesias saludables. Un segundo asunto será cuál es el significado de "crecimiento saludable de la iglesia." *El crecimiento saludable de la iglesia es el proceso por el cual una Iglesia o congregación puede aumentar en maneras que añaden a su tamaño y mantienen salud y sanidad.* Para los que buscan establecer planes para el crecimiento de una iglesia saludable uno de los requisitos es que estos planes incluyan maneras para avanzar sin comprometer la salud o el movimiento de las iglesias. Este estudio provee los medios y los métodos para lograr el crecimiento apropiado de modo que se mantenga la iglesia saludable.

Así que ¿qué es el crecimiento de una iglesia saludable? El nuevo siglo demanda un ajuste a lo que se ha estado enseñando del crecimiento de las iglesias. Los maestros de las teorías y estrategias del crecimiento de la iglesia en este siglo 21 han llegado al punto de colocar un énfasis significativo y apropiado al crecimiento de la iglesia. Este nuevo énfasis es bien aceptado, significativo e imperativo. Permanece el mandato para que las Iglesias e iglesias crezcan más grandes, mejores y más amplias. Estas enseñanzas mantienen un lugar central en todo el pensamiento de crecimiento de la iglesia. No obstante, ahora se tiene que añadir a la ecuación crecer más sanamente. De aquí este libro, *Crecimiento Saludable de la Iglesia: Nuevas direcciones para el crecimiento de la iglesia en el siglo 21*. El asunto central que desea descubrir es cómo pueden las iglesias crecer más grandes, mejores y también más saludables. *He llegado a la convicción que las metas finales del crecimiento de la iglesia van más allá del tamaño, fortaleza a la salud y el servicio.*

CRECIMIENTO SALUDABLE DE LA IGLESIA — ¿POR QUÉ?

Con algo de entendimiento de la naturaleza de las iglesias saludables y de crecimiento de la iglesia, ahora podemos considerar la pregunta significativa— ¿por qué debemos incluir este énfasis? Las enseñanzas del movimiento del crecimiento de la iglesia se comprobaron beneficiosas en el siglo 20. La gente no ha cambiado tanto— todavía no tiene salvación y es egoísta. Las enseñanzas bíblicas ciertamente no han cambiado. Entonces ¿por qué este énfasis en añadir la idea del crecimiento más saludable a los conceptos del crecimiento de iglesias más grandes, mejores y más amplias?

> Las metas finales del Crecimiento de la Iglesia en el siglo 21 buscan estimular y ayudar a las a aumentar en TAMAÑO y FORTALEZA a la vez que aumentan en SALUD y SERVICIO y todos estos elementos del crecimiento se mantienen en equilibrio.

El peregrinaje al concepto de crecimiento saludable de la iglesia no ha resultado de la mengua de las convicciones en cuanto a la necesidad del crecimiento de la iglesia cuantitativa y cualitativamente. Por mucho tiempo he estado convencido que el crecimiento numérico de cristianos y la actual multiplicación de congregaciones ocupa un lugar central y estratégico en todo el pensamiento y planeación del trabajo y expansión de la iglesia. La ausencia de indicadores de crecimiento aún levanta "banderas rojas" y levantan preguntas de "¿qué anda mal por aquí?"

Largamente me he retorcido al notar que las iglesias tenían cerca del mismo número de miembros, o menos, este año que el anterior. Me he angustiado por mucho tiempo con la declinación de las proporciones de bautismos. Me preocupo cuando los números de congregaciones declinan en una región. Constantemente me siento mal con iglesias que se estancan—especialmente al leer que el 80 por ciento de las iglesias en los Estados Unidos permanecen aproximadamente en los mismos niveles de hace diez o quince años.

Estas preocupaciones de la falta de crecimiento numérico en las Iglesias y congregaciones no han desaparecido de mi pensamiento sino que se han unido a un aspecto igualmente importante del crecimiento de la iglesia en general—el de la salud de la iglesia. Varias inquietudes resonantes me han proyectado en el peregrinaje del concepto del crecimiento de la iglesia saludable.

> **Inquietudes en cuanto al Concepto del Crecimiento Saludable de la Iglesia**
>
> 1. *El crecimiento numérico* no es el único indicador de la salud de la iglesia.
>
> 2. *El énfasis exagerado en el crecimiento numérico* puede llevar a la preocupación con el estatus de la súper iglesia.
>
> 3. *El énfasis exagerado en el crecimiento numérico* puede causar el descuido de otros aspectos importantes del crecimiento de la iglesia.
>
> ➢ *El énfasis exagerado en el crecimiento numérico* crea una situación adversa en la mente de muchos pastores e iglesias.
>
> ➢ *Muchos eruditos han llamado* al compromiso con el concepto del crecimiento saludable de la iglesia en este período.

Primero, el aumento numérico no es la única guía que mide la viabilidad y funcionamiento de una congregación. Crecimiento en términos del aumento numérico, un aspecto indispensable de la vida de la iglesia, no siempre indica que todo ande bien. Todo crecimiento no es saludable. Malignidad y obesidad son crecimientos pero no son crecimientos saludables. ¿No es posible que algo de lo que llamamos crecimiento, aunque indica un aumento, en realidad no ha sido saludable ya sea para la iglesia local o para la causa de Cristo en general? A fin de estar totalmente satisfechos con alguna iglesia o alguna congregación tenemos que ver de cerca el crecimiento numérico y estar ciertos que el "crecimiento" no está sucediendo en detrimento de la salud.

Segundo, un énfasis exagerado en el crecimiento numérico puede llevar a la preocupación con el estatus de la súper iglesia. Algunos en el campo del crecimiento de la iglesia han dado la idea, quizá sin intención de hacerlo, que cualquier cosa menos que la súper iglesia es menos que el ideal para el crecimiento de la iglesia. En realidad, el pensamiento genuino del crecimiento de la iglesia se centrará más en la Iglesia o congregación que se reproduce a sí misma en muchos grupos cristianos viables que en la iglesia que sencillamente añade más y más miembros a la congregación central.

Este problema de ver el crecimiento de la iglesia sólo en términos de súper iglesias está en el hecho que todas las iglesias grandes no son iglesias saludables. Algunas iglesias crecen grandes, pero se centran en sí mismas y pierden el compromiso misionero. Otras iglesias grandes, para mantener su estatus como súper iglesias, usan métodos que no exhiben integridad. Algunos líderes de iglesias recurren a reportes falsos a fin de dar la apariencia de crecimiento numérico. Grande no es automáticamente saludable.

Tercero, un énfasis exagerado en el crecimiento numérico puede causar el descuido de otros aspectos importantes del crecimiento de la iglesia. Algunos líderes de la iglesia se han obsesionado con el crecimiento numérico hasta descuidar asuntos tan significativos como crecimiento de calidad, guiar a los miembros para que avancen espiritualmente, alcance redentor de las comunidades y las misiones mundiales. El crecimiento numérico es importante. Sin embargo, es desequilibrado permitir que eclipse todos los otros aspectos del crecimiento de la iglesia. Algunos han dejado que sus deseos de crecimiento numérico los lleven a integrar elementos no saludables en la iglesia. Otros han adoptado métodos que en sí mismos son defectuosos o producen números que no son congruentes con la naturaleza espiritual de la iglesia del Señor Jesucristo.

Cuarto, un énfasis exagerado en el crecimiento numérico

crea una situación adversa en la mente de muchos pastores e iglesias. Estos líderes claramente entienden que las congregaciones que dirigen no crecerán enormemente a ser súper iglesias. A causa de su localidad o de otros factores estas congregaciones no crecerán en términos mesurables. Estos líderes, en verdad guías finos y eficaces en las iglesias, sirven a menudo al Señor y a las congregaciones noble y efectivamente. Sin embargo, a menudo se perciben a sí mismos como fracasados—porque sus iglesias permanecen más pequeñas.

El crecimiento de la iglesia tiene que hablarles a los líderes de la iglesia en estas circunstancias que grandemente restringen el crecimiento numérico. Sin condonar jamás el poco crecimiento cuando es posible la cosecha, el crecimiento de la iglesia tiene que afirmar a los que trabajan en áreas resistentes donde la gente permanece dura como el pedernal hacia el evangelio. Cuando Dios llama a un siervo a un campo difícil donde la gente rechaza el evangelio y a la iglesia, el Señor juzga a ese siervo por su fidelidad en vez de los resultados numéricos. El ministerio de la iglesia es necesario donde el crecimiento numérico es limitado. Así, el crecimiento de la iglesia tiene que mostrar cómo las iglesias pueden experimentar salud al servir lo mejor que pueden en las circunstancias en las cuales existen.

Quinto, muchos eruditos han llamado al compromiso con el concepto del crecimiento saludable de la iglesia en este período. El hecho que muchos hablen de las iglesias saludables y del crecimiento saludable de la iglesia no hace a este énfasis en y por sí mismo viable o importante. Sin embargo, nos despierta al nuevo énfasis que demanda nuestra atención.

El énfasis en iglesias saludables no es asunto nuevo. C. Peter Wagner escribió *Your Church Can Be Healthy* en 1979 en la que identificó ocho enfermedades que prevenían o restringían el crecimiento y sugirió cómo estas enfermedades se podían superar. Sin embargo, el énfasis de Wagner era y es (*Your Church Can Be Healthy* fue publicado nuevamente en 1996 como *The Healthy Church*) un estudio en cómo reconocer problemas en la iglesia, superarlos y mejorar el crecimiento. Este énfasis directamente no trató cómo una congregación se puede desarrollar como iglesia saludable.

Kenneth Hemphill en *The Antioch Effect* (publicado en 1994) usó el ejemplo de la iglesia en Antioquía para tratar con los medios por los cuales una iglesia hoy puede llegar a ser eficaz.

Aunque Hemphill no usó la terminología de la iglesia saludable, su discusión de las características de una iglesia eficaz relata mucho de lo que se ha venido diciendo por otros concerniente a maneras por las cuales una iglesia puede lograr salud. Hemphill presenta la eficacia de la iglesia, que está íntimamente aliada a la salud de la iglesia, al proceso que combina la atención a las ochos características de iglesias eficaces. Hemphill hubiera podido añadir una novena característica, participación misionera directa, en base del ejemplo de la iglesia en Antioquia.

Stephen A. Macchia, en 1999, aisló diez características de una iglesia saludable en su libro *Becoming a Healthy Church*. Este estudio refleja, en muchos aspectos, los elementos demandados para el desarrollo de una iglesia saludable tales como el poder de la presencia de Dios, la adoración que exalta a Dios, las disciplinas espirituales, la vida en comunidad, las relaciones de amor, el liderazgo de servicio, el enfoque hacia fuera, la sabia administración, el cercano trabajo de equipo y la mayordomía y generosidad. Macchia, como Hemphill, ve el sendero de la iglesia saludable como un proceso.

Christian A. Schwarz, en *Natural Church Development*, (1998) presenta ocho cualidades esenciales de iglesias saludables. En este tratamiento extremadamente práctico, Schwarz muestra cómo estos ocho principios (muy similares a los de Macchia y Hemphill), pueden ayudar a que la iglesia vaya más allá de lo que él llama "crecimiento tecnócrata de la iglesia" a la alternativa "biótica." Como se verá en los capítulos posteriores, Schwarz va en la dirección de describir el crecimiento de la iglesia saludable.

El Dr. Waldo J. Werning, Director de Discipling/Stewardship Center de Pewaukee, Wisconsin, como los escritores mencionados antes, hace hincapié en la importancia del crecimiento de la iglesia saludable. Muestra la afinidad tanto con Christian Schwarz como con Rick Warren, Werning pide la "Healthy Church Initiative." Ve la necesidad que Iglesias (e iglesias) vayan del modelo de la iglesia institucional al modelo bíblico que enfatiza educar al estilo de vida cristiana, formación espiritual, alcance de las metas de Dios, alcance misionero, capacitación y movilización. Declara que una iglesia saludable viene a ser el centro para la formación misionera (2001: 7-10).

Trabajando desde los fundamentos bíblicos de Hechos 14:21-25, Efesios 4:11-16, y 2 Timoteo 2:2, Werning aísla ocho cualidades características y cuatro indicadores que guían a las iglesias saludables. La lista de Werning de los doce pilares de una iglesia saludable suena mucho como las listas de Macchia, Schwarz y Hemphill. Expande las ideas, no obstante, al mostrar varios imperativos tales como la necesidad de un sistema de inmunización, la prioridad del liderazgo de servicio y ministerio, la necesidad de la expansión por medio de nuevas iglesias y la centralidad de la capacitación y movilización como las claves para las iglesias saludables (2001: 25,38,89).

Entre los énfasis más significativos en el libro de Werning es su guía de las maneras de desarrollar una iglesia en la dirección de la salud. Provee sugerencias de ayudas prácticas en el entrenamiento y desarrollo de cristianos y por medio de ellos las iglesias. Sus sugerencias pueden ayudar a los líderes de las iglesias a guiar las congregaciones en un magnífico camino de ser iglesias que dan vida a la misión (2001: 109). *12 Pillars of a Healthy Church* obviamente marca otro de los tratamientos contemporáneos del crecimiento de la iglesia saludable.

Otros escritores se podrían añadir a éstos para mostrar la creciente literatura en el asunto del crecimiento de la iglesia saludable. Obviamente este concepto es uno que recibe una bien merecida atención. Esta atención en tantos frentes es una razón adicional para ir en la dirección del concepto del crecimiento saludable de la iglesia.

El crecimiento de la iglesia, por lo tanto, tiene que llegar al concepto de que las iglesias deben crecer de maneras saludables. En vez de enfatizar exclusivamente la necesidad que las iglesias crezcan numéricamente, debemos sostener la enseñanza que las iglesias también deben aumentar en salud. Algunas iglesias saludables vendrán a ser muy grandes—pero otras iglesias saludables no serán iglesias gigantescas. Obviamente, el énfasis en las iglesias saludables reemplaza la demanda de iglesias que crecen. Los dos conceptos realmente no son tan diferentes, las dos ideas tienen que ir juntas. *Una iglesia saludable crecerá. Una iglesia que crece usualmente, aunque no siempre, es una iglesia saludable.*

CRECIMIENTO SALUDABLE DE LA IGLESIA — ¿CÓMO?

La pregunta siguiente en orden indagará en cuanto a cómo se pueden guiar las iglesias para que logren el crecimiento saludable de la iglesia. A fin de ayudar a que las iglesias alcancen esa elevada meta de crecimiento en tamaño, fortaleza, salud y servicio, los líderes de la iglesia aún buscarán maneras de mantener todos estos aspectos del crecimiento y desarrollo en equilibrio. El balance es todavía imperativo.

La iglesia que no aumenta en tamaño (número de miembros, número de unidades) probablemente no ganará en fortaleza, salud o servicio. La iglesia que pone todo su énfasis en el servicio puede no aumentar en número o fortaleza. La iglesia que gasta sus energías en crecimiento en fortaleza puede dejar de lado su posibilidad y obligación para crecer más grande, orientarse más para servir y más comprometida a los esfuerzos misioneros. La clave es mantener todos los tipos de crecimiento en un balance apropiado. Por lo mismo, mantenemos la convicción de la importancia de un crecimiento balanceado de la iglesia mientras expandemos concepto del crecimiento saludable de la iglesia para el siglo 21.

Al considerar cómo pueden crecer las iglesias más grandes, mejores, más ampliamente y más saludables, hallamos que los conceptos básicos y las estrategias de la teoría tradicional del crecimiento de la iglesia permanecen válidos. Los líderes del crecimiento de la Iglesia, sin embargo, deben procurar lograr estos conceptos en maneras nuevas y diferentes. Los principios y enseñanzas básicas del crecimiento de la iglesia permanecen válidos para las Iglesias en el siglo 21 como lo fueron en el siglo 20. Este libro busca demostrar cómo las iglesias en el siglo 21 pueden crecer en maneras que demuestran salud y a la vez logran avanzar en tamaño, fortaleza y servicio.

> En el siglo veintiuno, el crecimiento de la iglesia se especializará tanto en el crecimiento balanceado como en el crecimiento saludable de la iglesia creyendo que los dos conceptos no se pueden separar sino que permanecerán íntimamente unidos

Toda persona que desea experimentar el crecimiento de la iglesia tiene que entender y con gratitud reconocer la necesidad del poder del Espíritu Santo en cualquier cosecha espiritual. Ningún tratamiento de crecimiento de la iglesia puede ignorar este principio fundamental. Los líderes se dan cuenta

> El crecimiento saludable de la iglesia procura trabajar en el poder y dirección del Espíritu Santo reconociendo que sólo el Espíritu, no los métodos, concede auténtico crecimiento saludable de la iglesia.

que el Espíritu guía a los medios que el mismo Espíritu usa para crear el aumento máximo de los creyentes responsables en congregaciones saludables responsables. Encontrar estos medios a través de los cuales el Espíritu Santo, que da poder tanto al líder como a la iglesia para lograr el crecimiento de la iglesia, es la meta de este libro.

Por lo tanto aprendamos del crecimiento de la iglesia en el siglo 21 y cómo podemos guiar a las iglesias a ser **más grandes, mejores, más amplias y más saludables en los siguientes 100 años.**

Preguntas y Actividades

1. ¿Cómo define una iglesia saludable? ¿Cómo define el crecimiento saludable de una iglesia? ¿Qué diferencias ve entre el tratamiento de una iglesia saludable y crecimiento de la iglesia en el siglo pasado?

2. Observando su iglesia y otras iglesias que conoce, ¿qué características le hacen pensar que estas iglesias son saludables y qué le hace pensar que no son saludables?

3. Explique los conceptos de crecimiento de la iglesia más grande, mejor, más amplia y más saludable.

4. De las características de iglesias saludables, ¿Cuáles cree que son más importantes? ¿Por qué?

CAPÍTULO 2

OBTENIENDO UNA PERCEPCIÓN CLARA DEL CRECIMIENTO SALUDALBLE DE LA IGLESIA

El Crecimiento Saludable de la Iglesia sólo puede esperar que los que la practican y los que la estudian consideren y acepten completamente sus principios cuando sus proponentes proveen una clara explicación de su completo significado. El que entiende que el crecimiento de la iglesia significa solamente un esfuerzo para beneficio propio para hacer una iglesia (o Iglesia) en particular más grande, mejor conocida o más rica probablemente no será atraído a la consideración de las enseñanzas y prácticas del pensamiento del crecimiento de la iglesia. En efecto si uno piensa del crecimiento de la iglesia en términos de la oración anterior, no se interesará por la misma idea de los conceptos. El punto absoluto de partida, por lo tanto, tiene que ser la obtención de una percepción clara de los significados, enseñanzas y estrategias diseñadas para alcanzar un crecimiento saludable de la iglesia.

El capítulo uno ha bosquejado lo que en verdad significa el crecimiento de una iglesia saludable. Las siguientes páginas intentan presentar una declaración balanceada y guiar hasta esta percepción clara de la manera en que la teoría tradicional del crecimiento de la iglesia se relaciona con el crecimiento de una iglesia saludable. Estas ideas del crecimiento de la iglesia van más allá de las enseñanzas de Donald A. McGavran aunque sus principios todavía brotan de sus conceptos fundamentales. El significado completo del crecimiento de la iglesia hoy se ha desarrollado al tomar de muchas fuentes aparte de la "escuela Fuller." *Ahora el asunto es qué nuevas direcciones debe tomar el crecimiento de la iglesia en el siglo 21. Para comenzar, el crecimiento de la iglesia para el siglo 21 debe incorporar el concepto del crecimiento saludable de la iglesia.*

En el esfuerzo de explicar completamente el concepto del crecimiento saludable de la iglesia debemos mantener la convicción que el crecimiento auténtico de la iglesia tiene que estar balanceado. Sin embargo, el pensamiento del crecimiento de la iglesia para el siglo 21 tiene que incorporar las ideas de justicia social, contextualización, flexibilidad, iglesias innovadoras, iglesias misioneras y la necesidad de la reproducción de iglesias.

Solamente cuando se hagan realidad estas ideas puede llegar el movimiento cristiano a la meta del crecimiento que es más grande, mejor, más amplio y también el crecimiento que es más saludable.

Una percepción clara del significado y planeamiento del crecimiento de la iglesia requiere la percepción de algunos conceptos básicos. Entre éstos se encuentran el optimismo de esperar el crecimiento de la iglesia, la realidad que viene de refinar las ideas del crecimiento de la iglesia, y la aceptación audaz del desafío que el crecimiento de la iglesia brinda al mundo de las misiones. Esta precisa percepción debe estimular al cristianismo a buscar el crecimiento saludable de la iglesia alrededor del mundo.

ESPERANDO EL CRECIMIENTO DE LA IGLESIA

Muchas iglesias y congregaciones se entumecieron en un estado de falta de crecimiento o aún de declinación. Esperando poco crecimiento lo logran, metas de un avance miserable, es exactamente lo que cosechan; al aceptar la norma de aumento lento se han contentado con eso. Tales actitudes hacia el crecimiento no son bíblicas, saludables ni adecuadas. Ciertamente que no agradan a Dios. El crecimiento saludable de la iglesia procura proyectar optimismo, creyendo que podemos y debemos aceptar que las Iglesias y las iglesias crezcan.

Donald A. McGavran dijo en 1970:

> Hoy es el tiempo por excelencia para crecimiento de la iglesia. Hoy, este optimismo y expectativa tiene que volver a mencionarse. Hoy es el mejor tiempo para el crecimiento balanceado de la iglesia. Existe más gente que se puede ganar y los cristianos tienen más recursos para alcanzarlos que en cualquier otro tiempo en la historia. Obediencia a la voluntad de Dios y confianza en el poder del Espíritu Santo lleva a las expectativas de un crecimiento balanceado. La iglesia hoy necesita oír de nuevo el grito de William Carey, "Intente grandes cosas para Dios, espere grandes cosas de Dios" (1990: 63).

La convicción de McGavran en 1970 debe ser la roca sólida del pensamiento del crecimiento de la iglesia en el siglo 21.

La expectativa de crecimiento resulta parcialmente de la

convicción que Dios desea que los perdidos se ganen y que Sus iglesias crezcan. En el Edén, después de la trasgresión inicial de la humanidad, Dios buscó a los errantes Adán y Eva (Génesis 3:8-24). En algunas de las parábolas, el Maestro enfatizó la importancia de hallar a los perdidos y traerlos al Señor. La mujer buscó la moneda perdida hasta que la *encontró*. El pastor regresó, gozoso, porque *había encontrado* la oveja perdida. El padre esperó en la puerta, anhelando el regreso del hijo perdido y se alegró en ese regreso (Lucas 15:3-32). Obviamente, encontrar a los perdidos y regresarlos a la presencia del Señor es la voluntad del Padre. Esta es también la meta del crecimiento de la iglesia.

Al esperar el aumento, el crecimiento saludable de la iglesia se une a la "cosecha" en vez de la teología de "búsqueda."[1] La teología de búsqueda acepta sembrar la semilla, buenas obras sin buscar la conversión, servicio social o la mera presencia entre los perdidos como la esencia de las misiones. Algunos caracterizan estas actividades preparatorias como pre-evangelización. En verdad, la teología de la búsqueda considera traer a los perdidos a la experiencia de la salvación y sembrar iglesias como una preocupación secundaria.

Lo que contribuye al crecimiento de la teología de la búsqueda es la disminución de la convicción entre muchos que la gente sin el directo conocimiento de Cristo está perdida. Sin una profunda convicción de condición de perdición rara vez se tiene el intenso impulso para la conversión en el trabajo misionero. La teología de la búsqueda simplemente no apoya el crecimiento saludable de la iglesia.

La teología de la cosecha, por otra parte, considera la salvación individual y el sembrar nuevas congregaciones como la esencia de las misiones. Los ministerios sociales, buenas obras, y ayudar son actos cristianos importantes que no deben reemplazar la prioridad de encontrar a los perdidos. De acuerdo al crecimiento balanceado de la iglesia, la teología de la cosecha insiste en que la tarea primordial de las misiones es la de participar en el vasto esfuerzo de encontrar a los perdidos para Dios. McGavran obviamente está en lo correcto al decir: "Por tanto la tarea principal, la oportunidad y el imperativo de hoy es la multiplicación de iglesias en el aumento de números de personas receptivas en todos los seis continentes" (1980:56).

Las enseñanzas bíblicas apoyan sólidamente la convicción que Dios desea crecimiento de la iglesia para engrandecer el concepto de encontrar. Por ejemplo, en la gran comisión (Mateo 28:16-20) se debe traducir:

Al ir, hagan discípulos de todas las naciones, bautizándoles en el nombre del Padre, y del Hijo y del Espíritu Santo: enseñándoles a observar todas las cosas que les he mandado: y recuerden, estoy con ustedes hasta el fin del mundo.

El imperativo directo en el mandamiento es el verbo "hagan discípulos." Los tres participios, "al ir," "bautizándoles" y "enseñándoles," describen los medios por medio de los cuales se logra hacer discípulos (incluye la evangelización y la madurez). La gran comisión claramente apoya la teología de la cosecha.

El libro de los Hechos registra el aumento numérico al describir la cosecha en el rápido crecimiento de las iglesias del Nuevo Testamento. Empezando con una compañía de 120 personas (Hechos 1:15), Dios añadió 3000 almas el día de Pentecostés (Hechos 2:41-42). En Hechos 4:4, Lucas registra que después del apresamiento, persecución y amenazas, los discípulos oraron pidiendo denuedo para proclamar el evangelio y la compañía aumento a 5000 hombres más las mujeres. Más tarde en Hechos, el énfasis se hace en las multitudes de hombres y mujeres que se incorporaron al compañerismo (5:14). En Hechos 5:1-7, el reporte es que le número de discípulos se multiplicó.

En el capítulo 9 de Hechos, empieza el reporte del aumento en el número de iglesias tanto como de creyentes. El número de congregaciones en Judea, Samaria y Galilea se dice que se han multiplicado (Hechos 9:31). En hechos 16:5, el cambio de iglesia a iglesias subraya el lugar del compañerismo de los grupos cristianos organizados (iglesias) en el desarrollo del plan misionero de Dios. Finalmente, Hechos usa el término *miríadas* (10000) para describir el aumento entre los cristianos (Hechos 21:20). Claramente diez miles de personas se han rendido a Cristo y han llegado a ser miembros de Sus iglesias.

La Biblia no solamente apoya la teología de la cosecha y el crecimiento de la iglesia sino que también lo demanda. Dios desea que Sus iglesias crezcan. La voluntad de Dios para el crecimiento viene a ser la motivación dinámica en las vidas de los creyentes. Luchamos por el crecimiento porque Dios lo desea y lo promete, nosotros esperamos crecimiento porque las promesas de Dios le dan el poder.

Esperamos el crecimiento porque es bíblico y también porque el crecimiento es normal en un organismo saludable. Los cuerpos saludables crecen, las iglesias saludables crecen. Cuando el clima espiritual es caliente, vital y saludable, las iglesias encuentran maneras para crecer. Muchos cristianos incluyendo a algunos líderes, consideran el crecimiento de las iglesias como fuera de lo normal. En realidad, las iglesias que crecen reaccionan normalmente a las vastas posibilidades de avance en el mundo hoy. Dios provee poder ilimitado y el potencial para el crecimiento balanceado de la iglesia.

Para permanecer balanceado, los abogados del crecimiento de la iglesia tienen que reconocer que algunas congregaciones encuentran crecimiento limitado por factores más allá de su control. Las iglesias en áreas de población que declina pueden hallar crecimiento numérico más limitado que congregaciones en regiones donde la población se expande. Las iglesias en comunidades en transición donde las clases de grupos cambian pueden descubrir su crecimiento restringido entre las clases de grupos a que han servido. Las iglesias en áreas que se resisten donde la gente es dura como el pedernal contra el evangelio pueden experimentar un crecimiento limitado. El crecimiento saludable de la iglesia declara, sin embargo, que estas situaciones no se deben de aceptar como lo normal y ciertamente no como lo ideal.

En otras áreas, el crecimiento es posible pero las Iglesias, iglesias y cristianos se contentan con un aumento miserable. Las excusas por la falta de crecimiento a menudo se escuchan más en estas iglesias que los planes para la cosecha. Impedimentos para el crecimiento no alivian a las iglesias de la responsabilidad de crecer. Las iglesias saludables encuentran maneras de crecer. Las iglesias no deben contentarse con un crecimiento numérico limitado cuando existen las posibilidades de una cosecha más abundante.

> Las iglesias no deben contentarse con un crecimiento numérico limitado cuando existen las posibilidades de una cosecha más abundante.

A menudo las limitaciones del crecimiento yacen más dentro de la congregación y las actitudes de sus miembros que con la gente que la iglesia desea alcanzar. Excusas sin fundamento no disfraza la normalidad del crecimiento ni eclipsa la expectativa de crecimiento. Muchas excusas por la falla de crecimiento se ofrecen pero pocas son legítimas. La afirmación que hacemos de mejor calidad de ministerio que otros grupos que están "creciendo," jamás se debe usar para justificar nuestra falta de crecimiento.

En cuanto a las excusas para no crecer, instruye leer de nuevo la parábola de los talentos (Mateo 25:14-30). Note que los que produjeron de acuerdo a la voluntad del Señor reportaron sólo con trece palabras: *"Señor –dijo usted me encargó cinco mil monedas. Mire, he ganado otras cinco mil"* (v. 20). Por otra parte los que fallaron de ejecutar el plan del Señor se excusaron de su descuido con el uso de cuarenta y tres palabras.

El crecimiento de la iglesia saludable, como el crecimiento de la iglesia enseñado en otros tiempos, tiene que proyectar optimismo. Los abogados del crecimiento de la iglesia consideran crecimiento en vez de estancamiento como el método normal para los ministerios de Dios. Dios desea el crecimiento. El Señor Jesús promete crecimiento, el Espíritu Santo provee el poder para crecer, el pueblo de Dios, por lo tanto, debe esperar crecimiento. Una percepción clara del plan de Dios para el crecimiento movilizará al pueblo de Dios hacia la expectativa de crecimiento que a su vez desarrolla el esfuerzo para participar en el plan de Dios para el crecimiento.

REFINANDO DEL CONCEPTO DEL CRECIMIENTO SALUDABLE DE LA IGLESIA

La dedicación al crecimiento de la iglesia se desarrolla solamente en compañía de una clara percepción del significado del crecimiento saludable de la iglesia. Este concepto de crecimiento, por lo tanto debe refinarse para que refleje exactamente tanto el significado como la verdadera extensión del crecimiento de la iglesia. Los conceptos de crecimiento imprecisos o inadecuados de crecimiento ahogan la percepción clara del crecimiento y guía a las Iglesias, iglesias y a los líderes de las iglesias a pensar que sus grupos están creciendo cuando la realidad el crecimiento percibido no es válido. Además conceptos erróneos ciegan a la gente a mayores posibilidades de la cosecha que no se recogerá. Conceptos inválidos de crecimiento puedan llevar a una diagnosis de salud cuando la Iglesia o iglesia en verdad está enferma. Refinamiento del concepto de crecimiento corrige los cálculos equivocados del crecimiento y por lo mismo produce una clara percepción de la situación de crecimiento.

"Nuestra iglesia está creciendo admirablemente," reportaba un pastor. "En los pasados seis meses hemos añadido 300 nuevos miembros." Esto parecía la cantidad mayor de crecimiento rápido. Un vistazo refinado, no obstante, indicó que de las 300 adiciones, 270 fueron transferencias de otras iglesias (o lo que se llama crecimiento por transferencia). El crecimiento por transferencia es bueno cuando los cristianos pueden ser más productivos si pertenecen a la iglesia donde viven. Por otra parte, sin embargo, en el crecimiento por transferencia un miembro nuevo en esta iglesia significa uno menos en alguna otra. El reino de Dios no ha avanzado en número.

En un mayor refinamiento del crecimiento de la iglesia anterior, de los treinta bautismos, 23 eran de niños de los miembros (lo que se llama crecimiento biológico). El crecimiento biológico es bueno pero está limitado en que no alcanza a los que no asisten a la iglesia. Con el propósito de refinar, el registro indica que en este "crecimiento de la iglesia" se ganaba una persona por mes "del mundo" o de los que no asisten a la iglesia.

Estas seis personas, ganadas por lo que se llama crecimiento por conversión, no son más importantes que las otras adiciones. El crecimiento de transferencia y biológico es importante. Sin embargo, conversiones por crecimiento deben recibir prominencia en las iglesias, porque es por medio de la conversión que se expande el reino de Dios. El crecimiento por transferencia y biológico puede enceguecer la iglesia al hacer que los miembros de la iglesia estén satisfechos, al pensar que están creciendo cuando en la actualidad no lo están.

> Cada Iglesia e iglesia debe estar consciente de los métodos de crecimiento como venido por transferencia, biológico o conversión y enfatizar el crecimiento por conversión.

El refinamiento del concepto de crecimiento demanda que registros reflejen las adiciones recibidas por métodos de transferencia, crecimiento biológico y conversión. Las iglesias que confían en crecimiento por transferencia o biológico con pocas conversiones no están experimentando crecimiento auténtico de la iglesia. Observar los registros de las adiciones desde el punto de vista de las tres clases de crecimiento ayuda a refinar el concepto de crecimiento y contribuye a aclarar la percepción del significado de aumento en la iglesia y en su membresía. Las iglesias saludables se concentran en el crecimiento por conversión.

Los números de crecimiento también se deben refinar para que reflejen la relación entre adiciones y el continuo compromiso con el servicio al Señor y a la iglesia. Una iglesia reportó 800 bautismos en un año pero para el mismo período, se notó un decrecimiento en el número de matriculados en el estudio bíblico y en la asistencia a los servicios de adoración.

> Sólo el crecimiento que dura y se reproduce se puede aceptar como crecimiento viable y auténtico de la iglesia.

Otra iglesia reportó un aumento significativo en la matrícula de la escuela dominical, pero un decrecimiento neto en la asistencia. Sucedió que los líderes de la iglesia arbitrariamente habían matriculado para la escuela dominical a todos en las listas de la iglesia fuera que hubiera o no asistido. El registro resultante le ganó un reconocimiento a la iglesia, como una iglesia con un rápido crecimiento en la escuela dominical, pero el registro actual de crecimiento era inválido. En tales casos como éstos, los registros de crecimiento deben cuestionarse y refinarse.

Sólo el crecimiento de la iglesia duradero es auténtico, aceptable y saludable. Traer a los inconversos y a los no comprometidos a la iglesia, y añadir sus nombres a las listas de la iglesia, y afirmar crecimiento en base de estos registros, cuando no hay cambio en la vida ni compromiso con el servicio al Señor no se conforma con los conceptos y metas del crecimiento de la iglesia saludable. Fallar en el entendimiento de la naturaleza exacta del crecimiento de la iglesia o la falta de crecimiento lleva a una situación de pobre evangelización y desarrollo de la iglesia.

Las denominaciones, como las iglesias locales, deben refinar sus conceptos de crecimiento. No se puede alcanzar una percepción clara del crecimiento sin tal refinamiento. Una denominación que se jacta de tener miles de miembros pero que también halla que más del 30 por ciento de sus miembros viven en comunidades diferentes a las que sirve la iglesia de su membresía no puede afirmar un crecimiento saludable. Una Iglesia (o iglesia) que descubre que la proporción de los miembros residentes a los bautismos es más del 30-1 (queriendo decir que les toma a 30 miembros un año para ganar un convertido) debe aceptar la conclusión que el crecimiento de la iglesia es inadecuado y ciertamente no saludable.

Membresía de la Convención Bautista del Sur

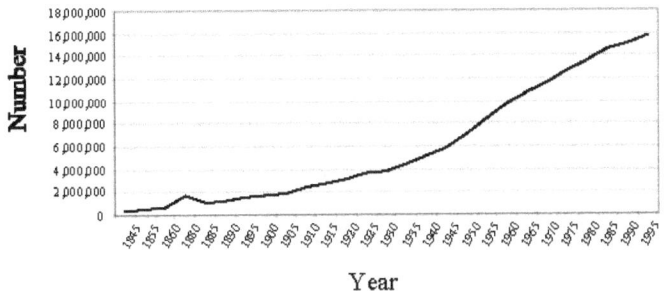

Figura 1

El cuadro del crecimiento de cada Iglesia (e iglesia) tiene que ser refinado en relación con las proporciones del crecimiento del grupo. Por ejemplo, la percepción general y correcta es que la Convención Bautista del Sur se encuentra entre las que más rápidamente crece en los Estados Unidos. Una investigación de los reportes de números de miembros indica un rápido aumento. En el gráfico de membresía se indica un aumento consistente y sostenido en la membresía de las iglesias afiliadas con la Convención Bautista del Sur (CBS).

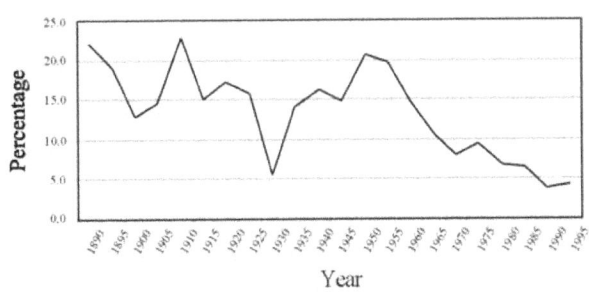

La segunda gráfica muestra este mismo crecimiento en términos del porcentaje de crecimiento en períodos de cinco años. Este registro de crecimiento sujeta esta percepción a cuestionamiento. La segunda gráfica presenta las proporciones de declinación en el crecimiento. Atención al porcentaje de las proporciones ayuda a refinar el concepto de crecimiento con el fin de que una clara y más precisa indicación sea presentada. El refinamiento del concepto del crecimiento le ayuda a un grupo a entender el cuadro verdadero de crecimiento.

Los grupos de iglesias también deben refinar sus registros de crecimiento en relación con el crecimiento del grupo comparado con el crecimiento de la población. Una denominación (o congregación) se debe postrar por la revelación de que su crecimiento se quedó atrás del aumento de la población. En 1970, los bautistas del sur en Houston, Texas, eran 6,865 personas. En 1979 la Iglesia podía afirmar sólo una congregación por cada 9800 personas. En 1990 la situación mejoró un poco en el reporte de este grupo de una iglesia por cada 9076 personas en el área. Para el 2000, las cantidades habían llegado a ser una congregación por cada 9483 personas en el área.

Los bautistas del sur tenían el 11.7 por ciento de la gente del área de Houston, Texas, pero para 1979 esa cantidad había caído al 8.6 por ciento. Algo de mejora se ven en el reporte de los bautistas del sur para 1990 con el 10.7 por ciento de la población en las iglesias bautistas. Para el 2001, los bautistas del sur en Houston contaban con el 11.2 por ciento de la población en sus iglesias. Refinamiento de la información sobre el crecimiento y falta de crecimiento puede dar una clara percepción de la salud del crecimiento de la iglesia y tal vez a cambios en estrategia y dedicación.

La comparación de la iglesia con el crecimiento de la comunidad debe incluir una consideración de los cambios raciales, sociales, económicos, o cambios de estilo de vida que tienen lugar en las comunidades. Los Grupos de iglesias deben cuidadosamente tener en cuenta los cambios de la gente que forma las comunidades para darse cuenta si las iglesias mantienen contacto con cada segmento de la población en la comunidad. Un estudio de los bautistas del sur en el Condado Tarrant, Texas, indica que en las categorías tales como edad, educación, ingresos y viviendas existe una vasta diferencia entre los miembros de las iglesias y la mayoría de la gente en las comunidades que sirven estas congregaciones. El estudio también mostró que las iglesias que reflejaban más las realidades socioeconómicas de la gente en las comunidades reportaron un crecimiento más adecuado (Smith 1987).

Tales refinamientos de puntos de vista de las iglesias y las comunidades pueden producir una guía importante para las Iglesias e iglesias. La atención a la relación entre las membresías de las iglesias y el estado socio-económico de las personas en la comunidad puede revelar a los grupos de iglesias la necesidad de expandir sus clases de ministerios para satisfacer las necesidades de las personas en las comunidades. Refinamiento de la información de esta manera grandemente expande el entendimiento del crecimiento y las necesidades existentes y añade una clara percepción del crecimiento.

Refinar las cantidades de crecimiento puede revelar las fortalezas y debilidades en los ministerios de las iglesias. Una iglesia que reporta 250 miembros nuevos cada año por un período de años y con todo permanece estancada en sus cantidades de membresía y asistencia puede parecer que experimenta crecimiento auténtico. Sin embargo, si la investigación revela que durante este período de tiempo, la iglesia había sembrado varias misiones, dando miembros cada vez como familias iniciales para la iglesia nueva, el cuadro resulta encomioso.

Una iglesia que muestra un registro de decrecimiento repentino se puede considerar como una iglesia que declina. Sin embargo, si la disminución ocurre como resultado de limpiar su lista de miembros no residentes (personas que ya no viven en la comunidad) o de una división con el propósito de sembrar otra congregación, esa disminución se puede considerar como crecimiento. Refinar el cuadro de crecimiento puede revelar factores positivos en la vida de la iglesia.

Refinar los conceptos y reportes de crecimiento, estancamiento, o declinación puede responder a la pregunta, "¿Estamos en realidad creciendo?" Los registros favorables no siempre indican crecimiento auténtico. Lo que parece registros desfavorables pueden en efecto revelar avances. Refinamiento de los cuadros y las situaciones puede guiar a la realización de las necesidades de evangelización y ministerios y a respuestas inadecuadas de la iglesia a estas oportunidades. Entonces la iglesia se puede movilizar y tomar ventaja de estas oportunidades.

> Una comprensión total de lo que contribuye al crecimiento o a la falta de crecimiento puede guiar a cambios que mejorará la cosecha.

Refinar el concepto y el cuadro de crecimiento, por lo tanto, permanece como un imperativo que se tiene que asumir. Tal refinamiento de los hechos del crecimiento puede venir a ser un esfuerzo productivo y gratificante. Un entendimiento real del cuadro de crecimiento para la Iglesia (o iglesia) contribuye a una percepción clara del significado del crecimiento saludable de la iglesia. El crecimiento saludable de la iglesia es menos probable que acontezca cuando los hechos del crecimiento son oscuros. Cualquier grupo que desea ver las congregaciones en avance y expansión continuos tiene que pagar el precio de refinar los registros de crecimiento para que el cuadro real surja.

ACEPTE EL DESAFÍO DEL CRECIMIENTO SALUDABLE DE LA IGLESIA

Pocas ideas inducen mayor visión y motivación para el crecimiento de la iglesia profundamente como ver la necesidad de la conversión entre los pueblos del mundo y aceptar el desafío para satisfacer esa necesidad. Casi el 75 por ciento de la gente en el mundo no adoran al Señor Dios ni siguen a Jesucristo. Más de una persona muere sin Cristo por segundo. Los números de la gente perdida continúan expandiéndose con increíble y terrible rapidez.

> Siendo que tres de cada cuatro personas en el mundo están perdidas, la Iglesia encara la crisis más grande en toda la historia.

El crecimiento saludable de la iglesia espera el desarrollo de esta visión y respuesta a este desafío.

Edward Dayton gráficamente presenta la rapidez del aumento de esta población entre la gente perdida mostrando que en los 1500 años entre el tiempo de Cristo y el ministerio de Martín Lutero, la población mundial se duplicó de 250 a 500 millones. Para el tiempo en que William Carey navegó para la India en 1793, la población se había duplicado nuevamente—esta vez en solamente 250 años. Para 1910, el tiempo de la Conferencia Misionera de Edimburgo, la población mundial se duplicó una vez más y sobrepasaba los dos mil millones. Desde 1910 la población ya se ha duplicado y si continúa llegará a ser entre seis y siete mil millones para el 2000 (Dayton 1978: 17-18). *La predicción de Dayton resultó ser verdad ya que la población en el 2001 se estima en más de los 6 mil millones* (Johnstone 2001: 1).

La necesidad de salvación de parte de tres de cada cuatro

personas en la tierra desafía a los creyentes a renovar la evangelización. Este desafío se combina con el hecho de que de un poco más de mil millones de cristianos reportados, solamente cerca de 200 millones se estima que son dedicados, comprometidos y activos miembros de la iglesia. Entre los 979 millones de cristianos, muchos son nominales y creyentes marginales. A esta gente tiene que ganarse con lo que algunos escritores del crecimiento de la iglesia llaman evangelización E-0, este es un esfuerzo para renovar a cristianos existentes o ganar a los miembros de la iglesia que no han experimentados la salvación personalmente (McGavran 1980:63-66).

En Uruguay, por ejemplo, aunque el 50 por ciento de la gente está en las listas de miembros de las iglesias católico romanas, menos de 1.2 por ciento en realidad asiste a la misa. La mayoría de los que están afiliados a la iglesia católica en la práctica no es religiosa. Algo como el 24.64 por ciento de la población declara su estado como no religiosos y otro 12.8 por ciento es espiritista. La situación muestra un ejemplo de la necesidad de evangelización alrededor del mundo (Johnstone 2001:664-65).

Algunos 336 millones (13%) de los 2.4 mil millones de la gente perdida viven en áreas donde las iglesias están compuestas de cristianos de básicamente el mismo grupo cultural y lingüístico existente. Estos 336 millones de personas se pueden alcanzar con la evangelización E-1, esto es, por el testimonio de vecinos cercanos con idioma y cultura similar (McGavran 1980:654-66). No todos los grupos de iglesias en estas áreas, sin embargo, en la actualidad intentan alcanzar a sus vecinos inconversos.

Esta condición deja más de dos mil millones de gente perdida que se puede alcanzar solamente con la evangelización transcultural (que cruza barreras culturales). Los escritores de crecimiento de la iglesia llaman a la evangelización transcultural que debe cruzar límites culturales, evangelización E-2, y el esfuerzo que debe cruzar límites culturales extremos, evangelización E-3 (Ibíd. 64). Edward Dayton expresa el desafío de la necesidad mundial aún con mayor fuerza. Declara que *si todos los cristianos testificaran fielmente, solamente un tercio de la gente del mundo escucharía del evangelio de cristianos que hablan sus idiomas y entienden su cultura* (Dayton 1978: 21).

La necesidad del mundo ha venido a expresarse aún más perturbadoramente con el concepto de los grupos de gente no alcanzados. Las autoridades definen los grupos de gente no alcanzados como gente que tiene poca oportunidad de oír el evangelio de fuentes que ellos consideran confiables. Generalmente los misiólogos sienten que los grupos de gente en sociedades donde menos del 20 por ciento de la gente son cristianos caen en la categoría de no alcanzados (Wagner and Dayton 1981: 33).

Muchos de estos grupos de gente no alcanzados viven en lo que se ha designado como la ventana 10/40 que se extiende desde África Occidental a lo largo de Asia entre los 10 grados norte y 40 sur del Ecuador. La mayoría de la gente no evangelizada en el mundo vive en esta área (Bush 1990:1-2). Cálculos de los números de los grupos de gente no alcanzada en el mundo van desde unos pocos cientos hasta un máximo de 16,750. Como lo establecen Wagner and Dayton, el número real de los grupos, sea 16,000 o 25,000, es menos importante que el hecho que los grupos existen y que las personas que los forman están perdidas (Wagner and Dayton 1981: 33). Lo que demanda la atención es el cálculo que unos dos mil millones de personas existen que no se han alcanzado en el mundo de hoy (Bush 1990:1).

La situación en los Estados Unidos igualmente refleja el desafío de la necesidad del mundo. La necesidad de evangelizar en los Estados Unidos continúa aumentando y desafía tanto a los cristianos como a las iglesias. En 1980 algunas 231,708 congregaciones se jactaron de tener 112,538,310 adherentes. Esta cantidad constituye como el 49.7 por ciento de la gente en la nación. Al refinar este reporte, sin embargo, hace que el pensador del crecimiento de la iglesia note que el total incluye todos los adherentes a la Iglesia, incluyendo niños pequeños tiernos y otros miembros de la familia de los cristianos. Cuando se citan las cantidades por comulgante, miembros confirmados, encontramos solamente 48,834,482 miembros de la iglesia o cerca del 21.2 por ciento de la población (Quinn, Anderson, Bradley, Goetting, Shriver 1982: xiii, 1, 2.). Los perdidos y extraviados (los que no asisten a la iglesia) constituyen un campo misionero mayor para cada cristiano y cada iglesia.

La situación de necesidad también grita desde partes del globo donde en períodos anteriores, el cristianismo mantenía un lugar de prominencia. En Francia, por ejemplo, más de 50 millones de personas no tienen un vínculo real con una iglesia cristiana. De las 38,000 comunas, alrededor de 35,000 no tienen testigo cristiano residente (Johnstone 2001:357). En Inglaterra, el nominalismo y el cristianismo marginal presentan enormes desafíos. Solamente el 16 por ciento de la población visita una iglesia en el curso de un año y menos del 11 por ciento asiste a los servicios de la iglesia con la regularidad de una vez al mes (Johnstone 2001:654).

La percepción clara de la necesidad mundial de Cristo y de los ministerios de Sus iglesias debe estimular la visión del crecimiento saludable de la iglesia y la determinación de participar en las misiones alrededor del mundo. Entendiendo esta necesidad y aceptando el desafío que presenta debe impulsar a los cristianos a testificar a los perdidos y comenzar iglesias nuevas entre todas las gentes del mundo—en los Estados Unidos y en otros países.

> Una percepción clara de la condición perdida de los pueblos del mundo debe impulsar a los cristianos y a las iglesias a compartir el evangelio con todas las personas.

CONCLUSIÓN

La necesidad masiva de un aumento en los números de cristianos e iglesias auténticos en el mundo hoy, espera una inmensa expansión de la visión para el crecimiento de la iglesia en los corazones y mentes de todos los creyentes y congregaciones. La visión que impulsará esta inmensa expansión brota de una percepción clara del significado de crecimiento de la iglesia. Esta percepción empieza con un correcto entendimiento de la verdadera naturaleza del crecimiento de la iglesia. Aumenta con un poderoso reconocimiento de que Dios desea tal crecimiento y que ha provisto el poder para lograrlo. La percepción madura con una humilde aceptación de que la respuesta cristiana ha sido menos que adecuada para la necesidad de todo el mundo. Se completa con una continua participación en el plan del Señor de alcanzar al mundo entero. Adquiriendo una percepción clara del significado y necesidad de un crecimiento balanceado de la iglesia marca el punto de arranque para lograr el crecimiento auténtico de la iglesia que le agrade a Dios.

Los líderes del crecimiento de la iglesia no pueden estar satisfechos con cualquier crecimiento fantasma que no acontece en realidad en el crecimiento saludable de la iglesia. Las personas convertidas por el Señor y las congregaciones iniciadas en el poder del Espíritu del Señor se deben desarrollar en salud— esto es en salud y bienestar. El significado más completo de crecimiento de la iglesia solamente se consigue cuando este concepto de crecimiento saludable de la iglesia se incluye.

Preguntas y Actividades

1. Escriba un párrafo o dos explicando qué entiende por los términos crecimiento de la iglesia y crecimiento saludable de la iglesia. Esté seguro de incluir todos los diez factores.
2. ¿Cuál es su sueño para su iglesia?
3. Estudie las adiciones a su iglesia durante los últimos dos o tres años. ¿Cuántas de las adiciones fueron por transferencia, biológicas o crecimiento por conversión?
4. ¿Cuál es la proporción entre los miembros residentes de su iglesia y el crecimiento por conversión en su iglesia?
5. ¿Cómo estima que su iglesia se compararía con la comunidad a la que sirve en relación con los factores socioeconómicos?
6. Prepare una charla para un grupo de la iglesia de las necesidades presentes del mundo para la evangelización y el crecimiento saludable de la iglesia.
7. ¿Qué revela en su iglesia la salud o la enfermedad de la denominación o la congregación?

Lecturas Adicionales

Allen, Roland, *La Expansión Espontánea de la Iglesia,* Editorial Aurora, 1970.

Chriswell, W. A., *El Pastor Y Su Ministerio: Una guía práctica*, El Paso: Casa Bautista de Publicaciones, 1998.

Coleman, Robert E., *Plan Supremo de Evangelización,* El Paso, TX: Casa Bautista de Publicaciones, 1972.

Sánchez, Daniel R., González Rodolfo, *Compartiendo Las Buenas Nuevas Con Sus Amigos Católicos*, Church Starting Network, 2004, www.churchstarting.net www.sembrariglesias.com

Sánchez, Daniel R., *Evangelio en el Rosario*, Church Starting Network, Church Starting Network, 2004, www.churchstartingnetwork

CAPÍTULO 3

ENFOCANDO EN LOS FUNDAMENTOS DEL CRECIMIENTO SALUDABLE DE LA IGLESIA

Volver a lo básico ha venido a ser el grito de llamada para casi cada esfera de actividad. Los líderes de las escuelas ruegan mayor atención a lo "básico." Aún los atletas profesionales dedican sus prácticas iniciales a lo "básico," y luego se quejan cuando los jugadores no "ejecutan" estos "básicos" durante la temporada. En mucho, de la misma manera, comprensión y ejecución del más completo significado del Crecimiento de la Iglesia depende en captar el sentido y significado de los conceptos e ideas básicos del crecimiento de la iglesia. Lo más significativo es que estos conceptos básicos encajan perfectamente en el pensamiento del crecimiento saludable de la iglesia.

Los Conceptos Más Básicos del Crecimiento de la Iglesia

> Los Puentes de Dios.
> Crecimiento Balanceado de la Iglesia.
> Evangelización Eficaz.
> La Multiplicación Ilimitada de las Congregaciones.
> Servicios Sociales de Amor.
> Reproducción libre de Trabas.
> Dependencia Total en el poder del Espíritu Santo.

Como se verá, cada uno de los conceptos fundamentales que se han enseñado por el Crecimiento de la Iglesia contribuirán directamente a lograr el crecimiento saludable de la iglesia en el sigo 21.

Los conceptos más básicos de la Teoría del Crecimiento de la Iglesia incluyen: "Los Puentes de Dios;" "Crecimiento Balanceado de la iglesia;" "Evangelización eficaz;" "La Multiplicación Ilimitada de las Iglesias;" "Servicios Sociales de Amor," "Reproducción libre de Trabas," y "Dependencia en el Espíritu Santo." Todo el pensamiento en el crecimiento saludable de la iglesia empieza con y se centra en estos conceptos fundamentales. Estas enseñanzas fundamentales concernientes al crecimiento de la iglesia también se relacionan positivamente con el crecimiento saludable de la iglesia.

LOS "PUENTES DE DIOS"

Un concepto principalísimo en el pensamiento del crecimiento de la iglesia, los "Puentes de Dios," emerge del libro bombazo de Donald A. McGavran en 1955 que lleva ese título. Tan central es esta idea al pensamiento del crecimiento de la iglesia que McGavran declara que hallar estos "puentes" constituye la estrategia clave en los esfuerzos del crecimiento de la iglesia (McGavran y Hunter 1980: 28-29). El fundador de la Escuela de Crecimiento de la Iglesia describe la idea de los "puentes de Dios" en estas palabras:

> La fe se esparce más natural y contagiosamente a lo largo de las líneas de las redes sociales de los cristianos vivientes, especialmente de los nuevos cristianos. Hombres y mujeres receptivos sin discipular usualmente reciben la Posibilidad cuando la invitación se les extiende por amigos cristianos, familiares, vecinos y compañeros de trabajo creíbles dentro de su red social (Ibíd.: 30).

¿Encaja el concepto de los "puentes de Dios" en el pensamiento del crecimiento saludable de la iglesia? En otras palabras, ¿se puede seguir usando la estrategia que McGavran llamó la "estrategia clave" al procurar el crecimiento saludable de la iglesia? La respuesta es obviamente, sí. En efecto, esta estrategia también puede ser la estrategia clave para el crecimiento saludable de la iglesia.

El concepto presente en los puentes de Dios es central en la idea de los "Movimientos de Gente," una designación que causó algo de consternación y cuestionamiento innecesario. Ciertamente un grupo no se puede arrepentir y recibir al Señor. En muchas culturas, sin embargo, un individuo no apoya una nueva enseñanza hasta que el grupo de la sociedad no toma ese paso en conjunto. El concepto de "Movimientos de Gente" no es extraño al crecimiento saludable de la iglesia.

McGavran asegura los puentes de Dios o el fenómeno del movimiento de gente en acción en los acontecimientos bíblicos de la expansión del cristianismo en los primeros años, en el imperio romano, durante el "gran siglo" de historia misionera, y en los "movimientos de gente dados por Dios" de la experiencia misionera (1955: 17-99). El creía que el fenómeno ha sido experimentado a menudo en la actividad misionara fuera de los Estados Unidos. Mientras el captó primero la idea en la India, posteriormente observó el mismo método en África, América Latina y Asia. Las autoridades en el crecimiento de la iglesia en Norteamérica, Win Arn y Lyle Schaller, reconocieron el método de los "puentes" en el crecimiento de la iglesia en los Estados Unidos (McGavran y Hunter 1980: 34).

El concepto de los puentes de Dios opera en la esfera de lo que se ha venido a conocer como evangelización de la amistad, o el proceso de hacer amigos a fin de tener puentes sobre los cuales podamos comunicar el evangelio. El evangelista Oscar Thompson sugiere algo del concepto de los "puentes" en su libro, *Concentric Circles of Concern*. Thompson nos recuerda que los que están más cerca de nosotros en los círculos de relaciones son los que más probablemente alcanzaremos en nuestros esfuerzos evangelizadores. (1981:21).

La evangelización de la amistad recibió una fuerte declaración por parte de Wayne McDill en su libro, *Making Friends for Christ*. McDill firmemente sugiere que la evangelización a través de líneas de relación probará ser más eficaz que los métodos que encaran a personas con las que el que testifica no tiene una relación personal (1979: 13-15). El plan de la evangelización de la amistad es importante porque entre más las personas permanezcan como miembros de la iglesia menos relaciones tendrán con las personas perdidas. Esta verdad sugiere que los cristianos sean enseñados y entrenados para formar relaciones que puedan servir de avenidas para testificar (Sánchez, Smith, y Watke 2001:71).

En todas las esquinas del mundo, los observadores ven que el método del más rápido aumento en creyentes e iglesias ocurre cuando la fe se extiende naturalmente entre la gente que ya está asociada en una unidad particular de la sociedad. Este método de crecimiento continúa cuando el mensaje sigue aún en otros "puentes" moviéndose a otras redes sociales. Los puentes de Dios son, entonces, las avenidas de comunicación y relación sobre las cuales el evangelio fluye de una persona a otra y de un grupo a otro.

Podemos hacer un diagrama de este proceso de evangelización y crecimiento de la iglesia a través de líneas de relación como se presenta aquí:

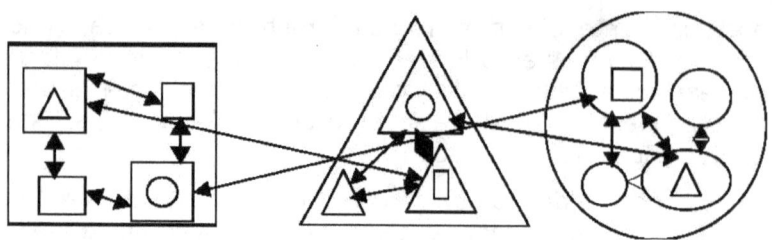

En este diagrama el cuadrado, el triángulo y el círculo representan diferentes redes sociales de personas. Las flechas indican que las personas dentro de cada red social (los cuadrados, los triángulos y los círculos) se relacionan el uno con el otro dentro de su red particular vía estas relaciones. Consecuentemente estas relaciones proveen puentes sobre los cuales puede fluir el mensaje del evangelio.

Aunque estas relaciones obviamente proveen comunicación, conversión y seguimiento excepcionales, surge un problema. Si los puentes están activos únicamente dentro de una red, el movimiento cristiano se detendrá cuando alcance los límites externos de esa red. Las congregaciones crecerán algunas veces muy rápidamente y luego de repente se estancarán. La razón bien puede ser que los puentes de Dios se siguieron únicamente dentro de la red social.

Misioneros en Indonesia se sorprendieron al encontrar que las iglesias se componían mayormente de personas conectadas por lazos familiares, de amistad o de alguna otra asociación. Hubieran reconocido esta situación meramente como el trabajo del método de los puentes de Dios. Estos mismos misioneros a menudo se preguntaban por qué las iglesias crecían rápidamente a 30 o a 40 miembros y luego se estancaban. La razón era que más probablemente las congregaciones habían crecido hasta los límites de sus redes sociales.

El diagrama también indica las maneras de escapar la situación del estancamiento causada por alcanzar los límites de una red social. El cuadrado dentro del círculo, el triángulo dentro del cuadrado, etc., representa a personas que aunque están dentro de una red social, también tienen lazos con personas de otro grupo social. Aunque sus relaciones primarias son con personas dentro de sus propias redes

> Extendiéndose por medio de redes sociales y haciendo puentes a nuevas redes le permite a un movimiento cristiano continuar expandiéndose.

sociales, también tienen relaciones suficientemente cercanas con amigos y conocidos que pueden formar puentes a través de las líneas de la red a otras redes de personas.

Para que un movimiento (congregación o grupo) continúe expandiéndose, los puentes de Dios deben extenderse a través de líneas de redes para que el mensaje pueda comenzar a permear y a moverse a través de la segunda red. Para que un movimiento cristiano continúe alcanzando gente en una manera constantemente reproductora, estos puentes entre grupos sociales se tienen que buscar, encontrar y seguir. Las flechas entre las relaciones en diferentes redes sociales indican este concepto básico. La expansión continua es posible sólo cuando los puentes a través de las redes se usen al máximo.

El método de un movimiento que se expande por el proceso de moverse entre las redes sociales con puentes o relaciones sucedió en el desarrollo de la Iglesia en Java oriental en los años 1880. C. L. Coolen, un sembrador de iglesias holandés, evangelizó a un grupo de trabajadores en su plantación. El movimiento creció a través de las líneas de relación entre estos trabajadores en esta red social. Algunos de los trabajadores en la plantación también tenían relaciones con personas en un grupo de interesados religiosos que se reunían en la casa de Pak Dasimah. De este convertido en la plantación el evangelio fluyó a un miembro del grupo de interesados y a través de sus relaciones con otros en el grupo. Posteriormente las relaciones entre estos convertidos en la congregación de Pak Dasimah llevaron a una conexión entre esta congregación y un grupo de creyentes en la ciudad de Surabaya. Así se pueden rastrear los comienzos de la Iglesia en Java oriental al uso de los puentes de Dios dentro de un grupo entre grupos (Smith 1970: 98-101).

Los puentes de Dios constituyen una filosofía básica en la teoría de crecimiento de la iglesia. El poner atención a los puentes y a su uso que existen dentro y entre grupos en los puentes de Dios puede mejorar el crecimiento de una clase de la escuela dominical, un grupo celular, una congregación nueva, una iglesia existente o una denominación. La falla de reconocer y emplear este concepto a menudo lleva al estancamiento en un movimiento.

Mientras que el concepto de los puentes de Dios tiene validez en el pensamiento del crecimiento de la iglesia, dos asuntos tienen que observarse. Primero, el desarrollo de cualquier grupo se puede detener seriamente a menos que los puentes dentro de la red y entre redes se reconozcan y se sigan. Segundo, el crecimiento saludable de la iglesia tiene que reconocer y afirmar que el concepto de los puentes de Dios no es el único método de la evangelización. Muchas almas se han ganado para Cristo cuando cristianos que no conocían antes les han testificado. Otros han venido a la fe por medio de la evangelización masiva.

La estrategia de evangelización relacional y expansión no deja fuera otros métodos de evangelización y de expansión de la iglesia. Este concepto sugiere lo aconsejable de encontrar y seguir y usar los puentes de Dios como una estrategia válida que mejorará significativamente el crecimiento de la iglesia. Toda la idea de usar la estrategia de los Puentes de Dios es totalmente compatible con el crecimiento saludable de la iglesia. De hecho, los movimientos que siguen esta metodología lo más probable es que se prueben más fuertes y más saludables cuando los convertidos hayan establecido relaciones con creyentes para mejorar su madurez cristiana.

Un concepto básico en la teoría de crecimiento de la iglesia es el método de conversión y expansión por medio de los puentes de Dios.

CRECIMIENTO BALANCEADO DE LA IGLESIA

Balance en los tipos de crecimiento constituyen uno de los factores más importantes en una comprensión apropiada de la más completa expresión de la teoría del crecimiento de la iglesia. La Corporación XYZ experimentó crecimiento y expansión fuera de lo ordinario. La corporación multiplicó las sucursales y aumentó los productos y los servicios. La base financiera y organizacional, sin embargo, no mantuvo un balance con el aumento de los servicios, productos y sucursales. Innecesario es decir que la corporación pronto experimentó serios problemas. La falta de balance en el método de crecimiento llevó al eventual fracaso de la empresa.

El balance es igualmente importante para el crecimiento de la iglesia como lo es para cualquier otra empresa. El crecimiento de la iglesia enfatiza el aumento numérico de cristianos e iglesias junto con la multiplicación de congregaciones. La misión de la Iglesia se centra en encontrar y ganar la gente (y gentes) para Cristo, reuniéndolos en iglesias, y guiándolos a servir por medio de estas iglesias. Sin embargo, el crecimiento de la iglesia no está restringe su intereses al aumento numérico, como algunos creen. El crecimiento saludable de la iglesia ve más allá en las dimensiones del progreso de la iglesia.

El crecimiento de la iglesia debe permanecer en balance entre crecer más grande—por adición de cristianos y congregaciones, creciendo mejor—al aumentar en las habilidades de la iglesia para servir como iglesia, y más amplia—al participar en el ministerio y misiones. La congregación que continúa agregando miembros, creciendo más grande, con un efecto fuera de balance de crecer mejor en su habilidad para cuidar el desarrollo espiritual de estos nuevos miembros encarará serias consecuencias y muy probablemente perderá muchos de estos miembros nuevos. El crecimiento balanceado de la iglesia afirma que todos los tres tipos de crecimiento son imperativos; no se puede descuidar ninguno, ninguno debe opacar a los otros. El balance es la clave.

> Las iglesias deben crecer más grandes, mejores y más amplias a fin de lograr un crecimiento balanceado.

Creciendo Numéricamente

El crecimiento de la iglesia está dedicado al aumento numérico de creyentes y a la multiplicación de las congregaciones en las cuales se reúnen. El aumento numérico está en el corazón de la voluntad de Dios para Sus iglesias. Cada número representa a una persona que se ha traído al Señor y a la vida eterna. Para Dios es importante hallar a los perdidos. Crecer más grande es importante.

> El aumento numérico de cristianos y congregaciones está en el corazón del pensamiento del crecimiento de la iglesia.

Mientras que es un elemento indispensable en el crecimiento de la iglesia, el aumento numérico no es el único criterio de crecimiento. Como se vio anteriormente, sólo el crecimiento duradero es apropiado y aceptable crecimiento de la iglesia. Además, las iglesias deben mantener el balance entre los métodos de crecimiento por transferencia, biológico y de conversión. Se requiere el balance aún en la búsqueda de aumento numérico. Las Iglesias y congregaciones pueden alcanzar aumento numérico por medio de una variedad de avenidas.

Las iglesias pueden crecer más grandes como resultado de experimentar un avivamiento. El avivamiento, en este sentido, se refiere a la renovación de la vida espiritual, una rededicación a los propósitos de Dios, una purificación por medio del Espíritu Santo, y una re dedicación a la Palabra y a la voluntad de Dios. Grupos de cristianos han visto la fructificación y multiplicación en la experiencia de tal renovación espiritual. Las denominaciones han experimentado aumentos maravillosos después que los vientos del avivamiento han soplado. Las iglesias locales han podido reunir la cosecha madura cuando el avivamiento les llevó a echar fuera el pecado. Aumento duradero, efectivo y numérico a menudo viene en el despertamiento de y edificado por la venida del avivamiento.

Las iglesias en la isla indonesia Timor se habían vuelto frías, mundanas, desinteresadas e indiferentes. Cerca de 1964 llegó un avivamiento. El desinterés se cambió en compasión. La mundanalidad se volvió con dedicación. Las iglesias nominales se transformaron en cuerpos evangelizadores. Mientras algunas historias de eventos milagrosos relacionados con el avivamiento se pudieron haber exagerado, el resultado innegable de este avivamiento fueron miles que fueron añadidos al Reino y a las iglesias. Personas que habían sido borrachas y que habían practicado la magia negra se volvieron cristianos fieles y abandonaron las prácticas perversas del pasado. Algunos cálculos indican que unos 200,000 vinieron a las iglesias en un período de poco más de tres años (Schennemann 1969: 3-8).

Los relatos del avivamiento y del crecimiento de la iglesia en Timor atestiguan la presencia del avivamiento en que las iglesias crezcan más grandes. El avivamiento o el despertamiento espiritual, permanece como un componente básico para cualquier grupo que busca aumento numérico. Tal crecimiento encaja bien en el concepto del crecimiento saludable de la iglesia.

La iglesia también puede alcanzar crecimiento numérico al enfatizar la gente que se puede ganar. La teoría del crecimiento de la iglesia no aboga restringir los esfuerzos evangelizadores para los que responden y ciertamente no condonaría abandonar deliberadamente a los pueblos resistentes. Sin embargo, el pensamiento del crecimiento de la iglesia insiste que la prioridad debe ser con los que responden. Recoger la cosecha cuando Dios la prepara y el Espíritu la provee. Continúe sirviendo y buscando a los que se resisten. Quién sabe si en la providencia de Dios pueden cambiar y responder. Pero los esfuerzos principales y la mayoría de los recursos se deben emplear en los campos donde el Espíritu está concediendo crecimiento.

A los que Dios ha llamado a servir a los que se resisten, la teoría del crecimiento de la iglesia dice vayan con Dios y estén seguros de nuestras oraciones. Cuando Dios llama a un campo que se resiste, Dios juzga al que va no por sus frutos sino por su fidelidad. Mientras que se apoya a los que son llamados a un pueblo que se resiste, el pensamiento del crecimiento de la iglesia cree que una estrategia sólida es ganar a los que ahora responden.

En 1840 los bautistas americanos empezaron una misión en Nellore en la costa oriental de la India. Después de veinticinco años de labor entre las castas altas, estos dedicados misioneros podían indicar menos de cien convertidos. En 1865 John Clough y su esposa fueron a evangelizar a los *madigas* (intocables). Para 1878 más de 12,800 *madigas* habían venido a Cristo y entrado a las iglesias (McGavran 1970: 11-12). Cambio de los que resisten a los que responden, gente que se puede ganar y que responde y enfatizando la evangelización entre los que responden permite que la Iglesia crezca a ser más grande.

Las iglesias también pueden alcanzar crecimiento numérico al volver a una estrategia efectiva y productiva. Permanecer encadenado a un método no productivo cuando medios más efectivos están disponibles básicamente es infidelidad al Señor de la cosecha. Mientras que reconocemos que esa estrategia no produce resultados, el pensamiento del crecimiento de la iglesia balaceado reconoce que el aumento numérico puede ser y a menudo está estorbado por el uso continuo de métodos ineficaces. *El Espíritu Santo tiene una afinidad por los métodos adaptables.*

Charles L. Chaney describe cómo el cambio a una estrategia de plantación de iglesias agresiva basada en la investigación sana de las necesidades y posibilidades de las comunidades llevó a un emocionante aumento numérico entre las iglesias bautistas del sur en Illinois (1982: 39-58). La nueva estrategia que se centró en el estudio de las comunidades, identificando las posibles áreas fértiles, extensos esfuerzos de evangelización y siembra de iglesias que resultó en cientos de nuevas congregaciones y miles de nuevos miembros.

La estrategia incluyó una amplia participación de las iglesias locales, el uso extenso de voluntarios, confianza en unos pocos misioneros catalíticos, los ministerios de muchos pastores bivocacionales, el uso limitado de fondos externos y los esfuerzos de un pequeño grupo de sembradores de iglesias con salarios completos. Los líderes de la estrategia fueron enseñados en cuanto a la insignificancia de lugares permanentes y edificios para nuevas iglesias, sin sentirse apenados de iglesias pequeñas y sin temor al fracaso. La estrategia enfatizó oración y trabajo. Esta nueva estrategia produjo nuevos resultados impactantes en cuanto a la naturaleza de los nuevos convertidos y de las iglesias nuevas (Ibíd., 46-50).

Las iglesias pueden alcanzar crecimiento numérico al enfocarse en los que no asisten a la iglesia quienes aunque buscan realidades espirituales no son particularmente atraídos a las iglesias tradiciones. Los que no asisten a la iglesia no siempre son personas incrédulas que no tienen comprensión o relación con Dios. Alan Klaas declara que muchas personas que no asisten a la iglesia "se identifican a sí mismas como teniendo fe pero deciden no participar en una congregación." En los Estados Unidos hoy, contiende él, aproximadamente el 50 por ciento de la gente son "de los que efectivamente no asisten a la iglesia," queriendo decir que no participan en ninguna congregación cristiana (1996:4).

Para alcanzar esta nueva generación de gente, Alan J. Roxburgh declara que las iglesias deben experimentar un cambio profundo y contextualizar sus métodos y tácticas para que encajen en el nuevo clima de la era (1993: 47-73, 128-130). la Entre esta vasta red de personas que no asisten a iglesia, los que tienen un sentido de Dios y los que no lo tienen, cualquier iglesia dispuesta a pagar el precio de cambiar y servir con dedicación puede encontrar un campo fértil para el crecimiento numérico.

Las iglesias pueden crecer más grandes al enfocar en la gente que está alejada del cristianismo. Usamos el término "alejada" en algo del significado de la "gente secular" de George Hunter (Hunter 1992). La gente alejada se constituye por personas y grupos, que están fuera del alcance de la evangelización cristiana a causa de acciones previas de cristianos e iglesias, o por causa de su adherencia a otras creencias, o por una situación de testimonio cristiano no creíble (para ellos). Un testigo acreditado es una persona que con probabilidad los perdidos aceptarán, oirán y creerán.

Hunter caracteriza "la gente secular" como los que en cuyas vidas el cristianismo ha perdido cualquier lugar central e influencia. De varias maneras, la Iglesia ha perdido contacto y hasta cierto grado ha alienado a esta gente. El problema es especialmente intenso en Europa y en Norteamérica. Hunter sugiere que hasta 120,000,000 de esta gente "secular" vive en los Estados Unidos (1992: 41).

Otra gente alienada en el mundo permanece comprometida a otras religiones diferentes al cristianismo. Patrick Johnstone estima que mientras que el 32.54 por ciento de la población del mundo se puede contar como cristiana, el 21.09 por ciento musulmanes, el 15.46 por ciento no religiosos, el 13.52 por ciento Hindúes, el 6.60 por ciento budistas, el 6.31 por ciento chinos, 2.90 por ciento como de religión tradicional, y porcentajes menores de otras religiones (Johnstone 2001:2). Teniendo en cuenta que el estimado de Johnstone del número de "cristianos" incluye a los cristianos de la Iglesia Católica Romana y a la Ortodoxa Griega y algunos grupos marginales al cristianismo (mormones y testigos de Jehová), el verdadero cuadro de las cantidades de gente alienada emerge.

Aún otra gente alienada existe en esos grupos que no tienen testimonio creíble en su sociedad, los llamados pueblos no alcanzados. Como se vio en el capítulo 2, los escritores designan gente entre la cual menos del 20 por ciento son cristianos y que no tienen testigo que consideran creíble como no alcanzado (Wagner and Dayton 1978:24-25). Estos grupos de gente residen en localidades alrededor del mundo, pero se han concentrado en lo que se ha llamado la ventana 10/40 en el que el ministerio evangelizador se ha expandido en las décadas recientes (vea Johnstone 2001: 6). La gente entre la cual existe poca oportunidad real para oír el evangelio de testigos están dispuestos a oír y cubre un grupo grande y necesitado de personas que necesitan la salvación. Las iglesias pueden crecer más grandes al enfatizar la evangelización entre la gente no alcanzada.

El crecimiento saludable de la iglesia está de acuerdo con el énfasis actual en los pueblos no alcanzados. El crecimiento saludable de la iglesia celebra la dedicación de la Junta de Misiones Internacionales de la Convención Bautista del Sur por su compromiso con los "Movimientos de Plantación de iglesias," de los cuales se hablará más adelante. El crecimiento balanceado de la iglesia mira con aprecio el énfasis sobre la evangelización en la ventana 10/40.

Con Patrick Johnstone, el crecimiento saludable de la iglesia verá este énfasis en necesidad de cierto balance. Johnstone sugiere que el énfasis de la ventana 10/40 ha venido a ser tan exitoso y popular que puede haber invalidado la actividad misionera fuera de esta "ventana" (Johnstone 2001:6). El crecimiento balanceado de la iglesia desea mantener el equilibrio entre centrarse en la gente no alcanzada incluyendo la vasta cantidad de los no salvos que aún existen en las áreas de mayor oportunidad para oír el evangelio.

Las Iglesias pueden crecer más grandes al conducir apropiadamente un proceso de contar y evaluar cuidadosamente los resultados. En otras palabras, la posibilidad de que una iglesia obtenga crecimiento numérico y así llegue a ser más grande se puede mejorar con el énfasis apropiado en los números. Numerar, esto es, contar miembros, bautismos, congregaciones y otros factores de las iglesias y su desarrollo no es ni bueno ni malo en sí mismo. Contar y reportar para glorificación propia, o para dar reconocimiento a las personas o denominaciones obviamente es malo. Por otra parte, si numerar se hace para entender la situación a fin de ser más eficaces en la evangelización y ministerio entonces el numerar no sólo es permisible—es imperativo. Numerar cuidadosamente permanece como una estrategia imperativa en el pensamiento del crecimiento de la iglesia. Alan Tippett dice:

> El motivo para una numeración cuidadosa requerida en las estadísticas misioneras no es orgullo en nuestros logros sino el reconocimiento de la seriedad de la comisión que se nos ha dado como pastores secundarios para "cuidar de la grey de Dios" hasta cuando venga el "Príncipe de los pastores" (1 Pedro 5:2-4). Numerar bien es parte de ser buenos pastores (1970:16).

El crecimiento numérico es vital para el crecimiento balanceado de la iglesia. La meta final del crecimiento más grande no siempre es una súper iglesia. Algunos escritores del crecimiento de la iglesia dan la idea que el movimiento del creci-

> Las súper iglesias expanden el Reino y son importantes. Sin embargo, las súper iglesias no son las únicas maneras de edificar la Iglesia del Señor.

miento de la iglesia desea desarrollar súper iglesias y que solamente esas iglesias que alcanzan el estado de súper iglesia han alcanzado verdadero éxito. Por ejemplo, Peter Wagner presenta varias de las congregaciones más grandes como ejemplo primordial del crecimiento de la iglesia (1976:22-25, 52-54). Sin descontar el valor e importancia de estas iglesias enormes, las súper iglesias, no son la única manera para el crecimiento de la Iglesia del Señor.

Las iglesias más grandes tienen algunas ventajas. Las iglesias más pequeñas tienen algunas ventajas, entre las cuales se tienen que considerar la mayor eficacia de la evangelización y el compañerismo cristiano. Philip B. Jones indica que las iglesias bautistas del sur de menos de 25 años y de menos de 50 miembros reportaron 11.4 bautismos por cada 100 miembros. Por otra parte, las iglesias de más de 3000 miembros y de 41 o más años de existencia reportaron 3.5 bautismos por cada 100 miembros (1979:172).

El punto real no es ni la pequeñez ni la grandeza. La pequeñez por sí sola no contribuye a la eficacia evangelizadora. El estudio de Jones indica que las iglesias con 50 miembros o menos que tenían más de 40 años de edad reportaron 3.3 bautismos por cada 100 miembros. El punto es que cada denominación u otro grupo de iglesias deben tener muchas iglesias de varios tamaños. La súper iglesia no es la única ni sola meta del crecimiento de la iglesia. Ni el crecimiento de la iglesia menosprecia las súper iglesias. De nuevo el punto es el balance.

Creo que el mejor método en general para el crecimiento denominacional resulta cuando hay muchas iglesias de tamaño medio en vez de sólo unas pocas súper iglesias. Las iglesias deben crecer más y más en vez de meramente ser más grandes y más grandes. Una iglesia que permanece estacionaria en el total de membresía, pero que siembra varias otras iglesias (algunas veces dando miembros a la nueva congregación) está creciendo más grande. Cada grupo cristiano debe buscar el balance entre más grande, tamaño medio o congregaciones pequeñas de acuerdo con las situaciones. *Lo más importante es que se debe de dar igual dignidad, honor y énfasis a los varios tamaños de congregaciones y a los que las sirven.*

Las Iglesias y congregaciones deben procurar crecer más grandes al añadir miembros y congregaciones. Aún los esfuerzos de crecer más grandes, sin embargo, se deben mantener en balance. Crecer más grandes sin también crecer mejor, más ampliamente y más saludablemente nunca es la meta del crecimiento de la iglesia. El balance es, obviamente, el concepto clave en el pensamiento del crecimiento de la iglesia tanto como en el crecimiento saludable de la iglesia.

Creciendo en Calidad

Crecer más grande no acaba con las necesidades ni con el potencial de las iglesias. Las iglesias deben también ser mejores. Las iglesias crecen para ser mejores al aumentar la capacidad de la iglesia para desarrollar la calidad espiritual de la vida de los miembros y las habilidades para servir, al aumentar la capacidad de la iglesia para llevar adelante sus funciones de iglesia—adoración, cuidado pastoral, influencia, evangelización, al expandir la habilidad de la iglesia para vivir y servir como el cuerpo de Cristo y al fortalecer las habilidades de la iglesia para influir y ministrar a la comunidad. Cada generación debe buscar métodos y oportunidades para ser mejor.

Como crecen mejor las Iglesias:
- Al aumentar las habilidades de la iglesia para ayudar a sus miembros a desarrollar sus vidas espirituales y capacidades de servir.
- Al aumentar la capacidad de la iglesia para efectuar las funciones de la iglesia.
- Al expandir las aptitudes de la Iglesia para vivir como el Cuerpo de Cristo.
- Al fortalecer las habilidades de la Iglesia para influir y ministrar a la comunidad.

Es cierto que El Movimiento del Crecimiento de la Iglesia se en muchos casos ha centrado en el aumento numérico de cristianos e iglesias. McGavran y sus asociados buscaban despertar a grupos que habían perdido mucho de su fervor evangelizador y misionero y que se movilizaran en las direcciones de los servicios sociales. Mientras que se reconoce la importancia de los ministerios de ayuda, la teoría del crecimiento de la iglesia se ha opuesto a las filosofías de misiones que dejan de lado "las Misiones de la Gran Comisión," esto es, misiones que buscan la conversión como respuesta a la invitación de salvación y para la membresía de la iglesia.

Este énfasis necesario y apropiado en crecer más grande no

ha llevado, sin embargo, al pensamiento del crecimiento de la iglesia al descuido total del énfasis en crecimiento de calidad. Allan Tippett ha escrito: "La incorporación de grandes números de convertidos sin la provisión para su nutrición espiritual nunca se ha permitido en la teoría del crecimiento de la iglesia" (1970: 16). Sin embargo, la teoría del crecimiento de la iglesia pone mucho énfasis en la calidad del crecimiento de las congregaciones y de los cristianos.[2]

En el esfuerzo apropiado e imperativo para ser mejor, una congregación (o Iglesia) debe buscar medios para proveer la nutrición espiritual y el entrenamiento práctico de cada miembro. El estudio de la Biblia y doctrinal es indispensable en el desarrollo de la salud espiritual de los cristianos. El compañerismo cristiano fortalece a los creyentes. Capacitación en el servicio cristiano y proveer las oportunidades para emplear este entrenamiento en servicio espiritual debe ser una parte vital en los esfuerzos de la congregación para ser mejores.

Sólo de la manera en que cada miembro de la iglesia progresa en la vida cristiana la iglesia siente que está mejorando. Solamente en la medida en que la iglesia aumenta su habilidad para servir como iglesia es que la iglesia se mueve apropiadamente hacia el crecimiento de calidad. Únicamente cuando la iglesia está llegando a ser el Cuerpo de Cristo está realmente mejorando.

Crecer mejor es importante para cada Iglesia. Varias defensas en relación al crecimiento a lo mejor, sin embargo, se deben proyectar. Muy a menudo, los líderes de la iglesia comparan ser mejor con la provisión de más y más instalaciones complejas. La Iglesia no debe trazar su progreso por la adquisición de nueva propiedad para la iglesia. Tal provisión no es automáticamente una señal del progreso de la iglesia. La iglesia podría en verdad llegar a ser mejor con la provisión de servicios necesarios para los miembros, la comunidad o el Reino que con edificar edificios costosos e impresionantes. El desarrollo de las iglesias tiene que expandir sus habilidades para llegar a ser y servir como el cuerpo de Cristo. Algunas congregaciones se enredan tanto en la provisión de instalaciones y están tan cargados con las deudas que demandan tales instalaciones que descuidan el cuidado del cuerpo o la expansión del Reino.

Otros errores pueden surgir en los esfuerzos con ser mejor. Algunas iglesias se equivocan en que colocan un énfasis total en crecer más grande y prestar poca o ninguna consideración a

> Ser MEJOR jamás debe suplantar el crecimiento a ser MÁS GRANDE. El crecimiento a ser MÁS GRANDE jamás debe eliminar el crecimiento a ser MEJOR.

la nutrición espiritual y al entrenamiento de los miembros. Estas congregaciones pronto perderán su capacidad de continuar creciendo más grandes. Por otra parte, una iglesia que se concentra en la maduración o el discipulado de los miembros a costa del olvido de crecer más grandes por medio de la evangelización se encontrará declinando—tanto numérica como espiritualmente.

Otro error común tanto de iglesias como de denominaciones lleva a la presión excesiva en la calidad del crecimiento. Este error a menudo se expresa: "Tenemos que ser mejores antes que podamos crecer más grandes." Otra expresión de esta noción equivocada es: "Tenemos que fortalecer las iglesias (o miembros) que tenemos antes de comenzar nuevas congregaciones o buscar nuevos miembros." Todavía otros pueden decir: "Las iglesias que tenemos son tan débiles y necesitan tanto que no tiene sentido sembrar nuevas congregaciones."

Todas estas declaraciones revelan una actitud peligrosa. El fortalecimiento de cristianos e iglesias existentes es imperativo. Sin embargo, si un grupo deliberadamente corta el crecimiento a fin de consolidar, el resultado más a menudo no es ni crecimiento ni consolidación. Allan Tippett escribe: "Cuando el Espíritu de Dios indica la marea alta, esa marea debe usarse al máximo" (1969:127). Tippett quiere decir que existe el peligro de deliberadamente detener la expansión de un movimiento cristiano a fin de consolidar. El crecimiento a ser mejores jamás debe suplantar crecimiento a ser más grande.

Crecer a ser más grande jamás debe suplantar el crecimiento a ser mejor. Deben permanecer en balance apropiado. Sólo mientras que el crecer a ser más grande y mejor permanecen balanceados se realizará el crecimiento saludable de la iglesia. No obstante, existe otro aspecto del crecimiento balanceado de la iglesia, crecer más ampliamente.

Creciendo en Amplitud

Las iglesias crecen más ampliamente por medio de misiones y ministerios. Cuando una iglesia o Iglesia alcanza fuera de su membresía para llenar necesidades, ministrar a esas necesidades y aliviar el sufrimiento de personas en la comunidad y en el mundo, esa iglesia (o Iglesia) crece más ampliamente.

> Una iglesia crece en amplitud por medio de misiones y ministerios.

Cuando una iglesia (Iglesia) directa e indirectamente (por medio de las oraciones por las misiones, interés y dar) comparte el mensaje del evangelio con palabras y acciones con otras agrupaciones raciales, nacionales o sociales, esa iglesia está creciendo más ampliamente. Cuando una iglesia (Iglesia) cumple con sus responsabilidades correctas en compartir el evangelio completo y total con el mundo entero, esa iglesia está creciendo más ampliamente. El crecimiento más amplio ciertamente encaja el concepto del crecimiento saludable de la iglesia. Como Rick Warren declara, "La salud de una iglesia se mide por su capacidad de *enviar*, no por su capacidad para *sentar* a la gente" (1995:32).

Ninguna iglesia se puede considerar saludable si no participa en las misiones—esto es en enviar el evangelio a cada pueblo en el mundo entero. La Gran Comisión permanece como las órdenes de marcha para la Iglesia. Si la Iglesia o iglesia desea permanecer saludable esa iglesia o Iglesia debe buscar y emplear métodos que permiten el alcance misionero.

Las iglesias pueden participar en misiones por medios directos e indirectos. Las iglesias pueden ocuparse directamente en las misiones al motivar a sus propios miembros a que en realidad participen en actividades misioneras—tales como viajes misioneros, servicios misioneros, sembrando nuevas congregaciones y orando por las misiones. Las iglesias pueden participar en las misiones indirectamente al cooperar con denominaciones u otras organizaciones para apoyar las misiones en un método de conjunto. En ambos casos, la iglesia llenará algunos de los requisitos para llamarse iglesia saludable.

Las iglesias también pueden crecer más ampliamente por medio de ministerios—usualmente en la forma de servicios sociales. Los servicios sociales constituyen una parte vital de las responsabilidades del evangelio y por lo tanto una parte integral de la misión de la iglesia. Cada grupo religioso que sigue el ejemplo de Cristo naturalmente buscará satisfacer las necesidades físicas y sociales de la gente (vea Lucas 4:1-4). La participación en el involucramiento social no es "liberal" ni anti-evangelizador. El ministerio social es simplemente una de las cosas que una iglesia saludable hace conforme a su propia naturaleza.

Las iglesias saludables alcanzan a la gente en la comunidad donde sirven. Fallar al no ministrar a la gente necesitada resulta en una iglesia enferma, porque no cumple una de las mayores funciones de una iglesia saludable. Al grado en que una iglesia es saludable, esa iglesia participará directamente en los esfuerzos para satisfacer las necesidades humanas en la comunidad.

Conclusión

Las iglesias deben luchar para crecer más grandes, mejores y más ampliamente. La salud y ministerio apropiado de cada iglesia depende de la presencia de todos los tres tipos de crecimiento y que estos métodos de crecimiento estén apropiadamente balanceados. El asunto que naturalmente surge es en cómo se sabe que el balance apropiado existe y se mantiene. Como probablemente usted ya lo adivinó, no existe una respuesta dada para este asunto imperativo. La necesidad para una expresión particular de crecimiento variará de acuerdo al nivel de desarrollo de la iglesia, la situación que encara la iglesia y las necesidades tanto de los miembros como de los de afuera.

La evangelización siempre debe tener un lugar prioritario en cada iglesia. Las ocasiones de desastre físico pueden convencer a la iglesia que se debe concentrar temporalmente en los ministerios sociales tales como el de auxilio. Cuando se calma la necesidad física, la iglesia regresará a la prioridad de la evangelización.

En tiempos cuando el Espíritu concede resultados evangelizadores, la cosecha se debe recoger rápida y fielmente. Si la cosecha se empieza a desvanecer, la iglesia puede considerar hacer mayor esfuerzo en la calidad del crecimiento y buscar motivar y entrenar a sus miembros para vivir y testificar como cristianos.

En cada caso, la iglesia y sus líderes buscarán un balance en los esfuerzos de crecer más grande, mejor y más ampliamente. Ninguno se debe descuidar; ninguno se debe eliminar. Encontrar y alimentar la vida espiritual del pueblo de Dios permanece la prioridad de la iglesia como también cuidar de las necesidades físicas de los que están al alcance de la iglesia.

El balance puede haber faltado en algo del pensamiento del crecimiento de la iglesia. Las razones para el énfasis en el crecimiento numérico se han explicado. El balance es imperativo en el pensamiento, estrategia y acción del crecimiento de la iglesia. *Lograr y mantener el balance apropiado entre crecer más grande, mejor y más ampliamente es quizá la más demandante y desafiante tarea para los maestros del crecimiento de la iglesia y para los líderes de la iglesia en el campo. Es también una tarea para los que buscan el crecimiento saludable de la iglesia.*

EVANGELIZACIÓN EFICAZ

Un cuarto crecimiento fundamental, la evangelización eficaz debe yacer en el corazón de cada ministerio de fe de cada congregación y de cada denominación. La evangelización eficaz ocurre cuando las iglesias proclaman con palabra y obra que Jesucristo es Dios y Salvador para que los hombres y mujeres lo reciban, vengan a ser Sus discípulos (seguidores) y miembros responsables de una de Sus iglesias. Para que sea eficaz, la evangelización tiene que completar todo este círculo. La frese "discípulo de Cristo" expresa la verdad que la evangelización eficaz busca traer a hombres y a mujeres a una relación personal con Cristo y por lo mismo a formarse como discípulos de Él. La evangelización eficaz va más allá de las decisiones para ser discípulos. El convertido viene a ser un completo seguidor de Cristo.

> Los discípulos responsables continúan creciendo en el camino del Señor, las enseñanzas del Señor, el trabajo del Señor y se

Un discípulo responsable es el que hace lo que se requiere y espera de él como seguidor de Cristo. Él o ella vive el estilo cristiano de vida, ora, da, sirve, testifica y crece en la gracia. Los discípulos responsables obedecen la voluntad del Señor, suplen las necesidades de otros por medio de un servicio amoroso y trabajan para cumplir la misión de la iglesia de Cristo.

El discípulo responsable es un discípulo que se reproduce. Los cristianos se reproducen al guiar a otros a la salvación y al discipulado. Los creyentes que fallan en este punto omiten un elemento crucial en la vida cristiana. La evangelización eficaz sucede en creyentes que se reproducen a sí mismos en otros creyentes por medio del testimonio personal.

La evangelización eficaz motiva a los creyentes hacia el bautismo y membresía de la iglesia. Hasta que el creyente nuevo en verdad confiesa a Cristo y llega a ser miembro de una de Sus iglesias, la evangelización no habrá alcanzado su meta final. De nuevo, la meta de la evangelización eficaz es un creyente responsable que se reproduce en una iglesia responsable que se reproduce.

> Las iglesias responsables, como los cristianos responsables se reproducen a sí mismas por el poder del Espíritu Santo.

La evangelización eficaz, entonces, busca cristianos responsables que se reproducen e iglesias responsables que se reproducen. Como el cristiano responsable hace las cosas que el Señor espera que los cristianos hagan, la iglesia responsable hace las cosas que el Señor tiene para que las iglesias hagan. Una iglesia responsable adora, estudia, enseña, sirve, consuela, ministra, evangeliza y participa en ministerios. Como los creyentes individuales, las congregaciones buscan ser leales y responsables la Señor de la Cosecha. La verdadera evangelización trabaja con congregaciones y cristianos para alcanzar su meta final.

La iglesia responsable es una iglesia que se reproduce. Los cristianos se reproducen al producir (por medio del Espíritu Santo) otro creyente. De igual manera las iglesias se reproducen al producir (también por el Espíritu) otra congregación. La iglesia nueva se puede lograr directamente al patrocinar una misión o indirectamente por medio de la oración y dando. De cualquier manera o maneras, una iglesia responsable se reproduce a sí misma.

El crecimiento balanceado de la iglesia contiene que la evangelización eficaz incluye cinco facetas: contacto (presencia), comunicación (proclamación), conversión (persuasión), completar (perfeccionar) y congregacionalizar (participación).[3]

Contacto, o *presencia*, significa entrar en una relación personal con la gente que necesita el evangelio. La gente perdida a menudo no viene a las iglesias en estos días. En dos terceras partes del mundo, muchas personas incrédulas no están conscientes del mensaje de Cristo o son antagonistas a él. En estas situaciones, tanto en los Estados Unidos como en otros países, si se va a ganar a los perdidos el evangelio tiene que llevarse a ellos. Los creyentes tienen que iniciar y mantener el contacto de simpatía con los que necesitan el mensaje de Cristo. Se debe buscar a las personas listas para recibir el evangelio. A los que se resisten al mensaje se les debe de acercar a la verdad. El contacto se tiene que continuar con toda la gente. El contacto o presencia marca el lugar de partida para la evangelización eficaz y muchos cristianos fallan al no ganar almas porque tienen muy poco contacto significativo con los perdidos.

Las Facetas de la Evangelización Eficaz

➢ Contacto o presencia
➢ Comunicación o proclamación
➢ Conversión o persuasión
➢ Completar o perfeccionar
➢ Congregarse o participar en los servicios y ministerios de la iglesia

La evangelización eficaz, sin embargo, debe ir más allá de sólo tener contacto o presencia. De hecho, el término presencia a venido a significar en el lenguaje de algunos misiólogos, la estrategia de contacto, empatía, involucramiento y acercamiento con los que siguen otras religiones. Estos líderes ven las misiones como sólo estar allá, escuchando, dialogando y respetando con poco o sin esfuerzo hacia la conversión. En este sentido, la presencia se centra en el diálogo en vez de la proclamación.

El Crecimiento de la iglesia insiste que la evangelización eficaz tiene que darse cuenta que simplemente con estar allá no es suficiente. Escuchar, dialogar, aprender y acercarse son importantes, pero incompletas. El concepto de presencia es válido solamente si conduce consciente y deliberadamente a buscar una decisión. Para ser eficaz, la evangelización debe incorporar el contacto pero ir más allá, a la proclamación.

Comunicación, o *proclamación*, la segunda faceta de la evangelización eficaz, significa contar la historia de Jesús en lo que pide de los hombres, directamente, por medio de la palabra y obra. La comunicación va más allá de simplemente anunciar hacia el esfuerzo de asegurar una respuesta, un compromiso de parte del perdido, no simplemente que escuche. La evangelización eficaz busca comunicar el mensaje de Dios, por medio de palabra y obra, con el propósito que los receptores vengan en una relación viva y salvadora con el Dios viviente.

La comunicación genuina tiene que ir más allá simplemente de la predicación o testimonio verbal. Estos métodos a veces logran que escuchen pero no una respuesta. La comunicación, en el sentido de la evangelización eficaz, tiene lugar sólo cuando el receptor comprende el mensaje de una manera personal.

En la comunicación cristiana el comunicador pone de lado todos los esfuerzos de impresionar a los oyentes o de llamar la atención al comunicador. Charles Kraft penetrantemente indica que cuando un vehículo de la comunicación llama la atención hacia sí, el mensaje se perdió. Si, por lo tanto, en una situación tal como predicar, cantar, o tocar el órgano, llegamos a estar más conscientes de la habilidad del que lo hace que del mensaje que busca comunicar, entonces la situación viene a ser una presentación en vez de comunicación (Kraft 1979:5).

La evangelización eficaz va más allá del contacto a la comunicación genuina. La evangelización que se detiene en el contacto o presencia, falla. Si el evangelista gana que lo escuchen solamente sin solicitar una respuesta a la Persona del mensaje, la evangelización es igualmente ineficaz. La proclamación incluye un esfuerzo para tomar una decisión. Sin embargo, la evangelización eficaz también rehúsa detenerse en la proclamación y sigue a la faceta de la conversión o persuasión.

Conversión, o persuasión, significa guiar al receptor a recibir a Cristo como Salvador. Esta persuasión, sin embargo, no involucra fuerte presión o métodos manipulativos. La evangelización eficaz descarta cualquier método que manipula o coerción. Un investigador halló que el 85 por ciento de la gente que entró en una iglesia después de ser ganada por lo que consideraron métodos manipuladores dejaron la iglesia un corto tiempo después (Yeakley 1979: 53-58).

Aunque rechazamos los métodos manipuladores, el evangelista eficaz hace un esfuerzo deliberado por traer a la persona perdida a la decisión de aceptar a Cristo. La persuasión incluye el acto de buscar un compromiso del perdido que lleva a la conversión. Algunos esfuerzos evangelizadores, sin embargo, pierden eficacia porque el esfuerzo se detiene en la persuasión o decisión. Esto marca una debilidad y peligro en muchos programas evangelizadores. Una iglesia descubrió que de cuatro páginas de nombres de personas que habían hecho decisión en la casa se pudieron encontrar sólo cuatro que habían llegado a ser miembros de alguna iglesia. La evangelización eficaz va más allá de la persuasión o comunicación a completar o perfeccionar.

Completar o perfeccionar, la cuarta faceta del la evangelización eficaz significa guiar al nuevo creyente a un caminar cristiano más profundo. Los nuevos creyentes deben aprender e implementar las maneras de vivir la fe y constantemente avanzar hacia la madurez cristiana. Después del nacimiento viene el crecimiento. Aunque el crecimiento saludable de la iglesia entiende que ningún cristiano alcanzará la perfección o será completo, el término completar aquí lleva el mismo significado de la palabra griega *"teleos"*—moverse hacia la madurez cristiana. La evangelización eficaz de igual manera se preocupa con el proceso de crecimiento y desarrollo (completar) como con el acto de convertir.

Congregacionalizar o guiar a los convertidos a la participación es la quinta faceta de la evangelización eficaz. Un énfasis desbalanceado en los números por los números mismos puede llevar a una concentración en decisiones en vez de en los discípulos. Cualquier énfasis evangelizador que falla al no proveer lo necesario para la nutrición espiritual de los convertidos ha fallado en el blanco de incluir todas las facetas de la evangelización eficaz. La evangelización eficaz va desde el contacto, a la comunicación y a la conversión hasta el completar. De la misma manera, la evangelización eficaz va hasta la quinta faceta, que es la de congregacionalizar—o reclutar al convertido a la vida y servicio de una iglesia.

Para alcanzar un programa eficaz de evangelización, una Iglesia (o iglesia) tiene que cubrir cuidadosamente todas las facetas de la evangelización. Quedarse corto en una de las facetas significa que sacrificará la eficiencia. Los grupos cristianos deben esforzarse en proveer un programa de evangelización que cubra completamente todas las facetas.

Algunos grupos misioneros bien conocidos y espléndidos quedan cortos de este programa de la evangelización de todas las facetas. Usualmente esta situación se desarrolla porque el grupo se dedica a una faceta en particular. Algunos grupos hacen un excelente trabajo de proclamación pero se quedan cortos al enfatizar la decisión. Otros grupos enfatizan el contacto, la comunicación y la conversión, pero se detienen antes de enfatizar la perfección o el ser completos. Aún otros grupos tienen excelentes programas que progresan alrededor del círculo de las facetas de la evangelización eficaz solamente que fallan en congregacionalizar a los convertidos.

Pueden existir razones por las que algunos grupos se dedican a ciertas facetas del la evangelización eficaz. Cuando un grupo conscientemente se dedica a una o más facetas de la evangelización y no enfatiza todas las facetas, el grupo debe reconocer esta tendencia y buscar a otros para llenar el vacío. La evangelización eficaz debe satisfacer las demandas de todas las facetas de la evangelización.

La evangelización permanece como concepto central de la teoría del crecimiento de la iglesia y del pensamiento del crecimiento saludable de la iglesia. El cargo que la teoría del crecimiento de la iglesia solamente se interesa por el aumento numérico es infundado. El concepto central del crecimiento balanceado de la iglesia sigue siendo la evangelización eficaz que cumple con todas las cinco facetas. Obviamente, el crecimiento saludable de la iglesia se esforzará por usar el enfoque de la evangelización eficaz y cualquier cosa que difiera de la evangelización del enfoque de todas las cinco facetas en su esfuerzo de ganar almas resultará en crecimiento enfermizo en lugar de saludable. La evangelización eficaz constituye un aspecto vital del crecimiento saludable de la iglesia.

MULTIPLICACIÓN ILIMITADA DE CONGREGACIONES

Un quinto concepto básico en el pensamiento del crecimiento de la iglesia que también contribuye al crecimiento saludable de la iglesia se relaciona con la multiplicación ilimitada de congregaciones. No puede ocurrir expansión efectiva del movimiento cristiano aparte de la creación de congregaciones donde los creyentes son incorporados, maduran y se les motiva a servir en la viña. Las congregaciones locales de cristianos que adoran y sirven proveen los lugares más obvios donde la gente más naturalmente acepta a Cristo, recibe nutrición en la vida cristiana y encuentra oportunidades de servir a Cristo en el mundo.

Sembrar iglesias nuevas y desarrollar a los cristianos obviamente era el método del apóstol Pablo. El método de Pablo tiene que seguir siendo el medio primario por el cual los grupos cristianos hoy avanzan el Reino de Dios. Wagner obviamente está en lo correcto cuando declara que sembrar iglesias nuevas es la estrategia evangelizadora más efectiva que se ha encontrado (Wagner 1990:12).

El término de multiplicación ilimitada necesita alguna explicación. Con multiplicación ilimitada queremos decir que el movimiento de sembrar iglesias tiene que ser extenso. Las iglesias no solamente son añadidas sino que se multiplican. El uso de la palabra *ilimitada* lleva la idea que nada en el movimiento ni en la creación de nuevas iglesias prevendrá o inhibirá esta expansión de congregaciones nuevas.

Cualquier grupo misionero o de iglesia que descuida el aspecto del trabajo misionero al sembrar iglesias crea un vacío que tiene que llenarse por otros grupos o resultará en un avance cristiano inadecuado. Para cumplir con la Gran Comisión y hacer discípulos de todas las naciones, los grupos cristianos deben proveer para la multiplicación ilimitada de iglesias locales. El crecimiento saludable de la iglesia se esforzará para proveer las congregaciones necesarias para apoyar un ministerio de expansión evangelizadora y de la iglesia en las áreas en las que sirve la iglesia.

La Necesidad de Muchas Iglesias

En el planeamiento de crecimiento las congregaciones nuevas constituyen la estrategia primaria. La evangelización apropiada de cualquier región demanda muchas iglesias—y usualmente muchas iglesias nuevas. Donald A. McGavran enfatiza la primacía de muchas congregaciones locales en el plan redentor de Dios cuando dice:

> Lo que el fantástico incremento de la población de este mundo necesita es la fantástica multiplicación de iglesias que hará posible poblaciones liberadas, llenas del Espíritu Santo, para generar sus propios Calvinos, Wesleys, Wilberforces y Martin Luther Kings y sus propias sociedades sobrias, piadosas y fructíferas (1965:451-61).

Jack Redford astutamente indica que la iglesia que no acepta sembrar iglesias como una función normal y natural, se dirige a su propio enfrascamiento. Redford contiende que iniciar otras iglesias es la tarea de las iglesias locales (1978:23). En el mismo espíritu, Timothy Starr declara que "siempre es la temporada" de sembrar iglesias (1978:33).

En los Estados Unidos y en otras naciones también, el factor principal en la tarea misionera se debe centrar en empezar iglesias reproducibles y que se reproducen. Este énfasis en empezar iglesias nuevas, lejos de indicar cualquier tendencia imperialista de parte del grupo sembrador de iglesias, solamente revela el compromiso genuino y duradero del grupo en el avance cristiano. *El desarrollo permanente de un movimiento cristiano demanda compromiso a y participación en la multiplicación ilimitada de nuevos compañerismos cristianos.*

> El desarrollo permanente de un movimiento cristiano demanda un compromiso y una participación en la multiplicación ilimitada de nuevos compañerismos cristianos.

Objeciones contra iglesias nuevas

Sin importar en cuán necesarias son las iglesias nuevas para la continua expansión del Reino de Dios, a menudo se oyen fuertes objeciones contra sembrar nuevas congregaciones. Por ejemplo, una serie de artículos en *The International Review of Missions*, July 1968, cuestiona al énfasis que McGavran le había dado a la necesidad de "congregaciones que se multiplican fantásticamente," en su artículo, "Wrong Strategy: the Real Crisis in Mission" (1965: 451-61). La mayoría de obreros que están comprometidos a sembrar congregaciones nuevas han encontrado oposición de varias fuentes.

Se oyen multitud de objeciones a sembrar iglesias nuevas.[4] Generalmente, se presentan varias objeciones a las iglesias nuevas. Una involucra el refrán familiar, "Ya tenemos demasiadas (o suficientes) iglesias." Se arguye que el creciente número de iglesias solamente lleva a una competencia por los miembros y menos crecimiento en general. Algunas áreas puede que tengan un adecuado número de iglesias para ciertos tipos de personas, pero aún en estas áreas, la necesidad de iglesias para otros tipos de personas probablemente exista. La afirmación que ya tenemos suficientes iglesias usualmente se abre al cuestionamiento.

Algunas denominaciones adoptan reglas que limitan el número de iglesias que pueden existir en cierta región geográfica y usan esta regla para prohibir nuevas congregaciones. Básicamente limitar con tales reglas el número de iglesias constituye infidelidad la Señor y una pobre estrategia misionera. Un grupo estableció la regla que ninguna iglesia nueva se puede sembrar en el perímetro de dos millas de una iglesia existente. El grupo no tuvo en cuenta el hecho que en ese territorio de dos millas a la redonda muchas clases diferentes de gente creaban la necesidad de diferentes clases de iglesias.

En una ciudad, Win Arn escuchó que los líderes locales declaraban que ya existían suficientes iglesias. Esa tarde llamó a cada iglesia en la ciudad y descubrió la capacidad de los centros de adoración. Halló que si cada iglesia tuviera tres servicios que llenara las facilidades cada domingo todavía no tendrían el espacio suficiente para la gente de la ciudad (reportado en McGavran y Hunter 1980:103). Obviamente la declaración de que tenían demasiadas o aun suficientes iglesias rara vez es precisa.

Los líderes de la iglesia a menudo expresan otra objeción a sembrar iglesias nuevas cuando dicen, "Necesitamos mejorar las iglesias que tenemos antes de empezar a sembrar iglesias nuevas." "Después de todo," dicen, "tenemos muchas iglesias débiles que necesitan ayuda. ¿No deberíamos usar los recursos que se usarían para iglesias nuevas en ayudar a estas congregaciones en sus luchas?"

Se entiende esta objeción. Las iglesias en problemas necesitan ayuda y se les tiene que ayudar. Las necesidades de las iglesias existentes, sin embargo, no deben desviar a un grupo cristiano de los esfuerzos de una multiplicación constante de congregaciones nuevas. Algunas iglesias luchan porque no están dispuestas a pagar el precio de crecer o porque tienen algunos problemas internos. La causa del Reino debe tomar precedencia sobre las necesidades de las partes más pequeñas del cuerpo. Aunque no abandonamos a las iglesias necesitadas, el crecimiento balanceado de la iglesia cree que las necesidades de las iglesias existentes jamás deben impedir el empezar congregaciones nuevas.

Una tercera objeción contra las iglesias nuevas se relaciona con percibida inhabilidad para pastorear y proveer liderazgo adecuado para las nuevas iglesias. Muchos temen que una expansión demasiado rápida puede prevenir una supervisión adecuada y resultar en doctrina y ética equivocadas.

El apóstol Pablo no comparte tal preocupación. Sembró iglesias ampliamente dependiendo primordialmente en que el Espíritu Santo proveería los pastores para las congregaciones. Para estos líderes, Pablo dio limitada supervisión y guía. Melvin Hodges indica que la estrategia autóctona de Pablo le permitió sembrar numerosas iglesias que eran dirigidas por líderes locales comisionados por el apóstol. Pablo nunca reconoció la falta de obreros como un factor limitante para empezar iglesias nuevas (1953:3-5).

Roland Allen, en su bien conocido trabajo sobre estrategia misionera, *Missionary Methods: St. Paul's or Ours?*, contiende que el método de Pablo se puede usar eficazmente aun en nuestro día. Allen rechaza la idea que Pablo vivió en un día excepcional o que era un hombre con recursos no disponibles para los misioneros de hoy. El expresa la convicción de que los misioneros modernos pueden y deben emplear la estrategia de Pablo (1962:151-63). *Esta estrategia paulina llama a una multiplicación ilimitada de nuevas congregaciones.*

La multiplicación limitada de iglesias a veces puede conducir a algunas dificultades y quizá a resultados desafortunados. En verdad se pueden presentar problemas doctrinales y éticos. En el desarrollo se pueden tomar direcciones no deseadas o totalmente aprobadas por los líderes misioneros. Algunas congregaciones sembradas eventualmente morirán. Los líderes fundadores pueden tener menos control sobre la congregaciones nuevas que lo que desean. A pesar de tales dificultades, es imperativo por el bien del Reino que se siembren iglesias en todas partes.

> Muchas objeciones contra las iglesias nuevas se oyen, pero pocas o ningunas son válidas.

Ha habido objeciones a la multiplicación de iglesias, hay y habrá. Sin embargo, las objeciones válidas son pocas. Casi en cada caso, las objeciones contra iglesias nuevas se pueden responder y evitar las dificultades. Los obreros e iglesias cristianos deben aceptar la necesidad continua de congregaciones nuevas.

La Posibilidad de la Diversidad

El concepto de multiplicación ilimitada de iglesias está íntimamente ligado a la verdad que las iglesias pueden y deben existir en una diversidad de formas y usar una variedad de métodos. Cada iglesia debe conformarse a las enseñanzas bíblicas en cuanto a su naturaleza, función y métodos. No obstante, en las iglesias puede haber una admirable diversidad de métodos, estilos de adoración, principios de gobierno, maneras de enseñar, etc.—todo lo cual permanece fiel a la imagen bíblica y a las enseñanzas concernientes a la iglesia.

Una denominación debe deshacerse de la idea que cada iglesia se debe conformar a algún método tradicional de organización y práctica o metodología. Muy a menudo, la maquinaria denominacional no acepta a una iglesia que usa métodos diferentes o que no hace las cosas en las maneras tradicionales. Muchos de los requisitos tradicionales, son eso, tradicionales, en vez de bíblicos.

> Las denominaciones y otras iglesias deben dar la bienvenida y apoyar las congregaciones que rompen el molde e intentan nuevos métodos en tanto que estas congregaciones permanezcan bíblicas en la enseñanza y práctica.

Adoración innovadora, en y por sí misma, no viola ninguna enseñanza bíblica. Entre tanto que la iglesia se conforme a las imagines bíblicas de la iglesia y mantenga los estándares bíblicos de ciencias sociales, esa iglesia se debe animar en sus esfuerzos.

Una iglesia puede ser grande o pequeña. Puede reunirse en instalaciones especiales, o usa cuartos arrendados. Puede seguir métodos tradicionales de adoración, música, gobierno o ministerio. Por otra parte, una iglesia puede ser radicalmente diferente en estas áreas. La iglesia puede usar líderes de tiempo completo o ministros bivocacionales. El factor importante es que la iglesia se conforme a los estándares bíblicos. En tanto que sea bíblica, la diversidad es una ventaja más que un problema.

Es interesante que algunas veces las congregaciones "diferentes" están más en conformidad a los estándares bíblicos que las tradicionales. Se puede obstruir el crecimiento de la iglesia cuando a las iglesias se les prohíbe expresar su naturaleza por causa de la falta de conformidad a la tradición denominacional. La diversidad de los tipos de iglesias tiene un lugar básico en la teoría del crecimiento de la iglesia.

Estas declaraciones no son un ruego para que se bajen los estándares bíblicos de doctrina, conducta o práctica. Lo que necesitamos hacer es ver la Biblia y entender lo que las imagines bíblicas dicen de la iglesia. Cuando una iglesia vive a la altura de las imagines bíblicas y no violan las enseñanzas bíblicas, la diversidad puede y debe ser permitida y animada.

Por ejemplo, una iglesia en particular exhibe un enfoque tradicional, una iglesia-como-lo- acostumbrado. El personal profesional altamente entrenado y hábil, de tiempo completo desempeña la mayoría de las funciones del ministerio y guía los servicios de adoración bien organizados y formales. Los miembros ordinariamente se sientan y observan y siguen al liderazgo.

Otra iglesia insiste en que cada miembro es un ministro. Se espera que cada miembro descubra y use sus dones espirituales en los ministerios de la iglesia. Esta congregación se reúne en facilidades rentadas para una celebración semanal. Las demás actividades tienen lugar en grupos de compañerismo en las casas, conocidos como grupos celulares. Un equipo de esposo y esposa que sirve como co-pastores dirige la iglesia. Recientemente, la iglesia le solicitó a una dama (no la esposa del pastor) que bautizara a una dama convertida y en cuya experiencia de salvación la dama había participado como instrumento del Señor.

Obviamente la primera de estas dos iglesias es tradicional—la segunda no lo es. El llamado a la diversidad reconoce y anima a ambas iglesias. Ambas se conforman con las imagines bíblicas de la iglesia. Si alguna iglesia no se conforma con el método bíblico no cumple su misión. Jerry Wafford and Kenneth Kilinsk escriben:

> La iglesia de hoy falla en cumplir su propósito más que todo porque ha cesado de ser un organismo. Una iglesia en la que una persona predica, pocos enseñan y pocos trabajan en el ministerio administrativo, pero en la cual la vasta mayoría simplemente escuchan, aprenden y siguen sin llegar a ser miembros operantes del cuerpo no es un organismo integrado (1973:134).

Evangelizar y congregar a la gente de este mundo demanda una diversidad de iglesias. Algunas usarán diferentes medios, ser más emotivas y emplear una variedad de métodos de adoración y ministerio.

> La increíble diversidad de la gente hoy demanda una provisión igualmente diversa de clases de iglesias y ministerios.

A fin de alcanzar a toda la gente propulsemos la diversidad de las iglesias y no procurar dictar a cada congregación un método establecido de adoración, vida y ministerio. La diversidad satisface las necesidades de la gente en el mundo de hoy.

Conclusión

El pensamiento del crecimiento de la iglesia está convencido que el Reino y las iglesias crecen más libres y eficazmente por medio del método de empezar y desarrollar muchas congregaciones nuevas. Como las iglesias en el período del Nuevo Testamento se multiplicaban, así mismo las iglesias de hoy se deben expandir en números. Los incrementos de la población del mundo nos llaman a sembrar un vasto número de iglesias que existan en varias formas y maneras para satisfacer las crecientes necesidades de esta gente. La multiplicación ilimitada de iglesias es uno de los fundamentos de la teoría del crecimiento de la iglesia.

El concepto básico de empezar muchas diferentes clases de iglesias para satisfacer las necesidades de muchas clases de personas diferentes encaja perfectamente en el pensamiento de la iglesia saludable. Sólo cuando hay muchas clases de congregaciones diferentes se pueden satisfacer las necesidades de todos los grupos. De nuevo, la Teoría del Crecimiento de la Iglesia y la metodología de la iglesia saludable convergen. Una Iglesia (en el sentido de una denominación o grupo de iglesias) no se puede desarrollar de una manera saludable, ni en verdad alcanzar una región apropiadamente sin adoptar el concepto de multiplicación ilimitada de iglesias.

MINISTERIOS SOCIALES DE AMOR

La teoría del Crecimiento de la Iglesia siempre ha tenido un lugar importante para los ministerios sociales y los esfuerzos de ayuda para la gente a la cual sirven las iglesias. Los cristianos y las Iglesias cristianas deben proclamar el evangelio con palabras y obras. Intentar lo uno sin lo otro queda muy corto de ser un crecimiento auténtico de la iglesia o del crecimiento saludable de la iglesia.

> Los cristianos y las Iglesias deben proclamar el evangelio con palabras y obras. Intentar lo uno sin lo otro queda corto de ser el crecimiento auténtico de la iglesia y falla en alcanzar el crecimiento saludable en cualquier Iglesia o iglesia.

Sin embargo, algunos han pensado que el Crecimiento de la Iglesia no tiene lugar para la participación social. Si tal entendimiento fuera correcto, entonces el Crecimiento de la Iglesia y el crecimiento saludable de la iglesia se dividirían porque como vimos en el capítulo 2, una iglesia saludable ministra a la comunidad. Las secciones previas indican que las iglesias deben crecer más ampliamente por las misiones y los ministerios.

Allan Tippett notó, en 1969, que la relación entre la proclamación del evangelio y el servicio cristiano (incluyendo el esfuerzo hacia la justicia social) ha venido a ser un asunto mayor en algunos sectores de la misión cristiana alrededor del mundo (1969:64-78). Al establecer la necesidad tanto para proclamar como para servir, Tippett muestra los dos polos que se desarrollan en la acción misionera. En un polo Tippett mostró a un misionero que seguía un método totalmente foráneo de presentación sin intentar poco o ningún seguimiento. En el otro polo, uno que Tippett describe como un método que enfatizaba tanto los proyectos sociales, que el nombre de Cristo difícilmente se mencionaba. Tippet estaba convencido que el énfasis en ambos extremos de los polos no es misión. (1969:64).

Tippett, al comienzo del desarrollo del Movimiento de Crecimiento de la Iglesia escribía contendiendo que tanto la proclamación como el ministerio social eran necesarios para el testimonio cristiano completo. Él bien decía:

> Con todo la mayoría de nosotros en nuestro corazón sabemos que la proclamación sin servicio o servicio sin proclamación es fútil y no de acuerdo con las normas de la Escritura. No puedo hacer menos que creer en la mayoría de los miembros de la Iglesia cristiana desea preservar ambas dimensiones (1969:64).

Tippett muestra que McGavran no rechaza el ministerio social sino que solamente pide que éste mantenga una relación apropiada a la totalidad de la tarea. McGavran simplemente no deseaba que el ministerio social fuera el sustituto de la evangelización directa (1965).

Una aclaración muy a aceptada de la enseñanza del crecimiento de la iglesia relacionada con la evangelización y el ministerio social surgió en el libro *Church Growth and the Whole Gospel* de C. Peter Wagner. En este libro, Wagner admite cuestionar el lugar de la acción social en uno de sus libros anteriores. Wagner expresa su convicción más madura al decir que mientras que la evangelización debe permanecer como la prioridad, que un mandato cultural también existe y que este mandato cultural también es parte vital del plan de Dios para Sus iglesias (1981:xi-xiii, 33-42). En esta declaración, Wagner alineó la teoría del crecimiento de la iglesia con otros escritores evangélicos tales como Carl F. H. Henry y David Moberg, quienes invitan a las iglesias evangélicas a retomar la implicación social de la Biblia y del ministerio cristiano (Henry 1971:1947; Moberg 1972).

La participación social toma dos formas. El ministerio social desea cuidar de los afectados por la sociedad y las circunstancias. En el ministerio social, las iglesias alimentan a los hambrientos, dan ropa a los necesitados, cuidan de los enfermos, consuelan a los atribulados y dan tranquilidad a los enlutados. La benevolencia, aunque se menciona más a menudo que lo que se practica, es y debe ser parte del ministerio de las iglesias.

Un segundo tipo de participación social, es la acción social, que busca el cambio de estructuras de injusticia y avaricia que causa lastimaduras y sufrimiento a la humanidad. La acción social usualmente demanda participación económica y política. Puede requerir una toma de posición valiente en asuntos controversiales. A menudo se presta a cargos que le hagan a la iglesia de involucrarse en asuntos que algunas veces no se consideran espirituales y fuera de las responsabilidades de los grupos religiosos. Las iglesias deben, sin embargo, participar en acción social. Los profetas de Dios encararon de frente la injusticia y demandaron la justicia social (Amós 5:24, Isaías 1:10-17; Miqueas 6:6-8). Las iglesias no pueden hacer menos que esto.

> En verdad, abandonar o rehusar participar en el involucramiento social es predicar y practicar un evangelio mutilado.

McGavran aconsejó a los misioneros que se abstuvieran de participar en esfuerzos para quitar gobiernos o para cambiar las estructuras sociales en naciones en las cuales no son ciudadanos. No es el lugar de los misioneros o de las Misiones de fuera de la cultura intentar tales transformaciones. Los cristianos y las iglesias locales asumirán la responsabilidad de las trasformaciones políticas y económicas. (1980:292-93).

Abandonar la participación social en base a la búsqueda del crecimiento numérico niega el cristianismo bíblico. En ninguna parte el balance es más necesario que en la relación entre la evangelización y el hacer discípulos y la participación social. La evangelización y la participación social van mano en mano. Si los esfuerzos en la participación social eclipsan o reemplazan la evangelización, se ha cometido un serio error. Si el esfuerzo social queda excluido del plan de la iglesia, el programa es incompleto.

El crecimiento saludable de la iglesia invita al ministerio social y a la acción social en los lugares donde sirven sus Iglesias. El Crecimiento de la Iglesia obviamente crea un lugar para los mandatos evangelizadores y sociales. Las enseñanzas del Crecimiento de la Iglesia, por lo tanto, proveen este imperativo para el crecimiento saludable de la iglesia. El Crecimiento de la Iglesia insiste en ambos ministerios: social y evangelístico. Así también lo hace el crecimiento saludable de la iglesia.

REPRODUCTIVIDAD SIN IMPEDIMENTOS

Tanto la teoría tradicional del Crecimiento de la Iglesia como el crecimiento saludable de la iglesia requieren que las Iglesias y las iglesias permanezcan libres para reproducirse. Mike Berg y Paul Pretiz denominan está cualidad de edificar en el movimiento y en las iglesias la capacidad de la reproducción como "inherentemente expansionista" (1996:63). Sembrar iglesias que son capaces y libres para reproducirse al sembrar otras congregaciones yace en el corazón de la Teoría del Crecimiento de la Iglesia para el siglo 21 y también ocupa el lugar primordial en el crecimiento saludable de la iglesia. La importancia de este concepto se expresa:

> La meta final para el siglo veintiuno al iniciar iglesias involucra la característica de la reproducción. En efecto, cualquier movimiento que falla al no incorporar tanto la visión como el mecanismo para la reproducción no puede ganar el título de "sembrador de iglesias del siglo "21." Para ser viable para el siglo 21, los esfuerzos de sembrar iglesias tienen que tener como central la cualidad de la reproducción. . . El asunto de cualquier esfuerzo de sembrar iglesias no es simplemente, "¿qué tan grande ha venido a ser esta congregación (o Iglesia)?' sino en vez, "¿puede este movimiento ser infinitamente reproducible?" (Sánchez, Smith, and Watke 2001:463).

Iglesias saludables y los movimientos de crecimiento saludable de iglesias cuidadosamente edifican dentro de sus programas está cualidad de la reproducción. Una iglesia no será saludable sin esta cualidad. Varios factores contribuyen al movimiento de sembrar iglesias que en verdad llegan a ser reproductoras.

Primero, la reproducción encuentra expresión en la visión del movimiento desde el comienzo y en cada punto de su desarrollo. Cada congregación y cada obrero recibe esta visión y determina actuar sobre la misma. Las iglesias se dan cuenta desde sus comienzos que no son fines en sí mismas sino en vez son estaciones para otras congregaciones que alcancen hasta los confines de la tierra.

Segundo, el movimiento reclutará y entrenará obreros dedicados al concepto de la reproducción. Los obreros son reclutados después de una selección cuidadosa para juzgar su capacidad para el trabajo de sembrar iglesias. Estos obreros están entrenados para reconocer la importancia de la reproducción y comprometerse a seguir este método. Las iglesias reproductoras y los métodos de reproducción dependen del personal conocedor y dedicado al concepto.

El movimiento adoptará y adaptará los modelos de sembrar iglesias reproductoras. Estos modelos necesariamente descartarán mucho del subsidio y la intervención foránea en la vida de las iglesias. Lo foráneo es anatema en las congregaciones y en las mentes de los líderes. Nada que haga imposible o aún difícil para que las nuevas congregaciones siembren otras iglesias vendrá a ser parte del movimiento que domine la reproducción.

El movimiento seguirá un proceso viable de sembrar iglesias que puedan y comenzarán otras iglesias. Este proceso demanda que se edifique la reproducción en el DNA de las nuevas iglesias. Las iglesias no serán instruidas con métodos directos o indirectos en que un grupo debe que tener grandes recursos financieros para sembrar una iglesia nueva. Las congregaciones nuevas evitarán la idea que una iglesia tiene que ser fuerte o alcanzar cierto punto antes que pueda comenzar una iglesia nueva.

> Sólo movimientos de sembrar iglesias que les permiten a las congregaciones ser capaces y libres para reproducirse al comenzar congregaciones nuevas pueden proveer lo necesario para las necesidades del crecimiento saludable de la iglesia en el siglo 21.

El movimiento dependerá en los recursos locales—en cuanto a gente y finanzas. Dependencia en personal o finanzas foráneas hará más difícil la reproducción. Las congregaciones nuevas suplirán su propio liderazgo y lugares de adoración. El equipo foráneo no se considerará como imperativo o aun necesario.

El movimiento incluirá la estrategia del retiro de parte de cualquier grupo foráneo que esté involucrado en el comienzo de la congregación. Como lo veremos en un capítulo más adelante, este asunto del retiro del personal e influencia foránea es crítico. En la mayoría de los casos, las iglesias nuevas están más listas para hacerlo por sí mismas solamente que lo que están los misioneros para permitirlo. La importancia del retiro y los medios por los cuales esto se puede lograr mejor se discute ampliamente en Church Planting Movements de David Garrison y Passing the Baton de Tom Steffin.

El único método factible para satisfacer las crecientes necesidades de la gente del mundo es con una siembra de iglesias ilimitada y sin precedente. Solamente los movimientos que son infinitamente reproducibles pueden obtener este tipo de esfuerzo de la iglesia. Hasta el grado en que el movimiento permita libertad y flexibilidad a las congregaciones nuevas para ser infinitamente reproductoras es cuando el movimiento alcanzará el estado de crecimiento saludable de iglesia. "Desde el principio, la reproducción se debe escribir en las mentes y corazones del personal que siembra la iglesia, y que sea evidente en el modelo que usan como central a las estrategia que emplean" (Sánchez, Smith, and Watke 2001:417).

DEPENDENCIA EN EL ESPÍRITU SANTO

Como se indicó anteriormente, el pensamiento del crecimiento de la iglesia siempre ha reconocido que ni la estrategia ni la metodología pueden producir el crecimiento de las iglesias de Dios. Solamente por medio del poder del Espíritu Santo se logra realizar la cosecha espiritual que es aceptable a Dios únicamente. La teoría del crecimiento de la iglesia jamás busca reemplazar la dependencia en el Espíritu Santo con cualquier dependencia en métodos o estrategias.

La teoría del crecimiento de la iglesia está convencida que el Espíritu Santo obra y provee los resultados en todo lo que concierne al crecimiento de las iglesias. El Espíritu Santo revela dónde se debe proclamar el mensaje, guía al mensajero en el proceso de la proclamación y da la cosecha al movimiento. Aun los métodos y las estrategias vienen de la obra interna del Espí-

> La dependencia en el Espíritu Santo es uno de los conceptos más centrales y un principio que no cambia en la teoría del crecimiento de la iglesia.

ritu Santo. El crecimiento de la iglesia, desde el principio hasta el fin, descansa totalmente en el poder y obra del Espíritu Santo.

De nuevo, el crecimiento saludable de la iglesia y la teoría del Crecimiento de la Iglesia están unidos en el asunto de la dependencia en el Espíritu Santo. El concepto de dependencia en el poder sobrenatural que viene a las iglesias por medio del Espíritu Santo de Dios es central tanto en el Crecimiento de la Iglesia como al esfuerzo de sembrar y desarrollar iglesias saludables.

CONCLUSIÓN

Los principios básicos del crecimiento saludable de la iglesia se lograrán por medio de seguir las enseñanzas básicas de la Teoría del Crecimiento de la Iglesia. Existe la tentación de decir que el crecimiento saludable de la iglesia solamente se puede obtener con el uso de los conceptos y estrategias que se han proyectado por el crecimiento de la iglesia. La causa del crecimiento saludable de la iglesia no encuentra antagonismo en su relación con el pensamiento del crecimiento de la iglesia. En vez, el Crecimiento de la Iglesia en el sentido tradicional y el crecimiento saludable de la iglesia en las expresiones nuevas se pueden ver como aliados en el esfuerzo para ganar al mundo y desarrollar las iglesias.

Preguntas y actividades

1. Haga una lista de las relaciones que tiene con otros que puedan servir como "puentes de Dios" en su experiencia de salvación.

2. Escriba lo que usted entiende como un "creyente responsable" y una "iglesia responsable." ¿Cómo se relaciona el concepto de responsabilidad con el de la reproducción?

3. ¿Cuántas iglesias se necesitan en un área? ¿Cuántas se necesitan en el área donde usted vive?

4. Estudie el registro de su iglesia. ¿Cuál es la proporción entre el número de personas bautizadas y el número de los que están activos en el ministerio de la iglesia?

5. Escriba una relación breve del crecimiento de su iglesia. ¿Es balanceado? Si no, ¿qué cambios crearían un mejor balance? ¿Necesita su iglesia más énfasis en crecer más grande, mejor, más amplia o más saludable?

Lecturas adicionales

Darino, Miguel Ángel, *La Adoración*, Cupertino: Distribuidora Internacional de Materiales Evangélicos, 1992.

Foster Richard J, *Alabanza a la Disciplina*, Miami: Editorial Betania, 1986.

Gerber, Virgilio, *Manual Para Evangelismo Y Crecimiento De La Iglesia*, Pasadena: William Carey Library, 1974.

Grubbs Bruce, *Mi Iglesia Puede Crecer*, Casa Bautista de Publicaciones, 1985.

Daniel R. Sánchez y Rodolfo González, *Comparta Las Buenas Nuevas Con Sus Amigos Católicos*, Church Starting Network Publications, 2006.

CAPÍTULO 4

PROBANDO ESTRATEGIAS PARA EL CRECIMIENTO SALUDABLE DE LA IGLESIA (I)

Los líderes de la iglesia hoy pueden seleccionar un vasto y creciente número de métodos y estrategias que bajo varias circunstancias en diferentes lugares, acontecen en el crecimiento de la iglesia. Mientras que se reconoce la existencia de estos cientos de estrategias, el Movimiento de Crecimiento de la Iglesia no las aprueba todas. Como se vio anteriormente, solamente aquellas estrategias que son compatibles con las enseñanzas bíblicas y a las cuales Dios bíblicamente les concede aprobación de crecimiento saludable son aceptables en los ojos de los que están dedicados al crecimiento saludable de la iglesia.

Este capítulo y el siguiente, sugieren cómo los líderes de la iglesia pueden probar o evaluar las estrategias para asegurar su legitimidad para el nuevo enfoque del crecimiento saludable de la iglesia. Algunas de las estrategias mejor conocidas promovidas por los escritores del crecimiento de la iglesia serán probadas en cuanto a su viabilidad para el crecimiento saludable de la iglesia. Examinaremos también algunas de las estrategias sugeridas por los escritores del crecimiento de la iglesia más controvertida, probaremos qué tan apropiadas son y cuestionaremos su validez. El capítulo tiene un doble propósito. Al evaluar estas estrategias, estableceremos las maneras básicas para probar cualquier estrategia y a la vez consideraremos algunas estrategias a menudo cuestionadas por personas que evalúan las teorías del crecimiento de la iglesia.

Este capítulo investigará algunas de las estrategias tradicionales que el movimiento del Crecimiento de la Iglesia ha proyectado. Estas estrategias son el "Método de la Unidad Homogénea," el "Método de la Iglesia Indigenista," el "Método de la Contextualización," y el "Método de Discipulando y luego Perfeccionando."

El capítulo 5 investigará entonces algunas de las estrategias más nuevas disponibles para los líderes de la iglesia. Estas estrategias no son métodos centrales que salen del Movimiento del Crecimiento de la Iglesia. Son metodologías que muchos escritores del crecimiento de la iglesia aceptan y emplean. El punto del capítulo 5 será los dos asuntos de lo correcto de estas estrategias y su viabilidad para el crecimiento saludable de la iglesia. Las estrategias son "los Movimientos de Plantación de Iglesias," "la Estrategia de la Iglesia Clave," "las Iglesias Con Propósito," "las Iglesias Misioneras" y "la Estrategia de la Guerra Espiritual en el Crecimiento de la Iglesia." Estos métodos se considerarán desde el punto de vista de lo apropiados en cuanto a las enseñanzas bíblicas, el crecimiento saludable de la iglesia y la eficacia aceptable.

ASUNTOS GENERALES PARA PROBAR LAS ESTRATEGIAS

Antes de estudiar estas metodologías individualmente, consideraremos un asunto general que se relaciona con cada estrategia. Este asunto general concierne al fundamento teológico del crecimiento de la iglesia. *Solamente aquellas estrategias que se conformen a los estándares bíblicos y que culminan en métodos bíblicos de crecimiento pueden ser estrategias aceptables.*

> Solamente las estrategias y métodos que se conforman a los estándares bíblicos y que culminan en resultados bíblicamente aprobados son aceptables para el crecimiento saludable de la iglesia.

El fundamento y la sobrestructura

Cada estrategia aceptable se debe edificar sólidamente sobre un fundamento teológico. La sobrestructura de un barco descansa sobre la quilla. Las estrategias del crecimiento de la iglesia, como la sobrestructura del barco, descansan sobre el fundamento teológico y no pueden existir ni contribuir aparte de ese fundamento. Mucha gente oye lo que los escritores del crecimiento de la iglesia dicen de los métodos del crecimiento de la iglesia y no escuchan nada de la teología que constituye el fundamento de esas enseñanzas sobre los métodos. Este escuchar limitado ocurre porque los métodos son lo que los escritores del crecimiento de la iglesia enfatizan. Estas enseñanzas específicas sobre las estrategias y métodos, sin embargo, en realidad representan la sobrestructura de la teoría del crecimiento de la iglesia. Los escritores del crecimiento de la iglesia construyen sus teorías sobre los fundamentos de la teología bíblica. La falta de comprensión de este hecho puede distorsionar la manera en que se entiende el crecimiento de la iglesia en general y algunos métodos en particular.

El crecimiento saludable de la iglesia edifica las estrategias que emplea sólidamente sobre fundamentos teológicos de:

- Un Dios personal, todopoderoso, omnisciente, amante, que toma la iniciativa y que nos halla,
- Un Cristo divino, resucitado, salvador, redentor,
- Un Espíritu Santo divino, que da poder, que está presente,
- Una Escritura inerrante, la Biblia, inspirada, autoritativa, confiable,
- Una humanidad pecadora, necesitada, impotente, que perece,
- Una salvación por la gracia de Dios a todos los que se vuelven a Él arrepentidos y con fe en Cristo y su obra,
- Un cuerpo de cristianos que responde, comparte, sirve y se reproduce,
- Un cuerpo de creyentes (la Iglesia), dispuesto a servir, compartir y proclamar el mensaje a todos.

Esta teología es base de todo legítimo crecimiento de la iglesia. Descansa directamente sobre la Gran Comisión entendiendo los requisitos del propósito de la Iglesia.

Los Requisitos del Propósito de la Iglesia

1. "Hacer discípulos" por la proclamación completa del todo el evangelio a toda la humanidad.
2. Traer está gente a la salvación en Cristo.
3. Incorporarlos en las iglesias.
4. Llevarlos a la madurez en la vida cristiana.
5. Motivarlos en el servicio para el Señor.

La teología bíblica, entonces, provee el fundamento para el pensamiento del crecimiento de la iglesia. Los escritores del crecimiento de la iglesia no reformulan constantemente este fundamento bíblico y teológico sino que siempre está presente. La teoría del crecimiento de la iglesia básicamente es un cuerpo de enseñanza concerniente a las estrategias y métodos por los cuales las iglesias pueden crecer más grandes, mejores, más ampliamente y más saludables. Cada aspecto de este cuerpo de enseñanzas metodológicas, sin embargo, descansa confortable y sólidamente sobre el fundamento de la enseñanza bíblica directa y los consecuentes principios bíblicos.

Las enseñanzas bíblicas directas incluyen las verdades que Dios es Creador, amante y que desea que todos se salven. También las enseñanzas bíblicas directas declaran que Cristo es divino, Salvador, crucificado, resucitado, ascendido, viene otra vez y que el Espíritu Santo es activo, divino y que da poder. La Biblia enseña directamente que la humanidad está perdida e incapaz de ganar la salvación por medio de la fortaleza humana o por acción humana y que la Salvación es por la gracia y gratis para los que se arrepienten y creen. Las enseñanzas bíblicas directas también indican que la Iglesia y los creyentes están comisionados a llevar el evangelio a todos los pueblos y servir a toda la gente.

Los principios bíblicos están claramente enseñados en la Escritura por implicación e ilustración en vez de directamente. Estas doctrinas incluyen a Dios como Trinidad, Cristo como humano y divino, el matrimonio entre un hombre y una mujer por toda la vida en la relación de una sola carne, las iglesias como compañerismos de adoración y servicio, y la vida cristiana a la manera de Cristo. Todas las metodologías del crecimiento de la iglesia tienen que ser fieles a todas estas enseñanzas—tanto las directas como las de principios.

La sobrestructura metodológica del crecimiento de la iglesia, entonces, descansa totalmente sobre el fundamento bíblico y teológico. El fundamento bíblico y teológico para el crecimiento de la iglesia, sin embargo, no es ningún tipo particular de teología. Las personas de varias persuasiones teológicas todas pueden usar las ideas del crecimiento de la iglesia. Los que sostienen un tipo de teología calvinista pueden usar los métodos del crecimiento de la iglesia, tanto como los de trasfondo arminiano. Las personas que sostienen posiciones que varían sobre el método de bautizar, del gobierno de la iglesia, del milenio y otras enseñanzas que son compatibles con las doctrinas bíblicas todas pueden usar los métodos del crecimiento de la iglesia.

Podemos ilustrar el concepto del fundamento bíblico y teológico y la sobrestructura metodológica en el siguiente diagrama. No obstante, recuerde que el diagrama no contiene todas las enseñanzas bíblicas directas, todos los principios bíblicos que se desprenden de estas enseñanzas, ni todas las estrategias que se pueden emplear.

Fundamento y Sobrestructura

\multicolumn{8}{c}{Estrategias y Métodos Bíblicos}
Unidad de la Estrategia Homogénea	Estrategia de movimiento de gente	Estrategia de los movimientos de plantación de iglesias	Estrategia de la Iglesia autóctona	Estrategia de Contextualización	Estrategia de la iglesia misionera	Estrategia de la iglesia innovadora

Principios Bíblicos	
Dios es Trinidad (Padre, Hijo, Espíritu Santo)	Cada persona tiene dignidad e importancia como creación de Dios
Todos los humanos tiene una igualdad básica y deben recibir igual respeto	Los cristianos y las iglesias deben mostrar el amor de Dios por medio de actos de servicio amoroso a otros
Dios intenta Su salvación para todos por lo tanto los cristianos deben procurar proclamar el mensaje a todos	El matrimonio debe ser entre un hombre y una mujer de por vida en una relación de una sola carne

\multicolumn{7}{c}{Enseñanzas Bíblicas Directas}
Dios	Cristo	Espíritu Santo	Salvación	Humanidad	Iglesia	Conducta
• Creador • Todopoderoso • Padre Amante • Busca • Cuida	• Divino • Único Salvador • Encarnado • Resucitado • Viene otra vez • Busca	• Persona divina • Da poder • Convence • Regenera • Guía • Consuela	• Por la gracia de Dios • Condicionada por el Arrepentimiento y fe • Intentada para todos	• Creada a la Imagen de Dios • Pecadora debido a la caída • No se puede salvar por medio de las obras	• Compañerismo de creyentes llamados a la misión y a la reproducción	• Es necesario vivir como Cristo vivió • Primero que todo la voluntad de Dios.

Este concepto de fundamento y sobrestructura, sin embargo, no significa que cada posición teológica sea apropiada para la estrategia de crecimiento de la iglesia y ciertamente no toda estrategia es aceptable para el crecimiento de la iglesia. Lo más probable, es que sólo los que aceptan la validez y espíritu de la Gran Comisión se inclinarán a aprobar e implementar las estrategias promovidas por el crecimiento de la iglesia. Existe *"una" teología para el crecimiento de la iglesia pero no "la" teología para el crecimiento de la iglesia.*

Como toda teología no es ni apropiada ni aceptable para el crecimiento de la iglesia, así mismo algunas estrategias no son aceptadas ni aprobadas. Más que una respuesta positiva a la pregunta "¿trabaja?" es necesario para que una estrategia sea aceptable para que balancee el crecimiento de la iglesia. La teoría del crecimiento saludable de la iglesia rehúsa aceptar cualquier idea de que el fin (crecimiento) justifica cualquier y cada medio. Los que abogan por el crecimiento de la iglesia insisten en probar cada estrategia desde el punto de vista de la compatibilidad con la verdad bíblica.

> El pragmatismo (lo que trabaja) no hace que cualquier estrategia sea aceptable en el pensamiento del crecimiento de la iglesia.

La mayoría de los lectores estarán de acuerdo que cada estrategia debe ser probada por el estándar bíblico. La pregunta principal, sin embargo, permanece, ¿cómo probamos las estrategias? La siguiente sección intenta proveer una guía para probar las estrategias.

Procedimientos para Probar las Estrategias

Varias preguntas proveen guía para probar las estrategias para el crecimiento saludable de una iglesia. Estas preguntas pueden ayudar a los líderes de la iglesia a decidir si una estrategia o método en particular es aceptable. Tal prueba de las estrategias es crítica si se va a lograr el crecimiento de la iglesia saludable.

Cualquier estrategia que puede ser aceptable al pensamiento del crecimiento saludable de la iglesia *debe permitir ganar y desarrollar a creyentes dedicados, servidores completamente practicantes.* La implementación de lo que se ha conocido como "gracia barata" esto es, ofrecer el cristianismo con pocos o sin requisitos para la vida y servicio cristianos no puede ser una estrategia aprobada. Tal estrategia puede y ha producido aumento—pero no de cristianos practicantes y fructíferos que sirven y viven el cristianismo bíblico.

Para ser aceptable, la estrategia *tiene que descansar en elementos bíblicos compatibles.* Algunas estrategias han descansado en métodos que manipulan a la gente a tomar decisiones que posteriormente se prueba que no eran genuinas. Otros métodos buscan decisiones pero fallan en seguir haciendo discípulos. Aun otros enfoques usan métodos que hacen que la gente responda a los desafíos en vez de responder al llamamiento de Dios. Estos tipos de métodos tienen que ser rechazados por el crecimiento balanceado de la iglesia.

Prueba de las Estrategias para el Crecimiento de la Iglesia

➢ ¿Permite la estrategia ganar y desarrollar cristianos dedicados y practicantes?

➢ ¿Descansa la estrategia sobre elementos compatibles bíblicamente?

➢ ¿Promueve la estrategia enseñanzas, actitudes y prácticas bíblicas sanas?

➢ ¿Anima la estrategia a obtener madurez, responsabilidad y servicio en los cristianos y las iglesias?

➢ ¿Permite la estrategia el continuo crecimiento en los cristianos y las iglesias?

➢ ¿Promueve la estrategia la reproducción ilimitada en cristianos y en iglesias?

Las estrategias aceptables *promueven auténticas enseñanzas, actitudes y prácticas bíblicas*. Un método que promete "salud y riqueza" puede atraer mucha gente pero no se conforma ni a la enseñanza bíblica genuina ni a la formación de actitudes bíblicas aprobadas. Las estrategias que producen un espíritu de orgullo, superioridad y/o materialismo no se puede encajar en los planes de los que buscan un crecimiento balanceado de la iglesia.

Esas estrategias que son aceptables para el crecimiento saludable de la iglesia *tienen que animar a la madurez, mayordomía y creyentes e iglesias responsables*. Los métodos basados en prácticas y actitudes paternalistas a menudo producen creyentes que fallan en madurar e iglesias que permanecen débiles. Las estrategias apropiadas guían a los cristianos locales a aceptar la responsabilidad de ganar, llevar a la madurez y guiar a los creyentes y a que ayuden a las iglesias a llevar a cabo su misión en el mundo. El crecimiento saludable de la iglesia rechaza los tipos de métodos que tienden a producir cristianos débiles e iglesias que dependen en otros para alcanzar el propósito de Dios para ellos.

Las estrategias aceptables también *permiten el crecimiento y el desarrollo continuos, en los cristianos y en las iglesias.* Los métodos que neciamente se usan el subsidio bien pueden comenzar iglesias que no continuarán creciendo porque estás congregaciones no pueden con sus propios recursos suplir las "cosas" que el subsidio puede lograr. Solamente aquellas estrategias que permiten y promueven el crecimiento continuo son estrategias aceptables.

Las estrategias que son aceptables para el crecimiento saludable de la iglesia *deben promover el principio de reproducción ilimitada.* Si algo en la estrategia compromete la posibilidad de la reproducción de parte de los cristianos o de las iglesias, esa estrategia se tiene que considerar inaceptable. Darles a las iglesias nuevas demasiada ayuda material a menudo hace difícil si no imposible que estás congregaciones siembren otras iglesias porque no pueden proveer el equipo ni el personal que estos grupos han llegado a esperar.

Casi cada método que cualquier líder de la iglesia ha contemplado alguna vez posiblemente puede fallar una o más de estas pruebas. El líder de la iglesia simplemente no rechaza una estrategia si ese líder de la iglesia entiende que el método o estrategia falla en una o más de las pruebas. En vez, el líder de la iglesia aceptará el peligro de la estrategia y pensará en maneras para evitar el peligro. Sin embargo, si el método está tan débil que no se puede alinear (o solamente con un esfuerzo extremo) con las pruebas para las estrategias aceptables, entonces esa estrategia se debe descartar. Por ejemplo, pienso en el evangelio de "salud y prosperidad," tan prevalente entre algunos grupos en los Estados Unidos, que es una estrategia tan totalmente fuera de la verdad bíblica que no se puede considerar como aceptable y por lo tanto tiene que descartarse.

Cada estrategia tiene que ser probada por los principios de la teología bíblica—las enseñanzas bíblicas directas y los principios que emergen de estas enseñanzas directas. Esta técnica de pruebas será aplicada a varias estrategias que se enseñan por los que abogan por el crecimiento de la iglesia como una ilustración del uso de los medios de pruebas así como la presentación de las estrategias mismas. La prueba final es, ¿Este método da como resultado iglesias saludables?

LA ESTRATEGIA DE LA UNIDAD HOMOGÉNEA

La estrategia de la unidad homogénea consiste en apuntar a un grupo de gente con un factor particular social, educacional, étnico, económico u otro factor, diseñando la expresión del evangelio y la congregación propuesta directamente para ese grupo, y reuniendo a personas de ese grupo en la congregación. Esta estrategia permanece como una de las más discutidas, a menudo criticada y de los aspectos menos entendidos de la teoría del crecimiento de la iglesia. Varias personas emiten diferentes preocupaciones de su entendimiento de las implicaciones éticas y teológicas edificadas sobre realidades homogéneas. Tenemos que añadir la cuestión en cuanto a la capacidad de la estrategia para contribuir al crecimiento saludable de las iglesias. Entre los asuntos que se escuchan de la estrategia de la unidad homogénea están:

- ¿Son las iglesias homogéneas sanamente cristianas?
- ¿Proveen tales iglesias el ambiente para alcanzar la hermandad cristiana?
- ¿Están estas iglesias apropiadas teológica y éticamente al enfatizar la separación de la humanidad en vez de buscar la unidad en Cristo?
- ¿En verdad esta estrategia resultará en cristianos e iglesias saludables?

Estas preguntas y otras son importantes y los que abogan por el crecimiento de la iglesia no deben ignorarlas. Los seguidores del crecimiento de la iglesia deben someter la estrategia de la unidad homogénea a un escrutinio vigoroso y honesto y estar preparados para aceptar las respuestas que las preguntas puedan presentar sobre este método particular de la actividad misionera en práctica.

La Estrategia Explicada

La estrategia de la unidad homogénea (de aquí en adelante referida como la estrategia UH) es *un* método de evangelizar y congregar personas de diversos grupos (culturas) del mundo. La provisión de la estrategia para lograr esta meta es primeramente con el diseño de una proclamación del evangelio bíblico completo en maneras que le hable a la gente en el exacto grupo cultural. Segundo, la estrategia procura permitir que está gente considere la invitación a la salvación y a la membresía de la iglesia sin que tenga necesariamente que abandonar su propio grupo cultural o forzarlos a costumbres y prácticas foráneas o inaceptables para sus estilos de vida y trasfondos. Finalmente, la estrategia busca proveer congregaciones en las que se puedan reunir y permitirles permanecer en contacto con su propia gente a fin de practicar la evangelización entre sus parientes y amigos. Charles Kraft dice, "Dios usa cualesquiera prácticas apropiadas culturalmente de los grupos para proveer la base social para Sus iglesias locales" (1996:341). Permítanos ampliar esta definición un poco complicada.

Una Estrategia no un Principio

Permanece la confusión sobre el término, "principio de unidad homogénea." En realidad, al tratar de explicar el concepto, es mejor considerar el concepto UH como una estrategia en vez de una regla, o ley, o aún un principio. Los principios (reglas, leyes) son absolutos, representan lo que debe ser en todas partes todo el tiempo. Por ejemplo, la declaración "el ideal de Dios para el matrimonio es un hombre y un mujer de por vida en el tipo de relación de una sola carne" es un principio. Aunque el ideal pueda no ser alcanzado completamente, esta afirmación siempre expresa el principio de Dios para el matrimonio.

Una estrategia, en contraste con un principio, es un medio hacia un fin. Las estrategias se pueden alterar o ponerse de lado como lo demanden las situaciones. Las estrategias son métodos que podemos usar para alcanzar las metas establecidas por los principios. La estrategia de la UH no significa que todas las iglesias deben o tienen que acomodarse justamente para un grupo de gente. Si aprueba el comienzo de iglesias apuntadas para un grupo en particular a fin de evangelizarlo más efectivamente.

En el pensamiento del crecimiento de la iglesia, los absolutos son las verdades teológicas concernientes a la salvación y el deseo de Dios que las iglesias crezcan. Los métodos por los cuales se alcanzarán estos absolutos son simplemente medios y se pueden usar o poner de lado, o alterarlos como sea necesario. La estrategia de la UH se probado eficaz en alcanzar a individuos y grupos con el evangelio. El abandono o fracaso del uso de esta estrategia se ha probado estar en detrimento a la evangelización eficaz y de la siembra de iglesias en muchos lugares. No obstante, es sólo una estrategia y no un principio que tiene que seguirse en cada circunstancia.

La Pluralidad de la Humanidad

Un estudiante del crecimiento de la iglesia no sólo reconoce que la estrategia de la UH es una estrategia en vez de un principio o una regla, sino también que está *edificada en hecho obvio de la pluralidad de la humanidad.* Esta estrategia reconoce y acepta el incontestable hecho de la pluralidad y diversidad de la humanidad. Peter Wagner sugiere que este pluralismo es compatible con el plan y voluntad de Dios para la sociedad humana (1976: 39-59, 110-13). El crecimiento saludable de la iglesia también reconoce y aprecia la diversidad que existe dentro de las sociedades humanas.

Nadie puede cuestionar que injusticias, prejuicios y discriminaciones trágicas han surgido de las pluralidades de la humanidad. Todos debemos protestar los abusos que se asocian con el pluralismo y buscar corregir las injusticias y maldades cometidas en su nombre. Al mismo tiempo, se tienen que recordar que aspectos positivos tales como la belleza de los varios elementos culturales también han resultado de la naturaleza pluralista de la humanidad. Las diferencias en los pueblos y culturas contribuyen al intercambio de ideas y descubrimientos y de ahí a la diversidad y sabor de la existencia humana.

Gente (culturas, grupos, tribus, entidades de diferente idioma, grupos de ocupación, etc.) de las poblaciones del mundo forman lo que Donald A. McGavran llama el mosaico de la humanidad (1980:59-75). Cada pieza del mosaico añade su propio color, textura y forma al todo. El todo está incompleto sin las piezas y las varias piezas forman menos que el cuadro y revelan menos belleza a menos que se vean en concierto del todo. Reconocer tanto la realidad como la naturaleza positiva del concepto del mosaico, el crecimiento saludable de la iglesia busca, no crear, extender, ni aun perpetuar divisiones, sino simplemente trabajar con las agrupaciones de la humanidad mientras esas agrupaciones existan.

La estrategia de la UH no intenta ni se debe usar para ampliar o racionalizar el racismo o la discriminación. La raza, de hecho, viene a ser menos y menos central a las unidades homogéneas en la sociedad moderna porque el mosaico surge de muchos factores, sólo uno de los cuales es la raza. Una unidad homogénea a menudo se compone de gente de varios trasfondos raciales pero estas unidades a menudo tienen otras bases. Factores como la ocupación, educación, edad, intereses especiales, y trasfondos atraen a las unidades homogéneas. El cargo de Ralph Eliot que el crecimiento de la iglesia busca producir iglesias racistas, segregadas, no es nada menos que un mito (1981:55-63).

Las unidades homogéneas, entonces, son segmentos de una población en las que los miembros tienen algunas características comunes que los vinculan en un grupo. El concepto UH es elástico y es más claramente definido y entendido en los contextos en los cuales se usa. Edward R. Dayton, en *Unreached Peoples 80*, define UH como, "un grupo sociológico significativamente grande de individuos que se perciben a sí mismas con una afinidad común del uno con el otro"

Definición de la Estrategia de la Unidad Homogénea

> Acepta que este método es sólo una manera de evangelizar y congregar a la gente del mundo.

> Diseña una expresión del evangelio que es completamente bíblica y a la vez significativa para la gente de la cultura.

> Provee una invitación al cristianismo que le permite a la gente responder sin dejar su propia gente o forzar innecesarias desviaciones de las costumbres y estilos de vida.

> Establece congregaciones en las cuales a la gente se puede reunir, adorar en maneras apropiadas a sus culturas, e invitar amigos y parientes a una iglesia culturalmente aceptable.

(1980:25). Quizá esta definición se puede fortalecer al añadir la idea que las personas en el grupo están dispuestas o tienen la predisposición para seguir la dirección del grupo.

El crecimiento saludable de la iglesia enseña que la evangelización y la siembra de iglesias son más efectivas cuando las congregaciones dan lugar a diferentes valores, costumbres y prácticas de la gente que vive en grupos cuando esta gente puede venir a Cristo y a Su iglesia sin abandonar su propio pueblo y maneras. La declaración de McGavran que a menudo cita, "A la gente le gusta llegar a ser cristianos sin cruzar las barreras raciales, lingüísticas o de clase," ha llevado a una extensa discusión e intensos malentendidos (1980:223). Por ejemplo, en reacción a la declaración de McGavran, Francis M. DuBose dice que "ningún hombre establece los términos en los cuales recibirá el evangelio—el evangelio establece sus propios términos" (1978:126). Lo que DuBose escucha en la declaración de McGavran no es, desde luego, lo que en verdad dijo. McGavran y todos los demás que abogan por el crecimiento de la iglesia entienden completamente que la salvación se ofrece sólo por la gracia de Dios y por el arrepentimiento y fe en Cristo de la persona. Lo que McGavran ha escrito es que:

> El crecimiento de la iglesia básicamente es una postura teológica. Dios requiere esto. Busca en la Biblia la dirección de lo que Dios desea que se haga. Cree que Hechos 4:12, Juan 14:6, y registros de pasajes similares son verdad. Sostiene que creer en Jesucristo, como lo presenta la Escritura, es necesario para la salvación. El crecimiento de la iglesia se edifica sobre esta convicción inamovible (1980:7).

Los proponentes del crecimiento de la iglesia saben que la base de la salvación es teológica no social.

Cuando McGavran dice que los grandes obstáculos para la conversión son sociales, no teológicos no está, como lo entiende Larry L. McSwain enfatizando la sociología como el medio para entender la conversión (1980:521-37). La realidad es que los factores sociales y familiares construyen barreras que restringen a muchas personas de tantas cosas como de considerar el evangelio. A causa de estas barreras sociales, esta gente permanece sorda al mensaje. El crecimiento de la iglesia no tiene interés en borrar el escándalo de la Cruz. Al usar la estrategia de UH, el crecimiento de la iglesia busca proveer expresiones del mensaje y tipos de congregaciones que no colocarán barreras *innecesarias* o *artificiales* en el sendero de las personas que deben considerar a Cristo. **La existencia de iglesias de unidad homogénea no borra la necesidad de la decisión religiosa—solamente le abre el paso.**

La verdad de este aspecto de la estrategia UH se aprecia claramente en la historia de la evangelización en la provincia Andra Pradesh en India. Los misioneros iniciaron a trabajar a finales de 1800 entre las castas altas y experimentaron un rechazo virtual del Mensaje. Adoptando algo de la estrategia UH, estos misioneros se ministraron a los "repudiados" (*harijan*) que entonces respondieron donde su receptividad inmediata los dirigió a comenzar una iglesia viable. La obra avanzó tan bien que pronto el liderazgo de la iglesia se puso en las manos de los líderes nacionales.

Entre 1928-1933 obreros reconocieron un movimiento de Cristo entre los S*hudas*, una gente de casta baja. Los rechazados no vieron ninguna razón para formar iglesias nuevas para los *shudras* sintiendo que los convertidos *shudras* podían venir a sus iglesias. La decisión y el fracaso al no proveer iglesias en las cuales los *shudra* pudieran fluir naturalmente sin cruzar barreras de casta inhibieron el movimiento cristianos entre los *shudras* (Subbamma 1970:33-37, 52-78). Una estrategia más viable y efectiva hubiera sido sembrar iglesias directamente con el método de la cultura *Shudra* en la que los nuevos simpatizantes fluyeran naturalmente.

No la Estrategia Final

La estrategia UH no es la estrategia final sino que es el punto del comienzo del evangelio entre un pueblo en particular. La máxima expresión del Reino de Dios es una sociedad de hermandad sin clases ni castas. La pluralidad puede permanecer pero el compañerismo encontrará sus maneras de expresión dentro de la pluralidad. La estrategia UH es un paso en el camino al desarrollo de la Iglesia final. Algunos malentendidos se evitarán si a los escritores del crecimiento de la iglesia se les escuchara sobre el asunto de las iglesias de unidades homogéneas. Por ejemplo McGavran ha dicho:

> Al aplicar este principio, se debe asumir el sentido común. La creación de Iglesias limitadas, egoístamente centradas en la salvación de sus propios conocidos y familiares solamente, nunca es la meta. Llegar a ser cristiano jamás debe fortalecer las animosidades o la arrogancia que es tan común en todas las asociaciones humanas. Cuando los hombres de una clase, tribu o sociedad vienen a Cristo, la Iglesia procurará moderar su etnocentrismo de muchas maneras. La iglesia les enseñará que las personas de otros segmentos de la sociedad también son hijos de Dios. Tanto amó Dios al mundo, dirá la iglesia, que dio a Su único Hijo para que *quienquiera* que crea en Él tenga vida eterna. La iglesia educará a los líderes de varias Iglesias de unidades homogéneas en una escuela de entrenamiento. La iglesia trabajará con la gran corriente de los negocios humanos que guía hacia una cultura universal. Se asegurará que su gente esté a la vanguardia de prácticas fraternales. Algo que no *hará*—sobre la base que es contraproducente—es sustituir bondad y amistad por el evangelio. La iglesia sabe que lo primero es el fruto y lo segundo es la raíz.
>
> Y la Iglesia, estoy seguro, no endiosará el principio que se

describe en este capítulo, sea que traiga a los hombres al Camino o no. Sabiendo que el crecimiento es un proceso muy complejo, la iglesia se humillará reconociendo que Dios usa muchos factores que todavía no entendemos, y no insistirá en que Él usa solamente uno. Si en una situación dada, las congregaciones que se olvidan de este principio crecen mejor que las que lo observan, la iglesia no seguirá ciegamente el principio. Se abrirá a la dirección del Espíritu Santo.

La Iglesia recordará que muchos factores contribuyen al crecimiento de la iglesia en una combinación apropiada es más importante que sólo un factor. No forzará el factor enfatizado en este capítulo desproporcionadamente ni permitirá que oscurezca a los otros. Buen juicio y humilde dependencia en Dios quien solamente da el crecimiento se asume en esta discusión.

El Principio de la Unidad Homogénea ciertamente está en el corazón del crecimiento de la iglesia, sin embargo, tiene gran aplicabilidad a muchas situaciones en las tierras americanas y en otras tierras alrededor del mundo. La regla es aplíquese con sentido común (1980:242-43).

Entonces aquí está el punto. Las iglesias se dedican a un grupo cultural en particular para ayudar en su evangelización. Después que está gente ha venido al Reino y a una iglesia, el continuo crecimiento en la vida cristiana debe superar las barreras sociales al llevar al amor fraternal cristiano. La Iglesia luchará para unificar a tantos grupos como sea posible en su continuo crecimiento a ser más grande, mejor, más amplia y más saludable. La estrategia UH es entonces un método primario para empezar un impulso evangelizador en un grupo, no una parte permanente de la vida de la iglesia.

Es verdad que muchas iglesias locales permanecerán en mucho como congregaciones de clase o parcialmente de grupo y continuarán sirviendo a un grupo específico. La situación no es particularmente mala entre tanto que evitemos la idea que las iglesias tiene que ser de esa manera. También debemos negar la sugerencia que la segregación racial sea aceptable. Como T. B. Maston, profesor de ética cristiana, ha dicho:

> Además, la gente a la que ministra la iglesia viene de diferentes trasfondos culturales, representa varios niveles de educación y de intereses vocacionales. Su punto de vista de la vida diferirá ampliamente. Estas cosas grandemente determinan

su selección de asociados y sus relaciones con otros. Esto es trasportado a su iglesia. Aun diferentes tipos de servicios religiosos apelan a la gente de diferentes trasfondos. Por ejemplo, los poco privilegiados social y económicamente expresan su religiosidad más en términos emocionales que los de la clase media y alta. La mayoría de ellos no se sentirá en casa en un edificio bellamente adornado ni en un servicio de adoración de tipo más que menos que formal. Sea que nos guste o que no nos guste, bien parece que continuaremos teniendo iglesias de clase. Esto no es particularmente malo si se retiene un espíritu de compañerismo cristiano entre las iglesias de diferentes clases. Será muy desafortunado, sin embargo, si se levanta una jerarquía de clase entre las iglesias, si los líderes denominacionales y las agencias rinden especial reconocimiento y preferencia a la iglesia de una clase particular o a los pastores y líderes de esas iglesias (1957:144-45)

En conclusión, entonces, la estrategia UH, como un método para comenzar es efectiva y aceptable. La iglesia que empieza como una congregación de unidad homogénea, al desarrollarse alcanzará más y más clases de personas muchas de ellas viviendo en subgrupos del grupo de la gente dominante a quien se ministra. Con el tiempo una iglesia de unidad homogénea viene a ser menos y menos la iglesia de un solo grupo de gente. La estrategia UH se ha denominado como **estrategia penúltima.**

> La estrategia de la unidad homogénea primariamente es un método para comenzar y no una parte permanente del plan cristiano para la gente o las iglesias en su medio.

No una Estrategia Denominacional

Mientras que una iglesia local puede ser grandemente homogénea, una denominación o grupo misionero debe esforzarse por ser tan heterógeneo como la comunidad a la cual sirve. La estrategia UH no se intenta como un método para una denominación u otro grupo de iglesias. Con esto no se dice que una denominación

> Una iglesia local puede ser grandemente homogénea, pero una denominación o grupo misionero debe esforzarse para ser tan heterógeneo como la comunidad a la cual sirve.

no usará la estrategia UH. Se dice que mientras que una iglesia local en particular pueda empezar y aun permanezca dentro de una unidad homogénea en particular, una denominación debe procurar incluir muchos diversos y diferentes grupos como los que estén presentes en las regiones a la cual sirve. En la mayoría de los casos, una denominación debe procurar empezar y desarrollar muchos tipos diferentes de iglesias, cada una apuntando varios segmentos de la población. Así, mientras que la iglesia local puede ser mayormente homogénea, una denominación se debe esforzar a ser tan heterogénea como la comunidad a la cual sirve.

La Estrategia Evaluada

Algunos líderes de la iglesia insisten que la estrategia UH representa un método viable para evangelizar pero otros cuestionan la táctica. La amplia aceptación de la estrategia UH espera un mayor entendimiento de los que esto significa. Como sucede con todos los métodos de crecimiento de la iglesia, la estrategia UH se debe examinar con una serie de preguntas.

¿Produce Crecimiento Orgánico y Numérico La Estrategia UH?

La primera pregunta se relaciona con la eficacia de la estrategia UH para *producir crecimiento orgánico y numérico* en los cristianos y en las iglesias. La respuesta a ambos aspectos de la pregunta es sí—puede producir en cada aspecto del crecimiento de la iglesia. Aun los críticos de la estrategia UH algunas veces admiten que funciona—de hecho declaran algunas veces que el hecho que funcione es la peor característica del método. La estrategia UH puede y guía hacia iglesias completamente saludables.

McGavran muestra la *Congregaçao Cristan de Brasil* como un ejemplo de los resultados de la estrategia UH. Esta Iglesia compuesta originalmente de emigrantes italianos a Brasil, creció de unos pocos en 1916 a más de 260,000 para 1962. De este movimiento, McGavran dice:

> Nadie se puede imaginar que la *Congregaçao* ha crecido entre la gente primitiva. Con todo aquí también el principio que a los hombres les gusta llegar a ser cristianos sin cruzar barreras de clase y de idioma es claramente un factor en este admirable crecimiento. Se tiene que enfatizar que en Sao Paulo,

durante los años de 1910 a 1962, los metodistas, bautistas, luteranos y presbiterianos eran fuertes. Solamente un número muy pequeño de italianos respondieron, sin embargo llegaron a ser evangélicos en estas bien establecidas denominaciones de idioma portugués, cada una con notables escuelas misioneras y universidades que las fortalecían. Entre otras razones, incuestionablemente una era está: para llegar a ser evangélicos en cualquiera de estas cuatro Iglesias, los italianos hubieran tenido que cruzar barreras lingüísticas y de clase y dejar su propia comunidad. Esta ilustración brasileña tiene gran significado en los Estados Unidos, donde hasta que movimientos autóctonos dentro de cada minoría surjan, grande crecimiento es improbable (1980:234-35).

Otra ilustración de la estrategia UH brota del esfuerzo misionero entre los quechuas del Ecuador. Los misioneros intentaron evangelizar a los quechuas usando el idioma español e incorporándolos a iglesias de habla española y de cultura española. Poca cosecha llegó mientras les pareció a los quechuas que llegar a ser cristianos parecía lo mismo que hacerse español. Con un cambio en la estrategia vino un cambio en la respuesta de los quechuas. McGavran nota que "se prueba fácilmente que donde hubo números significativos de indios que se volvieron a la fe cristiana es porque se encontró una manera por medio de la cual podían ser evangélicos sin abandonar a su propia gente" (1980:235-36).

La estrategia UH permite el crecimiento numérico. También abre el camino para el crecimiento cristiano cuando los cristianos son incorporados a iglesias donde se les alimenta y se les brinda oportunidades para servir. Reconocemos que se tiene que dar atención para desarrollar el fervor misionero en los miembros de las iglesias sembradas y operando bajo la estrategia UH.

¿Apoya el Racismo, la Segregación o el Aislamiento de las iglesias La Estrategia UH?

La insinuación, oída a menudo, contiene que la estrategia UH apoyará o perpetuará el racismo, la segregación y el aislamiento en las iglesias. La respuesta a esta pregunta es que no debe pero podría hacerlo—y en algunos casos en realidad ha sucedido. *Uno de los peligros de la estrategia UH yace en la posibilidad que se la use para apoyar o aun intensificar la separación o prejuicio entre la gente.*

Algunos aun han usado el concepto UH para excusar o defender el racismo o la separación. Entendimientos equivocados y actitudes pecaminosas se pueden oír en declaraciones como, "¡Déjelos que tengan sus propias iglesias y que se mantengan lejos de las nuestras!" Tales declaraciones y la manera de pensar que está detrás de éstas revelan actitudes no bíblicas, disposiciones pecaminosas y un total malentendido de la estrategia HU. Una iglesia verdadera rompe con la animosidad y edifica el amor y el compañerismo entre los creyentes. La Cruz debe derribar las murallas de hostilidad entre las gentes (Efesios 2:14-22). Donde permanezca esta hostilidad, se puede estar cierto que la Cruz no ha alcanzado su obra completa. *El racimo y la segregación no se deben esconder bajo la vestidura de la estrategia UH.*

Se tiene que pronunciar una palabra de equilibrio. El peligro de las actitudes racistas no invalida la estrategia UH. Después de todo, ¿no se hacen presentes también estás actitudes anticristianas en otras iglesias que no usan la estrategia UH? Rehusar el uso de la estrategia UH demanda que las personas inconversas (y los pueblos) vengan a iglesias que están compuestas de personas diferentes a ellas y que emplean prácticas foráneas a su experiencia. Tal situación requiere que los inconversos incorporen la dimensión ética del evangelio en una extensión mayor que lo que hace la mayoría de cristianos.

Insistir en conglomerar las iglesias (iglesias compuestas de una diversidad de grupos de personas étnicos y lingüísticos) busca el fruto de la fraternidad cristiana antes de tener la raíz de la conversión cristiana. El punto no es decirles a las iglesias existentes que deben permanecer homogéneas. Es decirle a los perdidos que les sembraremos iglesias para ayudarles a remover las barreras artificiales e innecesarias que puedan existir en sus mentes y corazones al momento en que entran a la fe o a la iglesia.

Un segundo peligro de la estrategia UH consiste en la dirección que resultará en una iglesia aislada y sin visión misionera que se interesa solamente en alcanzar y ministrar a su misma clase de gente. Este mismo problema se puede ver in la Iglesia Batak en Indonesia. Más de un millón de bataks han llegado a ser miembros de esta iglesia. Aunque la

> La estrategia UH jamás debe resultar en un menor celo misionero o un deseo menor de alcanzar a otros pueblos o a otros grupos de gente.

historia del desarrollo de la Iglesia Batak es una de las historias más maravillosas de la obra de Dios, el aspecto negativo de la historia de la Iglesia Batak es que casi la totalidad de la Iglesia es sólo para los bataks. Poco esfuerzo o deseo se ve en esta Iglesia para alcanzar a los que no son bataks (Smith 1970:84-94). *La estrategia UH jamás debe llevar a un inferior celo o actividad misionera.*

Ningún método o estrategia está libre de todo peligro o del mal uso. Cuando se usa la estrategia UH como un método inicial que se sigue con un avance activo en esfuerzos para lograr el amor fraternal y las misiones, se pueden evitar estos peligros. La estrategia puede ser válida si los que la emplean se cuidan de las posibilidades racistas, aislantes y sin visión misionera.

¿Permite la Vida de la Iglesia Auténtica La Estrategia UH?

El asunto en cuanto a la posibilidad que las iglesias que usan la estrategia UH lleguen a ser iglesias auténticas que cumplen con los mandatos tanto evangelizadores como culturales permanece como la cuestión vital. El crecimiento saludable de la iglesia promueve y permite que la iglesia obre con la vinculación que lleva el evangelio de grupo a grupo al ir de persona a persona a través de relaciones. Mientras que la Iglesia se expande a otras personas y grupos satisface su mandato evangelizador. La misma Iglesia debe seguir el mandato cultural de promover la fraternidad y llenar las necesidades sociales también. La expansión numérica de una Iglesia también debe abrir la visión de la Iglesia a otras necesidades entre la gente en las áreas sociales y guiar la iglesia a mayores esfuerzos para satisfacer estás necesidades.

El crecimiento saludable de la iglesia acepta el desafío de la necesidad que el pueblo de Dios responda al mandato cultural y se involucre en el ministerio social. Este concepto ha sido extensamente considerado en *Church Growth and the Whole Gospel* de C. Peter Wagner. La estrategia UH de ninguna manera entra en conflicto con una Iglesia o iglesia que cumple los mandatos evangelizadores y culturales. En la medida que la iglesia se vincula con gente nueva, confrontará otras necesidades y debe aceptar sus responsabilidades para llegar a ser una iglesia para toda la gente.

¿Se Menciona la Estrategia UH en los Escritos del Nuevo Testamento?

Las personas que intentan basar la vida de su iglesia en la Biblia buscan apoyo bíblico para las estrategias que emplean. El crecimiento balanceado de la iglesia cree que el concepto UH se menciona en los registros del Nuevo Testamento. Todas las iglesias que se describen en el Nuevo Testamento no fueron iglesias de unidad homogénea. Los judíos tanto helénicos como palestinos eran miembros de la iglesia de Jerusalén como lo indica la controversia de la viudas de los griegos que no recibían el cuidado apropiado y el nombramiento de los diáconos para supervisar el ministerio apropiado (Hechos 6:1-7).

Además el caso de Filemón y Onésimo revela que tanto el amo como el esclavo eran de la misma congregación. En los tiempos del Nuevo Testamento tanto los amos como los esclavos eran considerados parte de la misma casa, por lo tanto, la presencia de ambos en la misma congregación no era extraña como puede sonar en el pensamiento contemporáneo.

El método de Pablo de comenzar en la sinagoga judía, luego de ir con los "temerosos de Dios" apoya en vez de negar la estrategia UH como presente en el tiempo del Nuevo Testamento. Estos "temerosos de Dios," eran gentiles que eran atraídos por el monoteísmo y las enseñanzas morales del judaísmo, pero que en verdad no se habían convertido a la religión judía. Formaban un grupo que ya tenía fuertes vínculos con la comunidad judía y con la religión judía (Hechos 13:46-52). Estos gentiles formaban una unidad homogénea y Pablo la trabajó para buscar creyentes. Algo así como una unidad homogénea se ve en el método de alcanzar a los temerosos de Dios.

Aunque la estrategia UH no era el único ni el dominante método en tiempos del Nuevo Testamento, algunos indicadores sugieren la existencia de esta estrategia. Paul Minear, en *The Obedience of Faith*, sugiere una diversidad de congregaciones entre los cristianos en Roma. Dice:

> Debemos recordar el gran tamaño de la ciudad de Roma y su población políglota, que incluía un gran ghetto judío, un gran número de suburbios satélites y varios vecindarios que retenían sus distintivos étnicos y culturales dentro del área metropolitana. Entre las sinagogas las variaciones en origen se reflejaban a menudo: p.ej., había sinagogas de asiáticos, ju-

díos, aqueanos. En vez de visualizar una sola congregación cristiana, por lo tanto, constantemente debemos tener en cuenta la probabilidad que dentro del área urbana se encontraban formas de la comunidad cristiana que eran tan diversas y probablemente tan foráneas, como las iglesias de Galacia y las de Judea. Consecuentemente, el apóstol intentaba dentro de los límites de una sola carta dirigirse a todas ellas. Entonces veamos muy de cerca a estos varios grupos. Creo que podemos distinguir por los menos cinco facciones, o si facción es una palabras muy fuerte, cinco posiciones diferentes (1970:8).

Este punto de vista de la iglesia en Roma encaja en el método UH. Así, la estrategia UH, aunque no era el método exclusivo del Nuevo Testamento, se encuentra en los escritos del Nuevo Testamento. Un punto adicional importante es que la estrategia UH se debe entender completamente y emplear apropiadamente. La estrategia UH no viola los estándares bíblicos de fraternidad, unidad entre creyentes o vida de iglesia apropiada. Por lo tanto, es una estrategia viable y apropiada cuando se usa como se ha indicado.

¿Creará barreras innecesarias para la Gente El Rechazo de la Estrategia UH?

Un asunto importantísimo con relación a la estrategia HU indaga si el rechazo o abandono de la estrategia erigirá barreras innecesarias para que algunas personas o grupos consideren la Fe. Este asunto se ha considerado previamente y la obvia respuesta es sí. Insistimos, fallar al no proveer alternativas, que la gente venga a iglesias incompatibles con su cultura y estilos de vida edifica barreras *innecesarias* para que la gente considere el evangelio. Algunas cosas son necesarias—sino partes vitales del mensaje del evangelio.

Pablo rechazó a los judaizantes y su intento de edificar barreras para que los gentiles respondieran cuando insistían en la circuncisión y otros ritos judíos. La estrategia UH permite a las iglesias en donde los diferentes grupos pueden gozar su clase de música, adoración, vestido y relaciones. En estas iglesias la gente puede estar con otros que se visten similarmente, hablan de igual manera, comen lo que se come en el grupo y experimentan las mismas clases de problemas.

La estrategia UH simplemente suplica que no se les force a los inconversos a abandonar su propia gente a fin de ser cristianos. A fin de llegar a ser seguidores de Cristo, la gente tiene que rechazar y dejar algunos aspectos de su propia cultura cuando esos aspectos de la cultura son incompatibles con las enseñanzas bíblicas. La gente que desea seguir a Cristo, sin embargo, no tiene que rechazar su cultura completamente.

> Insistir que la gente entre a nuestra clase de iglesias, adore a nuestra manera, actúe de acuerdo a nuestras costumbres y se vista de acuerdo a nuestras preferencias sería ir más contra la ética que cualquier movimiento que crece de los esfuerzos hacia la siembra de iglesias de unidad homogénea.

No tienen que forzarse los cambios en esos aspectos de la cultura que son neutrales o consistentes con las enseñanzas bíblicas. El problema con el rechazo de la estrategia HU es la posibilidad de forzar a la gente a nuestra clase de iglesias, donde las cosas se hacen en correspondencia con nuestro trasfondo cultural, de maneras que complacen nuestros sentimientos. Insistir que la gente entre a nuestra clase de iglesias, adore a nuestra manera, actúe de acuerdo a nuestras costumbres y se vista de acuerdo a nuestras preferencias sería ir más contra la ética que cualquier movimiento que crece de los esfuerzos hacia la siembra de iglesias de unidad homogénea.

¿Es Permitida la Diversidad de la Estrategia UH en las Iglesias de Hoy?

La diversidad demandada por la estrategia UH no es solamente permitida sino imperativa en nuestro día. La diversidad no es mala en sí misma. C. Peter Wagner precisamente dice:

> En el cristianismo tanto la unidad como la diversidad son valores importantes. El desafío de hoy para las iglesias, como me parece, no es eliminar la diversidad de los grupos dentro de la iglesia. En vez, se nos llama a eliminar cualquier temor, hostilidad y conflicto que tal diversidad pueda causar y a la vez, descubrir maneras en las cuales la diversidad pueda ser una fuerza positiva que produzca riqueza, variedad y apreciación mutua entre los cristianos. Este desafío nos llama a una nueva base teológica sobre la cual se formen las estructuras creativas necesarias. Mi hipótesis para tal punto de partida es este: *la congregación local en una comunidad dada sólo debe*

estar tan integrada solamente como lo están las familias y otros grupos primarios sociales en la comunidad, mientras que las actividades y relaciones intercongregacionales deben estar tan integradas como lo están los grupos sociales secundarios en la comunidad o en la sociedad como un todo (1979:150).

La diversidad de la estrategia UH no viola ni las palabras ni el espíritu de la revelación bíblica. Con el cuidado apropiado, los evangélicos pueden adoptar esta estrategia a su trabajo sin caer en prácticas no bíblicas.

Entonces, al examinarla, la estrategia reúne los estándares bíblicos y éticos y es una aceptable opción para los ministerios de la evangelización y de congregar a la gente. Como con todas las estrategias, está tiene que aplicarse con cuidado. Dejar de sembrar iglesias de unidad homogénea puede levantar barreras innecesarias para que la gente considere el evangelio para sus vidas.

La Estrategia Aplicada

La estrategia UH, aunque apropiada y aceptable, tiene que ser reflexiva y cuidadosamente aplicada en la práctica. La aplicación de esta estrategia tiene que ser tal que no conduzca ni apoye actitudes contra la ética o prácticas inaceptables. El problema se puede ver en la naturaleza segregacionista de muchas iglesias de clase media en los Estados Unidos. Algunas de las críticas más severas a la estrategia UH salen precisamente de los líderes de esta clase de iglesias.

Al aplicar la estrategia de la unidad homogénea, las siguientes guías se deben aplicar:

1. **Cada iglesia debe conscientemente abrir su membresía y compañerismo a toda persona que desee asistir.** Ninguna persona debe ser excluida intencionalmente de ninguna iglesia por su raza o cultura. Las Iglesias que a propósito y directamente excluyen a personas o grupos de gente se desvían de la naturaleza del compañerismo cristiano. La estrategia UH sólo se debe aplicar con el propósito de evangelizar y servir—jamás para excluir.

2. **Cada denominación debe mantener heterogeneidad denominacional.** Aunque algunas iglesias permanecerán hasta cierto punto homogéneas, una denominación debe re-

sistir la tentación de retirarse (geográfica o emocionalmente) de cualquier grupo de gente. Muchas denominaciones están perdiendo grandes oportunidades cuando no establecen iglesias entre los muy pobres que pueda constituirse el más grande campo misionero in los Estados Unidos. Una denominación debe ser suficientemente amplia para tener iglesias en cada grupo social—étnico, lingüístico y cultural. Una denominación debe ser suficientemente diversa para tener iglesias de todos los tamaños, tipos y prácticas proveyendo así el evangelio a toda clase de personas.

3. Cada iglesia debe trabajar incansablemente para superar los prejuicios anticristianos y no bíblicos y los odios que perturban las relaciones apropiadas entre la gente. La iglesia debe reconocer y apoyar la necesidad del respeto y la fraternidad cristiana. Los esfuerzos para alcanzar la unidad y la fraternidad cristiana se deben extender tanto dentro como entre las congregaciones. La estrategia UH puede mejorar en vez de destruir la fraternidad cristiana.

4. **Cada iglesia debe estudiar completamente las necesidades de las comunidades a las que sirve.** Las Iglesias y las denominaciones constantemente deben buscar aquellas áreas en las cuales existen necesidades sociales y falta de iglesias. Insistir en un sólo tipo de iglesia y requerir que toda la gente vaya a este tipo de iglesia levanta barreras para creer y decidir. Cuando las necesidades sociales y la necesidad de iglesias nuevas se encuentra, estas necesidades deben ser rápida y gozosamente satisfechas.

Conclusión

La estrategia UH es una metodología aceptable. Tiene la promesa de efectividad extraordinaria. No usar esta estrategia puede estorbar la cosecha de Dios. Por lo tanto, los cristianos y las iglesias deben aceptar esta estrategia y usarla eficazmente, aplicarla creativa y cuidadosamente a fin de cosechar la mies preparada por el Señor de la cosecha. Esta estrategia no produce una congregación enferma. El crecimiento saludable de la iglesia afirma el uso apropiado de la estrategia UH.

Cuando se entiende y se emplea apropiadamente la estrategia UH se contribuye al crecimiento saludable de iglesias y se debe afirmar como una estrategia aceptable por cualquier movimiento hacia el crecimiento saludable de la iglesia.

LA ESTRATEGIA AUTÓCTONA

La estrategia de la iglesia autóctona, aunque menos controversial que la estrategia de la unidad homogénea, aún genera suficiente calor como para requerir su prueba. Esta estrategia ha ganado amplia popularidad entre los grupos misioneros, contribuye significativamente al crecimiento saludable de la iglesia cuando se entiende correctamente y se aplica apropiadamente. Probarla, creo, que indicará que los métodos de la iglesia autóctona son válidos, productivos y éticamente aceptables para los presentes esfuerzos misioneros. Como la estrategia UH la iglesia autóctona permanece como una estrategia apropiada y aceptable.

Entendiendo la Estrategia de la Iglesia Autóctona

Como toda la metodología del crecimiento de la iglesia, la estrategia de la iglesia autóctona es una, pero no el único método de evangelizar y congregar la gente. La estrategia de la iglesia autóctona, sin embargo, puede reclamar una universalidad mayor que los métodos homogéneos. Todas las iglesias no son ni tienen que ser iglesias de unidad homogénea. Casi todas las iglesias (e Iglesias) aumentarán su eficacia al acercarse más a los métodos autóctonos.

El término *autóctono*, aunque a menudo se usa, desafortunadamente, no siempre se entiende claramente. La metodología autóctona algunas veces se equipara con nacionalización o con entregar el control de la Iglesia a los nacionales. Otros limitan el significado de la iglesia autóctona a un asunto de sostenimiento propio y piensan que la eliminación de la ayuda financiera externa asegurará una iglesia autóctona. Estas y otras restricciones al significado completo del concepto autóctono privan muchos esfuerzos misioneros del impacto completo de la estrategia de la iglesia autóctona.

William A. Smalley contribuyó significativamente al entendimiento apropiado de la estrategia autóctona con su definición de una iglesia autóctona. Escribió:

> [Una iglesia autóctona] es un grupo de creyentes que viven su vida, incluyendo su actividad cristiana en la sociedad, dentro de los métodos de la sociedad local, y para quienes cualquier transformación de esa sociedad resulta de sus necesidades sentidas bajo la guía del Espíritu Santo y las Escrituras (1958:54).

La definición de Smalley expande el concepto de autóctono más allá de la "fórmula de los tres auto" hecha famosa por Henry Venn, Rufus Anderson, John Nevius, Roland Allen y en tiempos recientes por Melvin Hodges y Calvin Guy. Los "tres conceptos auto," "auto--gobierno," "auto--propagación," "auto—sostenimiento" contienen ciertamente la verdad necesaria concerniente a la estrategia misionera efectiva de los primeros días. Muy a menudo, los que defienden la metodología autóctona centrada en el auto--sostenimiento y auto--gobierno han ignorado mucho de los significados más amplios de la estrategia de la iglesia autóctona.

El significado más completo de una iglesia autóctona se relaciona a una iglesia que crece naturalmente y se reproduce exitosamente en la cultura de la gente entre la cual ministra. El dominio y costumbres foráneas cesan. La iglesia autóctona evade métodos, que aunque aceptables desde la perspectiva bíblica, son incompatibles con las maneras locales. Por ejemplo, la música occidental puede encajar muy bien en una iglesia occidental y es ciertamente aceptable bíblicamente. Esta música puede estar muy lejos de ser compatible con la cultura de una gente que responde a una diferente clase de música. La gente misma bajo la guía del Espíritu Santo y la Biblia efectúa cualquier cambio en la iglesia y también las prácticas básicas de la iglesia. Una iglesia autóctona es una iglesia que puede vivir naturalmente en la cultura de la gente.

La estrategia de la iglesia autóctona no aprueba la acomodación hasta el punto que la iglesia incorpore el pecado, el mal o la injusticia—no importa que tan culturales puedan ser estas realidades. Obviamente, una iglesia genuina siempre desafía el mal y la injusticia en cualquier cultura. Para una iglesia autóctona, la Biblia, no la cultura, determina lo que es permisible y apropiado. Por otra parte, la iglesia autóctona permite la expresión de la verdad bíblica en términos de la cultura y de las formas de pensamiento de la gente aun cuando esas expresiones no converjan con las maneras en que se hacen las cosas en la cultura de la iglesia del misionero de otras tierras.

En el intento de delinear más precisamente el significado y la naturaleza de una iglesia autóctona, Allen R. Tippett proyectó *seis marcas de una iglesia autóctona.* Al tomarse juntas estas seis marcas contribuyen a la singularidad de la iglesia. Una marca de la iglesia autóctona, de acuerdo con Tippett, es su "**auto-imagen.**" La iglesia se ve y se acepta a sí misma como el Cuerpo de Cristo en la situación local. La congregación siente la responsabilidad de expresar el amor de Cristo a la comunidad. Una iglesia autóctona se acepta a sí misma como la iglesia de Cristo y no se ve a sí misma como dependiente o sujeta a una organización exterior (misión).

Una segunda marca de una iglesia autóctona es "**auto--funcionamiento.**" Tal iglesia posee las partes necesarias, que la funcionar juntas, pueden realizar las varias obligaciones o trabajos de una iglesia (o Iglesia). Esta congregación (o Iglesia) provee todo para su propia adoración, grupos de estudio, programas de capacitación y ministerios comunitarios. La ayuda externa puede ayudar, pero la iglesia autóctona funciona en base a sus propias habilidades, facilidades y fortalezas.

Una tercera marca de la iglesia autóctona se relaciona con su capacidad de "**auto-- determinación.**" Esta iglesia decide por sí misma en los métodos más naturales a su propia cultura. Tippett lo dice muy bien:

> La decisión tiene que ser de la gente misma o de sus representantes aprobados, no por una autoridad externa como una misión o el misionero. La única autoridad que retiene un misionero en una iglesia verdaderamente autóctona es la autoridad de la oficina a la cual lo han nombrado los nacionales. La toma de decisiones se realiza dentro de una estructura que es culturalmente apropiada. Debe reflejar de alguna manera el mecanismo aceptado de tomar decisiones de la tribu; esto es, que tiene que ser algo que ellos puedan sentir como propio. El mayor peligro para una iglesia autóctona es el de las estructuras denominacionales. Cada organización misionera tiene que estar preparada para encajar la cultura (1969:1954-58).

La cuarta marca de una iglesia autóctona es "**auto--sostenimiento.**" Esta iglesia suple sus propias necesidades financieras, requisitos de capacitación y sus propios proyectos de servicio. El subsidio, la provisión financiera y otras necesidades materiales de fuentes externas, por mucho tiempo se han constituido en asuntos significativos para la estrategia misionera. Esto incluye cualquier provisión material de afuera que releva la congregación local sea de sustento o responsabilidad. La agencia que provee a la Iglesia o iglesias locales con edificios, equipo o salaries para el personal de la iglesia usa subsidio. Sin embargo, también usa subsidio la agencia que paga por las escuelas de entrenamiento o agencias de servicio (hospitales, escuelas, literatura).

El subsidio puede proveer resultados positivos. Permite la colaboración. Provee un medio por el cual los segmentos más afluentes de la comunidad cristiana puedan ayudar a los segmentos menos afluentes o menos desarrollados. Cuando ambos segmentos ven el subsidio como cada uno contribuyendo de acuerdo con su habilidad y el segmento que da no demanda ni espera controlar, el subsidio algunas veces se usa con efectos positivos.

En la mayoría de los casos, el subsidio acompaña resultados negativos en vez de positivos. Aunque el subsidio no siempre o necesariamente lleva a la dependencia o al paternalismo, estos resultados son las tendencias usuales. Además el subsidio coloca un límite al alcance. Si cada iglesia o ministerio Nuevo tiene que esperar la ayuda financiera de recursos externos, la iglesia encara una limitación en el sistema. Sólo iglesias autóctonas (y ministerios) pueden existir, prosperar y se reproducirse en sus propios campos abriendo el camino a una expansión ilimitada y sin obstáculos.

La iglesia autóctona debe auto-sostenerse. Si se emplea alguna forma de ayuda, las decisiones administrativas deben ser de la iglesia en vez del grupo que provee la ayuda. La presencia de ayuda, o la amenaza de quitarla, no debe limitar el proceso de hacer decisiones de la iglesia.

La quinta marca de la iglesia autóctona es "**auto-propagación**" que significa que la iglesia se reproduce al sembrar otra iglesia. Esta iglesia enfatiza tanto la evangelización como el sembrar iglesias. Las iglesias autóctonas aceptan la responsabilidad para evangelizar a la gente de sus propias regiones y de expandirse a otras regiones y entre otras gentes. Estas iglesias no dependen ni esperan para expandirse y servir nuevas regiones o grupos.

La sexta marca de la iglesia autóctona es la calidad de "**auto-ministerio.**" Esta iglesia acepta la responsabilidad de dar consuelo, amor y ayuda física a la gente en su región. Las funciones del ministerio de una iglesia autóctona alcanzan no solamente a sus propios miembros sino también a la gente necesitada fuera de su membresía. Se concentra en crecer más ampliamente.

Tippett con estas ideas expandió el significado de una iglesia autóctona. Cuando los cristianos locales guían, y la iglesia comienza a reflejar estas "marcas" en su propia fortaleza, esa iglesia ha avanzado hacia el nivel de una iglesia autóctona. Entonces, la iglesia autóctona es mucho más que la que se autosostiene o la en que los nacionales tienen la autoridad. C. Peter Wagner resume el significado de una iglesia autóctona, que él prefiere llamar iglesia madura, como la que tiene cuidado de sí misma, que es una iglesia para otros y que es relevante a su situación cultural (1971:163-64). Una iglesia autóctona también es muy probable que sea una iglesia saludable. Los obreros de la iglesia han discernido admirables ventajas en iglesias que emplean los métodos autóctonos. Estas ventajas son positivas en lo que incorporan en la iglesia y negativas en lo que previenen que la iglesia adopte en creencia o práctica. ¿Cuáles son estas ventajas?

Ventajas de las Iglesias Autóctonas

El pragmatismo se ha dado por la razón primaria para la adopción de las estrategias de la iglesia autóctona. ¡Estos métodos parece que trabajan mejor! Aunque el hecho que estas estrategias funcionan mejor no es en sí una razón suficiente para aprobar los métodos, la experiencia indica que estas maneras producen más congregaciones que crecen y se reproducen en congregaciones y más cristianos que crecen, sirven y testifican. La popularidad de la estrategia autóctona en las misiones hoy en día tampoco es suficiente razón para el uso de estos métodos. La razón primordial para adoptar la estrategia de la iglesia autóctona, como con todos los otros métodos, es que contribuye a alcanzar a la gente para Cristo y sembrar iglesias cristianas sanas que no comprometen las enseñanzas ni las prácticas bíblicas. El pensamiento del crecimiento saludable de la iglesia entiende doce ventajas de los métodos de la iglesia autóctona.

La estrategia de la iglesia autóctona es una estrategia correcta. Es compatible con las enseñanzas bíblicas, lleva a un aumento de cristianos y congregaciones, logra un mayor compromiso de los creyentes, produce una forma más contextualizada de la enseñanza y de la vida cristiana y provee una base más sólida para el alcance continuo. Roland Allen demuestra que la metodología de Pablo básicamente siguió un plan autóctono (1962:49-62). Los métodos autóctonos afirman y no violan los estándares bíblicos o éticos. Ya que esta estrategia es aceptable bíblica y éticamente y efectiva metodológicamente, la estrategia de la iglesia autóctona debe ser cuidadosamente considerada cuando se planea un trabajo misionero. Esta estrategia permite que se alcance una iglesia saludable.

Ventajas del método de la iglesia autóctona
Los movimientos autóctonos usualmente:

1. Experimentan mayor aumento numérico;
2. Permiten más expansión del crecimiento;
3. Desarrollan iglesias más relevantes culturalmente;
4. Incorporan más siembra de iglesias;
5. Animan a testificar más naturalmente de parte de los cristianos laicos—la gente ve el testimonio cristiano en personas como ellos mismos:
6. Permiten el desarrollo de más líderes laicos en las iglesias;
7. Necesitan menos ayuda financiera para lograr el alcance;
8. Llevan a la multiplicación de iglesias en lugares no previstos por los líderes de la iglesia;
9. Motivan a las iglesias a sostener sus propios líderes;
10. Dejan la disciplina de la iglesia a la congregación local;
11. Guían a los cristianos y a las iglesias a depender más en el Espíritu Santo;
12. Resultan en iglesias que evitan muchos de los peligros constantes de congregaciones que dependen en cuanto a su liderazgo y finanzas de fuentes externas.

Esfuerzo hacia los Métodos Autóctonos

Una iglesia autóctona es un ideal hacia el cual aspira el crecimiento balanceado de la iglesia. McGavran, sin embargo, expresa correctamente la inquietud que el método autóctono llegue a ser un "ídolo nuevo." Ruega que la estrategia misionera vigile contra cualquier posición tal como "Nos adherimos a los principios autóctonos sea que las iglesias crezcan o no crezcan" (1980:383).

Los principios autóctonos son sanos. Sin embargo, no son el único factor en el crecimiento o en no crecer. McGavran concluye:

> Los principios de la iglesia autóctona son buenos, pero seriamente se simplifican demasiado si se imagina que son el único factor o aun el factor principal en el crecimiento o en lo que falta del mismo. El tremendo papel del avivamiento no debe pasarse por alto. Ni se debe olvidar las debilidades del modo de conversiones de "uno a uno contra la tendencia social" en las sociedades firmemente organizadas contra el cristianismo. Muchos otros factores afectan el crecimiento (1980:383).

Mayormente la estrategia misionera está bien conducida hacia el alcance de los métodos autóctonos. En la convicción que el logro perfecto de cualquier método rara vez se alcanza, el método autóctono debe permanecer como la meta del trabajo misionero. La adopción de la estrategia de la iglesia autóctona usualmente involucra un cambio de parte tanto de la agencia que envía como de las iglesias locales. Las Iglesias y las agencias misioneras lograrán acercarse al método de la iglesia autóctona cuando considere, adopte y adapte cualquiera de las siguientes sugerencias que encajen sus situaciones.

Cómo Alcanzar los Métodos de la Iglesia Autóctona

➢ Comprometerse al esfuerzo de cambiar hacia los métodos autóctonos.

➢ Tratar compasiva pero firmemente con los antiguos métodos.

➢ Cooperar con los colaboradores nacionales.

➢ Esperar que las iglesias locales acepten la responsabilidad.

➢ Tratar con el subsidio y el estilo de vida de los misioneros.

➢ Aceptar y animar las maneras culturales.

➢ Esperar estrés y ajuste.

➢ Confiar en el Espíritu Santo en todo el proceso.

Comprometerse con los Métodos Autóctonos

El primer paso en la conversión hacia el método autóctono es el compromiso. La Iglesia o agencia misionera debe aceptar la meta de un método autóctono como aconsejable, obtenible y deseable. Sin este compromiso ningún grupo se convertirá a las estrategias autóctonas.

La mayoría de los cambios son difíciles. El cambio mayor puede ser y es generalmente traumático. El cambio rara vez tiene lugar aparte de alguna persona o grupo comprometido directamente con ese cambio. Aunque un acuerdo del 100 por ciento o el compromiso a un cambio dado jamás se debe esperar, hasta cuando los líderes principales determinan que el cambio es necesario muy poca posibilidad existe que el cambio suceda. El primer paso al cambio al método autóctono es compromiso para el esfuerzo.

Trate Compasiva pero Firmemente Con los Métodos Antiguos

Mucho del trabajo misionero alrededor del mundo ha empleado alguna forma de subsidio. Tanto las agencies que envían como los obreros y las culturas receptoras se han acostumbrado a este arreglo. Cada intento para cambiar a un método más autóctono necesariamente tiene que interactuar con estos métodos establecidos. Los obreros deben anticipar algo de tensión en la transición.

Al tratar con los métodos establecidos, los innovadores, no deben exhibir crítica o falta de respeto hacia los que establecieron y promovieron los métodos previos. Los que abogan por los nuevos métodos se deben cuidar contra cualquier evidencia de orgullo. Recuerde que el propósito no es criticar ni alabar sino el crecimiento de la cosecha de Dios.

Entendimiento de y compasión hacia todos los conectados con los antiguos métodos debe caracterizar el esfuerzo de cambiar hacia la estrategia autóctona. Para muchos, este cambio resultará en deshacer todo su método de ministerio o del cierre del orgullo de su trabajo. Para los obreros en los grupos nacionales, el cambio puede alterar no sólo su ministerio sino su estilo de vida también. Los que procuran guiar en el cambio a los métodos autóctonos deben aceptar la resistencia y aun la oposición como algo normal, entendible y esperado.

Al mismo tiempo, el cambio hacia los métodos autóctonos

requerirá firmeza y compromiso con las nuevas maneras. Es vital la convicción fundamental que el cambio finalmente obrará para el mejoramiento del ministerio y de la gente en el movimiento. Esta convicción mantendrá en línea el esfuerzo de cambio hacia los métodos autóctonos.

Trabaje Cooperativamente con los Colaboradores Nacionales.

Tanto los misioneros, abogados del cambio de otras áreas, como los ministros locales deben cooperar en el esfuerzo para cambiar los métodos existentes a los métodos autóctonos. Por ejemplo, cambio de liderazgo de misioneros a liderazgo nacional tiene que ser una aventura cooperativa. La acción unilateral rara vez produce resultados viables. Si la Misión desea forzar hacia los métodos autóctonos, es probable y entendible el resentimiento y la resistencia de parte de los nacionales. Si el grupo nacional demanda poder y autoridad es probable el resentimiento y la resistencia de parte de la Misión.

Paciencia y cooperación de todos los involucrados se necesita para lograr el cambio hacia nuevos métodos. Todos en el proceso deben trabajar abiertamente y con agrado para lograr el propósito de una expresión más local del cristianismo y de la iglesia. El trayecto puede ser difícil pero el destino bien vale la pena el esfuerzo.

Espere que las Iglesias Locales Acepten la Responsabilidad

En el proceso de cambio de un programa de liderazgo foráneo y quizá de subsidio, los líderes (misioneros y nacionales) deben esperar que las iglesias locales y sus líderes asuman la responsabilidad. Respeto genuino de y para los misioneros y los nacionales puede ayudar al proceso. Cuando los líderes locales asumen la responsabilidad del ministerio, el movimiento ha alcanzado la meta de convertirse a los métodos autóctonos.

Tom Steffen habla de este proceso como "pasando la batuta" e indica que un traspaso suave del uno al otro mejora el ministerio de las iglesias (1993:78-84). A menudo el proceso de la conversión a los métodos autóctonos y el paso de la batuta se dilatan por los temores de los misioneros que la obra no sería atendida apropiadamente. Algunas veces, los nacionales insisten en asumir responsabilidad antes de estar realmente capacitados para guiar la obra. El problema se parece mucho al de los padres de los adolescentes. Los adolescentes a menudo, están listos para hacer decisiones antes que los padres se den cuenta de este hecho. En el proceso de cambio, la confianza mutua engendra una transición exitosa.

Trate con el Subsidio y el Estilo de Vida de los Misioneros

El asunto crucial en la conversión a los métodos más autóctonos a menudo, o usualmente, se relaciona con las finanzas. La decisión unilateral aquí resultará en dañar las relaciones y la resistencia hacia la meta. Aunque a la oposición hacia los nuevos métodos no se le debe permitir que bloquee el cambio, es imperativo consultar y entender. En la mayoría de los casos, es necesario y aconsejable considerar alguna forma de "desmonte" del liderazgo y los subsidios. Tom Steffen tiene buenas sugerencias para este proceso (1993:84).

Algunas veces se pasa por alto la necesidad de tratar con el estilo de vida de los misioneros junto con la consideración de los subsidios. La reducción en el subsidio usualmente produce alguna carga para los nacionales y las iglesias. El asunto se puede aliviar hasta cierto grado si los misioneros muestran su dedicación al concepto al hacer reducciones en sus propios estilos de vida. Esta reducción tiene que ser sincera; debe representar un acto de deliberada identificación. Reducir el subsidio y dejar el estilo de vida del misionero al mismo nivel indica una falta de identificación y camaradería. El grupo probablemente no alcanzará una transición suave de los programas basados en el subsidio a los métodos autóctonos sin una comparable reducción en el estilo de vida de los misioneros.

Acepte y Anime las Maneras Culturales

El proceso de conversión a los métodos autóctonos debe llevar a maneras nuevas de la vida cristiana y de la vida de la iglesia más apropiadas a la cultura. Nuevos métodos de adoración, gobierno de la iglesia, relaciones de pastor-congregación, tiempo de reuniones y otros aspectos del trabajo pueden presentarse. Los misioneros no deben solamente "permitir" sino recibir bien el cambio a las maneras más culturalmente apropiadas.

Los esfuerzos de borrar el paternalismo y las maneras occidentales en el movimiento cristiano en sitios no occidentales pagan dividendos en el aumento de eficacia evangelizadora y vida sana de la iglesia. Los misioneros contribuyen al comunicar el verdadero mensaje de la Biblia y al proveer una fuente de alternativas culturales—si la gente las desea y las necesita. El misionero, sin embargo, debe recordar que él/ella es un abogado del cambio, esto es, el de afuera que puede sugerir pero no efectuar el cambio. Sólo alguien desde dentro de la cultura, el innovador, en realidad puede hacer que el cambio suceda.

Los misioneros deben aceptar y animar el cambio a los métodos más culturales. Ellos pueden advertir a los nacionales si ven que surgen elementos que no se conforman con los estándares bíblicos. Sin embargo, deben permitir que los líderes locales en realidad asuman la responsabilidad por los cambios.

Espere algo de Estrés y Ajuste

El cambio de un método centrado en la Misión a un método autóctono inevitablemente resulta en estrés para los nacionales y los misioneros. Los ajustes son necesarios. Los sabios agentes de cambio, misioneros y nacionales, deben reconocer estos problemas de ajuste y tratar de estructurar el proceso de cambio para permitir algún tiempo para que los nuevos métodos entren en acción.

Esperar y prever el estrés y los ajustes necesarios ayuda al proceso de cambio. El cambio es posible y contribuye con grandes galardones. Trabajar bajo el estrés y lograr los ajustes necesarios premia el ministerio con una vida y poder nuevos.

Confíe todo el Proceso Espíritu Santo

El temor de intentar el proceso de cambio hacia un método autóctono a menudo brota de una falta de confianza en el Espíritu Santo. El mismo Espíritu que sembró la obra sacará la obra adelante. La Iglesia (iglesia) y sus líderes deben ser animados a escuchar la dirección del Espíritu y en fe guiar la Iglesia (iglesia) en su misión. Confianza en el Espíritu Santo y en las habilidades de los cristianos para escuchar y seguir Su dirección es imperativo si cualquier movimiento va a cambiar hacia un método autóctono.

Conclusión

La iglesia autóctona es mucho más que un nuevo mote para las misiones modernas. Correctamente entendida y aplicada, la estrategia de la iglesia autóctona es un método válido, eficaz, aceptable e imperativo. La estrategia, como otros métodos, no se debe deificar, sino usarse de acuerdo con las necesidades de la Iglesia e iglesias en una región en particular. La prueba indica que la estrategia de la iglesia autóctona se conforma a los estándares bíblicos, produce resultados aprobados bíblicamente y promete fruto continuamente reproducible. Por lo tanto, debe ser una parte decisiva del movimiento hacia el crecimiento saludable de la iglesia. En el siglo 21, debe verse aún un mayor énfasis en la metodología de la iglesia autóctona.

LA ESTRATEGIA DEL MOVIMIENTO DE LA GENTE

Algunos cuestionarán si la teoría del crecimiento saludable de la iglesia aprueba la estrategia del movimiento de gente por la que McGavran y sus seguidores han abogado. Mientras los líderes de las iglesias consideren la Estrategia del Movimiento de la Gente, se deben dar cuenta que este método se ha probado muy fructífero en los siglos pasados. En por lo menos dos tercios de todos los convertidos al cristianismo en Asia, África y Oceanía han venido a Cristo por medio de lo que los escritores del crecimiento de la iglesia llaman "movimientos de la gente," de acuerdo con Donald McGavran. El crecimiento por medio del movimiento de la gente de igual manera ha sido significativo en América Latina, Europa, Asia Menor y el Norte de África (1980:336). Además, McGavran está convencido que la estrategia del movimiento de gente es útil tanto para el aumento numérico como para calidad de crecimiento (1980:334).

Cualquier estrategia que ha ocasionado un aumento tan significativo en el movimiento cristiano demanda atención, ser probada y si se prueba válida, ser implementada. Aunque la estrategia del movimiento de la gente no se discute tan a menudo como lo fue en el siglo pasado, aun tiene provecho estudiarla y probarla. El crecimiento saludable de la iglesia implementará esta estrategia de maneras diferentes en el siglo 21.

¿Qué son los Movimientos de Gente?

Pocas estrategias han sido más malentendidas y por lo tanto más criticadas que la estrategia del movimiento de la gente. Estos malos entendidos resultaron cuando menos parcialmente del uso temprano del término *movimientos masivos*. J. Waskom Pickett tituló su libro seminal, *Christian Mass Movements in India* (1933). En 1956, Pickett y otros produjeron un estudio titulado, *Church Growth and Group Conversion*. Las referencias a la "conversión de grupos" y "movimientos masivos" también aparecieron en el trabajo fundamental de McGavran, *The Bridges of*

God (1955). El personal misionero en el Oeste individualizado presentó repetidos cuestionamientos en cuanto al uso de estos términos. Para estas personas, el concepto parecía ser que un gran número indiscriminado de adiciones masivas de "paganos inconversos" se había añadido a las iglesias. El concepto de gente viniendo a Cristo en grupos no encajaba con la cosmovisión de los individualistas occidentales.

A causa de la confusión del concepto de movimientos de gente y a fin de expresar más precisamente la idea, los que abogan por el crecimiento de la iglesia reemplazaron el término *movimientos masivos* por el término *movimientos de gente*. El término movimientos de gente también falló en expresar el significado buscado por los escritores del crecimiento de la iglesia. Así nació el complicado término, *métodos de conversión multi-individuales mutuamente interdependientes*.

Este último término tampoco se ha recibido ampliamente y el pensamiento del crecimiento de la iglesia usualmente emplea la terminología básica, *movimientos de gente*. El concepto habla de un método de conversión compuesto de muchos individuos, unidos por algún vínculo interno, que expresa la decisión de su salvación mutuamente. La estrategia de movimientos de gente se contrasta con el método de la decisión de un individuo solo, a menudo expresado en confrontación con la desaprobación de la familia o de la sociedad. En el método de decisión multi-individual, cada persona llega a una elección individual y de compromiso con Cristo. La salvación viene sólo por medio del arrepentimiento, fe y compromiso personal.

La frase, mutuamente interdependiente, trató de expresar el entendimiento que la gente que expresa el compromiso junta tenía íntimas relaciones que reforzaron su deseo de expresar el cambio en un grupo en vez de como individuos. Aunque este concepto es difícil para muchos en el occidente, la precisión del concepto se ve más claramente en culturas no occidentales—y probablemente sea un factor en el trabajo con muchos grupos en el occidente. El significado exacto se capta en estas palabras:

> Mutuamente interdependiente significa que todos los que hacen la decisión son personas que se conocen íntimamente el uno al otro y que toman este paso en vista de lo que el otro va a hacer. Esto no es solamente natural; es moral. En verdad es inmoral, como regla, decidir lo que uno va a hacer sin consideración a lo que otros hacen (McGavran 1980:340).

Un movimiento de gente, entonces, no es una conversión en masa ni una conversión de grupo. Las masas y los grupos no se pueden salvar sino solamente individuos. Un movimiento de gente es una expresión conjunta de un grupo de gente—una serie de conversiones multi-individuales, mutuamente interdependientes. La estrategia habla más de cómo las decisiones de llegar a ser cristiano se expresan, en vez de cómo esta gente en verdad llega a ser cristiana. En las sociedades donde la cultura es una acción conjunta en vez de individual esta manera de expresar la decisión de seguir a Cristo es la más normal y probablemente la mejor manera.

Ejemplos de Movimientos de Gente

La historia cristiana provee ejemplos innumerables de movimientos de gente. La iglesia en el Nuevo Testamento empezó como un movimiento de gente entre el pueblo judío. McGavran dice:

> La iglesia en sus primeros años creció *dentro* del judaísmo. Cuando menos por una década los judíos que llegaron a ser cristianos no eran conscientes en ninguna manera de unirse a una religión fuera del judaísmo. Si hubieran soñado que esta era una posibilidad muchos de ellos nunca hubieran llegado a ser cristianos. Aun después que cambiaron por el compañerismo con el Cristo Vivo, rehusaron aceptar a los cristianos gentiles como miembros completos de la gente judía cristiana. Esto es significativo en lo que tiene que ver con el crecimiento de los movimientos de gente hoy. Esto muestra que la gente llegaba a ser cristiana más rápidamente cuando involucraba el menor cambio de raza o clan. Cuando se siente que "nos movemos con nuestra gente y los que no han venido vendrán posteriormente," entonces la iglesia crece vigorosamente (1955:22-23).

McGavran confirma que el aumento de la fe cristiana para incluir a los gentiles empezó en serio con un movimiento de gente en Antioquía cuando "el fuego pasó cruzando las líneas sociales" (1955:23). Los movimientos que trajeron a Cornelio y a los griegos de Antioquía a La Fe no fueron sucesos planeados. Sin embargo, estos movimientos siguen el método general de lo que ahora reconocemos como movimientos de la gente.

Un ejemplo más moderno viene de la experiencia de Adoniram Judson en Birmania (ahora Myanmar). Judson procuraba ganar a los budistas educados de Birmania, y no notó a la gente Karen, animista y sin educación. Ko Tha Bya, un Karen que se asoció con Judson, hablaba a la gente Karen mientras Judson predicaba a los birmanos. Judson vio pocos convertidos de su labor, pero muchos Karens aceptaron el mensaje presentado por Ko Tha Bya. Un poderoso movimiento hacia Cristo entre los Karen y tribus relacionadas trajo a cientos de miles a la fe cristiana y a las iglesias (McGavran 1980:376).

En la Celebes Central (Indonesia) la Iglesia de Celebes Central (*Geredja Kristen Sulawesi Tengah*) surgió de un método clásico de movimiento de gente. Los misioneros Albert C. Krugt y H. Adriani estaban tan convencidos que la Iglesia debía seguir los métodos autóctonos que buscaron purgar el Mensaje de los elementos foráneos a la cultura de la sociedad Torodja. Reconociendo que la cultura de la gente Torodja era colectiva en vez de individualista, concluyeron que la Iglesia debía crecer en a lo largo de las líneas familiares y de clan. Tan profunda era esta convicción que dilataron los primeros bautismos hasta cuando un grupo significativo estuvo listo para seguir la fe juntos. Fue después de diecisiete años, en 1909, en que 180 personas de una villa aceptaron el bautismo juntas. El movimiento creció entre la gente Torodja hasta que para 1970 la membresía de la Iglesia era de más de 130,000 personas en más de 350 congregaciones (Smith 1970: 78-80). El método del movimiento de gente es evidente.

Los movimientos de la gente no están restringidos a gentes subdesarrolladas aunque estas sociedades ciertamente están abiertas a este método. La experiencia de David Wilkerson con las pandillas callejeras muestra similitudes definitivas de los métodos del movimiento de la gente. Es probable que la extensa evangelización y ministerio de la iglesia entre las minorías en muchas ciudades del mundo hoy venga en métodos como los movimientos de gente.

Aplicando de la Estrategia del Movimiento de Gente

Los movimientos de gente son dados por Dios. No se pueden planear ni forzar—sólo se animan. Ni la estrategia ni el esfuerzo asegurarán que sucedan. La estrategia misionera puede, sin embargo, cuando el Señor los concede debe orar, permitir, esperar y aceptar tales movimientos.

Los métodos del movimiento de la gente a menudo se desarrollan entre grupos con fuertes líneas de familia extendida.

McGavran habla de "movimientos telaraña" entre los cuales el evangelio se mueve a través de las líneas de relaciones. Estas relaciones llegan a ser puentes sobre los cuales se mueve el Mensaje. Estos grupos de relación existen en muchos grupos de gente alrededor del mundo.

En áreas urbanas, la clave para la evangelización de la gente puede yacer en encontrar los grupos y los métodos de relaciones que existen entre la gente. El vecindario se puede formar de un grupo de personas en muchas ciudades. Aun el occidente más individualizado, los métodos de conversión multi-individual, mutuamente interdependiente se han probado ser los más eficaces para alcanzar las masas de la gente.

Los evangelistas en los Estados Unidos y en otros países deben seguir estos pasos al intentar aplicar la estrategia del movimiento de gente:

1. **Acepte la posibilidad y la validez de hombres y mujeres expresando conjuntamente su fe en Cristo.** Recuerde que en muchas culturas, la cosmovisión corporativa insiste que uno revisa con el grupo antes de registrar una decisión de cambio. El movimiento cristiano debe rehusar permitir la influencia individualista occidental que oscurezca la realización de la validez de los métodos de las decisiones de grupos. George Peters dice, "Existe un método de gente en la evangelización, étnica, de grupo, que se ha pasado por alto o ignorado por el occidental, no porque no esté en la Biblia, sino a causa de su mentalidad individualista" (1970:173-74).

2. **Constantemente sea consciente de grupos, familias, pandillas, clubes sociales y otras comunidades por medio de las cuales se pueda esparcir el evangelio.** Tales agrupaciones existen en casi todas las sociedades. Las relaciones entre los miembros de estos grupos se constituyen en válidos y eficaces "puentes de Dios" sobre los cuales puede fluir el evangelio.

3. **Acérquese a los grupos reconocidos como unidades sociales.** Trabaje por medio de los líderes de las agrupaciones. Adáptese a la estructura, cosmovisión y la manera en que se ve su sociedad.

4. **Asuma una táctica positiva e interactiva para comunicar el mensaje de Dios en maneras adaptadas culturalmente a su sociedad.** Los ataques directos a las creen-

cias existentes, conductas y conceptos muy frecuentemente han sido infructuosos. Presente el mensaje de un Dios amante, de un Cristo que salva, y de un Espíritu Santo que dirige en maneras diseñadas para alcanzar a la gente en el grupo.

5. **Adapte los ritos cristianos y las actividades de maneras congruentes con los arreglos sociales del grupo.** Esta adaptación jamás aceptará conductas o acciones que no sean bíblicas. Sin embargo, el misionero considerará que se espere para bautizar hasta que un grupo considerable responda juntos. El que presenta el Mensaje también debe tener cuidado de no permitir la idea de que el bautismo es como la graduación después del cual se espera poca responsabilidad para la vida cristiana. Dele tiempo al grupo para que desarrolle su propia manera saludable de responder al cristianismo.

6. **Provea continuidad de cuidado después del bautismo.** Enseñar, pastorear y guiar son imperativos en el grupo de movimiento de gente. En efecto, la calidad del movimiento de gente está singularmente unida y es dependiente del cuidado después del bautismo (1980:364-66). Este cuidado después del bautismo se debe adaptar a las necesidades de la gente a la cual sirve.

Conclusión

La estrategia del movimiento de gente se aprobado ser aceptable e imperativa para un crecimiento balanceado de la iglesia. Rehusar o descuidar la posibilidad es perder una posibilidad significativa de un alcance extenso y un importante factor en el avance del evangelio. Muchos grupos de gente existen en el mundo desarrollado y subdesarrollado y alguna forma de la estrategia del movimiento de gente más eficazmente alcanzará a estos grupos de gente. Los que se ocupan en tratar de alcanzar grupos de gente deben luchar para usar y también descubrir las aplicaciones adicionales de la estrategia de movimiento de gente. El crecimiento saludable de la iglesia puede y debe seguir con el uso apropiado de la Estrategia del Movimiento de Gente.

LA ESTRATEGIA DE LA CONTEXTUALIZACIÓN

Muchos abogados del crecimiento de la iglesia han aceptado la relativamente reciente estrategia de la contextualización. Por lo tanto, debe ser probada en cuanto a su si es adecuada o válida en el crecimiento balanceado de la iglesia. Como con otras estrategias, los que se han comprometido al crecimiento saludable de las iglesias deben considerar esta estrategia y si la consideran aceptable, buscar maneras para implementar sus ideas. La contextualización puede prometer ayuda significativa en ir en la dirección del crecimiento saludable de la iglesia.

El Significado de la Estrategia de la Contextualización

El término contextualización o teología encarnacional, surgió del campo misionero mundial alrededor de 1972 y ha llegado a ser lo que muchos denominan un cambio de paradigma—un cambio de enfoque de filosofía autóctona a contextualizada (Sánchez 1998:318). Alan Tippett considera que este cambio de enfoque es el asunto metodológico mayor que encara el movimiento cristiano. Expresa los asuntos tales como "¿cómo cumplir la Gran Comisión en un mundo multicultural, con un evangelio que es verdaderamente cristiano en contenido y culturalmente significativo en su forma?" (1975:116)

Dean Gililliand menciona que no existe una definición de contextualización en la cual haya amplio acuerdo. (2000:225) Daniel Sánchez, no obstante, ayuda a entender el término al mostrar que la palabra contexto viene del latín *contextus,* que significa (tejiendo en conjunto)." De éste, Sánchez indica que la contextualización se puede definir como elaborar conceptos y métodos relevantes a una situación histórica. Entonces, la contextualización misiológica, se puede ver cómo hacer posible el mensaje del amor redentor de Dios en Jesucristo cobrar vida al considerar los asuntos vitales de un contexto sociocultural y transforma su cosmovisión, sus valores y sus metas. El concepto de la contextualización lleva a una participación más profunda en los contextos y situaciones culturales que el concepto autóctono (1998:318).

La meta o propósito de la contextualización procura hacer posible, en lo humanamente posible, un entendimiento y expresión de lo que esto significa cuando Jesucristo, la Palabra, se experimenta auténticamente en una sociedad dada. La contextualización sucede cuando la Palabra habita entre la gente hoy como habitó entre Sus propios familiares. Se contextualiza el evangelio cuando provee respuestas para una gente en particular que vive en un tiempo y lugar particular. Las preguntas y necesidades de una gente dada sirven como guías para el énfasis del Mensaje, la cosmovisión de la gente provee el marco para la comunicación del Mensaje, y el entendimiento cultural y los dones de la gente vienen a ser su medio de expresión (Gilliland 2000:225).

La contextualización es un proceso que hace posible que los cristianos y las iglesias locales en un tiempo y lugar particular expresen el significado de Cristo de maneras que a la vez son fieles a la revelación bíblica y también significativas a la gente en las condiciones particulares cultural, social, política y religiosamente relacionadas a ese tiempo y lugar. El proceso de la contextualización procura que la gente exprese la inmutable Palabra de Dios de varias maneras que se conformen a las culturas, idiomas y agrupaciones humanas. (Sánchez 1998: 333) Mientras que la contextualización a menudo parece referirse a la teología, también se relaciona a todos los aspectos de la vida cristiana y de la vida—arquitectura de la iglesia, adoración, predicación, gobierno de la iglesia, símbolos, rituales y conductas (Gilliland 2000: 226).

El proceso de la contextualización mueve el centro de la actividad lejos de los de afuera hacia los de dentro de la sociedad o grupo de gente particular. Estos cristianos, del interior del grupo cultural, son capaces de expresar la totalidad de la revelación bíblica al considerar las necesidades aspiraciones de su grupo de maneras inteligibles, apropiadas y poderosas en ese grupo en particular. En este proceso de contextualización, el mensaje bíblico se encarna en la cultura—juzgando y transformando la cultura y su gente en maneras congruentes con la voluntad del Padre.

Ejemplos de la Contextualización

Tal vez el significado de la contextualización también se entienda al notar varios de los muchos ejemplos disponibles del proceso de la historia bíblica y misionera. Mateo, al dirigirse a la audiencia judía, enfatizó la profecía mesiánica, parentesco, y títulos divinos de Jesús. Juan, por otra parte, hablando primordialmente a una audiencia griega, empleó el concepto griego del "Logos" que significaba "alma del mundo" y le dio el significado cristiano que apuntaba a un Dios personal que podía alcanzar la humanidad (Sánchez 1998:319).

El apóstol Pablo empleó el concepto de regeneración del término griego "metamorfosis" para expresar el profundo significado de la salvación en Cristo. En las religiones de misterio helénicas, este término significó la penetración física de uno que entraba a una secta por la naturaleza del dios por medio de ritual mágico. Pablo usó el concepto y la palabra pero lo llenó con un significado inconfundiblemente cristiano. Pablo le dio al término el significado que el converso por medio del arrepentimiento, la regeneración y la fe en Cristo es traído en conformidad con la mente de su Señor, Jesucristo (Romanos 12:2). En la revelación bíblica, entonces, Cristo ahora ocupa el lugar que por medio de la práctica mística-mágica era ocupado por la deidad del misterio. Pero Cristo es un colaborador de una naturaleza totalmente diferente así es la naturaleza de la relación cristiana (vea Visser't Hooft 1963:75).

El doctor Allan Tippett relata el evento de los cristianos de Fiji que adaptaron una danza para expresar el hecho que el tener fe en Cristo preparaba el camino para que Jesús y Su Espíritu rompiera el espíritu parecido a la guerra y les traía paz. La danza simbolizaba y expresaba el bello hecho que el evangelio había roto la lanza. Este evento, reporta Tippett, fue la conversación del campo por semanas (1975:112).

Don Richardson, en la bella narración, *Peace Child*, relata como el rito local de "niño de paz" vino a ser el medio para comunicar la verdad de la obra redentora de Cristo. Esta gente guerrera, los Sawi del oriente de Nueva Guinea (*Irian Jaya*) no podían comprender el mensaje de un Cristo amante y salvador hasta que se les llevó a ver su propio ritual como una ilustración del significado bíblico de Cristo. La contextualización del mensaje del evangelio hizo posible que los Sawi comprendieran el Mensaje y les llevó a experimentar la salvación en Cristo (1974).

Peligros de y Resistencia a la Contextualización

Como con la mayoría de las metodologías, la estrategia de la contextualización llega acompañada de muchos peligros. Entre los peligros más evidentes de la contextualización se encuentra el del sincretismo. El peligro de introducir elementos no cristianos en la enseñanza y en la teología cristiana revolotea alrededor de la puerta de la contextualización. No se debe permitir ningún intento de la contextualización si daña o cambia el fundamento de la revelación bíblica. Tal cambio es, de acuerdo con McGavran, "sincretismo prohibido" (1975:41).

Al describir varios casos que entendió como sincretismo, McGavran escribió:

> Cuando, al ajustarse a la cultura, el cristianismo cambia de naturaleza, toma el color y contenido de otra religión y pierde su alma, entonces su poder para salvar se destruye.

Además enfatiza:

> Cuando lo fe cristianan se cambia por los ajustes cesa de ser cristiana, cesa de traer a los hombres un conocimiento personal de Cristo, cesa de creer la verdad bíblica, pierde el contacto con el Dios viviente y empieza a vivir la vida como si no hubiera revelación en la Biblia, la misiología tiene que enfatizar la preservación de la fe entregada a los santos una vez por todas. La misiología tiene que asegurarse que al esparcirse el cristianismo de cultura a cultura, es el "evangelio puro" que es creído y trasmitido y la inspirada y autoritativa Palabra escrita de Dios, que se entrega y se recibe (1975:46).

En los esfuerzos para contextualizar la verdad bíblica existe el peligro de incorporar elementos de las religiones no cristianas dentro de la expresión de la fe cristiana. El énfasis cultural en los Estados Unidos en el materialismo, la riqueza, el éxito, ganar en todo han encontrado cabida en el pensamiento cristiano al efecto que algunos estadounidenses los aceptan como conceptos cristianos. Este peligro siempre tiene que evadirse.

Los peligros del sincretismo han hecho que algunos cuestionen o aun rechacen la estrategia. Los temores de la sobre vivencia de los elementos culturales, tales como creencias míticas, la demanda de sistemas de sanidad, una idea de los muertos que viven, de antiguas religiones dentro del cristianismo no son sin fundamento (McIntosh 2000:188-89). A. Scott Moreau ve la necesidad que cristianos de varias expresiones culturales se reúnan para combatir juntos los peligros del sincretismo (2000:924-25).

Otras preguntas acerca de la contextualización surgen en respuesta a los movimientos tales como la Teología de la Liberación, el Poder Negro, la Guerra de Vietnam, la Revolución Feminista y otras cuestiones que muchos sienten que en verdad no se han expresado en términos bíblicos (Gilliland 2000: 226). Estos que parecen expresiones de la contextualización han hecho que muchos evangélicos rechacen toda la idea. Los debates que siguieron clarificaron lo que era propio y lo que era impropio en la contextualización y abrieron el camino para más

Aplicando la Estrategia de la Contextualización

Como otras estrategias sugeridas por el crecimiento de la iglesia, la contextualización puede y debe ser implementada solamente con cuidado. La mayoría de las metodologías comparten algunos efectos laterales peligrosos. Las siguientes guías, basadas en las sugerencias de Daniel Sánchez, pueden ayudar a los que se ocupan en el liderazgo en la iglesia para aplicar la estrategia de la contextualización con sabiduría y eficacia.

1. **La Biblia debe ser y permanecer como la autoridad final en el proceso de la contextualización.** La Escritura es más que una colaboradora al desarrollar las expresiones de fe y práctica cristianas. La Biblia jamás debe ser meramente un recurso subsirviente en el desarrollo de las ideologías humanas y nunca se debe torcer para permitir doctrina sincretista. Sánchez dice, "La cultura y los asuntos culturales deben ser juzgados por la Escritura, no la Escritura por la cultura" (1998: 332).

2. **Todos los elementos del evangelio más allá de la cultura tienen que preservarse en el proceso de la contextualización.** El proclamador del Mensaje usará formas culturales para aumentar la relevancia del mensaje. Sin embargo, conservará y retendrá celosa y totalmente la autenticidad del contenido del Mensaje.

3. **Los líderes locales guiarán en la reflexión que resulta en las formulaciones teológicas contextualizadas, las estructuras de la iglesia y los métodos evangelizadores.** Los de afuera pueden funcionar como abogados y capacitarán a los líderes locales. En verdad, el trabajo de ajuste del mensaje al contexto debe estar en las manos de los innovadores o de la gente dentro de la cultura.

4. **Todas las formulaciones teológicas contextualizadas tienen que estar informadas por previa reflexión teológica.** Las personas locales tienen que reflexionar en la

teología, pero solamente como fundamento para su propia reflexión cultural. Con estudio de las enseñanzas teológicas previas se ayudará a los contextualizadores locales a evitar herejía y sincretismo.

5. **Se tiene que ser cuidadoso para evitar cualquier sugerencia de sincretismo.** Reconocer este peligro marca el punto para comenzar. En cada situación de contextualización, se debe retener el significado auténtico de la Escritura.

6. **La más amplia comunidad cristiana (especialmente los misioneros) deben tener paciencia y humildad en el proceso.** Las formulaciones locales no se deben rechazar como "heréticas" o "sincretistas" solamente porque son nuevas. Cualquier desafío de las enseñanzas contextualizadas debe fluir de la Escritura y no de los elementos culturales de la cultura del misionero.

7. **El grupo debe buscar herramientas adecuadas para el entendimiento socio cultural.** Estas herramientas deben proteger a los que tratan de formular declaraciones contextualizadas de la verdad cristiana de compromisos anteriores o influencias de ideologías políticas o filosóficas.

8. **El grupo que procure alcanzar una contextualización bíblicamente sana debe comprometerse a sostener las enseñanzas bíblicas y las realidades del contexto sociocultural.** Al reino no se le sirve bien con un modelo que preserva la autenticidad de la Biblia, pero que carece de relevancia en el contexto sociocultural. Al reino tampoco se le sirve bien con un modelo que lucha por la relevancia pero que en el esfuerzo compromete el mensaje bíblico (Sánchez 1998:332-33).

Conclusión

La estrategia de la contextualización es una de las más valiosas y necesarias para el crecimiento de la iglesia contemporánea, pero también es una de las más peligrosas. La discusión tenida, aunque demasiado breve, debe producir la convicción que debidamente entendida y aplicada, la estrategia de la contextualización se constituye en un valioso e imperativo método. Sin reparos en los aparentes peligros, la contextualización puede resultar en declaraciones bíblicamente sanas del evangelio para una cultura en particular y así mejorar la proclamación y aceptación del Mensaje entre esa gente en particular. El crecimiento saludable de la iglesia juzga que la estrategia de la contextualización es válida y debe usarse las actividades relacionadas de las misiones y la iglesia en este día.

LA ESTRATEGIA DE LA FORMACIÓN DE DISCÍPULOS LUEGO EL PERFECCIONAMIENTO

Los abogados del crecimiento de la iglesia enfatizan la formación de discípulos (evangelizar) y seguir esta experiencia hacia el perfeccionamiento (guiando hacia el crecimiento y desarrollo espiritual). Esta estrategia se relaciona con la gente que viene a Cristo y a su Iglesia (e iglesias) de otras religiones o filosofías con incipiente entendimiento del mensaje completo del cristianismo y limitada comprensión de las demandas del discipulado. De igual manera permite desarrollo en vez de requerir una ética avanzada y conducta del ritual inmediatamente. De nuevo la pregunta tiene que ser, ¿resulta esta estrategia en cristianos saludables e iglesias saludables?

El primer paso importante, de acuerdo a esta estrategia, enfatiza traer a la gente al compromiso con Jesucristo y Su salvación. La enseñanza ética y doctrina continúa durante la etapa de perfeccionamiento. La estrategia intenta evitar la tendencia restrictiva para demandar conocimiento detallado del cristianismo y actitudes éticas avanzadas en los nuevos creyentes.

Algunos grupos misioneros han colocado demandas excesivas en los nuevos convertidos. Han negado a la gente membresía dentro de la iglesia y/o bautismo hasta que no dejen la segunda esposa, dejan de fumar, se abstienen de bailar, se retiran de los sanadores tradicionales y cesan otras conductas éticas que los misioneros entienden como anticristianas. La mayoría de los cambios son necesarios si la gente sigue fielmente la totalidad de las enseñanzas bíblicas.

La conversión debe tener y lleva a un cambio de conducta. Uno de los resultados de entrar al movimiento cristiano de las personas es la trasformación cultural y social. Sin embargo, estos cambios no siempre suceden inmediatamente. La estrategia de la formación de discípulos y el perfeccionamiento sugiere que todo el cuerpo de enseñanza—doctrinal y ética—no se tiene que presionar en los nuevos creyentes demasiado pronto en la experiencia del nuevo creyente.

La estrategia además insiste que se tiene que dar atención a la enseñanza y capacitación de los convertidos en doctrina y vida cristiana. Uno de los aspectos que a menudo se pasan por alto de esta estrategia es que permite que la gente descubra por medio de su propio estudio de la Biblia las demandas de Cristo en los creyentes y en la cultura. Un aspecto significativo de la estrategia se relaciona con la aceptación de creyentes como creyentes de su propia confesión de fe, bautizándolos en su testimonio de esa fe, y luego ayudarlos a descubrir en la Biblia la completa expresión de esa fe en la vida y el pensamiento.

John H. Yoder expresa la inquietud en cuanto a las implicaciones teológicas y éticas de la estrategia de la formación de discípulos y del perfeccionamiento. Yoder teme que el énfasis establece una línea demasiado drástica entre la salvación y la santificación. Correctamente ve los dos aspectos de la salvación como parte de la experiencia total. Además se preocupa que dilatar la instrucción y requisitos éticos pueda llevar a una "gracia barata" en la cual se podría venir a la fe sin el conocimiento total de sus demandas. Por ejemplo, se aceptaría el evangelio, entraría a la iglesia y luego descubriría que tiene que dejar el resentimiento tenido contra otras personas o grupos. Yoder piensa que tales expresiones dilatadas de las demandas de la vida cristiana podrían no ser éticas (1973:36-38).

La preocupación de John Yoder se entiende porque el oye que el crecimiento de la iglesia enseña que la presentación del evangelio debe acomodar a las personas que sostienen el racismo sureño o el militante anticomunismo en un esfuerzo de alcanzarlos con el evangelio cristiano. En estos asuntos, la preocupación de Yoder es legítima y apropiada. No obstante, no entendió bien la enseñanza de crecimiento de la iglesia sobre este tema. En esencia, la estrategia de formación de discípulos y luego el perfeccionamiento no tiene como intención manipular la gente para que sean miembros de la iglesia al disfrazarles y velarles las demandas completas del cristianismo. La estrategia, en vez, le permite a la gente y a los grupos que lleguen a su propio entendimiento de las demandas de la fe y de su propio compromiso para que cambien de acuerdo a las enseñanzas de la Biblia. El crecimiento balanceado de la iglesia no divide los métodos de la formación de discípulos y el perfeccionamiento (evangelizar y santificar). Los dos aspectos de la vida cristiana no son dos actos distintos sino el continuo movimiento en que el segundo se basa en el primero.

Los misioneros y los sembradores de iglesias algunas veces requieren del nuevo convertido un cambio ético profundo y un compromiso que se demuestra por los miembros de la iglesia que los envían. El bautismo y la membresía de la iglesia, por ejemplo, se han negado a los nuevos convertidos que fuman o que asisten a las salas de cine. A la vez, muchos en las iglesias en el país de los misioneros fuman y asisten a las salas de cine. La enseñanza no es que se relajen las demandas de la vida cristiana sino conceder tiempo para el desarrollo ético y el entendimiento doctrinal.

Parte del problema del requisito ético y doctrinal antes de aceptar al nuevo creyente es que algunos métodos éticos y teológicos se demandan y otros métodos igualmente importantes se pasan desapercibidos. Los misioneros que son avaros y amantes de las cosas, o que les falta generosidad demandan que los nuevos convertidos hagan cambios en la conducta práctica antes de ser aceptados como miembros de la iglesia. Un convertido del hinduismo, que había observado una dieta vegetariana toda su vida, se ha registrado que el evangelista requería que esa persona comiera tocino como requisito para el bautismo.

La estrategia de la formación de discípulos y luego el perfeccionamiento sugiere que la gente sea traída a la fe y a la membresía de la iglesia en base a su fe en Cristo. Pablo parece haber sugerido un procedimiento semejante en sus instrucciones a los cristianos en Corinto. El apóstol trató severamente con los asuntos de la inmoralidad sexual y de llevar a otros creyentes a las cortes seculares (Hechos 5:1-6:20). En lo concerniente a las prácticas culturales tales como comer la carne que se había sacrificado a los ídolos, Pablo parece permitir algo de diversidad en la práctica pero no en la actitud del uno con el otro en el compañerismo (Hechos 6:12-14, 8:4-13). En cuanto a las demandas del celibato el apóstol parece aconsejar que uno permanezca en la condición en que se encontraba al momento de su llamamiento (Hechos 7:17). El punto es que algunos requisitos éticos se pueden postergar hasta cuando el Espíritu le hable al nuevo creyente.

La etapa del perfeccionamiento del desarrollo cristiano guiará a los nuevos creyentes a una más completa expresión en las dimensiones más profundas de la fe. Aunque las inquietudes de Yoder son bien recibidas y válidas, creo que esta estrategia, correctamente entendida e implementada apropiadamente, es bíblica y válida. La estrategia puede y debe ser empleada más extensamente.

¿Deben considerar los que buscan el crecimiento saludable de la iglesia la estrategia de la formación de discípulos (evangelizar) y luego el perfeccionamiento (formar discípulos)? La indicación es que esta estrategia sostiene un vasto significado para el crecimiento saludable de la iglesia. Los problemas de muchos que abandonan las iglesias después de un corto tiempo se puede aliviar al implementar esta metodología. Los líderes de la iglesia deben evitar demasiado lapso de tiempo entre la conversión y el bautismo. El esfuerzo para ayudar a los nuevos creyentes hacia un entendimiento y compromiso más profundos de la fe ciertamente es una estrategia que se debe aceptar bien.

CONCLUSIÓN

El tema considerado en este capítulo es que cada estrategia para el crecimiento de la iglesia y el ministerio de la iglesia se tiene que probar en cuanto a su compatibilidad con las enseñanzas bíblicas y su habilidad de traer resultados bíblicamente aprobados. El crecimiento saludable de la iglesia reconoce que ninguna estrategia ni método produce crecimiento. Las estrategias y métodos solamente abren el camino al trabajo eficaz del Espíritu Santo. Las estrategias que se conforman con los principios bíblicos y que parecen evadir resultados no bíblicos son estrategias aprobadas por el crecimiento balanceado de la iglesia.

El capítulo ha investigado varias de las más a menudo discutidas estrategias abogadas por el crecimiento de la iglesia. Estas estrategias de la unidad homogénea, de la iglesia autóctona, del movimiento de gente, de la contextulización y de la formación de discípulos y luego el perfeccionamiento se han probado y se han declarado válidas. Los que luchan por el crecimiento saludable de la iglesia, entonces, pueden usar estas estrategias entre tanto que el usuario recuerde y permanezca en las guías y advertencias conectadas con cada estrategia.

Preguntas y actividades

1. ¿Qué tan lejos piensa usted, que los grupos cristianos pueden o deben ir en el intento de expresar el evangelio de maneras compatibles culturalmente?

2. Un misionero trabajaba entre un grupo que no tenía ovejas, ni jamás había oído de ovejas, pero que tiene cerdos que

han sacrificado en su religión autóctona. El misionero tradujo, "Jesús es el cerdo de Dios." ¿Piensa que la traducción del misionero es una contextualización válida?

3. Relacione cómo la falla o el rehusar el empleo de la estrategia mencionada en este capítulo puede llevar al crecimiento de la iglesia que no sería saludable.

4. Explique la estrategia de la unidad homogénea a un hermano cristiano que cuestiona lo apropiado de esta estrategia.

5. Lea el libro *Peace Child* de Don Richardson. Evalúe el acomodamiento y la contextualización que ve en este relato.

CAPÍTULO 5

PROBANDO ESTRATEGIAS PARA EL CRECIMIENTO SALUDALE DE LA IGLESIA (II)

Se discutieron en el capítulo 4 las pruebas de las varias estrategias que los defensores del crecimiento de la iglesia tradicionalmente han apoyado y encontrado válidas y útiles. El capítulo 5 probará otras estrategias que son más contemporáneas—estas metodologías que han llegado a la escena en años recientes después del trabajo básico de McGavran y sus discípulos inmediatos. Las estrategias más recientes incluyen, como se mencionaron en el capítulo 4, las estrategias del "movimientos de plantación de iglesias," "la estrategia de la iglesia clave," "las iglesias impulsadas por el propósito," "las iglesias misioneras" y el crecimiento de la iglesia de la guerra espiritual." Estas estrategias prometen ser válidas, útiles y significativas para el crecimiento saludable de la iglesia en el sigo 21.

Algunas de estas estrategias contemporáneas ya se han mencionado. Este capítulo no tiene la intención de proveer una descripción completa de las estrategias sino demostrar primariamente cómo estas metodologías son compatibles y apropiadas para los que procuran el crecimiento saludable de la iglesia. Aunque ninguna de las estrategias viene directamente de McGavran o de sus enseñanzas directas, todas desean alcanzar las mismas metas y siguen las líneas directrices de la teoría del crecimiento de la iglesia. En efecto, entonces, estas estrategias se ven como un desarrollo lógico de las teorías básicas del crecimiento de la iglesia. Esta sección, entonces, probará estas estrategias más recientes.

MOVIMIENTOS DE PLANTACION DE IGLESIAS

Una estrategia muy fructífera, promovida por David Garrison y la Junta de Misiones Internacionales de la Convención Bautista del Sur, llama a sembrar iglesias con el diseño e intención inmediatos de reproducir otras iglesias. Garrison discute el plan para esta estrategia en su libro más importante, *Church Planting Movements*. Esta obra puede ser el escrito misiológico más importante desde los *Bridges of God* de Donald A. McGavran, en 1955.

De las seis preguntas proyectadas para probar la aceptación de una estrategia en el capítulo 4 (página 83) el método del movimiento de plantación de iglesias se conforma a todas las seis. La Junta de Misiones Internacionales de la Convención Bautista del Sur ha adoptado su declaración de visión, "Facilitaremos que los perdidos vengan a la fe salvadora en Jesucristo al empezar y desarrollar los movimientos de plantación de iglesias entre todos los pueblos" (Garrison 1999:7). Una simple y concisa definición de un movimiento de plantación de iglesias (MSI) de acuerdo con Garrison es, "*un aumento rápido y exponencial de plantación de iglesias autóctonas dentro de un grupo de gente dado o de un segmento de población* (1999:7).

> Los movimientos de plantación de iglesias de David Garrison puede ser el escrito misiológico más importante desde los *Bridges of God* de Donald A. McGavran, en 1955.

El Señor ha concedido un crecimiento extraordinario en áreas donde los obreros han empleado la estrategia MSI. De nuevo, Garrison nota que "Cada región del mundo ahora palpita con alguna clase de movimiento de plantación de iglesias" (1999: 4). Los reportes indican el aumento de 3 iglesias a 550 iglesias en cuatro años con membresía en la región que se expande a 55,000 creyentes. Entre otra gente, más de 20,000 vinieron a Cristo y sembraron 500 iglesias nuevas en tres años. Otro grupo de gente vio 15,000 bautismos en un año (Garrison 1999:7-8). Otros MSI surgen en pocos meses en todo el globo, de acuerdo con Garrison (1999: 32). Tales números son reminiscentes de la expansión del cristianismo en el Nuevo Testamento.

> Un movimiento de plantación de iglesias es un aumento rápido y exponencial de siembra iglesias autóctonas dentro de un grupo de gente dado o de un segmento de la población.

El crecimiento saludable de la iglesia aplaude la estrategia del movimiento de plantación de iglesias porque el método primero y más que todo se concentra en llamar la gente a la fe en Cristo y a que se incorporen en congregaciones que funcionan. No hay nada en este método que no se adhiera a las enseñanzas bíblicas. Entre lo que Garrison llama "elementos universales" en los MSI se encuentran tales factores como la siembra deliberada de iglesias, liderazgo local, liderazgo laico, iglesias en casas o celulares y la expectativa que las iglesias siembren otras iglesias. Además, la expectativa de aumento rápido y exponencial encaja con las enseñanzas del crecimiento saludable de la iglesia. Garrison enseña que estas iglesias, muchas pequeñas y dirigidas por obreros laicos, realizan las funciones de iglesias saludables—adoración, evangelización y misiones, formación de discípulos, ministerio y compañerismo (1999:33-36).

Otros elementos en la estrategia que se conforman con las enseñanzas del crecimiento saludable de la iglesia incluyen la rápida incorporación de los nuevos creyentes en la vida y ministerio de la iglesia y en el entrenamiento mientras sirven como líderes de las congregaciones. Además, los de afuera no figuran en la primera plana en los MSI. Desde el principio, el liderazgo y la responsabilidad del movimiento descansan en las manos locales.

La estrategia del MSI sugiere lo que se ha descrito como "metodología POCU." El método procura incluir estudio bíblico Participatorio y grupos de adoración. El método enseña la importancia de la Obediencia a la Biblia como la medida del éxito. El método se concentra en las iglesias en casa o Celulares. Finalmente, confianza en liderazgo Útil sin jerarquía y sin compensación forma otra sección en el método. Todas estas características permiten que haya muchos líderes en las iglesias (Garrison 1999:43).

La estrategia del movimiento de sembrar iglesias provee más de los ingredientes claves para el crecimiento saludable de la iglesia, permite líderes e iglesias autóctonas. Los misioneros de fuera de la cultura a menudo limitan el crecimiento de las iglesias al limitar el liderazgo local y al insistir en regulaciones que en verdad surgen de la cultura y denominación de los misioneros. El movimiento de sembrar iglesias sugiere el método MACA. Este procedimiento evita uno de los factores más enfermizos en muchos esfuerzos, es el de transferir la responsabilidad de las manos de los misioneros a las manos de los nacionales. MSI coloca el liderazgo y la responsabilidad en las manos locales desde el principio.

El método del movimiento de sembrar iglesias obviamente contribuye directamente para empezar y desarrollar iglesias autóctonas saludables que crecen y se reproducen. Se levanta, sin embargo, una pregunta. ¿Se pueden experimentar los MSI en áreas donde métodos anteriores permanecen y han estado en servicio? Sin duda, que este método puede ser productivo en áreas donde el evangelio y la iglesia no son bien conocidos. Quizá alguna consideración tenga que darse a la metodología MSI en áreas donde la iglesia nacional ya existe y los métodos ya se han establecido.

Se puede cuestionar la utilidad de la estrategia del MSI en estas áreas donde ya existe una iglesia nacional. Las entidades misioneras fácilmente pueden decir que las iglesias nacionales ahora son responsables por la evangelización de su propia gente. Esta declaración es precisa. Sin embargo, las agencias misioneras encontrarán maneras para cooperar con las iglesias nacionales para completar los movimientos cristianos en sus locales.

Como el MSI es una estrategia válida no quiere decir, sin embargo, que esta sea la única estrategia para las misiones de hoy. En muchas regiones donde las iglesias nacionales existen, las necesidades y las oportunidades para evangelizar permanecen y deben continuar en las mentes y corazones de los evangélicos. Francia tiene más de 50 millones de personas sin ningún vínculo con una iglesia cristiana. De las 38,000 comunidades en Francia 35,000 no tienen un testimonio evangélico (Johnstone 2001:254-57). En Holanda, los 5,999,000 que no son religiosos en la actualidad son más numerosos que los protestantes (3, 400,000) (Johnstone 2001:473-74). Los 124, 000,000 de católico romanos del Brasil están para evangelizarlos como también los 6, 000,000 de los que no son religiosos en la nación. ¿Podría alguien declarar que estos países han sido "alcanzados" y que ya no necesitan la atención evangelizadora de mundo evangélico?

> ¿No es un error misionero concentrarse tanto en los lugares donde los MSI pueden y tomarán el lugar que el movimiento evangélico ha pasado por alto o ha ignorado las necesidades evangelizadoras de las naciones que han sido alcanzadas hasta cierto grado y que las iglesias nacionales sirven?

Esta pregunta no nulifica el hecho de todas las estrategias contemporáneas en uso, este método tiene una promesa de producir el más duradero crecimiento saludable de las iglesias. Los movimientos de plantación de iglesias presentan la mayor promesa del crecimiento saludable de la iglesia en el siglo 21. La única preocupación del crecimiento saludable de la iglesia sería que esta estrategia se vea como el único método para le evangelización mundial.

LA ESTRATEGIA DE LA IGLESIA CLAVE

La estrategia de la iglesia clave bien podría llegar a ser la metodología más significativa del siglo 21 si es aceptada más ampliamente, practicada más enérgicamente y promovida más vigorosamente.

La estrategia del movimiento de más de iglesias primordialmente ha sido empleada in situaciones transculturales fuera de los Estados Unidos. Otra estrategia desarrollada por J. V. Thomas mientras trabajaba con la Convención Bautista General de Texas ha probado ser eficaz en el aumento de misiones y siembra de iglesias en Texas y otro estados que han adoptado la estrategia (vea el capítulo 2). Timothy Ahlen se ha unido con Thomas para proveer una guía para esta bien útil estrategia en su libro, *One Church, Many Congregations*. Esta estrategia, aunque principalmente usada en los Estados Unidos, se podría adaptar en muchos países. La estrategia de la iglesia clave bien podría llegar a ser la metodología más significativa del siglo 21 si es aceptada más ampliamente, practicada más enérgicamente y promovida más vigorosamente.

El crecimiento saludable de la iglesia percibe varias ventajas de la estrategia de la iglesia clave. Primera, la estrategia tiene el propósito y meta directos de sembrar nuevas congregaciones—a menudo entre los más pobres y gente desventajada en la comunidad. La estrategia de la iglesia clave, como se ha empleado en la First Baptist Church en Arlington, Texas, ha visto el comienzo y desarrollo de más de 700 congregaciones, muchas en los complejos multifamiliares. La estrategia primero le da un énfasis saludable a la iglesia que llega a ser una "iglesia clave" por el intenso énfasis al trabajo misionero.

El proceso de la iglesia clave ha llegado a ser más saludable y también es mejorado por el hecho que la estrategia sugiere ministerios sociales entre la gente a la cual sirve. Muchos miembros de la iglesia llegan a participar en ministerios evangelizadores de servicio y por ese medio realizan crecimiento espiritual en sus propias vidas. El uso del liderazgo laico en la estrategia de la iglesia clave hace al método aun más atractivo para los que desean el crecimiento saludable de la iglesia. La estrategia de la iglesia clave y el crecimiento saludable de la iglesia van de la mano.

Las congregaciones que emplean la estrategia de la iglesia clave, sin embargo, deben ser sensibles y conscientes de los peligros del paternalismo en los ministerios que proyectan. Los peligros de hacer congregaciones dependientes que finalmente impiden el crecimiento saludable en los nuevos cristianos y en las nuevas congregaciones. Aunque este peligro rodea a los ministerios de la iglesia clave, la abrumadora evaluación en favor de la estrategia es que contribuye significativamente el crecimiento saludable de la iglesia y se tiene que animar tanto para los Estados Unidos como para otros países.

El crecimiento saludable de la iglesia aplaude la estrategia de la iglesia clave como la que involucra a muchos cristianos en el ministerio y alcance en la iglesia—así contribuye a su crecimiento espiritual. Además, la estrategia de la iglesia clave también guía a empezar y desarrollar muchas congregaciones nuevas—a menudo en áreas pasadas por alto por grupos cristianos. Finalmente, la estrategia de la iglesia clave incluye ministerios sociales que también son parte del evangelio completo (vea Lucas 4:1-4). En estas muchas maneras, la estrategia de la iglesia clave llena los requisitos del crecimiento saludable de la iglesia y debe ser parte de los ministerios del pueblo de Dios en todas partes.

Si el movimiento para alcanzar a los Estados Unidos se va a realizar, las iglesias tienen que adoptar e implementar estrategias tales como la estrategia de la iglesia clave. Esta estrategia promete mucho para un movimiento hacia el crecimiento de iglesias en maneras saludables.

LA IGLESIA IMPULSADA POR EL PROPÓSITO

Rick Warren ha promovido una estrategia que se ha llamado "Purpose Driven Church." (La iglesia impulsada por el propósito). Este procedimiento es un ejemplo de una iglesia del tipo que ha venido a conocerse con el título general de "iglesias innovadoras." Aunque el método de la iglesia impulsada por el propósito ilustra el método de la iglesia innovadora, también se constituye en una expresión particular de una iglesia innovadora. Como la mayoría de las iglesias innovadoras, la Saddleback Valley Community Church que Warren empezó y continúa dirigiendo, busca primordialmente alcanzar a los que no asisten a ninguna iglesia. Sin ignorar las necesidades del desarrollo de los creyentes, esta iglesia coloca el alcance en un lugar prioritario.

Warren se ha convencido que el paradigma bíblico es el de la iglesia impulsada por el propósito. Este paradigma lleva a ver todo a través de los lentes de los cinco propósitos del Nuevo Testamento para la iglesia y los procesos de desarrollo para cumplir con este propósito. El propósito es el punto de arranque, de acuerdo con Warren, porque, "Nada precede al propósito." El concepto trabaja para las iglesias nuevas que pueden empezar con el propósito definido y con las iglesias establecidas y aún con iglesias que están estancadas o que declinan, si estas congregaciones simplemente *redefinen* su propósito. Warren declara, "Absolutamente nada revitalizará a una iglesia desanimada más rápido que redescubrir su propósito" (1995:80-83).

Muchas iglesias, dice Warren, son impulsadas por varios propósitos que son inadecuados para guiar a una iglesia saludable que crece. Iglesias impulsadas por la tradición, personalidad, finanzas, programas, edificios o eventos simplemente no tiene el fundamento para crecimiento auténtico y continuo. Aún iglesias impulsadas por los buscados no tienen el propósito adecuado aunque la evangelización ciertamente es parte del propósito diseñado sobre el método divino. Warren dice, "La iglesia tiene que ser *sensible al que busca* pero no tiene que ser *impulsada por el que busca*" (1995:80).

La Saddleback Valley Community Church encuentra su propósito en las enseñanzas bíblicas concerniente a los cinco propósitos de una iglesia—amar al Señor con todo nuestro corazón, y a nuestro prójimo como a nosotros mismos, ir y hacer discípulos, bautizándolos y enseñándolos a obedecer. Este compromiso guía la declaración de propósito de la iglesia Saddleback, "Traer gente a Cristo y a la *membresía* de la familia, desarrollarlos a la *madurez* de Cristo; y equiparlos para su *ministerio* en la iglesia y la *misión* de la vida en el mundo, a fin de engrandecer el nombre de Dios" (Warren 1995:103-107).

Esta declaración de propósito muestra que Warren y la iglesia Saddleback están exactamente en línea con las enseñanzas de la teoría del crecimiento saludable de la iglesia. El propósito no es simplemente ganar la gente a Cristo sino desarrollarlos hacia la madurez a fin que lleguen a ser miembros responsables de una de las iglesias de Cristo y asuman su propio lugar en el ministerio y en las misiones de acuerdo a la voluntad de Dios. En la declaración de propósito y en los conceptos que la rodean, Warren cubre casi todas las diez características de una iglesia saludable (capítulo 1). La Biblia no es solamente la inspiración para la iglesia impulsada por el propósito sino que también es la fuente de la metodología y práctica.

La declaración de propósito de la iglesia Saddleback Valley Community: "Traer gente a Cristo y a la *membresía* de la familia, desarrollarlos a la *madurez* de Cristo; y equiparlos para su *ministerio* en la iglesia y la *misión* de la vida en el mundo, a fin de engrandecer el nombre de Dios"

Habiendo establecido el propósito de la iglesia y enseñado estos propósitos a la membresía, la estrategia del impulso del propósito ahora se mueve a la comunidad y busca a los perdidos y a los que no tienen iglesia. Warren sugiere que se crece la iglesia desde afuera para dentro en vez de adentro para afuera. Con esta declaración, Warren revela su punto de vista de reunir y desarrollar a un grupo clave antes de ir a la comunidad es un error. El grupo clave puede llegar a ser un grupo que ha perdido contacto con la comunidad. La estrategia del impulso del propósito entonces hace planes para mover a la gente de la *comunidad* (la gente que vive en el área) a una *multitud* (personas que vienen a los servicios el domingo), a una *congregación* (los miembros oficiales de la iglesia), los *comprometidos* (los que activamente crecen en la vida cristiana) y finalmente al grupo clave (los que tienen niveles profundos de compromiso). Los que alcanzan a ser el grupo clave entonces son enviados de regreso a la comunidad para el ministerio y servicio (1995:131-34).

En los planes para alcanzar la gente, el método impulsado por el propósito usa completamente la información de la comunidad. Un líder que desarrolla una iglesia debe tener como blanco su población. Warren explica que ninguna iglesia tiene la posibilidad de alcanzar a todos. Se requiere, dice él, toda clase de iglesias para alcanzar a toda clase de personas. A fin de entender la gente de la comunidad Saddleback, esta congregación desarrolló el perfil del hombre "Sam de Saddleback." Esta "persona" muestra las características de la mayoría de la gente en la comunidad y ayuda a la iglesia a desarrollar sus planes para alcanzar a esta gente. Al alcanzar la gente, Warren advierte a no comprometer el mensaje o los requisitos para ser discípulos. . "La Biblia," dice Warren, "determina nuestro mensaje, pero nuestro blanco determina cuándo, dónde y cómo lo comunicamos" (1995:1576).

Manteniendo los principios del pensamiento del crecimiento de la iglesia saludable, el plan del impulso por el propósito no olvida el desarrollo espiritual ni el servicio cristiano de los convertidos y de los miembros. Usando la analogía del diamante del béisbol, Warren muestra como la iglesia Saddleback intenta mover a los cristianos nuevos alrededor de las bases. Este procedimiento empieza con la persona que llega a conocer a Cristo y viene a la membresía comprometida. Luego el convertido empieza el proceso de crecer en Cristo hasta llegar al nivel de un compromiso hacia la madurez. El siguiente paso llama al cristiano que empieza a servir a Cristo hasta el nivel de compromiso en el ministerio. Finalmente, el creyente madura en Cristo hacia el fin de comprometerse con las misiones. La iglesia ha desarrollado materiales útiles para guiar al convertido a través de estos pasos importantes (1995:144).

Al congregar la gente en la iglesia para oír el mensaje de salvación, Warren nota que el esfuerzo se debe edificar sobre asuntos relevantes para la gente. Deben escuchar sermones que llenan sus necesidades sin que sean aburridos. Tienen que sentir que la iglesia se interesa en ellos y no meramente en su dinero. Deben gozar los tiempos de adoración. Se tienen que sentir bien recibidos y se les debe ofrecer el cuidado de sus hijos en áreas dedicadas para tal propósito. Cuando se llenan estos criterios, la gente será más fácilmente atraída a la iglesia y a sus ministerios (1995:194)

El crecimiento extraordinario de la Iglesia Saddleback Community descansa no simplemente en la gran habilidad del pastor Warren y en su gran personal. El crecimiento fluye de la intención básica de trasformar a la gente que ganan en testigos, creyentes que sirven y que comparten su fe en la comunidad. Vienen a ser creyentes que se reproducen, todo esto en línea con la teoría del crecimiento saludable de la iglesia. Warren escribe:

> Nuestra meta última en Saddleback es convertir una audiencia en un ejército. No se juzga la fortaleza de un ejército por el número de soldados que se alimentan en el comedor sino por la manera como se desempeñan en el frente de batalla. De igual manera, la fortaleza de la iglesia no se aprecia por cuantos vienen a los servicios (la multitud) sino por los que sirven en el grupo clave (1995:145)

Con dificultad se encontrará una iglesia más adecuada para demostrar las características del crecimiento saludable de la iglesia que la Iglesia Saddleback Valley Community. Esta congregación que ahora cuenta con miles de miembros, no sólo ha crecido más grande, más fuerte y más saludable, sino que también ha crecido más ampliamente. Además de los ministerios en el área que sirve, La Iglesia Saddleback Valley Community ha compartido las ideas de su pastor alrededor del mundo en conferencias presentadas por el pastor Warren, su esposa y otros miembros del personal. Además, la iglesia se ha embarcado en el ministerio más eficaz de sembrar congregaciones nuevas y entrenar obreros para ese trabajo. Numerosas congregaciones nuevas han nacido de los esfuerzos de esta iglesia. La Iglesia Saddleback Valley Community es un ejemplo primordial de una iglesia saludable que crece por medio de un modelo saludable. *Esta es en verdad una iglesia compuesta de creyentes responsables que se reproducen y se incorporan a una congregación responsable que se reproduce.*

IGLESIAS MISIONERAS

Muy parecido a las iglesias en sus dos libros, *How to Reach Secular People* y *Church for the Unchurched* subraya el imperativo que las iglesias vuelvan su atención primaria a los que no tienen iglesia. C. Peter Wagner ha puesto en alto relieve el lugar de las iglesias misioneras en dos de sus libros *The New Apostolic Churches* y *ChurchQuake*. El crecimiento saludable de la iglesia mira con inmenso favor la estrategia de las iglesias misioneras—esto es iglesias que existen para los que no tienen iglesia. De su estudio intensivo de las iglesias que siguen este método, Hunter y Wagner han desarrollado listas de características que se encuentran en estos tipos de congregaciones. Los siguientes párrafos combinan y resumen estas dos listas.

Tanto Hunter como Wagner ven el movimiento de la iglesia misionera surgiendo de la nueva situación que ahora encaran las iglesias. *Primero, las iglesias misioneras responden a los cambios radicales en la cultura que demanda cambios igualmente radicales en las iglesias.* Hunter muestra que debido a la creciente secularización, la pérdida de significado del cristianismo para mucha gente en el mundo, y la decreciente influencia del pensamiento de la iluminación, el mundo ha entrado en una nueva era misionera. Las gentes receptivas buscan respuestas que no les da su cultura (1996:21-24). Wagner está de acuerdo, al decir que las iglesias hoy encaran una "nueva reforma misionera" que él dice es "una obra extraordinaria de Dios al final del siglo veinte, en una extensión significativa, un cambio de forma del cristianismo protestante alrededor del mundo" (1998:18). Las iglesias misioneras, entonces, son respuestas a los nuevos métodos culturales y a una nueva cosmovisión de parte de los pueblos.

Características de las Iglesias Misioneras

- Las iglesias misioneras responden a los cambios radicales en la cultura que demanda cambios igualmente radicales en las iglesias.

- Las iglesias misioneras trabajan con profunda convicción y dependencia en el poder sobrenatural de Dios el cual sienten que les ministra a ellos y por medio de ellos.

- Las iglesias misioneras fundamentan sus ministerios y sus miembros directamente en la Biblia.

- Las iglesias misioneras tienen amor, dedicación y planean lo concerniente a los no alcanzados y sin iglesia en los grupos que intentan alcanzar.

- Las iglesias misioneras aceptan liderazgo que esté basado en cualidades espirituales.

- Las iglesias misioneras adaptan el idioma, la música, y los estilos que se relacionan más claramente con la cultura de la población que intentan alcanzar.

- Las iglesias misioneras regularmente proveen cuidado pastoral adecuado.

- Las iglesias misioneras usualmente promueven el alcance cristiano por medio de diferentes congregaciones.

Segundo, Las iglesias misioneras trabajan con profunda convicción y dependencia en el poder sobrenatural de Dios el cual sienten que les ministra a ellos y por medio de ellos. Hunter anota que "las congregaciones misioneras son disciplinadas y vehementes en la oración, y esperan y experimentan la acción de Dios como respuesta" (1996:29). Wagner continúa diciendo, "la mayoría de las iglesias misioneras no sólo creen en la obra del Espíritu Santo, sino que también regularmente lo invitan para que venga a su medio para que traiga poder sobrenatural" (1998:25). Algunas iglesias misioneras avanzan más que otras en expresar este poder sobrenatural de maneras externas observables (liberación, caída en el espíritu, sanidades) pero todo muestra una dependencia básica en el poder de Dios para el ministerio.

Tercero, *las iglesias misioneras basan sus ministerios y sus miembros directamente en la Biblia*. Estas congregaciones obedecen la gran comisión más como mandamiento o privilegio que como una mera obligación. Estas iglesias emplean varias tácticas para saturar su gente con la verdad bíblica. Hacen del seguimiento del mandamiento de "ir y hacer discípulos" un mandamiento para hacer la Fe posible con el mayor número de gente posible y el evangelizar a los no alcanzados su tarea principal (Hunter 1996:29).

Cuarta, las iglesias misioneras tienen amor, dedicación y planean lo concerniente a los no alcanzados y sin iglesia en los grupos que intentan alcanzar. Las congregaciones misioneras le dan prioridad a los esfuerzos que hacen posible la fe cristiana a las personas que todavía no han creído o aun entendido la salvación. Estas

> "Alcanzar agresivamente a los perdidos y heridos de la comunidad y del mundo es parte del nuevo ADN apostólico" (Wagner 1998:24).

congregaciones no critican a la gente secular. Tienen compasión genuina por estas personas (Hunter 1996:31). Las congregaciones misioneras conforman sus actividades para alcanzar a los que no tienen iglesia (Klaas 1996:34-36). Ven su razón de existir en alcanzar la nueva generación en vez de alejarse de la nueva generación (Roxburgh 1993).

Este compromiso con los no alcanzados guía a las congregaciones misioneras a crear ministerios para la gente sin iglesia y no cristianos a su alcance (Hunter 1996:32). Wagner declara que "Parte del DNA en el movimiento apostólico es alcanzar con determinación a la comunidad doliente y perdida y al mundo" (Wagner 1998:24). Estas congregaciones vienen a ser iglesias para los que no tienen iglesia.

Quinto, *las iglesias misioneras aceptan liderazgo que esté basado en cualidades espirituales*. Wagner piensa que esta característica es el cambio más radical del cristianismo tradicional a iglesias misioneras. La autoridad que las congregaciones les conceden a los líderes fluye de las capacidades dadas por Dios en vez de ser posicional, o de situación estructural (1998:20). A los pastores de estas congregaciones se les ve como líderes en vez de empleados. Las iglesias les conceden a estos pastores autoridad de líderes para conducir la iglesia en actividades que captan la visión y que forman discípulos.

Las congregaciones misioneras procuran involucrar a todos los miembros en los ministerios de la iglesia de acuerdo a los dones espirituales de estos miembros. Estas congregaciones se han dedicado fervientemente a hacer que la gente de la iglesia en verdad haga el ministerio de las iglesias. Las iglesias misioneras se concentran en capacitación extensiva para todo el cuerpo. El entrenamiento necesario del todo el cuerpo usualmente tiene lugar dentro de la congregación (Wagner 1998:20). Hunter dice, "Las congregaciones misioneras tienen como prioridad el involucramiento de todos los cristianos en el ministerio laico para el cual están dotados" (1996:32).

Sexto, las iglesias misioneras adaptan el idioma, la música y los estilos que se relacionan más claramente con la cultura de la población que intentan alcanzar. Estas iglesias procuran ser congregaciones culturalmente relevantes mientras que permanecen completamente fieles a la Escritura (Hunter 1996:32). La meta de las congregaciones misioneras es que cada persona venga a ser un participante activo en la adoración (Wagner 1998:22). La música, los mensajes, el traje, los tiempos y los eventos todos se planean para el grupo de los que no tienen iglesia que se trata de alcanzar en vez de para los miembros de la iglesia.

Séptimo, *las iglesias misioneras regularmente proveen cuidado pastoral adecuado.* Estas iglesias no descuidan los ministerios pastorales para sus miembros. Aunque alcanzan a los que no tienen iglesia, también buscan el cuidado y crecimiento de su membresía. Este cuidado pastoral a menudo es una función de obreros capacitados y dedicados (Hunter 1996:P32). El pastor Billo Hybels relata cómo, en la Iglesia Willow Creek Community, las personas van a través de siete pasos hasta la verdadera madurez cristiana. Las características que esta congregación espera ver en los convertidos que participan totalmente se resumen en lo que llaman "cinco frutos"—gracia, crecimiento, grupo, dones y buena mayordomía (1998:P83).

Octavo, *las iglesias misioneras usualmente promueven el alcance cristiano por medio de diferentes congregaciones.* Algunas veces estas congregaciones tomarán la forma de reuniones de un grupo celular o grupo de cuidado (vea Hunter 1996:32, 81-117). En otras ocasiones tomarán la forma de otras congregaciones en otros lugares y para otros grupos. Las personas que empiezan estas otras congregaciones (células u otras congregaciones) reciben motivación y capacitación para sus tareas como iglesias misioneras.

Como método para alcanzar el crecimiento saludable de la iglesia, pocas estrategias tienen más potencial que la estrategia de la iglesia misionera. Estas congregaciones alcanzan a la gente sin iglesia que no ha sido tocada por las iglesias tradicionales. *Las iglesias misioneras en casi cada faceta de sus vidas y ministerios se conforman a las sugerencias del crecimiento saludable de la iglesia.*

Una precaución es necesaria. Algunos líderes de las iglesias misioneras e iglesias innovadoras tienden a dar la impresión que sus métodos son los únicos métodos que se deben usar y que se tienen que adoptar en todas partes. Aunque completamente aprobamos la metodología tanto de las iglesias misioneras como de las iglesias innovadoras, les recordamos a los líderes que personas mayores y tradicionales también necesitan al Señor y una iglesia. En el esfuerzo de proveer la entrada para los que no tienen iglesia no olvidemos las necesidades de la gente que está afiliada con las iglesias presentes y los de sus edades y preferencias que permanecen fuera de las iglesias.

Otra inquietud se relaciona con el crecimiento espiritual de los miembros de las iglesias misioneras (la misma inquietud se puede expresar de las iglesia innovadoras en general). Las congregaciones misioneras tienen que tener cuidado de proveer suficiente estudio bíblico de calidad y otros materiales cristianos para desarrollar creyentes. Si los grupos celulares se convierten simplemente en otro servicio de adoración en una escala menor, la gente puede no recibir el alimento espiritual necesario. Las iglesias misioneras deben enfatizar la séptima característica de la iglesia misionera y proveer el cuidado pastoral adecuado para sus miembros. Descuidar este aspecto importante de una iglesia misionera (o innovadora) sacrificaría una metodología principal para alcanzar un movimiento que podría ser testigo del crecimiento saludable de la iglesia.

LA GUERRA ESPIRITUAL

Un énfasis renovado y la aceptación del lugar que la guerra espiritual ha surgido y contribuye a la causa del crecimiento saludable de la iglesia. Por un período, las iglesias cristianas y los movimientos no dieron importancia al lugar de las realidades satánicas y demoníacas en las vidas de los cristianos y en las iglesias y los grupos que trataban de alcanzar. En años recientes se ha visto un énfasis bien recibido de la realidad de Satanás, los agentes demoníacos y el proceso de demonización que lastima a la gente y a las iglesias.

> El crecimiento saludable de la iglesia resulta únicamente cuando el poder de Dios se ha invocado contra los poderes malignos de Satanás y los demonios. Este involucramiento en la Guerra espiritual, sin embargo, debe estar balaceado en que ni se incline hacia las tácticas anti bíblicas de dudar o descuidar esta fuente de poder del mal o de intentar superar estos poderes por medio de rituales mágicos.

El movimiento cristiano verá el crecimiento saludable de la iglesia sólo si las realidades de los poderes espirituales y su oposición se entienden, se reconocen y se les oponen. Quizá los factores exagerados involucrados en la Guerra espiritual han ahuyentado a algunas personas de las iglesias de estas enseñanzas. El factor claro es que la Biblia afirma la realidad de Satanás y sus demonios y el hecho que estos seres se oponen a los planes del Señor y al crecimiento de la iglesia. El crecimiento saludable de la iglesia no demanda que cada congregación practique la liberación demoníaca, la sanidad o la profecía. El crecimiento saludable de la iglesia, sin embargo, se beneficia grandemente de la aceptación del hecho de los poderes demoníacos y el uso de las herramientas que el Espíritu provee para derrotarlos. Los líderes de las iglesias deben encontrar sus niveles de comodidad al tratar con la guerra espiritual, pero esta es un área que no puede evadirse.

Para relacionar apropiadamente el crecimiento saludable de la iglesia, el método de la guerra espiritual tiene que permanecer balanceado. Los líderes de la Iglesia y congregaciones que enfatizan la guerra espiritual pero que descuidan las otras actividades de la iglesia en la mayoría de los casos experimentarán declinación en la salud de la iglesia. Por otra parte, los que descuidan las realidades de la guerra espiritual en la mayoría de los casos también experimentarán falta de salud en los movimientos. En alguna parte en el centro se encuentra el lugar donde la guerra espiritual contribuye al crecimiento saludable de la iglesia.

Quizá C. S. Lewis nos guía en el descubrimiento del uso más adecuado de la guerra espiritual y sus enseñanzas de crecimiento saludable de la iglesia. Lewis hacía que Satanás le dijera a su demonio ayudador (Wormwood), usando palabras como estas, si logramos que no crean en demonios sobrenaturales o si hacemos que piensen que pueden controlar estos demonios con magia, los podemos vencer. El mensaje era que los que estaban en cualquier extremo del espectro serían vencidos. Los que no aceptaban la realidad de los demonios y los que pensaban que podrían controlar a los demonios por medio de ritos en ambos casos fracasarían.

El mensaje de esta enseñanza para el crecimiento saludable de la iglesia es "Ni el materialismo ni la magia" (lea el libro no publicado, *Balanced Spiritual Warfare: Neither a Materialist Nor a Magician Be*, de Elijah Turner y Ebbie Smith). Las técnicas de la guerra espiritual no son rituales mágicos por medio de los cuales los humanos, con poderes humanos, derrotarán la fortaleza espiritual de Satanás y sus demonios. De hecho, confiar en la magia básicamente es una expresión de falta de confianza en Dios.

El crecimiento saludable de la iglesia acepta la realidad de Satanás, los demonios y la posibilidad de la guerra espiritual. Los líderes que desean el crecimiento de la iglesia, sin embargo, evitarán participación en lo que tienda a ser magia. Orar por los que son molestados por Satanás y los demonios, aun orar para echar fuera estos poderes demoníacos de una persona encaja dentro del crecimiento saludable de la iglesia. Cualquier uso de ritos de tipo mágico probablemente obrarán contra el progreso de las iglesias saludables.

Los líderes de la iglesia que procuran el crecimiento saludable de la iglesia, por lo tanto, estarán abiertos y activos al uso de ideas y técnicas de la guerra espiritual. Deben de cuidarse y oponerse a que esas técnicas tomen el lugar central en la vida y ministerio de la iglesia. Deben permanecer balanceados. Cuando se usan en proporciones balanceadas, la guerra espiritual contribuye mucho al crecimiento saludable de la iglesia.

CONCLUSIÓN

Estas cinco estrategias no son las únicas que se usan en el escenario contemporáneo del crecimiento de la iglesia. Son ilustrativas de muchas de las metodologías contemporáneas.

Estas cinco estrategias son compatibles y aceptables con el crecimiento saludable de la iglesia. Expresamos algunas inquietudes, pero generalmente encontramos que estas metodologías expresan precisamente la esencia de las enseñanzas que deben resultar en el crecimiento saludable de la iglesia.

La enseñanza importante en este capítulo es que las enseñanzas básicas del crecimiento de la iglesia permanecen válidas. Nuevas estrategias se tienen que probar contra las sugerencias del crecimiento de la iglesia ya sea aprobarlas o cuestionarlas a los criterios establecidos—primero con la Biblia y luego con las enseñanzas del crecimiento de la iglesia. Algunas de las direcciones más importantes para el crecimiento de la iglesia en el siglo 21 se descubren, se prueban, se adaptan y se implementan con estas nuevas estrategias que han surgido. Las estrategias en este capítulo se han vindicado en ambos campos—bíblico y de crecimiento de la iglesia. Ciertamente el primero de estos criterios es el más importante. La teoría del crecimiento de la iglesia juntamente con el concepto de saludable, permanece como una guía para dirigir las iglesias que logran y continuarán creciendo y reproduciéndose.

> Algunos de los esfuerzos más importantes en el siglo 21 será encontrar, probar y adaptar las intrigantes nuevas direcciones para el crecimiento de la iglesia e implementar las nuevas estrategias que surgen.

Preguntas y actividades

1. ¿Cuál de las estrategias descritas y evaluadas en este capítulo parece ser la más eficaz para su iglesia? ¿Por qué?

2. Prepare una presentación para motivar sus iglesias a incorporar la estrategia de la iglesia clave.

3. ¿Qué razón ve que contribuye a la eficacia de la Estrategia del Movimiento de Plantar Iglesias? ¿Por qué sí o por qué no se puede usar en los Estado Unidos?

4. ¿Cómo responde a la sugerencia que la guerra espiritual debe balancearse entre los polos de materialista o mágica? ¿Por qué piensa de esa manera?

Lecturas adicionales

David Garrison, *Movimiento de Plantación de Iglesias*, Casa Bautista, 2006

Hunter, A. M., *El Hecho de Cristo,* Buenos Aires: Editorial La Aurora, 1967.

Kammerdiener, Donald, *Las Iglesias Que Crecen*, El Paso: Casa Bautista de Publicaciones, 1992.

Larson, Pedro, *Crecimiento de la Iglesia,* El Paso, TX: Casa Bautista de Publicaciones, 1989.

CAPÍTULO 6

DESCUBRIENDO EL POR QUÉ DEL CRECIMIENTO SALUDALE DE LA IGLESIA

El pensamiento serio del crecimiento saludable de la iglesia empieza con una comprensión y pensamiento precisos de los hechos del crecimiento de la Iglesia o iglesia. Estos hechos yacen en los registros del crecimiento (o declinación) de la Iglesia (o iglesia) y contiene información adicional para todos los líderes de las iglesias. Entender los aumentos, estancamientos o declinaciones de una Iglesia o iglesia provee ideas indispensables para los que tratan de guiar las organizaciones religiosas en el crecimiento saludable de la iglesia. La información en los registros del crecimiento se conoce como "hechos de crecimiento" y se falla al no atender los mensajes de estos hechos que son como "la neblina universal" que oscurecerá la verdad del crecimiento, estagnación o declinación (McGavran 1970:59-123).

Los hechos de crecimiento, tan esenciales para adecuar el planeamiento y la estrategia de la iglesia, a menudo están escondidos e ignorados en los registros, escritos y memorias de la gente de la iglesia. Las lecciones imperativas contenidas en estos hechos de crecimiento, por lo tanto, lamentablemente permanecen guardados, olvidados, descuidados y sin uso. Este capítulo tiene que ver con el importante asunto de descubrir, analizar, comunicar y actuar en los "porqué" del crecimiento de la iglesia.

Descubrir, entender, encarar y actuar sobre los hechos del crecimiento es una labor espiritual. Pocos procedimientos son más destructores que continuar año tras año sin un esfuerzo de un genuino análisis de los métodos, evaluación de los resultados o la búsqueda de métodos más productivos.

> Rehusar o fallar en descubrir y actuar sobre los datos del crecimiento básicamente representa infidelidad a Dios, el Señor de la Cosecha.

Cada organización religiosa debe analizar lo que está haciendo, cómo lo está haciendo, las metas de los esfuerzos y las maneras en que la cosecha sea más productiva. En efecto, rehusar o fallar en buscar y actuar sobre los hechos del crecimiento básicamente representa infidelidad a Dios el Señor de la Cosecha.

Los líderes de la Iglesia deben investigar los hechos del crecimiento sin ningún sentido de crítica o he hallar faltas. El propósito y estudio objetivo del crecimiento de cualquier iglesia no es ni alabar ni indicar faltas sino solamente entender a fondo el aumento de la cosecha. Sin embargo, cuando se hace evidente que algún método o programa no ha resultado en crecimiento significativo de la iglesia o uno que al ajustar el método probablemente aumentaría la efectividad en el esfuerzo, la fidelidad al Señor de la mies demanda que se hagan las recomendaciones y acciones hacia ese fin.

> Cuando se hace evidente que un cambio en el método o estrategia contribuirá al aumento de la cosecha, la fidelidad al Señor de la mies demanda que se efectúe tal cambio.

La disposición de evaluar honestamente, analizar correctamente y ajustar valerosamente es un prerrequisito para ir en la dirección del crecimiento saludable de la iglesia. Al estudiar los hechos del crecimiento se proveen oportunidades para entender el pasado a fin de influir en el futuro. Cuando los métodos y sus resultados son escudriñados, tanto las fortalezas como las debilidades se hacen evidentes. Los métodos anteriores e inefectivos se corrigen; y los nuevos métodos, que son más productivos, se descubrirán e implementarán.

Descubrir y actuar basados en los hechos del crecimiento permanecerá como una de las tareas más esenciales para todos los líderes que desean avanzar hacia el crecimiento saludable de la iglesia. Los cristianos y las congregaciones saludables más a menudo producirán líderes de la iglesia que entiendan mejor las comunidades y las iglesias. Descubrir los hechos del crecimiento contribuirá al crecimiento saludable.

AYUDA PARA DESCUBRIR EL POR QUÉ

Los líderes de las iglesias no han quedado sin guía ni ayuda en el proceso de buscar y entender los hechos del crecimiento. Virgil Gerber contribuye con un excelente volumen introductorio que contiene guías claras en su *God's Way to Keep a Church Growing and Going* (William Carey Library, 1973). Ebbie Smith en su *A Manual for Church Growth Surveys*, publicado por William Carey Library in 1976 presenta las razones y los métodos para dirigir una encuesta tanto de las iglesias locales como de las organizaciones misioneras. Aún un tratamiento más práctico se ha bosquejado en la obra de Bob Waymire y C. Peter Wagner, *The Church Growth Survey Handbook*, publicado por Global Church Growth Bulletin in 1980. Este instructivo libro de trabajo guía al obrero de la iglesia en el proceso, al proveer tablas, gráficos y sugerencias para calcular las proporciones de crecimiento. James B. Slack produjo una guía de mucha ayuda para el estudio del crecimiento de la iglesia en su *Church Growth Statistics: A Workbook for Planning* en 1987.

James B. Slack y Jimmy K. Maroney compilaron artículos de mucha ayuda escritos por un grupo de eruditos en su *Effective Church Planting and Growth,* publicado por la Junta de Misiones Foráneas de la Convención Bautista del Sur. Este libro combina las razones por las que las iglesias crecen así como los métodos de estudio del crecimiento de la iglesia. El *Effective Church Planting and Growth* va más allá de simplemente bosquejar las maneras para estudiar el crecimiento de la iglesia y dar direcciones en los varios tipos de crecimiento.

De ayuda es el libro de Charles L. Chaney y Ron S. Lewis, *Design for Church Growth* (Broadman, 1977) que viene con un manual que ayuda para que los líderes conduzcan un estudio del crecimiento de la iglesia. Una guía para estudiar congregaciones en comunidades en proceso de cambio que provee ayuda en este particular es el libro de Allen y George Bullard, *Shaping A Future for the Church in the Changing Community*. Este libro, publicado por la Junta de Misiones Domésticas de la Convención Bautista del Sur, guía al obrero para que entienda las iglesias en comunidades en proceso de cambio y las necesidades especiales que esto representa.

La guía que más ayuda para descubrir los porqué del crecimiento de la iglesia ha sido presentada por William M. Easum en la obra *The Complete Ministry Audit: How to Measure 20 Principles for Growth* (Abingdon, 1996). Este recurso estimulante y detallado viene completo con un CD con tablas que el perito usará al dirigir el estudio del grupo. Esta obra, tal vez la más completa guía, está al presente disponible para los que buscan descubrir los hechos del crecimiento. Otro recurso que ayuda al estudio de la iglesia y la comunidad es el de Roy M. Oswald y Robert E. Friedrich, *Discovering Your Congregation's Future: A Strategic and Spiritual Approach* (Alban, 1996). Las personas interesadas también deben consultar *Vision New England's Gui-*

de to Effective Church Planning.

La guía más detallada es *Studying Congregations: A New Handbook*, editado por Nancy T. Ammerman, Jackson W. Carroll, Carl S. Dudley, y William McKinney (Abingdon, 1998). Esta guía completa da las razones, las teorías y los métodos de estudio de una congregación y su crecimiento. Este libro incluye formularios y planes para conducir el estudio.

Aunque no exactamente una guía para hacer el estudio del crecimiento de la iglesia, Thomas G. Bandy, *Moving Off the Map: A Field Guide to Changing the Congregation* (Abingdon, 1998) habla de maneras para realizar los cambios necesarios en una congregación. Una guía más detallada para quien busca entender una iglesia se encuentra en Thomas G. Bandy, *Moving Off the Map: A Field Guide to Changing the Congregation* (Abingdon, 1998).

Bandy presenta una guía más detallada para quien busca entender cualquier iglesia o movimiento cristiano en *Facing Reality: A Tool for Congregational Mission Assessment* (Abingdon). Esta guía incluye un disco CD-ROM que ayuda con el estudio.

Obviamente, el estudiante del crecimiento de la iglesia que desee descubrir el porqué una Iglesia o iglesias crecen, se estancan o declinan tiene suficientes ayudas para su tarea. Las páginas siguientes en este capítulo bosquejan algunos de los pasos necesarios para conducir una encuesta del crecimiento de la iglesia.

PROVEYENDO MATERIAL DE TRASFONDO

Descubrir el por qué del crecimiento de la iglesia se empieza con una perceptiva descripción de entidad (Iglesia, iglesia o agencia) que se estudia y la comunidad (comunidades) a la que sirve. La naturaleza del ministerio que se examina determinará la dirección exacta del estudio del trasfondo. Estudios transculturales contendrán más materiales antropológicos. El estudio del crecimiento de la iglesia en los Estados Unidos dependerá de materiales de investigación profesional de mercadeo para ganar un entendimiento más profundo de los perfiles sociales y sicográficos de las comunidades a las que sirve.[5]

Los materiales de trasfondo forman la base de todo el estudio en lo que se relaciona con la manera en que los elementos históricos, sociales y culturales han afectado y afectarán el crecimiento del grupo bajo estudio. Planes válidos para el futuro descansan en el entendimiento preciso del pasado. Los que procuran entender el crecimiento de cualquier grupo, por lo tanto, formularán sus planes sobre la base de un entendimiento sano de los datos concernientes a la gente—su cultura, el sitio donde viven y las instituciones en su sociedad.

Contenido del Material de Trasfondo

El material de trasfondo se enfoca directamente en los factores relacionados con sembrar y desarrollar iglesias en la comunidad. Aunque los datos históricos y demográficos son esenciales, el material de trasfondo va más allá de estos hechos. McGavran concluye:

> El estudiante del crecimiento de la iglesia es altamente selectivo. Reúne solamente los hechos que son necesarios para entender los empujes de crecimiento y recesión. En vez de presentar una profusión de datos, la mayoría de los cuales son irrelevantes a los intereses del aumento de los cristianos, presenta solamente los datos que tienen que ver con su tema (1970:109-110).

El material de trasfondo debe contener información histórica, sociológica, antropológica y religiosa que se relacione con el crecimiento de la iglesia. El crecimiento de la iglesia es mucho más que un fenómeno social o antropológico. Sin embargo, tiene lugar dentro de las diferentes sociedades de la humanidad. Por lo tanto, para percibir por qué crecen las iglesias (o no crecen), los líderes tienen que entender la situación histórica, la estructura social y el medio cultural de la gente entre la cual la Iglesia o iglesia trabaja.

El estudio se fundamenta en la encuesta de crecimiento de la iglesia e incluye la historia de una región. Este cuerpo de hechos se relaciona no sencillamente con una historia general de la región sino con la historia del crecimiento de la iglesia. El estudio aísla y explica los factores históricos que se relacionan con el crecimiento o declinación de la iglesias. El libro de Thomas Bennett *Tinder in Tabasco* muestra cómo la persecución de los cristianos en Tabasco entre 1924 y 1935 en verdad resultó en un aumento de los cristianos y de las iglesias (1968). Los eventos políticos que rodearon el fracaso comunista en Indonesia en 1965 estimuló el crecimiento de las iglesias alrededor de Indonesia—especialmente en Java Oriental (Cooley 1968: 70, 90; Willis 1977: 12).

Un estudio detallado del ministerio del grupo bajo estudio también provee ideas necesarias. Para un estudio de un grupo de iglesias o de una misión, esta historia será comprensiva. Los líderes del estudio deben notar cuidadosamente y relacionar las regiones abiertas, las instituciones establecidas, las congregaciones empezadas y el método de crecimiento en general.

Para una iglesia local, la sección histórica se relacionará con los comienzos, los eventos significativos en la vida de la congregación y aun dificultades notables que el grupo ha encarado. Aunque esta sección histórica no intenta ninguna interpretación detallada de los hechos, debe presentar la información de la historia de la vida del grupo para una interpretación posterior. Aun los eventos poco placenteros tales como divisiones, fracasos y reveces serán parte de este registro histórico.

El material de trasfondo incluye información sociológica y antropológica cuando estos hechos se relacionan con el crecimiento de la iglesia. El trabajo de trasfondo aclarará la estructura social en la cual vive la gente y mostrará cómo esta manera de vivir contribuye o sustrae de la salud de la iglesia. La estructura social incluye asuntos tales como la estructura de poder, las costumbres matrimoniales, la línea de parentesco, los derechos de la tierra, los ritos religiosos y muchos otros factores. La influencia de estos factores en el crecimiento de la iglesia es obvia.

La gente de la isla *Madura* en Indonesia ha permanecido sólidamente islámica y furiosamente resistente al cristianismo. Dos factores significativos contribuyen a esta situación. Primero, la estructura social de Madura incluye una fuerte familia extendida que ejerce presión extrema en los miembros para que permanezcan en el aceptado método religioso y que castiga a cualquiera que se aparta del mismo. Segundo, la gente de Madura experimentó un comienzo desafortunado con la gente del oeste. Los primeros comerciantes que navegaron a Madura mataron a muchos de la isla y desde ese evento, esta gente se resiste a todas las cosas—el cristianismo incluido—que perciben como venido del oeste. El cristianismo creció despacio en las regiones donde ser creyente lo separa a uno de su gente (Smith 1970:12, 110-111).

El trasfondo muestra el significado histórico, religioso y los factores culturales para el crecimiento de la iglesia. El propósito primario del estudio del trasfondo es encontrar maneras que permitan que la gente considere el evangelio con un mínimo de interrupción. McGavran contiende que los obstáculos mayores para la conversión son sociales en vez de teológicos. Cree que habrá un gran número de conversiones entre los musulmanes a hindúes cuando se encuentren maneras para que esta gente sean cristianos sin tener que renunciar a sus hermanos—que para ellos parece ser traición (1970:223-440). Encontrar y sugerir maneras que le permitan a la gente la libertad para escoger el camino cristiano es la razón primaria para conducir el estudio del trasfondo.

El material de trasfondo incluye información de la comunidad en la que la congregación está localizada. Este estudio es particularmente importante para las congregaciones en los Estados Unidos. Las proyecciones de crecimiento para el área de la población llevan ideas significativas para los líderes de la iglesia o los que siembran la nueva congregación. Los líderes de la Iglesia obtienen la información de su comunidad del gobierno de la ciudad. Los materiales del censo, de las oficinas de planeación y los profesionales de bienes raíces tienen información importante para los obreros de la iglesia. Los hechos relacionados con las figuras de población, movimiento de población y proyecciones de población guiarán a los líderes de las iglesias para planear y desarrollar las congregaciones. Los líderes de las iglesias tienen que conseguir información precisa concerniente a las divisiones étnicas, las divisiones socioeconómicas, agrupación por edades, habitaciones y realidades ocupacionales. Estos datos demográficos son partes vitales en cualquier estudio de crecimientos de la iglesia.

Fuentes para el Material de Trasfondo

La información imperativa de trasfondo está guardada en registros, escritos, y memorias y tiene que buscarse y encontrarse. La historia de la iglesia, denominación o misión, a menudo, se registra por escrito. Aunque estos documentos históricos puedan no estar escritos desde el punto de vista del crecimiento de la iglesia, sin embargo, contienen mucha información importante que contribuirá al entendimiento genuino de lo que se necesita. El investigador del crecimiento de la iglesia puede permitir prejuicios particulares y puntos de vista particulares de los escritores de los documentos históricos.

Algunos de los hechos de la vida de la iglesia residen solamente en las memorias de las personas que estaban allí durante los años de crecimiento o declinación. De nuevo, las memorias pueden tener prejuicios. Al hacer las preguntas apropiadas y escuchar cuidadosa y selectivamente las respuestas, uno puede descubrir vastos recursos para entender el pasado y contribuir al futuro del grupo.

> Aunque los datos demográficos proveen conocimiento profundo y las necesidades tienen que considerarse, sin embargo, la receptividad en vez de la necesidad debe determinar la disposición de los recursos misioneros y evangelizadores.

Conclusión

Los materiales sociológicos y antropológicos proveen vital entendimiento de la gente y las comunidades a las cuales sirven. Estos hechos y tendencias ayudarán, pero no deben en sí mismas ser determinantes al planear el trabajo de la iglesia. Recuerde que la receptividad de la gente al evangelio es más importante para sembrar iglesias que sólo el número de gente en el área. Aunque los datos demográficos proveerán conocimiento profundo, la receptividad en vez de la necesidad debe determinar la disposición de los recursos.

El estudio del trasfondo ayuda a entender los materiales sociales y antropológicos que contribuyen al crecimiento balanceado de la iglesia. Estos datos ayudan al líder de la iglesia a entender las agrupaciones sociales y culturales. Con esta información, el líder de la iglesia puede planear el método o los métodos que tendrán un impacto significativo en la gente del área. El material de trasfondo no se encuentra fácilmente, pero es posible hallarlo. Con este material de trasfondo los líderes planean empezar el crecimiento balanceado de la iglesia.

OBTENIENDO LOS DATOS DEL CRECIMIENTO

Reunir los datos del crecimiento representa una de las fases más demandantes y aun una de las fases más cruciales del esfuerzo de descubrir el por qué del crecimiento de la iglesia. Muchos, aunque no todos, de estos datos son numéricos. Un objetivo preciso, el método numérico hacia el crecimiento saludable de la iglesia es indispensable para entender y planear por adelantado. Para los que menosprecian el método estadístico para el crecimiento de la iglesia, McGavran responde:

> De seguro que nadie se ha salvado por las estadísticas; pero nadie jamás se ha curado por el termómetro al cual el médico presta muchísima atención. Los cuadros de los rayos X jamás han sanado un solo hueso roto, con todo son considerados valiosos por los doctores para revelarles cómo juntar las partes de los huesos fracturados. Similarmente, los datos del crecimiento en sí mismos no guiarán a nadie a Cristo. Pero tienen un gran valor para cualquier Iglesia que desea saber dónde, cuándo y cómo realizar su trabajo para obtener el máximo aumento que resulte en iglesias cristianas saludables. (1970:94).

Los Datos Necesarios

Entender el por qué del crecimiento de la iglesia demanda atención a una multitud de datos. Antes de establecer las técnicas para reunir estos datos, será necesario indicar los datos que necesitan los investigadores.

El primer cuerpo de datos se relaciona con la cantidad total de la membresía. Vigil Gerber enfatizó la importancia de las estadísticas de la membresía, las llamó "la roca de los datos" necesaria para diagnosticar la salud da la iglesia (1973:43). Estos datos de la membresía son necesarios de por lo menos once años—aun más para Iglesias (iglesias) más antiguas. Para entender con precisión el crecimiento de la iglesia, uno debe estudiar las cantidades de la membresía para (1) toda la Iglesia (si el estudio es de una grupo de iglesias); (2) cada área geográfica, cultural o administrativa; (3) cada congregación local; (4) Cada unidad homogénea en el área en que se sirve.

Las cantidades de la membresía deben incluir los totales de cada año. Estos datos, sin embargo, a menudo no están completamente disponibles, el investigador reúne las estadísticas por tantos años e instituciones como sea posible. Las cantidades a veces parecen revelar discrepancias, pero concediendo tiempo los números revelarán el cuadro completo. El registro se ajustará a sí mismo. Cualquier año o número de años pueden no ser precisos, pero la tendencia general será firme. Cantidades posteriores corregirán las imprecisiones iniciales.

El segundo cuerpo de datos necesarios revela información

de los nuevos miembros de la Iglesia o iglesia. Las estadísticas del número de bautismos por tantos años como sea posible revelará conocimiento grande y significativo. Las cantidades de bautismos, sin embargo, se deben redefinir. Esta redefinición invita a distinguir entre el crecimiento biológico y el crecimiento por conversión (capítulo 1). Una iglesia verdaderamente crece solamente por bautismos del mundo (crecimiento por conversión). El número de nuevos miembros ganados por crecimiento de transferencia se deben contar cuidadosamente.

El tercer cuerpo de datos se relaciona con otros aspectos del desarrollo de la iglesia. La estabilidad de la membresía de la iglesia se tiene que considerar. Las estadísticas del número de miembros que abandonan la membresía y por qué se van indican información vital. El investigador debe compilar datos de los miembros que se transfieren a otras iglesias, que regresan al mundo o los que mueren. Estos datos, a menudo los más difíciles de encontrar, ayudan significativamente al entendimiento del crecimiento saludable de la iglesia.

Una iglesia se puede considerar que crece rápidamente porque gran número de personas entran por bautismo y transferencia. Sin embargo, si el investigador indica casi el mismo número de los que se revierten al mundo o simplemente vienen a ser miembros inactivos de la iglesia, la autenticidad del crecimiento se puede cuestionar. La información de la estabili-

---

Datos Necesarios para un Estudio del Crecimiento de la Iglesia

1. Datos relacionados con los números totales de membresía.
2. Datos relacionados con los nuevos miembros.
3. Datos relacionados con el desarrollo de la iglesia.
4. Datos relacionados con las familias de la iglesia.
5. Datos relacionados con las organizaciones de la iglesia.
6. Datos relacionados con los obreros de la iglesia.
7. Datos relacionados con la comparación de la iglesia y de la población.
8. Datos relacionados con la comparación con otros grupos que trabajan en el mismo territorio y la misma gente.
9. Datos relacionados con el apoyo financiero.

dad de la membresía, entonces, es una parte necesaria de los datos que se tienen que reunir.

La información de los datos de la fidelidad de los miembros se necesita en el estudio del crecimiento de la iglesia. El número de miembros que en realidad asiste a los servicios de la iglesia y quienes activamente participan en los programas de la iglesia revelan mucho de la salud de la iglesia. Alguna indicación del crecimiento espiritual de los miembros es instructiva. La actividad evangelizadora y los miembros que producen frutos se debe medir, registrar y analizar.

Se aprende mucho de la salud de una Iglesia o iglesia al reunir la información concerniente al número de congregaciones y obreros—especialmente el número y fidelidad de los "obreros laicos." El investigador debe comparar el número de obreros y las "horas de trabajo" usadas para apoyar la vida y ministerio de la iglesia. Esta comparación debe notar el número de trabajadores y las horas trabajadas usadas para apoyar a los miembros de la iglesia y las necesidades de los que se propone alcanzar que estén perdidos y sin iglesia.

Otras cantidades de los números de congregaciones y obreros debe tener en cuenta el número de unidades—clases y grupos organizados para servir. La iglesia que aumenta el número de clases de la escuela dominical y otros grupos de estudio en base regular es probable que muestre señales de la salud congregacional. Otras señales de la salud congregacional (de mala salud) se muestran en los niveles de apoyo financiero para la iglesia.

El estudio también debe incluir alguna información de la manera en que la iglesia se desarrolla en relación con la enseñanza, el entrenamiento y los ministerios sociales. El número de miembros que participa en el estudio bíblico comparado con el total de la membresía de la iglesia ayuda a entender nuevas direcciones posibles en la manera en que la iglesia provee tal capacitación. El estudio tiene que inquirir en cuanto a la habilidad de la iglesia para cumplir con sus responsabilidades en la comunidad. Toda esta información sobre la membresía es vital para tener un entendimiento completo del crecimiento o no crecimiento de la iglesia.

El cuarto cuerpo de datos necesarios en el estudio de una iglesia se relaciona con las familias de los miembros. El análisis de la familia rinde importante conocimiento del crecimiento de la iglesia. El grado al que los miembros se interrelacionan revela las líneas en las cuales el evangelio se esparce en las iglesias que crecen. Esta misma información también revelará que la iglesia está limitando su ministerio a un solo grupo de gente. La información en cuanto a los números de familias completas en la membresía y el número de hogares en que se divide (donde parte de la familia asiste a otras iglesias) revelará una debilidad en el ministerio de la iglesia.

El quinto cuerpo de datos que el investigador tiene que reunir incluye información concerniente a la organización de la iglesia y sus organizaciones misioneras. Es importante saber para qué propósito se usan los fondos y el personal de cada organización. Los datos de los planes y procedimientos de cada organización se deben observar y describir. Si existe más de una organización, cada una debe entender lo que hace la otra y cómo cooperan en la tarea o tareas. Los métodos de apoyo a las misiones deben estar claros interna y exteriormente.

El sexto cuerpo de datos que la iglesia tiene que reunir es concerniente a los obreros de la iglesia. Las estadísticas del porcentaje de obreros nacionales y misioneros, por ejemplo, indica si el liderazgo es local o de afuera. El número de obreros ordenados y no ordenados mostrará si el trabajo está en manos profesionales o si los líderes laicos tienen posiciones significativas.

Además, el aumento o disminución de cada tipo de obrero es importante. Los niveles de educación, las escuelas a las cuales han asistido, edades, años de experiencia en el ministerio y tiempo servido en la posición presente revelará la estabilidad o quizá la inestabilidad en la obra. La descripción de trabajo para cada tipo de trabajador clarificará los ministerios de cada trabajador.

El séptimo cuerpo de datos que se tiene que reunir indica una comparación del crecimiento de la Iglesia o iglesia bajo estudio con el aumento de la población en general. Fallar al no mantener la proporción con los números y tipos de personas indica no solamente la salud de la iglesia sino que también apunta a la determinación de nuevas direcciones y estrategias que la iglesia debe considerar. El crecimiento de la iglesia siempre debe notar la naturaleza de las poblaciones a las que sirve.

El octavo cuerpo de datos necesarios en el estudio del crecimiento de la iglesia se relaciona con la comparación del grupo bajo estudio y otros grupos de la iglesia que trabajan en las mismas áreas. Un grupo declarará que la resistencia de la gente en el área es la causa de la falta de progreso. Sin embargo, si otro grupo que trabaja con la misma gente experimenta aumentos significativos, entonces el primer grupo debe investigar sus esfuerzos. Comparar el trabajo de uno con el de otros a menudo revelará importante material para pensar.

El cuerpo final de datos que el investigador reúne tiene que ver con registros del apoyo financiero de la iglesia. Aumento en dar usualmente indica aumento en la participación y compromiso. Igualmente instructivos son los datos de cómo en realidad se han usado los recursos financieros. Si los recursos son usados primordialmente en la iglesia misma—sus facilidades y en los miembros y en otros asuntos internos en vez de servicio a los de afuera, el espíritu del grupo probablemente tiene que cuestionarse. Los registros financieros dicen mucho de la salud de la iglesia.

Los datos mencionados representan una montaña de material de datos. Estos datos no saltarán para presentarse a sí mismos al investigador. A primera vista, la cantidad de datos requeridos podría llevar a la desesperación. En verdad que la tarea de reunir datos, aunque formidable, no es imposible. El investigador sabio consigue un comité de trabajo para que sirva con él en el esfuerzo significativo de reunir los datos de la iglesia.

Fuentes de los Datos

Los datos del crecimiento están disponibles, pero no siempre a primera vista. Buscar y encontrar los datos del crecimiento puede ser una tarea exhaustiva y demandante. Las gratificaciones del esfuerzo, sin embargo, son mucho mayores que el trabajo y se aprecia el tiempo bien empleado.

La mayoría de los grupos de la iglesia tiene algunos materiales estadísticos que contienen registros de los totales de la membresía, bautismos, número de congregaciones, obreros, apoyo financiero, asignaturas del personal y otros numerosos datos del grupo. Los datos necesarios que constituirán el fundamento de una excelente investigación para la información sobre la salud de la iglesia yacen escondidos en muchas de estas colecciones de materiales. Los registros denominacionales usualmente incluyen resúmenes estadísticos. Las iglesias locales a menudo poseen copias de los reportes anuales que las congregaciones preparan para sus organizaciones denominacionales.

Otros datos del crecimiento se encontrarán por medio del uso de cuestionarios y entrevistas con los miembros y otras fuentes interesadas. Estas técnicas proveen información definitiva concerniente a la información de los miembros y sus opiniones de la iglesia y de los líderes de la iglesia.

Los manuales mencionados en las páginas del 145-147 de este capítulo dan ejemplos prácticos de tales cuestionarios y sugerencias para preguntas en las sesiones de entrevistas. La información de los cuestionarios y entrevistas a menudo viene a ser lo que más revela y ayuda en cuanto a los datos necesarios sobre la iglesia.

Conclusión

Reunir los datos del crecimiento obviamente no es un asunto fácil. Estos datos, sin embargo, están disponibles. Existen registros históricos y estadísticos. La información sociológica y antropológica se puede encontrar. Las técnicas de investigación sociológica y estadística ayudan en la investigación. Los datos una vez reunidos ahora se tiene que objetivizar y visualizar para que sean fácilmente entendidos y comprendidos por todos los relacionados con el estudio.

VISUALIZANDO LOS DATOS DEL CRECIMNIENTO

Una vez que se han reunido los datos del crecimiento, el investigador debe hacer estos datos claramente visibles a todos los conectados con la iglesia. El proceso de hacer los datos claramente entendibles para todos se ha llamado "la visualización de los datos del crecimiento." No se enfatizará suficientemente la importancia de mostrar clara y evidentemente estos datos que se relacionan con el crecimiento y salud de la iglesia. La interpretación y evaluación impresionan profundamente cuando los datos se presentan en forma sencilla, entendible, interesante e impresionante. Entre las varias técnicas para la visualización de los datos del crecimiento están: gráficas del crecimiento, declaración de las proporciones que tienen mensajes, distribuciones y análisis comparativos del crecimiento.

Visualizando con Gráficas Sencillas

Los investigadores del crecimiento de la iglesia confían grandemente en gráficas sencillas del crecimiento que muestran los datos de la membresía y otros datos en varios períodos de tiempo. Ninguna otra técnica aclara los cuadros de los datos de crecimiento más productivamente que estas gráficas. En cuanto al valor de las gráficas para visualizar el crecimiento de la iglesia McGavran dice: las columnas de cantidades que dan la membresía de cualquiera iglesia y sus unidades homogéneas contienen conocimiento para descifrarse. Con un cuidadoso estudio de las cantidades se puede forzar para revelar sus secretos, pero el proceso es tedioso. Sin embargo, cuando cada juego de cantidades se trasforma en una gráfica de crecimiento, los secretos se revelan al lector. El que entiende el crecimiento de la iglesia debe construir gráficas lineares que de un vistazo muestren lo que se ha hallado. Entonces se puede preguntar por qué sucedió esto (1970:128).

Los estudios del crecimiento de la iglesia emplean eficazmente todo tipo de gráficos, líneas, barras y otros tipos más detallados.[2]

Gráfica Típica de Línea

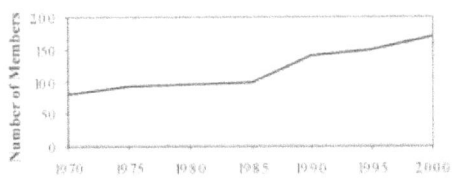

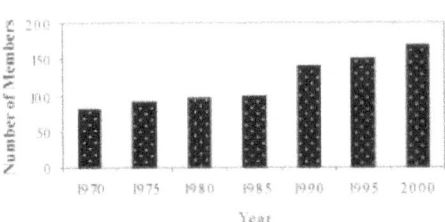

Gráfica Típica de Barra

Gráficas de líneas y barras presentan la información tal como la membresía, bautismos, adiciones a la iglesia y aun las ofrendas y diezmos. Estas gráficas a menudo presentan tendencias al mostrar el aumento o disminución de los totales. A menudo más de un tipo de información se registrará en la misma gráfica—tales como la matricula de asistencia. El investigador, sin embargo, debe tener cuidado de no incluir demasiada información en la misma gráfica y se produzca todo un cuadro de confusión. Las gráficas en la siguiente página indican cómo la línea y las gráficas de barra muestran tendencias, aumentos, caídas y estancamientos en los registros de la iglesia.

Muchas computadoras elaboran las gráficas directamente de las tablas de estadísticas. Aunque fácil de obtener, las gráficas son más difíciles de analizar y los mensajes que contienen más difíciles de entender. Las gráficas en este capítulo, a menos que se mencione la entidad relacionada con la gráfica, están basadas en registros de iglesias reales, pero no son las gráficas verdaderas de esas iglesias. No se dan los nombres de las iglesias.

Los cuadros provistos por las gráficas de línea y barras claramente muestran las tendencias de crecimiento y representan el punto de partida para el pensamiento del crecimiento de las iglesias. Estas gráficas objetivan los datos del crecimiento tan bien como cualquier otro método. Como McGavran ha dicho: "Todo el pensamiento de la iglesia debe ser hecho contra la gráfica del crecimiento, porque cuando se hace sin el conocimiento exacto de cómo la iglesia ha crecido o no ha crecido, es probable encontrarse en un error" (1970:130).

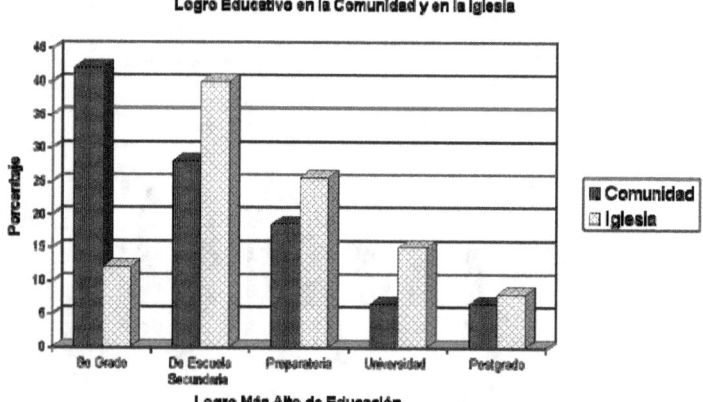

Las barras de las gráficas claramente muestran comparaciones entre iglesias en diferentes áreas o en diferentes grupos de gente. El estudio de Roy Shearer sobre el crecimiento en Corea muestra gráficas que comparan el crecimiento fenomenal en la Iglesia coreana. Las gráficas que comparan el crecimiento en las varias provincias demuestran que el crecimiento tuvo lugar primordialmente en las provincias del norte (Shearer 1966:136). La gráfica que sigue muestra la comparación de logro educativo en un estudio de los miembros de la iglesia y de las personas de la comunidad.

Las cantidades de porcentaje se visualizan al pie de las gráficas. Estos cuadros son especialmente de ayuda al mostrar los porcentajes del presupuesto que se usa en las diferentes áreas del ministerio de la iglesia. Al pie de la gráfica en la otra página le ayuda a ver la iglesia que la mayor parte de su dinero se usa para gastos locales.

Una gráfica del flujo de la membresía ayuda a discernir el crecimiento de la iglesia al mostrar las ganancias y las pérdidas en detalle exacto. Una gráfica típica del flujo lucirá como aparece más adelante y muestra el flujo de la membresía durante años sucesivos.

Porcentaje del Uso de las Finanzas

En Misiones o Ministerios Locales

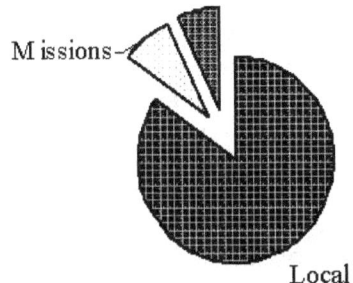

Obviamente, las gráficas proveen un excelente conocimiento del cuadro real del crecimiento en las iglesias. Estos cuadros claramente muestran lo que los datos de crecimiento tratan de decir. Cada estudio del crecimiento de la iglesia debe emplear gráficos para visualizar los datos del crecimiento y aclarar las tendencias y las realidades de la historia. Este flujo de membresía puede trazar cuántos se agregaron a la iglesia por conversión y cuándos salieron de la iglesia por reversión. También traza cuántos de los convertidos son hijos de los miembros de la iglesia (crecimiento biológico) y cuantos fueron suprimidos de la membresía porque murieron (membresía menguó por la muerte de un feligrés). También este gráfico puede indicar cuantos fueron añadidos por la transferencia de su membresía de otra iglesia y cuántos cambiaron su membresía a otra iglesia.

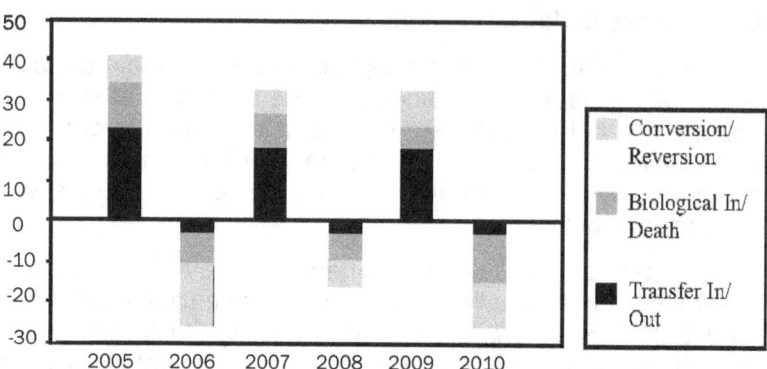

Proporciones de Crecimiento

Las proporciones de crecimiento, un segundo método de visualizar los datos del crecimiento igualmente ayudan a extraer el significado de los datos. Estos porcentajes a menudo revelan sorprendente verdad sobre la iglesia y su método de crecimiento. Los porcentajes también ayudan para comparar un cuerpo con otro. Por ejemplo, una iglesia de 100 miembros que añade 50 miembros en un año dado, tiene un crecimiento más rápido que una congregación de 1000 miembros que añadió 75 miembros en el mismo período. Las proporciones precisas de crecimiento contribuyen al sano entendimiento del crecimiento de la iglesia. La proporción de crecimiento anual (PCA) de una denominación o iglesia es significativa tanto para el grupo mismo como para comparación con otros. Esta cantidad se calcula al restar la membresía del primer año (o la de cualquier otro período de tiempo) de la del segundo año y al dividir el aumento por la primera cantidad. El decimal obtenido se puede convertir en porcentaje al multiplicarlo por 100. Un gráfico que muestra al PCA para cada número de años da información en cuanto a las tendencias del crecimiento.

Otro cálculo valioso se relaciona con la proporción del crecimiento promedio anual (PCPA). Este cuadro muestra las tendencias de la gente que llega a la membresía del grupo al mostrar el porcentaje de aumento relacionado con el número de miembros. El método más sencillo para encontrar la PCPA usa tablas preparadas tales como las que se encuentran en Wagmire y Wagner. Las instrucciones para el uso de estas tablas se incluyen en el manual. La PCPA permite la comparación del crecimiento de los grupos con el crecimiento de la población en la comunidad.

Para el propósito de comparación la proporción de crecimiento Década (PCD) era valiosa. LA PCD revela el porcentaje de la proporción de crecimiento en un período de tiempo—de 2 a veinte años. A menudo el PCD se calcula para períodos particulares de diez años. La proporción de crecimiento para cualquier período de tiempo, sin embargo, se convierte a lo que hubiera sido en un período de diez años. El manual de Wagmire y Wagner da instrucciones detalladas sobre este procedimiento. Una vez que se obtienen las cantidades de PCD, se hacen las comparaciones entre los períodos de tiempo y entre los diferentes grupos.

El propósito de las comparaciones no es para alabar o para criticar cualquier grupo. El único propósito de estos estudios es aprender más para aumentar la cosecha. Los estudios del crecimiento de la iglesia tienen que ver con la cosecha y no con alabanza o crítica.

Las proporciones del crecimiento se presentan sorprendentemente con el uso de la herramienta especial de una gráfica en papel semilogarítmico—usualmente disponible donde se venden los materiales para ingeniería, el cuadro muestra las proporciones de crecimiento en vez de un simple registro de crecimiento. Aunque una gráfica de línea simple de la membresía de la iglesia mostrará un aumento continuo, la gráfica semilogarítmico refleja una mengua del porcentaje de crecimiento. Desde luego que una simple gráfica de barra de los porcentajes de crecimiento también presenta la misma situación.

Las proporciones del crecimiento también ayudan a entender los procesos del crecimiento. Sencillamente con saber los números del aumento o disminución de la membresía a veces nubla en vez de revelar las circunstancias. Una Iglesia (o iglesia) debe ver no sólo la cantidad de aumento sino también la proporción del aumento para entender la situación completamente.

Porcentajes, Proporciones, Frecuencias

Los porcentajes y proporciones diferentes a las proporciones del crecimiento revelan conocimiento significativo en los materiales de datos sobre el aumento de la iglesia. Cuando un grupo se da cuenta que el 50 por ciento o más de los miembros nuevos han dejado de asistir al compañerismo en el primer año de unirse, el grupo tiene que darse cuenta que algo le falta. La congregación que aprende que el 85 por ciento de los miembros no tenía experiencia en ganar almas durante todo el año se movilizará a la acción.

Muchos porcentajes, proporciones y frecuencias revelarán mucho del crecimiento de la iglesia. En su libro *The Church Growth Ratio Book: How to Have a Revitalized, Healthy, Growing, Loving Church,* Win Arn muestra muchas proporciones que la iglesia debe investigar de su vida y trabajo. Muchas verdades sorprendentes surgirán del estudio de proporciones y frecuencias.

Sin embargo, una nota de precaución sobre la presentación de porcentajes de la manera que los porcentajes pueden alterar sus significados. Las declaraciones, "Quince por ciento de la membresía es el resultado de crecimiento de transferencia," y "el 85 por ciento de los miembros no han sido miembros de ninguna otra iglesia" se relacionan con los mismos datos. Sin embargo, las declaraciones se prestan a interpretaciones bastamente diferentes.

Las declaraciones de proporciones también revelan aspectos significativos de los datos del crecimiento de la iglesia. Por ejemplo, la proporción de miembros residentes y no residentes indica datos significativos sobra la salud de la iglesia. La proporción entre miembros y bautismos muestra el compromiso para evangelizar. Las comparaciones del crecimiento de la membresía con el aumento de la población son igualmente significativas. Cuando una asociación de iglesias se da cuenta que la membresía de las iglesias en la organización se ha estancado en un período de siete años mientras que la población de la región cubierta ha aumentado en un 20 por ciento, el grupo se da cuenta de la necesidad de un nuevo esfuerzo.

La proporción de los líderes capacitados ayuda a definir las posibilidades del ministerio de la iglesia. Además, la proporción de los obreros laicos que laboran dentro de la membresía de la iglesia y afuera para los que no asisten a la iglesia puede abrir los ojos. De nuevo, el libro de Win Arn aclara muchas proporciones diferentes que son importantes para las iglesias que desean crecer.

Las frecuencias también instruirán en cuanto a la salud de la iglesia. Distribución de las cantidades de las frecuencias de los miembros en particular los grupos por edades, por ejemplo, alertará la iglesia de los grupos de gente que no están alcanzando. Así el estudio de porcentajes, proporciones y frecuencias ayudan a entender el crecimiento y salud de cualquier iglesia.

INTERPRETANDO LOS DATOS DEL CRECIMIENTO

Los esfuerzos para reunir y visualizar los datos del crecimiento constituye un muy importante preliminar para concluir el estudio del crecimiento de la iglesia. Los datos del crecimiento, cuidadosamente reunidos y claramente presentados, ahora deben ser analizados en cuanto a su significado y evaluados con mira a planear y sentar metas. La interpretación de los datos del crecimiento ocupa la fase central y creativa en un estudio del crecimiento de la iglesia.

Analizando e Interpretando

Las proporciones, porcentajes, distribuciones y gráficas de registros del crecimiento o decrecimiento tienen mensajes para el líder de la iglesia. Estos datos dicen cuándo sucedió el crecimiento, dónde sucedió y por cuánto creció. No obstante, estas ayudas no dicen por qué sucedió o no sucedió. Desde luego que el por qué constituye las preguntas críticas primarias. El primer paso crítico, por lo tanto, es analizar e interpretar los datos del crecimiento para precisar tan cerca como sea humanamente posible por qué la iglesia aumentó o decreció.

Con el uso de los datos que se han visualizado tanto para aclarar, el investigador busca respuestas o razones para lo que los datos revelan. Ninguna causa generalmente es la respuesta completa a esta importante pregunta. El crecimiento de la iglesia es, como lo explicó McGavran, un "fidelidad compleja" (1970:3-22). Cada aumento, estancamiento o declinación se debe notar cuidadosamente e investigar a fondo. Las razones para el crecimiento o declinación se deben buscar honesta y directamente. El investigador considera cada aspecto de la vida de la iglesia que se relaciona con el crecimiento.

Esta fase del análisis del estudio procura entender la situación a fin de estimular el crecimiento. El estudio busca entender los períodos de estancamiento y declinación para evitar o por lo menos achicar tales períodos en el futuro. El investigador considera los períodos de avance para encontrar maneras de continuar y aumentar la cosecha.

El análisis tiene que evadir la tendencia de defender cualquier teoría de trabajo misionero o cualquier método de trabajo. Para ser eficaz, el análisis tiene que ser objetivo. La gente es importante y sus sentimientos son parte de la misma. Criticar callosamente o apuntar debilidades en métodos o procedimientos puede causar pena. Aun, el crecimiento de la Iglesia de Cristo es el factor más importante y nada se debe permitir que impida el análisis que promete conducir a resultados mayores evangelizadoramente y en desarrollo.

El proceso de análisis usa toda la información del grupo que se estudia, las congregaciones locales, las varias regiones servidas, los diferentes grupos homogéneos, y los otros grupos de la Iglesia en el área para buscar explicaciones para cada aumento, estancamiento o declinación. La meta es la respuesta a la pregunta por qué. El investigador y los líderes de la iglesia dejan de lado las razones inválidas; rechazan los razonamientos simplistas; ahuyentan el pensamiento defensivo. Se buscan grupos de razones que impactan el crecimiento o el decrecimiento. La tarea del análisis es demandante; sin embargo, es el paso imperativo si se va a realizar el crecimiento balanceado de la iglesia.

Cuando el estudiante del crecimiento de la iglesia procura entender y explicar los esfuerzos repentinos y las bajas en el crecimiento de la iglesia, él necesita herramientas. Esa herramienta se ha provisto por Dean R. Hoge y David A. Roozen en su libro, *Understanding Church Growth and Decline*. Estos escritores han delineado cuatro factores que impactan el crecimiento o el decrecimiento-- *National Contextual Factors, National Institutional Factors, Local Contextual Factors, and Local Institutional Factors.*

Factores contextuales nacionales incluyen eventos, situaciones y circunstancias a nivel nacional en el campo de la sociedad y gobierno que afectan, positiva o negativamente, el crecimiento de las iglesias. Las guerras, cambian la proporción de los nacimientos, migraciones, recesiones, enfermedades, eventos que causan temor y trauma y otros semejantes que estimulan o impiden el crecimiento de la iglesia. La iglesia no puede hacer mucho de las situaciones sino ministrar a la gente durante esas ocasiones.

Factores institucionales nacionales incluyen acontecimientos en toda la denominación tales como cambios de política, estándares o énfasis misioneros. Cualquier evento que desafía la reputación de la denominación afectará el crecimiento de cualquier congregación en la denominación. Como con los factores naciones, los factores locales contextuales serán positivos o negativos para las congregaciones. Tales asuntos a menudo comprometen seriamente el crecimiento de las congregaciones pero hay poco que las iglesias locales puedan hacer para superar los problemas.

Factores contextuales locales significativamente influyen en el crecimiento de la iglesia. Los cambios demográficos en la constitución de la comunidad, los factores económicos que causan muchas adiciones a la comunidad o muchas partidas, las nuevas urbanizaciones, y otros semejantes que estimularán o impedirán el avance de las congregaciones. La congregación tiene control limitado sobre tales factores excepto hacer uso completo de lo positivo.

Factores institucionales locales se relacionan directamente con la iglesia—con su espíritu, su dedicación, su disposición para servir, sus métodos y su liderazgo. Cuando la congregación descubre que algo en su vida o metodología ha llegado a ser un estorbo, debe de hacer algo para resolverlo. Los datos locales institucionales nunca deben ser la razón de su falta de crecimiento. Lo que sea que impida la cosecha debe cambiarse.

Obviamente, en el análisis del crecimiento de la iglesia, el investigador debe prestar atención a los factores institucionales locales. Estos factores deben ser completamente probados y encarados honestamente. La congregación debe hacer los cambios necesarios para que el crecimiento jamás sea limitado por los factores dentro de la congregación que tienen que cambiarse. La

> La tarea de entender y analizar las razones para el crecimiento o la falta de crecimiento son imperativas y demandantes.

iglesia no debe permitir nada en su vida y método que obstaculice su manera de crecimiento.

Una ilustración de los métodos de análisis se verá con el estudio de la siguiente gráfica A de crecimiento de la Iglesia Protestante de Nias, una isla al noroeste de la costa de Sumatra en Indonesia.

La gráfica revela un período de un crecimiento lento desde los comienzos del cristianismo en 1871 hasta 1915. El crecimiento experimentó un surgimiento repentino entre 1915 al 1920 solamente para ser seguido de un estancamiento entre 1920 a 1925. Después de 1920, se reasumió el crecimiento rápido y luego un poco lento entre 1963 y 1965. Después de 1965 se regresó al crecimiento rápido. El gráfico nos dice cuándo, dónde y qué tanto crecimiento tuvo lugar.

Crecimiento de la Iglesia Protestante Cristiana de Nias

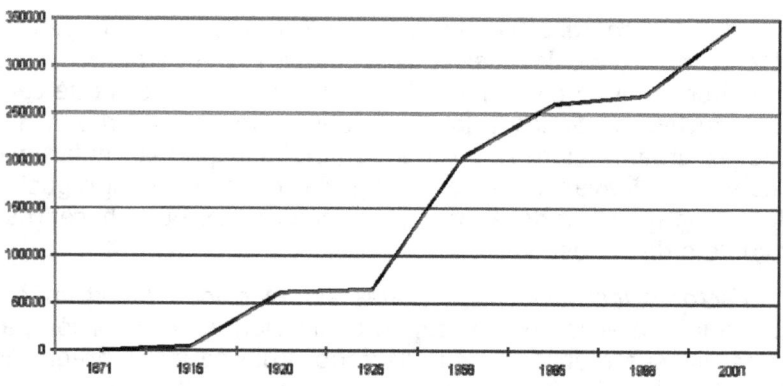

El investigador encontrará explicaciones para estos datos. El lento comienzo se le atribuirá al estado de la isla antes que los holandeses establecieran control. Los misioneros, durante este período, no pudieron trabajar fuera de las ciudades costeras debido al peligro de la gente local, algunos practicaban la cacería de cabezas. Viajar era impedido por la falta de carreteras adecuadas.

> Las iglesias deben estar dispuestas y animadas a cambiar cualquier factor institucional que pueda inhibir el avance de la iglesia o del reino.

Después que los holandeses establecieron la ley y construyeron carreteras, las iglesias comenzaron a crecer aunque lentamente. Para 1915 la Iglesia contaba con algunos 5,000 miembros.

En 1915 irrumpió un gran avivamiento, conocido como el "gran arrepentimiento." Bajo la influencia de este avivamiento que se caracterizó por la confesión de pecados, la membresía de la iglesia subió a 62,000 para 1920 (una proporción de crecimiento anual del 52 por ciento). La membresía de la iglesia se estancó—aun reportando solamente 65,000 miembros cinco años después en 1925.

Tal estancamiento en el crecimiento a menudo se atribuyó a una declinación en la proporción de crecimiento que pudo ser causada por una variedad de razones. Sin embargo, los registros no muestran la tendencia hacia la consolidación ni a ningún problema doctrinal, relacional o de otra índole. Ninguna explicación para el estancamiento en los registros de crecimiento parece estar disponible.

Sin embargo, la historia secular provee una explicación al registrar una epidemia de influenza extendida que azotó a las islas alrededor de 1919 y que causó estragos hasta 1923. Miles murieron por la epidemia de la influenza que se dice haber sido peor en Nias que en ninguna otra parte del mundo. Esta plaga muy probablemente explica el estancamiento. El crecimiento fue continuo durante todo el período pero los totales de la membresía permanecían estáticos debido a la sorprendente proporción de muertos (Smith 1970:94-96). Después de 1925, el crecimiento alcanzó a más de 200,000 para 1958. El aumento de presión del comunismo en Indonesia puede explicar el lento crecimiento en 1963. No obstante, después de la caída del comunismo en 1965, el crecimiento continuó.

Este es un registro de tremendo crecimiento—verdaderamente que es uno de los milagros de Dios. Aun así, el registro de crecimiento de 62,000 en 1921 a 260,000 en 1968 representa solamente una proporción del 3.3 por ciento de crecimiento anual. Con todo, la experiencia de la Iglesia Protestante de Nias instruye a los investigadores en los métodos de análisis de los datos del crecimiento.

La gráfica del crecimiento de las iglesias bautistas de Indonesia en las ciudades de Semarang y Kediri de igual manera ilustra el uso de los métodos de análisis de los datos de crecimiento. Los registros de ambas ciudades muestran un movimiento de crecimiento alrededor de 1961. La explicación de estos aumentos probablemente se debe a los nuevos programas que enfatizaban la siembra de iglesias que se instituyeron en ambas ciudades. En Semarang, este programa se efectuó por medio del seminario y en Kediri por medio del hospital bautista.

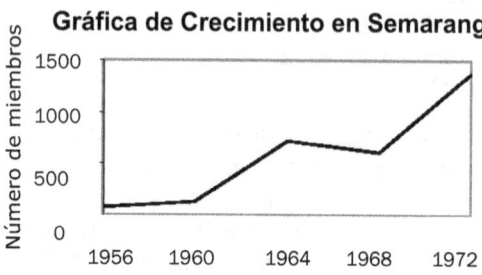

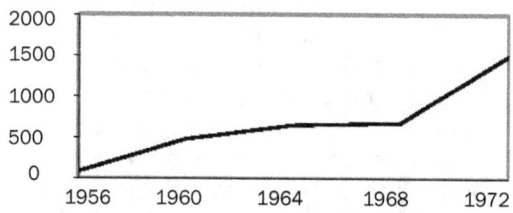

Las proporciones de crecimiento en ambas ciudades muestran una declinación de 1963 a 1965. Las iglesias en Kediri se estancaron en su crecimiento mientras que las de Semarang en realidad experimentaron decrecimiento. La explicación más probable se ve en el aumento de presión del partido comunista indonesio que hizo los esfuerzos evangelizadores— especialmente en las áreas más rurales—difícil y peligroso.

En 1965, los grupos comunistas en Indonesia intentaron un golpe de estado y perdieron. Cuando terminó la presión comunista y los requisitos del gobierno indonesio que todos los ciudadanos reconocieran una de las cinco religiones mayores, las iglesias en las dos ciudades experimentaron crecimiento explosivo. El clima político, sin embargo, no explica completamente el crecimiento. En 1966-1967, las iglesias bautistas en Indonesia promovieron una campaña evangelizadora para toda la nación llamada Nueva Vida en Cristo. Las iglesias bautistas en Indonesia aumentaron de 40 a 139 y la membresía de menos de 4,000 a más de 9,670. Este análisis del crecimiento va más allá de la superficie a las causas de crecimiento y declinación

(Smith 1970:166-79).

En el proceso de análisis, el investigador debe considerar el campo total de los factores que se relacionan con el crecimiento, estancamiento o declinación. Virgil Gerber indica que si el método de crecimiento de una iglesia aumenta y declina, se puede concluir que el crecimiento de la iglesia no demuestra salud. No obstante, si el análisis revela que periódicamente esta iglesia envía miembros a sembrar nuevas congregaciones, la conclusión sería el reverso y el crecimiento se vería como robusto. En tales casos, Gerber sugiere el uso, de la "gráfica de familia," que represente el aumento de la iglesia madre con todas sus ramas (173:50-51).

Los factores de crecimiento, no importa que tan claramente se visualicen, aun demanden un completo análisis para estar ciertos que los investigadores y los líderes de la iglesia perciban lo que indiquen los datos. Se debe ejercer extremo cuidado para estar seguros que el entendimiento profundo no se ha pasado por alto. Los investigadores tienen que ser cuidadosos de considerar todas las posibilidades para que no se ignore el conocimiento a fondo que ayudaría más para el futuro de la iglesia. Cuando el proceso del análisis alcanza las fases finales, se va a la técnica de la comparación.

Comparación de los Resultados del Análisis

Comparar el crecimiento de la iglesia con sus propios métodos previos, con el aumento de decrecimiento de la población de la comunidad, y con otros grupos religiosos ayuda al entendimiento del proceso de crecimiento o declinación. El uso apropiado de los procesos comparativos a menudo terminará con los sentimientos de orgullo, satisfacción o celo. Al darse cuenta que otros grupos están creciendo donde nuestro grupo está estancado a menudo motiva a las iglesias a hacer un mayor esfuerzo. De nuevo, el propósito detrás de todo el proceso es entender a fin de aumentar la cosecha.

Comparar el crecimiento del grupo con su registro previo indica cambios en las proporciones de crecimiento. Declinaciones del rápido crecimiento previo se debe notar, explicar y si es posible revertir. El crecimiento más rápido se debe aceptar con gratitud y adoración a Dios quien solo da el crecimiento. El registro de la Convención Bautista del Sur en la página 36-37 demuestra conocimiento que a menudo surge al comparar el registro de una iglesia en un período de tiempo.

Las iglesias también reciben conocimiento a fondo cuando comparan su crecimiento con el de la comunidad a la cual sirven. Cuando la población de la comunidad declina, a menudo el crecimiento a su vez declina. Una situación más seria se tiene cuando el crecimiento de la iglesia declina y la población aumenta. Una denominación debe comparar su registro con el crecimiento de la población—no sólo en relación con el número de miembros al número de gente sino también en relación a la proporción de congregaciones a la población. La Iglesia que verdaderamente está creciendo será la Iglesia que cree más congregaciones en proporción a la población. La comparación conducirá a mayores esfuerzos hacia el crecimiento.

La Iglesia también debe comparar su crecimiento con el de otros grupos—tanto religiosos como seculares—que trabajan en la misma área. Una Iglesia puede excusar su lento crecimiento en base a que la gente en el área se resiste. Sin embargo, si otro grupo crece rápidamente en la misma región, que trabaja con la misma gente, los datos indican algún factor institucional que limita el crecimiento. En tales casos, la Iglesia deseará ajustar los métodos y procurar avivamiento de compromiso a fin de alcanzar el nivel de crecimiento deseado por el Señor de la Cosecha. De nuevo, la razón de la comparación no es para incitar orgullo o tristeza sino para aprender cómo trabajar mejor con el Espíritu para el crecimiento.

Compartiendo la Comparación de los Resultados del Análisis

Analizar e interpretar los datos del crecimiento se extiende al proceso de compartir el conocimiento a fondo del estudio con los miembros del grupo, los cuerpos de apoyo y con todos los interesados en el crecimiento de la Iglesia de Cristo. Los comisionados para hacer el estudio deben distribuir un reporte escrito de lo aprendido. Este reporte debe incluir material de la historia del grupo, el registro de crecimientos y declinaciones, materiales visualizados, comparaciones y todos los análisis ya mencionados. El reporte también debe incluir explicaciones del crecimiento o declinación junto con otras explicaciones que pueden dar lugar a otras explicaciones. Aunque el reporte será primordialmente para el grupo bajo estudio, con el permiso de este grupo el reporte se puede compartir con otros, porque cada grupo aprovechará el estudio del crecimiento de la iglesia de cualquier otro grupo.

ACTUANDO EN BASE A LOS DATOS DEL CRECIMIENTO

Cualquier estudio del crecimiento de la iglesia que se suspende con el análisis y el compartir información en realidad logra poco. El propósito del estudio es más que otro libro o ensayo sobre la teoría del crecimiento de la iglesia. El propósito del estudio alcanza a la acción; la meta es el cambio; la razón es el aumento de la cosecha.

Los estudios del crecimiento de la iglesia, por lo tanto, se han diseñado para encontrar, interpretar y compartir los datos sobre el crecimiento de un segmento de la familia cristiana en particular. Estos datos, sin embargo, son únicamente el fundamento para tomar decisiones que conduzcan a métodos eficaces de evangelización y de desarrollo de la iglesia. Sólo cuando la encuesta o estudio alcanza el punto de decisión ha obtenido el propósito para el cual se creó, que resulta en el deseado aumento de la cosecha.

Estas decisiones anticipadas incluyen nuevas metas, política y métodos. Los esfuerzos de reunir, describir, analizar y compartir conocimiento a fondo de estos datos anticipan este paso tan importante. Para entender los datos del crecimiento y ver las direcciones en las cuales su interpretación conducirá a la Iglesia y aun fallar en la implementación de las decisiones, sería fallar en el propósito básico del estudio. Esto constituiría infidelidad básica al Señor de la Cosecha.

Recomendaciones

El reporte del estudio usualmente debe incluir recomendaciones para la iglesia, o la Misión. Estas recomendaciones deben escribirse en forma de objetivos alcanzables y sus logros que sean medibles. Las recomendaciones se deben enfocar en cambios que ayudarán a que la iglesia se hagan más grande, mejor, más amplia y más saludable.

Las recomendaciones tienen que ser positivas—animando al grupo a hacer algo. Deben ser realistas y desafiantes. Las metas tanto numéricas como espirituales deben encontrar expresión en las recomendaciones. Los datos revelados por el estudio proveen el fundamento para las recomendaciones. Al grupo que recibe las recomendaciones se le debe animar a que añada otras a la lista de sugerencias.

Una vez que se hacen las decisiones, las recomendaciones escritas y se somete el reporte al grupo, el estudio ha completado su tarea. El investigador de afuera puede sugerir pero no tiene el poder para que se realicen las sugerencias. Aunque el investigador no implementa las recomendaciones, si debe permanecer genuinamente interesado en el grupo y en que se realicen las recomendaciones. La función final—implementación— es la fase final y la más crítica de todo el proceso.

Adopción

Las recomendaciones que emanan del estudio del crecimiento de la iglesia deben someterse al grupo, discutirse completamente, muy probablemente modificarse y finalmente ser adoptado por el grupo. La denominación, congregación o Misión como un todo acepta el desafío del estudio y sus recomendaciones. Hasta cuando el grupo se apropie del estudio y de sus recomendaciones y hasta cuando el proyecto sea su propiedad, muy poca esperanza queda de los logros del estudio.

Una cosecha creciente rara vez resulta de sólo el entendimiento de la situación. El aumento brota de que el grupo (Iglesia, iglesia o Misión) acepte las recomendaciones y se comprometa a trabajar hacia el logro de las metas. El grupo debe registrar su aceptación del reporte y sus metas y comprometerse a sus logros.

Implementación

Alcanzar las metas constituye el factor singular más crítico en el estudio del crecimiento de la iglesia. La falla de lograr estas metas e implementar las decisiones significa que el estudio falló su objetivo principiad. Esto no es decir que el estudio fue un fracaso total o que no valía la pena. Las victorias espirituales bien pudieron haberse ganado, los datos descubiertos, el conocimiento a fondo que se ganó todos tienen un valor en sí mismos. Sin embargo, el objetivo final, es el logro de la obtención de las metas que fueron expresadas en las recomendaciones.

A causa de la importancia de la implementación, la mayoría de grupos que han comisionado el estudio de crecimiento de la iglesia lo han encontrado de ayuda para asignar cada meta o recomendación que el grupo acepta a un comité seleccionado.

Este comité o fuerza de trabajo acepta la responsabilidad de guiar la iglesia hacia la realización del objetivo. Estos comités planearán para alcanzar las metas y reportar en cuanto al progreso. Aunque los comités dirigirán y guiarán la iglesia para alcanzar las metas, la membresía total del cuerpo debe comprometerse y sentir la responsabilidad por los esfuerzos que se tienen que hacer.

CONCLUSIÓN

Los estudios del crecimiento de la iglesia o examen involucran extensa inversión de tiempo, esfuerzo y recursos materiales. Algunos considerarán la cantidad de materiales que se tienen que reunir tan grande que se considere el estudio poco práctico o aún imposible. Otros temerán que el grupo no responderá a las recomendaciones y que rehusará hacer el esfuerzo para alcanzar las metas.

Cualquier grupo puede conducir un estudio de crecimiento de la iglesia eficazmente. El proceso no es tan difícil que se considere poco práctico o imposible. Las situaciones algunas veces harán que los descubrimientos de algunos datos sean difíciles o aun imposibles. Es posible que estos datos sean borrados del estudio. Tales sustracciones harán que decrezca la eficacia del estudio pero no obvia sus valores últimos. Estudios efectivos se pueden realizar aun cuando algunos pasos sean imposibles y algunos datos no estén disponibles.

Las dificultades de llevar a cabo un estudio de crecimiento de la iglesia no debe de hacer que el grupo se abstenga del esfuerzo. El que solamente ve dificultades puede que se regrese. El escritor del Eclesiastés nota: *"Quien vigila al viento, no siembra; quien contempla las nubes, no cosecha"* (11:4).

Cada Iglesia, Misión, organización religiosa debe proceder con un estudio de la salud de la iglesia. Estos estudios son posibles, prácticos, de ayuda e imperativos. Abren nuevas avenidas para servir al Señor y alcanzar Su voluntad para la evangelización y el desarrollo de la iglesia. El Espíritu Santo obra con poder por medio de los esfuerzos de un estudio propio tal como los estudios del crecimiento de la iglesia. Por lo tanto, repetimos, cada grupo debe planear y ejecutar un estudio de la salud de la iglesia. Estos estudios cuando se realizan cuidadosamente contribuyen significativamente a crecimiento saludable de la iglesia.

Preguntas y actividades

1. Lea un estudio del crecimiento de la iglesia. Varios estudios así se dan en las "lecturas adicionales." Note cómo los datos del crecimiento de la iglesia se visualizaron e interpretaron. ¿Qué recomendaciones ve usted?
2. Use uno de los manuales que se mencionan en las páginas 145-147, haga un estudio de crecimiento de la iglesia, de su iglesia.
3. Obtenga datos demográficos del área donde trabaja su iglesia o del área donde planea sembrar una iglesia nueva. Haga una lista de los diferentes tipos de gente que necesitan el ministerio de una iglesia en el área. ¿Llena las necesidades de estas gentes la iglesia a la cual asiste o la que intenta sembrar? Si no, ¿qué piensa que puede hacerse?
4. Haga una lista de las razones por qué una Iglesia, una iglesia o una Misión deben emprender un estudio del crecimiento de la iglesia.

Lecturas adicionales

McDonough, Reginald M. *La Iglesia y su Misión*, Nashville: Convention Press, 1981.

Mraida Carlos, *La Iglesia en las Casas: Manual Para Círculos Familiares,* Buenos Aires, Argentina: Asociación Bautista Argentina de Publicaciones, 1988.

Padilla René C, *Misión Integral,* Buenos Aires: Nueva Creación, 1986.

Powell, Paul W, *Apacentar Las Ovejas En Una Iglesia Pequeña*, Dallas: Junta de Anualidades, 1997.

CAPÍTULO 7

APLICACIÓN DE LAS IDEAS DE LAS CIENCIAS SOCIALES AL CRECIMIENTO SALUDABLE DE LA IGLESIA

La evangelización y el crecimiento de la iglesia distintivamente son tareas espirituales. Estos esfuerzos espirituales, sin embargo, suceden en las "sociedades multitudinarias de la humanidad" (McGavran 1980:207). Los humanos viven y se relacionan en sociedades. La gente se conecta entre sí con los vínculos de cultura y estructura social. Intentos de evangelizar y de congregar, por lo tanto, tendrán lugar dentro de alguna red cultural y por necesidad tomará la cultura y la estructura social seriamente.

Los ministros que trabajan en culturas diferentes a la suya tienen que entender y respetar la cultura y las culturas, si esperan comunicar eficazmente el evangelio a los que viven en la diversidad de grupos sociales que forman la humanidad. Las ciencias sociales sirven de ayuda a los misioneros que desean entender, respetar y ajustarse a las culturas como demanda la tarea evangelizadora.

Para el misionero la antropología siempre es el medio hacia un fin y no un fin en sí misma. Este conocimiento ayuda a que los misioneros comuniquen el mensaje, ganen convertidos, establezcan iglesias y se ajusten a la cultura.

El conocimiento de las ciencias sociales, no importa que tan válido, beneficioso y constructivo sea para los misioneros, de ninguna manera sustituye el lugar, guía e instrucción del Espíritu Santo. Charles Kraft declara que la antropología siempre debe constituir un medio y nunca ser un fin. Él enseña que los cristianos, especialmente los involucrados en compartir el evangelio con los pueblos de otras culturas deben tomar una postura de respeto de las otras culturas del mundo. La tolerancia absoluta que se encuentra detrás de la retórica del "multiculturalismo," sin embargo, no refleja la manera cristiana. Kraft concluye que el testigo cristiano emplea el conocimiento de la antropología cultural con la mira de hacer que el significado del evangelio se entienda al máximo por la gente que vive en diferentes culturas y usa el conocimiento antropológico para descubrir las herramientas más eficaces de comunicación para la causa de Cristo (1996:xiv).

El crecimiento de los cristianos y de las iglesias saludables, aunque es básicamente la obra del Señor, se puede facilitar con el uso apropiado del conocimiento de las ciencias sociales. Los que procuran el crecimiento saludable de la iglesia deben armarse con este conocimiento que aumentará su eficacia y servicio. El crecimiento saludable de la iglesia y el uso apropiado del conocimiento de las ciencias sociales van juntos en la tarea del crecimiento de congregaciones saludables en el sigo 21.

¿QUÉ SON LAS CIENCIAS SOCIALES?

El término *ciencias sociales* describe varias disciplinas (sociología, psicología y antropología) que estudian la humanidad, especialmente como humanos que viven en relación o en comunidad. Estas disciplinas proveen conocimiento de la humanidad—las relaciones de las personas que viven en grupos y las maneras en que se relacionan dentro de estos grupos o culturas. Entre las ciencias sociales, la sociología y la antropología proveen la mayor información para las comunicaciones cristianas transculturales porque se concentran en los seres humanos en comunidad.

La ciencia de la antropología contribuye de manera significativa a la causa de la evangelización mundial. Aunque que la idea de que la sociología se relaciona específicamente con las culturas occidentales y la antropología con los pueblos no occidentales, lo cual no es absolutamente correcto, la antropología enfatiza el entendimiento transcultural y los métodos más directamente que la sociología. Como la mayoría del trabajo misionero requiere esfuerzo, el lugar del conocimiento antropológico resulta, como lo declara el misionero antropólogo Allan R. Tippet, una "necesidad" en vez de un "lujo" para las misiones cristianas (1968:7-19).

Algunos cristianos expresan sorpresa y aun preocupación con la idea que la antropología se use por los misioneros cristianos. Quizá estos cristianos interesados piensen de la antropología solamente en términos de la antropología física y el estudio de la evolución humana. En verdad, la antropología consta de varias divisiones. La división de la antropología que se relaciona más

> La antropología cultural provee entendimiento de la gente y de sus maneras de relacionarse lo cual contribuye con conocimiento imperativo a los que comparten el evangelio con pueblos de otras culturas.

directamente con el servicio misionero es el de la antropología cultural que considera cómo la gente en diferentes culturas se relaciona la una con la otra en los varios aspectos de su experiencia de la vida. Los estudios de la antropología cultural se centran en los puntos de vista de la realidad de los pueblos, las maneras que responden a su medio y las reglas que siguen en el control social, el matrimonio, la vida familiar, las transacciones económicas, las creencias religiosas y sus prácticas y las artes. La antropología cultural es imperativa en todos los esfuerzos transculturales.

Usando las Ciencias Sociales en el Crecimiento Saludable de la Iglesia

La evangelización y el crecimiento de la iglesia en las situaciones transculturales por supuesto deben usar el conocimiento que la provee. Aunque la Biblia permanece como la autoridad final, Win Arn y Donad A. McGavran indican que la maravillosa explosión del conocimiento en nuestro día se ha desarrollado de acuerdo con la voluntad de Dios. Estos maestros contienden que Dios intenta y espera que Sus obreros apliquen este conocimiento desde varios campos. Concluyen:

> Cuando usamos este conocimiento—geografía, antropología, sociología, psicología y muchas otras áreas—*en línea con los principios bíblicos*, estaremos doblemente correctos. Usamos las herramientas que Dios nos ha dado, y las usamos para fines que Él bendice (el énfasis es mío) (1977:26).

Eugene Nida insiste en que los buenos misioneros siempre han sido buenos antropólogos. Con esta afirmación quiere decir que los misioneros eficaces no solamente han estado conscientes de las necesidades humanas sino que también han reconocido las diferentes culturas en las que vive la gente y los varios métodos para satisfacer estas necesidades en diferentes culturas. Además, Nida indica que los misioneros más eficaces se han sumergido a sí mismos en el conocimiento de las culturas en las cuales sirven y en relaciones significativas y culturalmente aceptables con la gente en las estructuras sociales en las cuales viven (1954: xi - xii).

Concerniente a la necesidad del uso del conocimiento de la sociología y la antropología por los misioneros, el misionero y antropólogo católico, Louis J. Luzbetak, escribe:

Aún un siglo antes que nacieran la ciencia y la cultura, los misioneros más eficaces fueron los bendecidos con una profunda apreciación de la diversidad de culturas y del papel importante que las culturas juegan en la conducta humana. Los métodos apostólicos más exitosos siempre han sido los que se han orientado más cercanamente al carácter y necesidades de una manera de vida en particular. La eficacia misionera siempre ha ido de la mano con la inmersión en la cultura local. San Pablo, Bici de Nobili, y otros grandes apóstoles del pasado, desde luego, que no tenían alternativa sino confiar en su propio sentido antropológico *innato*; hoy, sin embargo, confiar en algo menor que la *ciencia* de la cultura sería tan necio como confiar en algo menos que la *ciencia* médica... La antropología cultural en verdad es la "ciencia misionera" por excelencia. No existe otro arte o ciencia que ayude al misionero a despojarse de sus prejuicios culturales más seguramente que esta ciencia. Además, el contexto cultural (el sujeto-materia de esta ciencia) es una de las herramientas más básicas del misionero. No importa cuál sea su tarea particular, es un profesional "que edifica un mundo mejor," y como todos los edificadores deben también constantemente tener acceso a su herramienta básica—no sea que el edificio que construye se salga de línea o aun se caiga. La plomada del misionero es la verdad (teología, filosofía, ciencia, prudencia, y los fines del apostolado); su nivel es el contexto cultural local (1970:3-4).

Palabras más fuertes en cuanto al valor de la antropología para el trabajo misionero difícilmente se pueden pronunciar.

Las ciencias sociales ciertamente no constituyen lo que "cura todo" para la actividad y estrategia transcultural. Ninguna cantidad de metodología científica puede tomar el lugar del Espíritu Santo y Su dirección. Además, el Espíritu Santo concede eficacia y resultados a pesar de nuestros inadecuados métodos. Aun la mejor estrategia y el profundo conocimiento y entendimiento antropológico no asegurarán ni forzarán una cosecha espiritual. La antropología cultural no es la respuesta completa a todos los problemas que encaran las misiones cristianas, pero esta ciencia ayuda significativamente en la comunicación del evangelio a los pueblos en varias situaciones culturales.

De nuevo, Charles Kraft enseña que usamos la antropología como una herramienta, y no como un fin en sí misma. Obreros en transsulturales aplican las perspectivas antropológicas a la tarea que en mucho trasciende las metas del antropólogo de acumular conocimiento concerniente a otros pueblos y, en el proceso, aprender de ellos. La gran comisión permanece como el mandato misionero. Dios ha permitido que los comunicadores transculturales aprendan, por medio de los antropólogos, una vasta cantidad de cosas que los capacitarán para respetar y trabajar con la gente al respetarlos y trabajar con esa gente. Los misioneros cristianos, por lo tanto, estudian la antropología procurando integrar su perspectiva cristiana al entendimiento de las culturas y el pueblo que la ciencia presenta (1998: xiv).

Todos los ministros transculturales deben, por lo tanto, procurar usar las contribuciones de la antropología cultural en su tarea de compartir el evangelio en una situación transcultural. En vez que sea una fuerza que hay que resistir, la antropología es una colaboradora que significativamente mejora el trabajo de testificar en situaciones transculturales. Las ciencias sociales contribuyen a las misiones cristianas por lo menos de seis manras.

Contribuciones de las Ciencia Sociales a los Ministerios Transculturales

➢ Proveen conciencia cultural.

➢ Ayudan al proceso de la comunicación.

➢ Ayuda n a entender el proceso de cambio cultural.

➢ Ayuda n en el ajuste personal a las culturas.

➢ Enseñan los medios para acomodar el mensaje sin caer en el sincretismo.

➢ Conducen a la cooperación con los nacionales en ir hacia la contextualización aceptable.

Proveyendo Conciencia Cultural

La primera y más básica necesidad para los obreros transculturales es la conciencia cultural. La antropología cultural ayuda a que los misioneros logren conciencia cultural y acepten las diferencias culturales. Este entendimiento y aceptación de otras culturas libra al misionero de la ceguera que a menudo fluye de una manera de pensar monocultural. Pocas fuentes de errores de los misioneros son más serias que fallar en comprender la verdad de la diversidad cultural. Proveer un grado de entendimiento de la cultural es el punto inicial de las ciencias sociales para contribuir a los obreros en una situación transcultural.

Entendiendo la Cultura

La antropología cultural ayuda al obrero transcultural a que entienda el significado y funciones de la cultura en la humanidad. La mayoría de las autoridades definen cultura como la parte del ambiente aprendido y compartido por la humanidad. Paul Hiebert resume la mayoría de las definiciones de cultura al declarar que cultura es:

> Los sistemas de ideas, sentimientos y valores más o menos integrados y los métodos asociados de conducta y productos compartidos por un grupo de gente que organiza y regula lo que piensa, siente y hace (1985:30).

Esta definición ayuda al obrero en la situación transcultural en su búsqueda para entender los factores culturales de la gente a la cual sirve.

La cultura, por lo tanto, es un complejo e integrado cuerpo de guías y reglas que incluyen conocimiento, creencias, arte, moral, costumbres, idioma y sentimientos que gana una persona al vivir como miembro de una sociedad en particular. Este cuerpo de guías y reglas incluye actitudes, valores, maneras de comportarse, reglas para relacionarse y métodos para que se hagan las cosas. La cultura condiciona a la persona para que acepte lo que es bello, lo que sabe bien y la conducta que es aceptable (o inaceptable). La cultura se adquiere no está determinada biológicamente.

> La cultura, por lo tanto, es un complejo e integrado cuerpo de guías y reglas que incluyen conocimiento, creencias, arte, moral, costumbres, idioma y sentimientos que gana una persona al vivir como miembro de una sociedad en particular.

Los humanos son seres distintamente culturales—eso es decir que todos los grupos de personas tienen cultura y que la cultura es uno de los factores principales que separan la humanidad del resto de la creación. Cada grupo de gente tiene un juego de reglas que guían a los miembros del grupo en cada aspecto de su vida juntos. Peter Wagner observa:

De las mayores decisiones de la vida, tales como con quien se casará uno o si deja que su primer hijo viva en vez de sepultarlo vivo, hasta lo menos importante, como la manera de bañarse o que tan lejos permanece de la persona con quien conversa, todas son predeterminadas por la cultura (1971:88).

Muchos aspectos de la cultura se han escrito pero no la mayoría. Los rasgos de la cultura de uno se aprenden en el proceso de vivir en esa sociedad en particular. Enculturación es el término que los antropólogos usan para este proceso por medio del cual uno adquiere por medio del aprendizaje, las reglas y las maneras y modos de su cultura.

> La cultura se aprende por medio de un proceso de enseñanza llamado enculturación.

Los sociólogos usan el término socialización en mucho de la misma manera. Un grupo social, por medio de los proceso del entrenamiento y educación del niño, se guía a la persona a internalizar las maneras aceptables de actuar, hablar, comer y relacionarse en la cultura en particular.

Una de las contribuciones más importantes de la antropología para la estrategia misionera se relaciona con la enseñanza de que las culturas son sistemas integrados. Ninguna cultura es un grupo simple sin relación con los factores culturales sino que cada entidad cultural está íntimamente relacionada e influida por cada una de las otras entidades. El entrenado antropológicamente o el perceptivo misionero reconoce los factores culturales y se da cuenta que el cambio en cualquiera de las áreas del complejo cultural necesariamente tendrá implicaciones en cada una de las otras áreas. El cambio de religión bien puede afectar la estructura social, las relaciones familiares o las prácticas en las comidas.

El antropólogo, Lauriston Sharp, describe cómo la introducción de cosas culturales pequeñas como las hachas trajeron desorganización a la sociedad aborigen de los australianos. Este grupo cultural había encontrado mucho de su integración en el respeto a los ancianos que ganaron su respeto por sus habilidades para negociar el mejor pedernal y luego elaborar una hacha usable de pedernal. Cuando los misioneros empezaron a dar hachas de

> Las culturas son sistemas integrados de guías para la conducta de un grupo de gente.

hierro a las mujeres y a los niños los ancianos perdieron su respeto y la desintegración social se hizo presente en la cultura. La serie de eventos se ha llegado a llamar el hacha que destruyó la tribu (Smith 1968:263). La integración de la cultura es un asunto de preocupación a todos los que introducen el cambio cultural—para el obrero que busca proveer un nuevo método de cultivo o el misionero que trata de introducir una religión nueva.

Se ha levantado algo así como un debate en los círculos de antropología misionera en los años recientes concerniente a la cultura como un vehículo neutral en la comunicación del mensaje cristiano a la gente de una cultura en particular. Sherwood Lingenfelter habla de una diferencia entre su punto de vista de la cultura y la de los primeros misiólogos tales como Charles Kraft y Marvin Mayers (Lingenfelter 1998:16-18). Estos primeros escritores, dice Lingenfelter, concibieron la cultura como un asunto neutral por medio del cual Dios se comunica con los seres humanos. Lingenfelter piensa que Kraft piensa que los elementos en la cultura incluyen formas y funciones que proveen un mapa para la conducta. Los elementos de la cultura en sí mismos no son inherentemente malos o buenos (Kraft 1981:113). Lingenfelter oye que Mayers dice que es enteramente posible que el evangelio entre en la vida de una sociedad sin que se pida ningún cambio (Mayers 1987:251).

Lingenfelter está convencido que estos puntos de vista de Kraft y Mayers no son fieles a la Escritura. En vez dice Lingenfelter, cada cultura ha sido creada y contaminada por los humanos. Las culturas y los elementos culturales constituyen "un campo de desobediencia" desde el cual la libertad es posible solamente por medio del evangelio. El evangelio, y solamente el evangelio, libera a los hombres y a las mujeres de las células de desobediencia, p.ej., las culturas y los elementos culturales.

Los asuntos culturales no son neutrales en el pensamiento de Lingenfelter. Enseña que la introducción del cristianismo a un pueblo debe buscar transformación en la cultura y en sus elementos por medio del significado total del evangelio cristiano a esa cultura. La introducción del evangelio total debe afectar no solamente la salvación de los hombres y de las mujeres sino la transformación de la cultura en la que viven hacia la satisfacción de los estándares bíblicos (1998:16-19).

Este asunto marca un debate significativo. ¿Cuál de las autoridades está en lo correcto? Lo más probable es que ambas están correctas en lo que tratan de enseñar y la diferencia es el énfasis. Lingenfelter está obviamente en lo correcto al decir que la cultura es creada humanamente y contaminada por el uso humano. La cultura no es "neutral" y debe, por lo tanto, ser trasformada para que esté de acuerdo con las enseñanzas bíblicas.

Kraft y Mayers probablemente estarían de acuerdo con estas declaraciones. Al decir que la cultura y los elementos culturales son neutrales, Kraft y Mayers quieren decir que el cristianismo puede llegar y vivir en muchas culturas sin forzar a la gente a seguir las costumbres occidentales. Sea que la gente coma con tenedores y cuchillos, palitos chinos o con sus dedos importa poco. La gente sirve a Cristo si comen pescado crudo, perro, puerco o perros calientes. El cristianismo avanza en las culturas con una variedad de adaptaciones, entre tanto que éstas no estén en conflicto con los principios bíblicos. Si las costumbres en una cultura en particular, sin embargo, exigen que se coma gente, se adoren falsos dioses o sacrifiquen humanos, estos rasgos tienen que ser trasformados.

Kraft, Mayers y Lingenfelter puede estar en desacuerdo en algunos de los elementos culturales que se permitirían en una sociedad cristiana y algunos que no se permitirían. El punto es que algunos elementos culturales son neutrales, pero la cultura en general debe ser trasformada con la llegada del cristianismo. Ambas ideas son importantes para la proclamación del evangelio y el desarrollo cristiano.

La comunicación transcultural necesariamente se da cuenta que se comparte el evangelio con la gente que vive dentro de las culturas. Los comunicadores deben expresar el mensaje y ayudar a que la gente forme iglesias que encajan la cultura particular. La antropología ayuda a que los misioneros reconozcan los factores culturales y apropien las estrategias para las necesidades de los varios grupos del mundo. Se puede ministrar a la gente solamente cuando se familiariza con los métodos culturales de la gente, se co-

> Se puede ministrar eficazmente a la gente solamente cuando se familiariza con los métodos culturales de la gente, se conoce las implicaciones de su cultura y se percibe las direcciones y la naturaleza del cambio cultural necesario en la cultura.

noce las implicaciones de su cultura y se perciben las direcciones y naturalezas del cambio cultural necesario en la cultura.

Respetando la Cultura

La antropología cultural no solamente ayuda a que los misioneros entiendan la cultura sino que también los mueve a respetar las culturas. Las culturas como los copos de nieve, a la vez se parecen y son diferentes. Cada cultura provee para las necesidades básicas tanto biológicas como sicológicas de la gente en un medio particular en que viven (Grunlan y Mayers 1979:43). Aunque las culturas proveen para las necesidades en los medios donde vive la gente, todas las maneras de ajuste al medio no son congruentes con los principios bíblicos.

La antropología enseña que cada cultura se debe juzgar en su propio mérito de adaptación y respetada como una manera de ajustarse a un medio. El concepto de respetar cada cultura y evaluar la cultura sobre la base de qué tan bien permite que la gente se ajuste se denomina como *relatividad cultural*.

> La relatividad cultural demanda la evaluación de los elementos culturales desde el punto de vista de sus contribuciones a las vidas de las personas en sus propias culturas y no el compararlos con las culturas occidentales. El concepto no significa que cualquiera o cada elemento cultural sea satisfactorio o aceptable.

La relatividad cultural demanda la interpretación y evaluación de conductas, creencias y artefactos de una cultura en línea con los estándares y valores de la cultura a la cual estas conductas, creencias y artefactos pertenecen. Preferiblemente casarse con primos del linaje del padre o del linaje de la madre o de ninguna manera casarse con primos, solamente, constituyen decisiones culturales. Cada una será igualmente adaptada por la gente. La relatividad cultural no pregunta si las costumbres se aproximan a las maneras occidentales, sino que permite que la gente se adapte a su medio.

Aceptación de la relatividad cultural, por los misioneros, aunque conduce a respetar las culturas y los elementos culturales, no involucra el abandono de los principios bíblicos o naturales. Esta relatividad cultural difiere drásticamente de la relatividad moral que declara aceptable cualquier creencia, práctica o adaptación. El hecho que la cultura Sawi de Irian Jaya (Indonesia) practicaba como elemento cultural el engaño, el homicidio y el canibalismo no quiere decir que estos rasgos culturales sean aceptables. En realidad estas prácticas van contra la Biblia. El hecho que la gente en los Estados Unidos coloque asuntos materiales como de primera importancia y hace casi cualquier cosa para adquirir y mantener las posesiones materiales no hace que estos elementos culturales sean aceptables. Van contra la Biblia. Los trabajadores transculturales que sirven a los "solteros indisciplinados" en los Estados Unidos o Europa no aceptarán el uso de los narcóticos ni la promiscuidad sexual como simples maneras culturales. Obreros en el grupo Iban en el interior de Kalimantan (Borneo) no insistirán que las mujeres de Iban que no llevan nada de la cintura para arriba empiecen a usar blusas. Los obreros cristianos mantendrán los principios y especialmente los principios bíblicos, aun mientras que participan en la relatividad cultural y guían a la gente a ir más allá de estas conductas a métodos más aceptables.

La relatividad cultural simplemente permite que los misioneros y otros acepten y respeten culturas diferentes a la propia. Este ajuste para el pensamiento misionero ayuda a los misioneros a evitar las dos barreras principales para una identificación genuina con la gente en una cultura—prejuicio y etnocentrismo. El respeto por las culturas mientras se mantienen las enseñanzas bíblicas es esencial y eficaz para el ministerio transcultural.

Identificando Varias Culturas

Entender el concepto de cultura y respetar las culturas ayuda a los misioneros a identificar los grupos culturales en su área de servicio. *La habilidad de identificar las culturas dentro de las áreas de servicio comprende una de las tareas más importantes en la planeación de la estrategia misionera.* Los límites políticos a menudo tienen poco que hacer con los límites culturales. Varias culturas diferentes pueden existir dentro de una unidad política—tal como las culturas Yuraba, el Ibo y el Higi en la nación de Nigeria.

Aún en una sociedad altamente homogénea, donde el vestido, el idioma y otros factores en mucho son los mismos, los factores socioeconómicos o el trasfondo producirán lo que son básicamente grupos diferentes culturalmente. La clase media alta en los Estados Unidos mantiene una cultura básicamente diferente de personas en los grupos bajos socioeconómicamente. Las personas de la generación X tienen una manera diferente de reaccionar que las personas de segmentos mayores de edad de la sociedad. Fallar en reconocer las diferencias culturales de los grupos de gente en los Estados Unidos y en otros países desarrollados, parcialmente explica la inhabilidad de la Iglesia para alcanzar algunos de estos grupos.

Una denominación había regulado que ninguna iglesia se iniciaría dentro de dos kilómetros de una iglesia existente. La regulación estaba equivocada porque en una ciudad moderna muchos grupos diferentes necesitan varios tipos de iglesias y metodologías bien pueden existir en una extensión de cuatro kilómetros. Fallar en el reconocimiento de la existencia de los muchos grupos culturales dentro de las ciudades condujo a un esfuerzo ineficaz para evangelizar muchos de estos pueblos.

La estrategia misionera tiene que reconocer y ser flexible a las diferencias culturales que a menudo existen en un ambiente similar. Peter Wagner sugiere que la presuposición que toda la gente que vive en cierta región comparten la misma cultura ha sido el mayor obstáculo a una estrategia misionera eficaz (1971:89-90). Las ciencias sociales, al ayudar a identificar los varios grupos culturales ayuda al desarrollo de la estrategia misionera.

Aprendiendo de la Cultura

La antropología cultural también contribuye a la conciencia cultural por medio de muchos estudios de culturas que los antropólogos han provisto. Aunque el conocimiento significativo se obtendrá de los libros de la teoría antropológica, algunas de las materias que más ayudan a los misioneros se hallan en los estudios de las culturas individuales. Estos estudios proveen conocimiento de los pueblos—sus puntos de vista de la realidad, historias, estructuras sociales, mitologías, culturas materiales y otros aspectos de cómo viven y se relacionan. Los obreros transculturales deben usar todo el conocimiento presentado en estos estudios.

La realidad es que vivir en la cultura provee la oportunidad más adecuada para el estudio de la cultura. Aún este aprendizaje se mejora con el conocimiento antropológico, el que ha sido entrenado en la disciplina de la antropología más claramente observa y entiende la verdad

> Aunque en realidad vivir en una cultura provee el entendimiento más adecuado, la literatura antropológica ayudará a los obreros transsulturales a entender la cultura.

cultural a su alrededor. El aprendizaje cultural, aún en situaciones cara a cara, se acelera y profundiza por la atención a la literatura sobre la cultura y otras culturas. Peter Wagner indica que al leer un estudio antropológico de la cultura latinoamericana le proveyó conocimiento de la gente que no había alcanzado aunque él vivió en una de las culturas (1971:88-89).

Identificándose con la Cultura

La conciencia de la cultura, aunque extremadamente importante, no es tan significativa para la eficacia transcultural como la identificación con la cultura. La identificación con la cultura involucra tener contacto personal con la gente de la cultura. Además es aceptar y ser aceptado. Va más allá de la mera adopción de la comida, el vestido, la casa y similitudes con la gente. Identificarse significa que uno entiende, respeta, ama y sirve a la gente en la cultura de maneras aceptables dentro de esa cultura. Las barreras de relaciones personales fallidas se dejan de lado y se abren avenidas de contacto personal cuando la identificación apropiada se logra (Wagner 1971:96).

A fin de acercarse a la identificación con cualquier cultura, el que busca la identificación tiene que superar dos barreras principales—el prejuicio y el etnocentrismo. El prejuicio conduce a creer que un grupo o una clase de personas por naturaleza es inferior a otro grupo (usualmente el grupo a que pertenece la propia persona) inherentemente superior. El prejuicio causa que uno decida sobre el carácter, la habilidad, la dignidad o inteligencia de una persona estrictamente sobre la base de los factores de apariencia racial o étnica que coloca (en su mente) una persona en un grupo en particular. Cuando Natanael preguntó, "¿Acaso de allí puede salir algo bueno?" (Juan 1:46, NVI), estuvo revelando prejuicio. En su mente toda la gente de Nazaret era inferior. Los resultados dañinos del prejuicio se ven claramente en la tragedia del holocausto que los Nazis realizaron matando millones de judíos durante la segunda Guerra mundial.

El etnocentrismo conduce a una persona a que acepte y posicione su propia cultura como la medida ideal. Lo que sea que se desvíe de las maneras culturales propias está equivocado,

> La identificación significa que uno entiende, respeta, ama y sirve a la gente en la cultura de maneras aceptables en esa cultura.

atrasado, raro o defectuoso. Los misioneros que rechazan la comida o la música de las culturas en las cuales sirven bien pueden ser víctimas de etnocentrismo. Los cristianos que imitan el idioma o que se burlan de las características de una grupo en particular exhiben los efectos del etnocentrismo—sutilmente dicen "mi grupo es superior."

El prejuicio y el etnocentrismo y otros errores culturales bloquean la identificación y servicio eficaz dentro de las culturas. La gente resiente el rechazo, responden a la aceptación. Entender la cultura es imperativo porque ayuda a que el misionero evite estos conceptos negativos. Evitar las actitudes negativas contribuye a la habilidad del misionero para identificarse con la cultura.

> El prejuicio y el etnocentrismo constituyen dos barreras formidables para la apropiada identificación misionera.

El ejemplo más noble de identificación es el de Cristo quien "se hizo hombre y habitó entre nosotros" (Juan 1:14). La encarnación siempre será el modelo por excelencia para el trabajo misionero (Kraft 1973:205-216; 1973:277-84). Los misioneros procuran en las maneras humanas seguir el ejemplo de la identificación de Cristo. El reconocimiento y el respeto para la cultura que parcialmente viene del estudio de las ciencias sociales mejoran la identificación del misionero con la cultura.

Conclusión

El comienzo de la contribución de las ciencias sociales a los esfuerzos misioneros yace en la provisión de la conciencia de la cultura en general y de una cultura específica en particular. Las ciencias sociales proveen las herramientas para alcanzar este entendimiento básico cultural que es imperativo tanto para la estrategia como para la eficacia misionera. El estudio de los materiales ciertamente es una necesidad en vez de un lujo.

AYUDA A LOS PROCESOS DE LA COMUNICACIÓN

Una segunda contribución de las ciencias sociales para el servicio transcultural se encuentra en el área de ayuda al proceso de la comunicación. En efecto Eugene Nida, bien conocido misionero y antropólogo, insiste que proveer un sistema de comunicación eficaz permanecerá como la contribución primaria de la antropología para la ciencia misionera (1959:310). Los comunicadores demostrarán el mensaje del evangelio más claramente al entender las realidades culturales de la gente a la cual sirven.

John Beckman contiende que los misioneros necesitan entender la cultura para así seleccionar las verdades bíblicas que el pueblo receptor reconocerá como de mayor relevancia para sus vidas. La comunicación más eficaz, dice, toma en cuenta las creencias y temores de la gente. Backman atribuye el rápido crecimiento del evangelio entre los indios Chil de México al testimonio culturalmente relevante que mostró como el evangelio satisfacía la necesidad de libertad del temor de los brujos y alivio al horror de la enfermedad causada por la hechicería (1953:83-86).

La antropología ayudará en el proceso de la comunicación de dos maneras. Primero, ayuda al obrero transcultural a expresar el mensaje que no cambia y que no se puede cambiar a la gente en la cultura. Segundo, la antropología contribuye al proceso de comunicación al evitar comunicación equivocada.

Ayuda a Expresar el Mensaje

El conocimiento antropológico ayuda a los comunicadores transculturales a expresar el mensaje en maneras que se comunica claramente a la gente. Una rama de la antropología, la lingüística, contribuye el concepto de "equivalencia dinámica" al esfuerzo de traducir el mensaje en otros idiomas. La traducción de equivalencia dinámica trae al proceso el esfuerzo para reproducir, no solamente la correspondencia formal de las palabras sino el sentimiento, la emoción, el impacto de las mismas.

Este proceso de traducción de equivalencia dinámica en verdad produce en el idioma y la cultura receptora el real y verdadero significado del mensaje. Para los americanos, la declaración, "matar dos pájaros de una pedrada" lleva el significado acordado. Una traducción literal del proverbio tendría muy poco significado en la cultura Indonesia. Los indonesios, sin embargo, tienen un proverbio que tiene un significado exacto con el americano. Los indonesios dirían, "*sambil berenang minum air*," (A la vez que nada tome agua").

En muchas partes del Pacífico, las patatas constituyen la comida primaria o casi la comida primaria. La traducción de equivalencia dinámica expresará la oración que Jesucristo le enseñó a sus seguidores, "En este día danos nuestra patatas." Tal traducción no hace injusticia a la Palabra de Dios sino simplemente ayuda a la gente a escuchar el mensaje real en términos del entendimiento de su propia cultura.

Charles Kraft pide la equivalencia dinámica no solamente en la traducción sino en cada aspecto de la comunicación misionera, que incluye la naturaleza de las iglesias que nacen en la cultura receptora. El uso del conocimiento de la equivalencia dinámica ayudará a expresar el mensaje y a conducir iglesias que encajarán y se comunicarán en la cultura. El mensaje y las iglesias tendrán el mismo impacto en la cultura receptora que el mensaje del Nuevo Testamento tuvo en el prime siglo (vea Kraft 1973:109).

El mensaje eterno de Jesucristo que no cambia será más claramente expresado y entendido cuando lo mensajeros empleen el conocimiento de la equivalencia dinámica y otras enseñanzas antropológicas para compartir con la gente en todas partes. El mensaje vendrá a la vida en las culturas receptoras como el mensaje expresado en maneras culturalmente relevantes para la gente. La antropología ayudará a los comunicadores transculturales a expresar el mensaje en estas maneras culturalmente relevantes.

Evitando la Mala Comunicación

El conocimiento cultural también ayuda a los comunicadores transculturales a evitar la falsa comunicación. Las personas de una cultura diferente comunicarán, por medio de comunicación verbal o no verbal, el significado que el comunicador no intenta. Una persona de fuera de la cultura no aceptará que se le ofrezca comida en base a que la gente necesita la comida más que él. El visitante de afuera no aceptó la comida por ser humanitario. Para la persona de la cultura el rechazo de la comida se considerará el rechazo de la cultura o de la persona que ofreció la comida. El evento puede aún resultar en un evento de vergüenza para la persona de la cultura.

En muchas culturas occidentales el gesto del "pulgar arriba" expresa aprobación, pero en otras culturas el mismo gesto tiene un significado malo. Acercarse mucho a otro mientras conversan indica íntima relación en algunas culturas pero rudeza en otras. Comunicadores culturalmente conscientes usan el conocimiento cultural para evitar innecesarios malos entendidos.

La ayuda en la comunicación contribuye significativamente al servicio misionero y a la comunicación. Mejorar la comunicación viene a ser una contribución primaria de la ciencia antropológica para el ministerio transcultural. *Un testimonio culturalmente relevante depende y demanda un comunicador culturalmente consciente.*

PROVEYENDO ENTENDIMIENTO DEL PROCESO DE CAMBIO CULTURAL

Obreros transculturales tienen que entender el proceso del cambio cultural y social. *Proveer este entendimiento constituye la tercera contribución de las ciencias sociales para los esfuerzos misioneros.* Todas las culturas exhiben dos características aparentemente diferentes pero en verdad íntimamente relacionadas—resistencia al cambio y cambio constante. Los antropólogos expresan esta verdad en los términos de estabilidad cultural, la tendencia a resistir el cambio, la dinámica cultural y la tendencia a estar siempre cambiando (vea Kraft 1996:366-97).

> Todas las culturas exhiben dos características aparentemente diferentes pero en verdad íntimamente relacionadas—resistencia al cambio y cambio constante.

El reconocimiento que las culturas resisten el cambio y están cambiando constantemente ayuda a los obreros transculturales a aceptar el hecho que su trabajo resultará en cambios en las culturas y en la gente que las habita. El cambio es difícil e inevitable. El cambio en asuntos que están al borde de la cultura—comida, vestido, etc., cambian con relativa facilidad. Cambios en puntos de vista básicos en cuanto a la realidad y sistema de creencias cambian con mayor dificultad y muy lentamente. Los misioneros obviamente procuran lograr el cambio cultural en las áreas de mayor dificultad—creencias, prácticas y estilo de vida. Entender los procesos del cambio cultural es por lo mismo una necesidad para los obreros transculturales—especialmente en las áreas religiosas.

Los obreros transculturales tienen que recordar, como se dijo anteriormente, que las culturas están integradas hasta el punto que el cambio en un área tendrá ramificaciones en toda la cultura. Un cambio conduce a otras alteraciones. Los misioneros que enseñan a la gente que deben dejar de usar el "precio de la novia" en el proceso del matrimonio fallan en darse cuenta que el "precio de la novia" no era para comprar la mujer sino una manera de traer estabilidad la matrimonio por medio de la participación de la familia. Cuando se abolió el precio de la novia en una cultura, sufrió la estabilidad matrimonial. El obrero sabio transcultural tiene que entender el significado de la cultura como un organismo integrado.

Un conocimiento de las ciencias sociales importante relacionado con el cambio cultural contribuye a ser abogado más que innovador, o implementador como prefiere Kraft (1996:398-99). El abogado es uno de afuera de la cultura y quien solamente sugiere cambios. Los abogados en verdad no pueden realizar cambios. Si el abogado trata de forzar el cambio el resultado usualmente será rechazo del cambio sugerido o reversión a los métodos previos. A menudo la gente continuará las maneras anteriores fuera de la vista del abogado.

Los innovadores vienen de dentro de la sociedad o cultura y constituyen los únicos que en verdad logran el cambio. El abogado solamente esperará ver que el cambio en verdad se realice al trabajar por medio del innovador. Este concepto no implica manipulación. Involucra al abogado que sugiere el cambio y permite que el innovador sea el que en verdad haga que el cambio se realice. Cuando el cambio viene desde adentro, el cambio es mucho más probable que sea completo y duradero.

Las ciencias sociales ayudan al misionero a proveer conocimiento en el proceso de cambio cultural. Cada obrero transcultural tiene que valerse del creciente cuerpo de materiales sobre el cambio cultural en este proceso.

> Los abogados desde afuera sugieren el cambio cultural mientras que los innovadores, o implementadores, en verdad logran que se realice el cambio.

El énfasis en el proceso de cambio cultural será la contribución más significativa de las ciencias sociales al servicio misionero.

TRATANDO EL AJUSTE PERSONAL

La cuarta contribución de las ciencias sociales para el ministerio transcultural se relaciona con la ayuda al ajuste personal del obrero a la nueva cultura. Todos los que trabajan en una cultura diferente de la suya propia necesariamente tiene que tratar con sus reacciones hacia la nueva situación cultural. Los aspectos no familiares de la vida en la nueva cultura producen reacciones en el obrero transcultural que conducirá al estrés y al rechazo. La respuesta apropiada a estas misma realidades culturales conducirá a la empatía y aceptación. El conocimiento de la antropología cultural contribuye directamente a la acomodación apropiada del misionero.

Dos problemas principales se relacionan con el ajuste personal a la nueva cultura—el choque cultural y la superioridad cultural. Cualquiera de los dos problemas reducirá significativamente la eficacia misionera y evangelizadora. Esta sección describe cómo el conocimiento antropológico ayudará a los obreros transculturales a superar estos problemas y a lograr el ajuste apropiado dentro de la nueva cultura.

Choque Cultural

Las demandas del aprendizaje de las nuevas reglas culturales pueden ser, y usualmente son, una experiencia traumática. La ansiedad que resulta de encarar nuevos y no familiares vistas, sonidos, gustos, maneras de conducta, valores y métodos de pensamiento que se ha llamado "sacudida cultural" por el misionero antropólogo Louis J. Luzbetak (1970:341). Estas "sacudidas culturales" a menudo producen no solamente ansiedad sino frustración y perplejidades también. El resultado es que el obrero transcultural a menudo se sorprende porque sus acciones y palabras fueron malentendidas y los malos entendidos llevan la frustración. Lo que Paul Hiebert llama el "ciclo del choque cultural" se desarrolla (1985:74).

El ajuste inapropiado a la cultura y las sacudidas culturales a menudo resultan en el síndrome del choque cultural. La mayoría de las personas que entra a una nueva cultura experimenta las sacudidas culturales y el choque cultural hasta cierto punto. La mayoría tratará con lo nuevo y empezará a ajustarse. Sin embargo algunos permitirán que el choque cultural los empuje hacia el rechazo de la cultura o a algunos aspectos de la misma y hacia el fracaso o a una menor eficacia como comunicador transcultural.

El choque cultural usualmente consta por lo menos de tres fases—el turista, el desencanto o rechazo y la fase de la tolerancia. En la fase de turista, algunas veces llamada la fase de la fascinación, el trabajador transcultural experimenta la nueva cultura como emocionante, interesante, intrigante y satisfactoria. Los recién llegados a la cultura tienden a idealizar la cultura—a menudo dándole más mérito que el que en verdad posee.

Las cartas de los misioneros nuevos a menudo revelan evidencias que la persona está atravesando por la fase de turista en el ajuste a la cultura.

Algunas veces el obrero que permanece por un tiempo en la nueva cultura descubre que esta primera fascinación de la cultura cambia hacia el desencanto. El que experimenta esta fase del choque cultural desarrolla hostilidad, resentimiento y aún rechazo. Empezará a criticar a la gente y la cultura, comparará a la gente y la cultura desfavorablemente en relación con las propias maneras de la suya propia, y desarrollará estereotipos de la gente. Las reglas de conducta, expresión y creencias que había sostenido por años los ven amenazados.

Las nuevas maneras parecen inferiores, tontas, no productivas, tediosas o aun equivocadas. A veces estos sentimientos conducen a un aislamiento real de la cultura—en actitud o en líneas físicas. El que experimenta el choque cultural evitará las nuevas maneras, las comidas, los olores y otros aspectos culturales. Con el tiempo, el mismo aislamiento, rechazo y evasión las empieza a aplicar a la gente. El choque cultural aun creará un espíritu de animosidad hacia la gente de la cultura, las maneras autóctonas y otros aspectos de la cultura. Esta fase de rechazo es un gran peligro para la eficacia del misionero (vea Hiebert 1985:75).

La idealización de lo familiar y de las prácticas culturales de la tierra de uno a menudo acompaña la fase de rechazo en el choque cultural. A menudo se siente el intenso deseo de las prácticas culturales de la cultura de uno. La nostalgia, las actitudes excesivamente críticas hacia la cultura y a la gente, los comentarios derogatorios dirigidos hacia la gente y sus maneras, y el verdadero rechazo de la cultura todo revela el desarrollo de un problema del choque cultural. La persona en esta fase del choque cultural contemplará abandonar el área y el ministerio en ese lugar.

Algunos obreros transculturales avanzan más allá de la fase de rechazo a la fase de tolerancia. En la fase de tolerancia el misionero simplemente acepta la situación cultural y no se dispone a apreciar o desarrollar afecto por la tierra y su gente. El que sufre esta fase del choque cultural tiende a meramente "aguantarse" los aspectos no familiares de la vida en la nueva cultura. Esta tolerancia, sin identificación, claramente muestra relaciones distorsionadas. La fase de la tolerancia mantiene casi los mismos efectos en detrimento del servicio como lo hace el rechazo abierto (vea Smith 1998:266-67).

Otra respuesta inapropiada al choque cultural se manifiesta en lo que los antropólogos han denominado "hacerse nativo." Hacerse nativo involucra la renuncia a las maneras y valores anteriores y la adopción *indiscriminada* de las maneras y valores de la nueva cultura. Luzbetak señala que el hacerse nativo no es verdadera identificación sino en verdad un ajuste inapropiado que a menudo resulta del deseo de merecimiento y la aceptación (1970:99). Un síntoma de responder al choque cultural al hacerse nativo es el de señalarse a uno mismo y a otros como uno se ajusta a la cultura o ha tomado las maneras culturales. La aceptación de los procedimientos de "hacerse nativo" aun resultará en sentimientos de culpa traídos por lo que el misionero reconoce como su rechazo o tolerancia de la cultura.

No se debe asumir que cada misionero pasa por estas precisas fases de ajuste cultural o que cada misionero superará completamente los efectos de las sacudidasculturales y del choque cultural. Con toda probabilidad, cada misionero experimentará algún grado de choque cultural. En realidad, el choque cultural, aunque normal, usualmente no es fatal para el servicio misionero. Mejores maneras de adaptarse están disponibles—y la mayoría descubrirán estas maneras. Paul Hiebert declara:

> Consuela saber que cuando se pasa por el choque cultural somos seres humanos normales y que con el tiempo los traumas del ajuste a la nueva cultura terminarán. Además, el conocimiento de cómo se progresa del choque cultural nos ayuda a lidiar con éste y a cambiarlo en una experiencia positiva que nos prepara para nuestro futuro ministerio (1985:74).

La anticipada fase final del choque cultural involucra el recobro o acomodación. El obrero transcultural empieza a resolver las tensiones y el estrés de vivir en el nuevo ambiente (Hiebert 1985:76). Se empieza a entender, respetar la cultura y la gente. El misionero empieza a sentirse más cómodo, aprendiendo a comunicarse, aceptar, ser aceptado y a entender los rasgos culturales como maneras aprendidas de reaccionar y ya no rechaza a los que practican estas maneras. Empieza a comprender las razones de algunas de las prácticas. Los misioneros en los trópicos, por ejemplo, encuentran que el descanso en la tarde es necesario para la buena salud en esas regiones y no una evidencia de la pereza. El misionero entiende que el "precio de la novia" no es comprar una mujer sino una manera cultural que presta estabilidad a los matrimonios por medio de la solidaridad familiar.

La meta del ajuste a la cultura es el logro de la empatía, aceptación e identificación con la cultura. La habilidad para comunicarse, aceptar y servir depende en gran manera en el exitoso ajuste al choque cultural. La intención del misionero es ligarse a la cultura y a la gente con el propósito de servirle a la gente y dar el mensaje de Dios al pueblo.

El misionero disminuirá el choque cultural y empezará el proceso hacia la acomodación al:

1. **Procurar entender los "por qué de las prácticas culturales."** Evite comparar las maneras locales con las del país de donde procede. Note las funciones de los diversos rasgos de la cultura.

2. **Ir para unirse al nuevo ambiente.** No intente trasplantar sus costumbres a la nueva cultura. Desarrolle el gusto por la comida; el uso del transporte local; visite y aprenda a gozar el entretenimiento local de la cultura a donde ha llegado.

3. **Aprender a comunicarse.** Esta destreza involucra los métodos de la comunicación tanto verbal como no verbal. Preste atención a los gestos y ademanes—aprenda tanto lo que se hace como lo que no se hace para comunicar las varias ideas y sentimientos. Aprenda a usar los proverbios y las ilustraciones locales.

4. **Desarrollar amistad y relaciones verdaderas con los nacionales de los varios niveles sociales.** Cuídese de la tendencia de asociarse solamente con un grupo (tal como los ricos o alguna minoría). Acepte las maneras de conducta de la gente entre tanto que sean bíblicas.

5. **Entrar en la vida de la nueva cultura.** Visite los mercados. Refrénese de la excesiva dependencia de ayuda para la casa. Permita que los hijos formen amistades en la comunidad. Investigue las posibilidades de que los hijos de los misioneros asistan a las escuelas locales. Considere estudiar en las universidades u otras escuelas locales.

6. Evitar la estricta asociación con otros misioneros o personas de la propia cultura del misionero. La estación o centro misionero no permite que haya una identificación completa.

7. **Cultivar la asociación con los cristianos y con los inconversos locales.** Use estas relaciones con los cristianos para fortalecerse mutuamente y con los inconversos para compartir el mensaje.

8. *Aceptar el propósito redentor de su presencia en la nueva cultura.* Este propósito redentor es más importante que la comodidad o conveniencia personal. Poniendo el propósito primero ayuda a lidiar con el choque cultural. La meta es redentora no la simple identificación con los nacionales o con la cultura.

En resumen, como lo manifiesta un escritor:

> La identificación lleva al obrero a vivir con la gente, aceptar sus maneras, compartir sus ansiedades y temores y a participar en sus gozos. La identificación rehúsa separase de la gente y de sus maneras. El obrero transsulturales que se ha acomodado a la cultura puede compartir a Cristo mejor porque comparte la totalidad de la vida de la gente (Smith 1998:268).

La antropología cultural ayuda al misionero a lidiar con el choque cultural y le guía al entendimiento y respeto de la cultura que lo recibe. Este conocimiento provee la perspectiva para una identificación más adecuada. Comer carne de perro no es atraso, malo, hiriente y no es meritorio en sí mismo. La antropología ayuda a la tarea misionera al contribuir en la superación del choque cultural y lograr la acomodación más apropiada a la cultura.

Superioridad Cultural

La superioridad cultural, el segundo problema misionero relacionado con la cultura, conduce a los obreros transculturales a insistir que los de otras culturas nieguen sus maneras de vivir y adopten o se conformen a las maneras en la cultura de los misioneros. El problema resulta en que los misioneros demandan que la gente local se conforme a los estándares de la vida de la iglesia, limpieza, puntualidad, moralidad, vestido o sistema de valores. Peter Wagner llama a esta tendencia de tratar de hacer que la gente se conforme a la imagen del misionero, el "complejo creador" (1970:97). Desde luego, que todos los misioneros desean guiar a la gente a conformarse a los estándares bíblicos pero el de superioridad cultural conduce a los misioneros a insistir en los rasgos culturales como realidades bíblicas cuando algunas veces estos rasgos no son más que los de la cultura del misionero.

La superioridad cultural a menudo funciona más obviamente en asuntos de puntualidad, diseño de los edificios o prohibiciones en asuntos como el baile. El misionero toma los estándares de su cultura y procura imponerlos en la cultura que los ha recibido. El resultado a menudo es la imposición de una demanda cultural en vez de una demanda bíblica.

Una expresión de la superioridad cultural, el paternalismo, resulta en que el misionero trata a los nacionales más o menos como niños que necesitan dirección y capacitación. El paternalismo usualmente revela una actitud de superioridad y el "nosotros sabemos lo que es mejor." Esto conduce a los misioneros a fallar en el reconocimiento de los dones, las habilidades y el valioso conocimiento de la gente. Los misioneros que sufren del paternalismo usualmente fallan en honrar el pensamiento, las contribuciones o las ideas de los nacionales.

Los mismos procedimientos que ayudan a aliviar el choque cultural ayudan a vencer la superioridad cultural. Al mostrar las funciones de los varios rasgos o prácticas culturales, la antropología ayudará al misionero a entender las razones y el valor de las maneras locales. El respeto a la cultura y a la gente ayuda a que los misioneros acepten a la gente local como adultos, líderes, consejeros y guías competentes. Vencer el etnocentrismo también ayuda al obrero transcultural a resolver los problemas asociados con la superioridad cultural.

Conclusión

El choque cultural y la superioridad cultural permanecerán como barreras a la auténtica identificación con la cultura y ministerio cristiano eficaz. Los comunicadores transsulturales tienen que aprender a adaptar la enseñanza, la estrategia y el estilo de vida a la cultura local y así mejorar sus ministerios. Pocos esfuerzos demandan más, se necesitan más o gratifican más que lograr exitosamente el ajuste personal apropiado a la cultura de la gente a la cual sirve.

LOGRANDO LA ACOMODACIÓN SIN SINCRETISMO

Una quinta contribución de la antropología al ministerio transcultural es la de enseñar a los obreros transsulturales a lograr la acomodación sin sincretismo. La meta de las misiones cristianas es reunir creyentes responsables en congregaciones responsables que se reproducen. Esta meta se alcanza mejor cuando las iglesias autóctonas se siembran y se les permite un crecimiento natural en los varios suelos de las nuevas culturas (vea el capítulo 4). La antropología cultural contribuye significativamente a la acomodación, esto es, al ajuste del mensaje cristiano, estilo de vida y vida de la iglesia para la cultura local a la vez que evita el sincretismo, que es una mezcla de verdad cristiana y estilo de vida con elementos no cristianos. El esfuerzo misionero, entonces, viene a ser el de lograr la acomodación apropiada sin los errores del sincretismo.

Entendiendo la Acomodación

La acomodación es el ajuste apropiado teológica y científicamente, respetuoso, prudente de la iglesia y la vida cristiana a la cultura autóctona en actitud, acción y metodología básica (Luzbetak 1970:341). La meta de la acomodación apropiada es la de ayudar a que los cristianos locales desarrollen sus propias expresiones de la teología cristiana, vida y vida de la iglesia en el sentido más completo del término, iglesias autóctonas. Esta obtención aumentará la eficacia misionera y el ministerio de los cristianos y las iglesias locales.

Difícilmente se exagerará la importancia de la acomodación apropiada. Se debe tener cuidado, sin embargo, que el movimiento use solamente métodos aceptables de acomodación y estrictamente observe los límites de la acomodación. Los métodos que permiten que elementos no bíblicos entren en las iglesias o que comprometan la conducta bíblica no se deben permitir. Donald A. McGavran provee el marco para evaluar la acomodación apropiada en su discusión de "Four Christianities" (1974:45-49).

> El esfuerzo misionero, por ende, viene a ser el de obtener la acomodación apropiada sin los errores del sincretismo.

McGavran ve el "cristianismo uno," o lo se podría llamar "cristianismo teológico" lo que abarca la creencia en Dios, el hombre, el pecado, la salvación, la Biblia, la vida eterna, y lo bueno y lo malo. Estas creencias basadas sólidamente en la revelación bíblica aunque varíen algo de denominación a denominación, deben permanecer iguales en cada cultura. La acomodación no desea introducir aspectos no bíblicos en la expresión de la creencia bíblica.

> La acomodación es el ajuste teológico y científicamente apropiado, respetuoso y prudente de la Iglesia (iglesias) y de la vida cristiana a la cultura autóctona en actitud, acción y metodología básica (Luzbetak 1970:341).

La verdad de la humanidad y divinidad de Cristo, por ejemplo, encontrará expresiones diferentes en algunas culturas pero la verdad básica de la doctrina no cambiará. El error teológico no se debe permitir meramente para hacer el cristianismo aceptable a la nueva cultura.

Por ejemplo, al principio el liberalismo era un intento de rehacer la ortodoxia bíblica en una forma más compatible con el pensamiento científico del siglo XVIII. Los líderes del movimiento liberal redujeron así los elementos sobrenaturales del mensaje bíblico al darle, lo que a estos líderes les pareció ser las explicaciones lógicas y científicamente aceptables. Así explicaron las enseñanzas tales como el nacimiento virginal al sugerir que los escritores bíblicos simplemente, en su punto de vista de la realidad pre científico, procuraban comunicar la idea que Jesucristo era diferente de todos los demás hombres. Al tratar de acomodarse a la mentalidad "científica" de su día, los liberales comprometieron las enseñanzas bíblicas. Tal procedimiento no es acomodación apropiada.

El "cristianismo dos" o cristianismo ético incluye el sistema de valores aplicados que los cristianos bajo varias circunstancias deben observar. Los cristianos deben honrar a sus padres y madres en cada cultura, pero cómo este honor se expresa se definirá diferentemente en varias culturas. En algunas culturas, dar o aceptar algo con la mano izquierda es rudo, mientras que en otras culturas la misma acción no tiene significado negativo de ninguna manera.

En cada cultura, los cristianos expresarán respeto por otros, pero los medios de expresión del respeto variarán de acuerdo a las culturas.

La acomodación se logrará apropiadamente en el cristianismo dos. En tanto que el principio bíblico se mantenga, la expresión cultural es aceptable. La enseñanza de Pablo en cuanto a lo largo del cabello de los hombres y de las mujeres (1 Corintios 11:1-12) sienta el principio para vestirse y arreglarse así permite que los hombres, las mujeres cristianos tengan un punto de vista preciso del carácter cristiano. El principio es uno de modestia y acertada manifestación del carácter cristiano.

> **Los Cuatro Cristianismos de McGavran:**
> 1. *El Cristianismo Uno-Cristianismo Teológico.* Ningún cambio sustancial es posible.
> 2. *El Cristianismo Dos-Cristianismo Ético.* Solamente cambios para realizar las enseñazas bíblicas en la cultura.
> 3. *El Cristianismo Tres-Cristianismo Eclesiástico.* Cambio en métodos y prácticas entre tanto que se permanezca fiel al significado original.
> 4. *El Cristianismo Cuatro-Cristianismo de Costumbres.* Los cambios son posibles si se mantiene la intención original de la moralidad.

En las culturas de hoy, en tanto que el principio de modestia y el cuadro preciso del carácter se mantenga, el largo del pelo en hombres y mujeres tiene poca importancia y se puede ajustar. Sin embargo, si el usar el pelo corto o largo en una cultura comunica la idea de falta del valor moral o de la presencia de conducta pecaminosa, entonces los cristianos debe ajustar su pelo para que se conforme con lo que da la indicación apropiada del carácter y conducta cristianos.

No tiene que advertirse que los cristianos no deben aceptar ni seguir una práctica que va contra la enseñanza bíblica aún si la acción es culturalmente aceptable. No importa que tan culturalmente aceptado sea el materialismo en la sociedad occidental, bíblicamente el materialismo es inaceptable. La acomodación no permite enseñanzas no bíblicas o que entren prácticas bajo la impresión que son culturalmente apropiadas.

El Cristianismo Tres o Cristianismo Eclesiástico, incluye las costumbres de la iglesia, las maneras de adoración, formas de orar, estilo de los edificios de la iglesia, el tiempo de las reuniones y los tipos de organización. Estas costumbres varían grandemente de cultura a cultura. En una cultura altamente literaria, la adoración de una vez a la semana será sufriente. En sociedades no literarias, la adoración diaria será lo más eficaz. Entre la gente mayor en el occidente, los métodos de la adoración más tradicional serán más aceptables. Entre los adultos jóvenes, lo que se denomina "adoración contemporánea" se acepta entusiastamente. Los estilos de adoración, música, tiempo de los servicios pueden varias de acuerdo a las necesidades culturales de la gente. La acomodación permite mucha libertad en el cambio de las costumbres eclesiásticas para que encaje en la cultura.

Un aspecto mayor de las costumbres de la iglesia tiene que ver con los métodos de liderazgo. La gente en culturas que honran la edad será difícil aceptar el liderazgo joven, aunque se haya entrenado. Los misioneros sentirán la necesidad de capacitar líderes. Una iglesia local se ajustó a esta situación al tener a un hombre mayor, que era el líder de la comunidad, para que fuera el pastor de la congregación, pero un hombre joven educado en verdad era el predicador. Tal acomodación parecerá ser apropiada.

El Cristianismo Cuatro o Cristianismo de Costumbres involucra las costumbres locales con las que tiene que relacionarse el cristiano. Este cuerpo de costumbres tiene que ver con la comida, el vestuario y las maneras ordinarias de vivir. Los cristianos tienen que acomodarse a estas costumbres para evitar el error de aceptar acciones no bíblicas o—el error de hacerse "occidental." Los primeros cristianos en un área de Java, por ejemplo, se les llamó, "javanés que lleva sombrero y zapatos" porque los líderes de la iglesia holandesa insistieron que los cristianos adoptaran el vestuario holandés y sus costumbres (Smith 1970:102). La acomodación no exige que la gente local adopte la conducta foránea en tanto que las acciones que practican sean compatibles con las enseñanzas bíblicas. La acomodación a las prácticas locales puede ser intensa en el Cristianismo Cuatro.

Entonces, la acomodación se ajusta a las costumbres, el idioma y los estilos pero se cuida de la mezcla del cristianismo con enseñanzas e ideas no bíblicas. La antropología ayudará a los obreros transculturales a saber introducir los cambios necesarios y cómo animar a las iglesias y a los cristianos a encajar en sus propias culturas. Stephen Grunlan y Marvin Mayers sugieren cuatro asuntos que guiarán a los cristianos en la acomodación a la cultura:

¿Cuál es la norma para esta cultura? Esto es, ¿qué hace

una persona en esta situación si actúa como miembro responsable de esta cultura?

¿Se mantiene la conducta en línea con la norma cultural? ¿Es esta la conducta de un miembro responsable de la cultura?

¿Se tiene que cambiar la norma cultural? ¿Está la norma cultural en conflicto con el principio bíblico? Se tiene que tener cuidado en este punto para estar seguros que se evalúa la norma cultural por los estándares bíblicos y no por nuestras normas culturales. Aún si nuestras normas culturales están en línea con los principios bíblicos, esto no quiere decir que las normas de la otra cultura no lo están—simplemente porque estas normas sean diferentes a las nuestras. Un principio bien pueda tomar una forma diferente en diferentes situaciones culturales.

¿Quién es el responsable para cambiar la norma? Si se descubre que la norma en una cultura dada no mantiene las enseñanzas bíblicas, entonces ¿quién es el responsable de hacer el cambio para que se conforme con la Biblia? ¡Que no sea el misionero! Los nacionales que son guiados por el Espíritu Santo obrarán el cambio. El cambio pueda o no estar de acuerdo con las ideas del misionero de lo que debía de haberse hecho para que fuera una acomodación apropiada si el esfuerzo fue dirigido por el Espíritu Santo (1979:30-31).

La acomodación apropiada procura la expresión adecuada, local y autóctona del mensaje y práctica del cristianismo. Este es un esfuerzo difícil pero con todo necesario.

Evitando el Sincretismo

El cristianismo necesaria, apropiada e incesantemente se ajusta a las culturas. En el proceso de lograr estos ajustes apropiados, a menudo se han tomado decisiones erróneas. Tales errores en la acomodación pueden llevar a una problema cristiano mayor, el sincretismo. El sincretismo es la "unión de dos fuerzas opuestas, creencias, sistemas o principios que resulta en una forma unida que sea una nueva cosa, no la una ni la otra" (Tippett 1975:17).

A. R. Tippett menciona dos clases de mezclas que se llamarán sincretismo. Una mezcla involucra la distorsión de las enseñanzas cristianas al mezclar esta verdad con la mitología no cristiana. La segunda mezcla involucra cantar la teología calvinista occidental en cantos no familiares al ritmo previamente empleado en la danza pagana.

Estas dos mezclas son diferentes. La diferencia condujo a Tippett a emplear el término *"cristopaganismo"* para la primera mezcla que dice se relaciona con la confusión del contenido básico y esencial del mensaje. Esta mezcla resulta en una fusión de los sistemas de creencias en la cual el evangelio supracultural se contamina y produce una nueva clase de animismo o religión tradicional. Para la segunda mezcla, el uso de una forma cultural tal como el ritmo del tambor para cantar la teología ortodoxa, Tippett usa los términos que se relacionan con la acomodación (1975:17-19).

Tippett ilustra la mezcla sincretista al relacionar el pensamiento del indio latinoamericano, Juan, en el cual los mitos tradicionales se entretejieron tanto con los elementos de la Biblia que el contenido bíblico queda distorsionado. Juan, quien se considera ser un cristiano normal, le muestra a Tippett esta mezcla sincretista al relatarle su entendimiento y su sincretismo del mensaje bíblico con el mito tradicional. Tippett relata el entendimiento de Juan al reportar lo que Juan le dijo:

> El sincretismo es la "unión de dos fuerzas opuestas, creencias, sistemas o principios que resulta en una forma unida que sea una nueva cosa, no la una ni la otra."

> Él nos cuenta que el Salvador vigila a la gente en el camino. Él murió en la cruz para salvar al caminante de los judíos, que él los considera diablos y que supuestamente eran caníbales. Originalmente el sol era frío como la luna, pero creció su calor cuando el Santo Niño nació. Era el hijo de una virgen entre los judíos, que la desterraron porque sabían que el Niño traería luz. San José la llevó a Belén donde nació el Niño. El sol aumentó en calor y el día se iluminó más. Los demonios huyeron y se escondieron en las hondonadas de las montañas. Su actividad se confina a la noche porque el Salvador vigila en el día porque el sol es el ojo de Dios. Después de tres días el Santo Niño empezó a trabajar como carpintero. Hizo una puerta de un tronco. El tronco era muy corto por eso lo estiró como a una soga hasta la medida requerida. Por temor a él, la gente determinó matarlo y la familia huyó de villa a villa entre las montañas. En una villa sembró maíz. La gente

fue picada por multitud de mosquitos. El Salvador dijo, "No se los coman, en vez cómanme a mí." Visitó el otro mundo y luego lo clavaron en la cruz para que la gente recuerde que los demonios serán castigados y cesen de comerse a la gente (1975:20-22).

Tal mezcla de verdad bíblica con mitología no cristiana es inaceptable y no es de ninguna manera una acomodación apropiada.

Donald McGavran indica que el deísmo es un ejemplo de un ajuste inapropiado del cristianismo a la cultura. La cultura deísta coloca las leyes de la naturaleza, la vida y el mundo en primer lugar. El deísmo no fue tanto que rechazara a Dios sino que lo relegó a ser una deidad ausente que había creado el mundo y lo dejó controlado por las leyes naturales. Las leyes naturales, no Dios gobiernan el mundo. Afirmaron que los milagros eran imposibles y que la oración era meditación que influía solamente al que oraba.

Los deístas intentaban ajustar el cristianismo a la cultura deísta. McGavran declara que este es un ajuste inapropiado que destruyó la fe bíblica. McGavran dice:

> Bajo la máscara de ajustar el cristianismo a la cultura racional, los teólogos y los líderes de estos segmentos de la iglesia crearon una nueva religión sincretista. Todavía la llamaron cristianismo. Usó las palabras familiares. Se reunía en templos y se escuchaba los coros con sus batas. Cantaban himnos y empleaban ministros entrenados en los seminarios que se dedicaban a apurar los ajustes de la cultura deísta. Mucho se parecía al cristianismo—pero radicalmente no creía en la Biblia, tenía poca fe en la resurrección de nuestro Señor y tenía poco poder. Convirtió unos pocos pecadores. En los Estados Unidos, se mantiene con el proselitismo entre las iglesias cristianas ortodoxas cuya fe se ha resfriado. Enfatiza la ética—en parte porque la rectitud era uno de los componentes de la fe pura en la cual aún creía, y en parte porque, habiendo perdido la dimensión vertical, tenía que compensar al enfatizar la horizontal. Los misiólogos no tienen que ir lejos para observar la trágica futilidad del sincretismo (1975:46-49).

La estrategia misionera debe procurar la acomodación apropiada del mensaje a la cultura—pero a la vez se tiene que cuidar contra los errores que surgen del sincretismo. El mensaje bíblico esencial no puede ni debe cambiarse por ninguna acomodación o ajuste a la cultura. El mensaje y las prácticas de las iglesias en la nueva cultura tienen que permanecer fieles a las enseñanzas bíblicas mientras que al mismo tiempo se presenta en términos entendibles y significativos a la cultura recipiente. El límite de la acomodación se alcanza antes que las enseñanzas y acciones sincretistas lleguen a ser realidades.

AVANZANDO HACIA LA CONTEXTUALIZACIÓN

La sexta contribución de la antropología al ministerio transcultural es la de guiar a los obreros transculturales a cooperar con los nacionales en el avance hacia la contextualización. En el proceso de acomodación, los cristianos nuevos tienen que llegar a una expresión del mensaje y de la práctica de la vida cristiana que involucra el vivir, adaptación cultural y la experiencia religiosa. Los nuevos cristianos experimentan y expresan la fe en términos significativos y de acuerdo a su propia cultura. La expresión y práctica de la vida cristiana surge del propio vivir de la fe por la gente en vez de alguna expresión foránea. Los cristianos en la cultura se dan cuenta y expresan cómo la fe en Jesucristo satisface sus necesidades diarias. La meta de la contextualización es que todos los pueblos, en todas partes, entiendan la Palabra tan clara y precisamente como lo hicieron los creyentes en el propio día de Jesucristo. (Gilliland 2000:27).

Paul Hiebert Indica la necesidad de la contextualización apropiada al demostrar que el cristianismo, cuando entra en una nueva cultural tiene que tratar con las creencias y prácticas tradicionales. Muestra que las dos tendencias—negación de lo antiguo y aceptación indiscriminada de lo antiguo conduce al rechazo del mensaje cristiano y/o al sincretismo. La negación de lo tradicional deja vacíos culturales que tienen que llenarse y que muy a menudo esto se consigue con el importe de las costumbres de los misioneros. Esta negación también hace que los nacionales parezcan como foráneos. Las ideas tradicionales, bajo este error, simplemente están bajo cubierta y se continúan practicando o se rechaza el cristianismo.

La aceptación indiscriminada de lo tradicional (lo que Hiebert llama contextualización sin crítica) simplemente acepta ideas y prácticas tradicionales. Este proceder deja de lado la pecaminosidad que existe en todas la culturas. Ideas y prácticas inapropiadas que lastiman continúan. El sincretismo florece (Hiebert 1985:183-86). Los lectores deben recordar el énfasis apropiado de Sherwook Lingenfelter que el cristianismo debe trasformar la cultura a la semejanza de la voluntad de Dios (1998:11-22).

> Al tratar con las creencias y prácticas tradicionales, el obrero de transcultural enfrenta dos tendencias igualmente destructivas—la de la inmediata negación de lo antiguo y tradicional o la aceptación indiscriminada de lo antiguo y tradicional. Ambos senderos a veces pueden conducir al rechazo del mensaje o al sincretismo.

Hiebert clama por una contextualización crítica que trate con lo tradicional al examinar lo tradicional en relación al lugar y significado que estos asuntos tradicionales tienen en la cultura. A la luz de esta evaluación crítica de las enseñanzas y prácticas tradicionales desde el punto de vista bíblico, los elementos tradicionales son eliminados, cambiados (trasformados) o continuados.

Un punto importante que tiene que ver con la contextualización es que los que están dentro de la cultura logran el proceso en vez de dejar que los de afuera dicten el proceso—quienes ayudarán pero no pueden controlar el proceso. La contextualización crítica involucra a los cristianos locales a tratar con las creencias tradicionales, rituales, historias, canciones, costumbres, arte, música, prácticas de sanidades, organización familiar, etc., en vez de simplemente negar o aceptarlo todo. En el proceso de la contextualización crítica, el grupo reúne información sobre los elementos tradicionales (prácticas de bodas y funerales, maneras de relacionarse, vestuario, comida, música y arte). El grupo procura entender el significado exacto y el lugar en la cultura que ocupan estos elementos.

La segunda fase involucra un estudio sincero y a fondo de la Biblia en lo que tiene que ver con las enseñanzas y prácticas de estos elementos culturales. ¿Expresan alguna dependencia en divinidades diferentes a Dios? ¿Expresan alguna verdad bíblica? ¿Conducen a la conducta bíblica? Con tales respuestas el grupo irá a la tercera fase.

En la tercera fase, el grupo evalúa lo tradicional a la luz de

> La contextualización crítica involucra a los cristianos locales para que traten con las creencias tradicionales, rituales, historias, canciones, costumbres, arte, música, practicas de sanidades, organización familiar, etc., en vez de simplemente negarlas o aceptarlas.

las enseñanzas bíblicas. ¿Están estos elementos culturales tan vacíos de la verdad bíblica de manera que tienen que ser descartados? Los sacrificios humanos y elementos tales se descartarán. ¿Están los elementos culturales en necesidad de trasformación para que expresen los significados cristianos en vez de las ideas tradicionales? ¿Necesitan enfocarse estos elementos en los significados y prácticas cristianas?

En la cuarta fase, el grupo busca maneras para crear una nueva práctica contextualizada cristiana que encaje tanto la cultura como el evangelio (vea Hiebert 1985:186-190). En Indonesia, los cristianos se sentían mal al no dar comida a sus vecinos al final del Ramadán. Esta práctica expresaba cuidado y amor y resultaba en la solidaridad comunitaria. No obstante, los cristianos sentían que participar en la ceremonia musulmana comprometería su testimonio cristiano. La solución alcanzada fue la de dar comida a sus vecinos en la resurrección. La forma cultural se mantuvo sin comprometer el distintivo cristiano.

Hiebert presenta tres fundamentos teológicos para todos los esfuerzos de contextualización del mensaje cristiano. Primero, dice Hiebert, *la Biblia se toma como la autoridad final y definitiva para toda creencia y práctica cristianas*. Toda la gente en todas las situaciones culturales empieza en el mismo lugar, la revelada Palabra de Dios. Ninguna otra revelación existe aparte de la Biblia. La Palabra de Dios habla autoritativamente a todas las culturas y jamás enseña a una persona a creer o a practicar algo fuera de la voluntad de Dios.

Segundo, el sacerdocio de los creyentes asume que el Espíritu Santo en su entendimiento y aplicación de la Biblia guía a todos los fieles. Esta creencia en que todos los cristianos tienen la dirección del Espíritu abre el camino para que el cuerpo entero participe en las decisiones de la contextualización.

Finalmente, toda la iglesia se involucra en reunir y examinar los datos de toda la cultura y la verdad bíblica usada para examinar la tradición. Los individuos se someterán a las decisiones de la iglesia en tanto que la iglesia como un todo busca la dirección de Dios. El proceso de contextualización, entonces está bajo el constante chequeo de la iglesia (Hiebert 1985:191-92).

La contextualización apropiada viene a ser un elemento importante en la acomodación. Los cristianos locales, con la ayuda de los de afuera que no controlan, buscan trasformar sus creencias y prácticas tradicionales conforme a las enseñanzas y maneras congruentes con la verdad bíblica. No se realizará una genuina acomodación sin la contextualización crítica en los niveles locales. El mayor peligro es que las personas de afuera de la cultura intenten poner demasiado en el proceso.

ESTRATEGIAS PARA LA ACOMODACIÓN

Los que tienen la tarea de proclamar el evangelio en los diversos grupos culturales en el mundo tienen que tomar la acomodación seriamente. La meta todavía es la de hacer el mensaje, la práctica y las iglesias cristianas relevantes, fácilmente entendidas y aceptables a los receptores de la cultura. La acomodación involucra tanto la identificación como la acomodación. Aunque está en guardia contra el sincretismo, la acomodación se esfuerza en lograr la expresión autóctona del pensamiento y la práctica cristiana entre los pueblos de cada grupo cultural en este mundo.

El proceso de acomodación demanda por lo menos seis estrategias. *Una estrategia importante en la acomodación apropiada considera, descubre y atiende las necesidades sentidas del grupo cultural al cual sirve el comunicador.* Las necesidades sentidas son necesidades que la gente en la cultura misma reconoce y siente. Descubrir y mostrar cómo el evangelio satisfará tales necesidades inmediatamente hace relevante el mensaje a la gente. Con el uso de la estrategia de las necesidades sentidas, el comunicador busca proclamar el mensaje de tal manera que la gente se da cuenta que esta Palabra llena las necesidades que la gente reconoce y encara. Abogar cambio cuando la gente no percibe el cambio como relacionado a sus necesidades usualmente resulta en poco o ninguna innovación o cambio.

> Expresar el único, inmutable e incambiable mensaje en maneras apropiadas y relevantes a situaciones culturales separadas y diferentes en el mundo es la meta final de la acomodación apropiada.

El comunicador sabio descubre las necesidades sentidas de la gente con quien desea comunicarse. Las necesidades sentidas incluyen asuntos como alcanzar libertad del temor del shaman, los demonios o los malos espíritus. Las necesidades sentidas también incluyen asuntos relacionados con evadir o sanidad del estrés físico o con maneras de obtener la paz de la mente y del alma en un mundo de incertidumbre. Las necesidades sentidas involucrarán la búsqueda de la armonía familiar o mejores maneras de producir para las necesidades físicas de la vida. Como diferentes pueblos reconocen diferentes necesidades sentidas, el proceso de acomodación empieza con el descubrimiento y atención a estas necesidades por medio del mensaje cristiano.

Una vez que el comunicador entiende estas necesidades sentidas de la gente, enseñará el mensaje de tal manera que mostrará cómo el cristianismo satisface exactamente estas necesidades. La respuesta al evangelio aumenta cuando la gente se da cuenta que el cristianismo puede y provee respuestas a sus propios reconocidos problemas. Demasiado a menudo, el testigo cristiano se relaciona con aspectos de la verdad bíblica que le interesan en vez de los que los que le hablan a la gente de la cultura.

Una segunda estrategia para la acomodación apropiada se relaciona con animar a los innovadores locales a encontrar maneras apropiadas culturalmente para expresar el significado del mensaje cristiano, culturalmente relacionado con maneras de práctica y conducta cristiana, y culturalmente ajustado a las maneras para la adoración y servicio del conjunto, esto es, de las iglesias. El evangelio universal encontrará maneras de expresión en cada situación cultural sin tener que sacrificar la singularidad del mensaje.

Seis Estrategias para la Acomodación Apropiada

➢ Descubra y responda a las necesidades sentidas del grupo cultural.

➢ Anime la expresión culturalmente apropiada de la verdad y práctica cristianas.

➢ Ayude a la gente a lograr la contextualización crítica del mensaje cristiano.

➢ Anime la transformación cultural donde tal cambio es necesario.

➢ Confíe en la gente y en el movimiento a la dirección del Espíritu Santo.

➢ Guíe en la provisión y selección de sustitutos funcionales.

Esta expresión del evangelio inmutable e incambiable es la meta del la acomodación apropiada.

La acomodación, aunque procura la expresión apropiada y culturalmente relacionada del Mensaje, la vida cristianan y la iglesia local, rehúsa perpetuar cualquier elemento no bíblico de la cultura local o elementos no bíblicos de la cultura del comunicador. Mantener la expresión no bíblica de la adoración ancestral en nombre de la acomodación es tan incorrecto como la introducción de una expresión teológica occidental que no requiere el cristianismo bíblico.

La tercera estrategia de la acomodación apropiada permite y ayuda a la gente en el logro de la contextualización crítica. La gente misma tiene que realizar esta contextulización. El de afuera sugerirá y aun quizá advertirá si se da cuenta que el grupo se está apartando de las enseñanzas bíblicas. Sin embargo, al procurar la acomodación apropiada el papel del de afuera es el animar, permitir y ayudar—pero no hacer.

La cuarta estrategia de la acomodación apropiada se relaciona con animar a los innovadores locales en la trasformación cultural y en la actual realización de los cambios necesarios en su cultura cristiana. El cristianismo simplemente no perpetúa prácticas y creencias no bíblicas sino que trasforma estas creencias y prácticas en conformidad con los estándares bíblicos. Sherwook Lingenfelter, como lo vimos anteriormente, proyecta la idea de "trasformar la cultura."

Peter Beyerhaus usa el concepto de "posesión" para describir el proceso de la trasformación de la cultura en conformidad con los estándares bíblicos. Este concepto invita a tomar un elemento o expresión cultural, cambiando su significado para que la expresión o práctica ahora comunique la verdad bíblica. Beyerhaus sugiere el uso del apóstol Pablo del término griego "metamorfosis," que significa renacer, como la hace la naturaleza en la primavera, para expresar el proceso del nuevo nacimiento o regeneración como una ilustración de posesión (1975:139). Tal es el medio de trasformación de expresiones y prácticas que encierran un método para buscar la acomodación apropiada.

Ayudar a los innovadores locales en busca de las expresiones contextualizadas de las enseñanzas y prácticas cristianas es un tercer método para avanzar hacia la acomodación apropiada. Al recordar la discusión de Paul Hiebert del proceso de la contextualización crítica, los cristianos examinarán los conceptos y prácticas culturales, las evaluarán desde el punto de vista bíblico y las trasformarán a expresiones apropiadas culturalmente de la verdad y conducta bíblica. La contextualización crítica provee de una estrategia de mucha ayuda para la acomodación apropiada.

Una estrategia indispensable para la acomodación apropiada yace en el método de confiar en al pueblo, el movimiento y la iglesia a la dirección del Espíritu Santo. El abogado del cambio procurará guiar y ayudar pero no dictar o controlar el movimiento. La confianza que el Espíritu Santo guiará la gente a las expresiones y prácticas apropiadas será un paso demandante. Es tan necesario como demandante si la acomodación apropiada se va a conseguir en cualquier movimiento cristiano. Muchos resultados desafortunados, aun desastrosos han acontecido porque los de afuera demandaron cambios inapropiados e innecesarios en la expresión o práctica del cristianismo en algunas culturas.

El antropólogo Robert Redford en su libro *The Village that Chose Progress*, describe cómo un movimiento evangélico prometedor en la villa mexicana de *Chan Kom* fue impedido por los misioneros que demandaron que la gente siguiera guías de conducta ligadas a la cultura de los misioneros. Los misioneros demandaron que la gente se refrenara de sus danzas culturales (*noweva*), de fumar y de seguir la dirección del educado, pero joven pastor líder. Estos elementos culturales podrían haberse trasformado y mejorado el movimiento, pero la fuerte prohibición sin ninguna provisión de alternativas llevó a una virtual destrucción del movimiento evangélico (1950:88-112).

La sexta estrategia para lograr la acomodación apropiada yace en guiar a la gente a proveer y seleccionar sustitutos funcionales. Un sustituto funcional es un elemento cultural introducido para reemplazar un elemento cultural que debe eliminarse o cambiarse drásticamente en el proceso de un grupo que se cambia al cristianismo. Si se falla en proveer un sustituto funcional para un elemento cultural suspendido se invita a la reversión o al sincretismo.

En Java, un agricultor musulmán sacrificaba a los espíritus del campo, en busca de protección de su sementera. Si se le preguntase por qué lo hacía si creía en un Dios y luego sacrificaba a los espíritus del campo, el agricultor hubiese contestado, "Alá es un Dios grande, interesado con las grandes cosas como la edificación de la mezquitas y la guerra santa. Dios no tiene tiempo para cuidar de las sementeras en los campos. Esa es la obra de los espíritus del campo."

Si este agricultor musulmán hubiese llegado a ser cristiano, no hubiese podido continuar con el sacrificio a los espíritus del campo, porque eso constituiría idolatría. Cada cristiano en cada cultura tiene que prestar atención al mandamiento bíblico, "no tendrás dioses ajenos delante de mí" (Éxodo 20:1-3). Con simplemente prohibir la ceremonia del sacrificio a los espíritus del campo dejaría un vasto vacío cultural. Es mejor ayudar a que los creyentes desarrollen sustitutos funcionales que proveerán una ceremonia cristiana con oraciones a Dios quien se interesa y es capaz de proteger las sementeras en los campos. Tal servicio cristiano servirá como un sustituto funcional para la necesidad sentida de la ayuda sobrenatural en el crecimiento de la sementera.

Los sustitutos funcionales satisfacen necesidades culturales sin perpetuar rituales, creencias o métodos no bíblicos. Introducen prácticas completamente cristianas y enfatizan las enseñanzas bíblicas. Cualquier esfuerzo para la acomodación apropiada debe buscarse para ayudar a la gente a proveer sustitutos funcionales válidos, satisfactorios y adecuados cuando los elementos culturales se tienen que cambiar o descartar. Únicamente cuando tales sustitutos funcionales estén en lugar se alcanzará la acomodación apropiada.

La acomodación apropiada es uno de los esfuerzos misioneros más demandantes, creativos y provechosos de todos. Ningún movimiento prosperará a menos que la acomodación apropiada sea parte del movimiento. La acomodación que es culturalmente sana y bíblicamente aceptable permite y mejora el crecimiento balanceado de la iglesia.

CONCLUSIÓN

La evangelización eficaz en varias culturas debe lograr cada idea y enseñanza apropiada de las ciencias sociales, especialmente antropología y sociología. Estas disciplinas son simplemente herramientas—pero importantes y eficaces herramientas—para los que se ocupan en la evangelización transcultural y para lo que dirigen programas locales. En vez de temer o rechazar las ciencias sociales, el misionero y la estrategia de la iglesia deben hacer uso completo del conocimiento de estas ciencias. El crecimiento saludable de la iglesia acepta y emplea las ideas apropiadas de las ciencias sociales.

Preguntas y actividades

1. Explique la diferencia entre relatividad cultural y relatividad ética.
2. ¿Cómo las sacudidas culturales llevan al choque cultural? ¿Cómo superarán los misioneros el choque cultural?
3. Describa la diferencia entre la acomodación apropiada y el sincretismo. ¡Use ilustraciones!
4. ¿Hay evidencia de sincretismo entre los Católico Romanos donde usted vive?
5. ¿Hay evidencia de sincretismo entre algunos que se han convertido del Catolicismo al evangelio - Curanderos, Mal de ojo, etc.?
6. Lea la descripción de una cultura. Sugiera cómo un movimiento cristiano se puede acomodar a esta cultura. ¿Qué necesidades sentidas se deben considerar y qué contextualización será necesaria? Sugiera sustitutos funcionales.

Lecturas adicionales

Sánchez, Daniel R., Smith Ebbie C., *Cómo Sembrar Iglesias en el Siglo XXI*, Casa Bautista de Publicaciones, 2002.

Sánchez, Daniel R, *Iglesia: Crecimiento y Cultura*, Red Sembrar Iglesias, 2006, www.sembrariglesias.net

Sánchez, Daniel R., ed., Church Planting Movements in North America, Church Starting Network, 2006, www.churchstarting.net

Scazzero, Peter, *Una Iglesia Emocionalmente Sana*, Miami: Editorial Vida, 2005

Schuller, Robert H, *Su Iglesia tiene posibilidades*, Publicaciones GL, 1976

Sherwood Lingenfelter, *Transforming Culture: A Challenge for Christian Mission* (Baker, 1992).

Tetsunau Yammori and Charles Tabor, *Christopaganism or Indigenous Christianity*. (William Carey Library, 1975).

CAPÍTULO 8

SUPERANDO OBSTÁCULOS PARA EL CRECIMIENTO DE LA IGLESIA

¡El crecimiento saludable de la iglesia es imperativo! ¡Dios lo desea! ¡Cristo lo ordena! ¡El Espíritu Santo da el poder! ¡Los cristianos lo desean! ¡Las iglesias lo anticipan! ¡El mundo lo necesita! ¡El reino lo espera! A pesar de la importancia y del deseo del crecimiento saludable de la iglesia una variedad de barreras lo impiden y obstruyen. Todos los que están interesados del crecimiento saludable de la iglesia deben estar conscientes de estos obstáculos y descubrir maneras para superarlos. Los obstáculos o impedimentos para el crecimiento saludable de la iglesia se presentan bajo los títulos de barreras teológicas, eclesiásticas, metodológicas y espirituales.

SUPERANDO LOS OBSTÁCULOS TEOLÓGICOS

Las creencias concernientes a Dios, revelación, pecado, conversión, la Iglesia, la misión de la iglesia, estados eternos y las responsabilidades cristianas permanecen centrales para toda la actividad misionera y ciertamente para el crecimiento saludable de la iglesia. La desviación de los fundamentos bíblicos en estas y de otras doctrinas bíblicas ocasiona que el crecimiento de la iglesia sea por lo menos improbable, imposible en la mayoría de los casos y bloquean el crecimiento saludable de la iglesia en cada caso. La confusión teológica constituye un obstáculo mayor para el crecimiento de la iglesia y debe ser encarado y superado si la e iglesia va a alcanzar crecimiento saludable. Muchos malos entendidos teológicos impiden el crecimiento saludable de la iglesia. Ningunos obstáculos teológicos mayores existen que los tres discutidos aquí—las teorías de la salvación de amplia esperanza, el humanitarismo mal dirigido y la elevación de los facto-

---

Algunos Obstáculos Teológicos para el Crecimiento Saludable de la Iglesia

- Teorías de la salvación de amplia "esperanza"
- Humanitarismo mal dirigido
- Elevación de los elementos culturales y tradicionales al lugar de la doctrina o práctica requerida.

res denominacionales y culturales a un estado teológico.[6]

Superación del Obstáculo de las Teorías de Amplia Esperanza

Las teorías de la salvación de la "amplia esperanza," que incluyen el universalismo, el pluralismo y el inclusivismo conciben la salvación sin tener que confiar en el Jesucristo histórico, ni en Su muerte y resurrección. Estas teorías se relacionan con un creciente sentido del pluralismo religioso en el mundo lo cual va más allá del simple reconocimiento de la diversidad de expresiones religiosas entre los pueblos a afirmaciones normativas de las relaciones entre las religiones mayores del mundo. Este nuevo juicio enseña, como Harold Netland evalúa con precisión, "una perspectiva de igualdad democratizada que sostiene que existe paridad entre las religiones concerniente a la verdad y la eficacia soteriológica (salvadora)" (2001:12). Winfred Cantwell Smith, en 1972, equivocadamente declaró que afirmar que para que el cristianismo se declare a sí mismo como el único camino de salvación y la verdad última, no era solamente imposible de sostener, sino también era moralmente inaceptable en la diversidad del mundo del siglo pasado (1972:130-31).

> **Teorías de la Salvación de "Amplia Esperanza"**
>
> ➢ Universalismo—todos se salvarán por el amor de Dios.
>
> ➢ Pluralismo—la gente se salvará por su dedicación a una de las religiones. Las religiones son iguales al cristianismo en su poder salvador.
>
> ➢ Inclusivismo—la salvación vendrá solamente por medio de Cristo pero a Cristo se le encontrará en la revelación general, otras religiones y en la divina providencia.

Estas teorías de la salvación de amplia esperanza comparten varias coyunturas de conceptos mayormente equivocados. Estos escritores afirman que sostienen las doctrinas del amor de Dios, la bondad de Dios y la soberanía de Dios—todas las cuales son enseñanzas bíblicas. ***El problema es que los teoristas de la amplia esperanza siguen la lógica que si Dios tiene amor omnipotente para todos, entonces Dios por medio de su omnipotente amor salvará a todos*** (Danavant 2000:988). Muchos teoristas de la amplia esperanza también defienden la enseñanza de la "salvación universalmente accesible." Con esta declaración, estos escritores quieren decir que cada persona sin importar si escucha o no el evangelio tiene la posibilidad de la salvación (Sanders 1992:216). Alguno de estos maestros no sostienen que todos se *salvarán* pero contienden que *todos tienen que tener acceso a la salvación.*

La más drástica de las teorías de la salvación de la amplia esperanza, el universalismo, sostiene la creencia que todos serán finalmente salvos. La salvación, que es universal en su naturaleza y alcance, está disponible a todos y finalmente se realizará en todos. Los universalistas, debido a la convicción que todos eventual y finalmente se salvarán, tratan las misiones como diálogo y servicio en vez de proclamación e invitación a la conversión. La meta de las misiones viene a ser diálogo y servicio y el anuncio a los humanos que le pertenecen a Dios.

Las enseñanzas del universalismo destrozan el corazón del entendimiento evangélico de la salvación y la misión. Ciertamente, Harold Lindsell correctamente escribe:

> El universalismo corta el nervio de las misiones. Si todos los hombres serán redimidos al final, no se hace diferencia si el evangelio se predica o no a todos los hombres durante esta era (1968:58-59).

Además, el mandamiento bíblico instruye a los seguidores de Cristo a que proclamen la verdad que hay salvación solamente en el nombre de Jesucristo (Hechos 4:12) e inviten a los inconversos al arrepentimiento y la fe (Mateo 28:16-20). Aunque los cristianos reconocen las enseñanzas nobles en el islamismo, hinduismo, budismo y otras religiones, los que aceptan la doctrina bíblica no entienden que estas religiones tengan poder salvador.

El universalismo no solamente altera el mensaje de las misiones sino que también corta la urgencia de la tarea. Este punto de vista paso por alto la verdad que hablando bíblicamente hay solamente una elección definitiva, la del Cristo vivo en esta vida que lo eleva a uno del pecado hasta la vida eterna. Si todos se salvaran de cualquier manera no existe imperativo de llevarles el mensaje a todos. El único motivo real para las misiones en el punto de vista universalista es el de hacer las vidas de la gente más satisfactorias.

Otra teoría de amplia esperanza, el *pluralismo*, no sostiene que todos se salvarán sino cree que las personas se salvarán por medio de su adherencia a *cualquier religión*. Los pluralistas tales como John Hick, Paul Knitter, y William Hocking enseñan que otras religiones son igualmente verdaderas e igualmente eficaces como el cristianismo para proveer liberación, libertad y salvación. Para estos maestros, el cristianismo no es la única religión verdadera, ni la más alta expresión de la salvación, ni aun el cumplimiento de las otras religiones. John Kick, por ejemplo, basa su posición en un verso del libro sagrado hindú, Bhagavad Gita, "Cualquier hombre se me puede acercar, y así mismo lo acepto; porque por todos los lados, cualquier camino que escojan es el mío" (Hick 1980:171-79).

Muchos pluralistas divagan tan lejos de la revelación bíblica que declararán que la encarnación de Cristo es un mito. Al darse cuenta que el punto de vista bíblico de la encarnación destruirá el pluralismo, Hick sugiere que el entendimiento teológico de Jesucristo como completamente divino y completamente humano no viene de las propias enseñanzas de Cristo sino que es el intento de la iglesia naciente al explicar su comprensión de Cristo (Hick 1977:173-74). Hick está cierto que las doctrinas de la redención y la trinidad serán descartadas. Por medio de tales malos entendidos teológicos como estos, el pluralismo llega a estos puntos de vista que niegan la singularidad de Jesucristo y defienden la naturaleza salvadora de las religiones (1988:33; 1982:4-7).

Como el universalismo, el pluralismo destroza el corazón del pensamiento y acción evangélicos misioneros. Si las religiones son igualmente verdaderas e igualmente eficaces para dar salvación a la gente, queda muy poca razón para las misiones— solamente el diálogo y el servicio. La proclamación de la verdad bíblica de la necesidad de recibir la oferta de la gracia de Dios, de la salvación se pierde en el esfuerzo para entender y ser entendido. El crecimiento saludable de la iglesia no sobrevive en el terreno del error teológico tal como el del pluralismo.

Otro grupo de teóricos de la amplia esperanza, los inclusivistas, difieren de los universalistas y de los pluralistas. Ronald Nash castiga a estos escritores diciendo que su respuesta concerniente a Jesucristo como el único Salvador es, "Sí, pero" (1994:2-4, 9). Los inclusivistas sostienen las enseñanzas de la particularidad y finalidad de la salvación en Cristo pero afirman que la gente encontrará a Cristo en otras religiones, en la revelación general y por medio de la providencia de Dios.

Estos maestros encuentran esperanza para los no evangelizados en un encuentro después de la muerte con Cristo o reducen los problemas de la separación eterna al aceptar las enseñanzas de la inmortalidad condicional (anihilacionismo) (vea Smith 2002:10-12). El inclusivismo proyecta esperanza para toda la gente al encontrar la "salvación universalmente accesible" al afirmar la "apertura de Dios" para aceptar a cualquiera que en alguna manera pueda acercarse a Él (Pinnock 1994:16-17).

Al sostener las posibilidades no bíblicas de encontrar a Cristo en otras religiones y en la revelación general junto con las posibilidades de un encuentro después de la muerte y el anihilacionismo, el inclusivismo se coloca en oposición a la verdad bíblica. Además, estas doctrinas borran la urgencia de la proclamación del evangelio y de la evangelización. Como con otras teorías de amplia esperanza, el inclusivismo no provee un fundamento apropiado para las misiones evangélicas ni para el crecimiento saludable de la iglesia.

Obviamente las teorías de la salvación de la amplia esperanza no encajan con el crecimiento saludable de la iglesia. El cristianismo evangélico superará estas teorías solamente al rededicarse a las doctrinas bíblicas de la naturaleza de la humanidad, las claras enseñanzas de la redención solamente en Cristo y los mandamientos explícitos de la Gran Comisión. La humanidad permanece atada bajo el poder de Satanás y se liberará solamente por medio del más grande poder del plan redentor de Dios en Cristo. La misiología evangélica tiene que afirmar y vivir el más completo significado de la posición exclusivista de la salvación. Esta posición exclusivista declara que "*Jesucristo es el único Salvador, cuya salvación se obtendrá solamente por una respuesta directa, durante esta vida, al mensaje del Cristo histórico y resucitado como lo enseña el evangelio cristiano*" (Smith 2002:7).

> Jesucristo es el único Salvador, cuya salvación se encontrará solamente en la respuesta directa, durante el tiempo de la vida, al mensaje del Cristo histórico y resucitado como lo enseña el evangelio cristiano.

Las misiones como mera presencia o diálogo con los inconversos no apoyan el crecimiento saludable de la iglesia. Hacer únicamente ministerio social o de auxilio, tan importante como es para el evangelio completo, no logra la liberación de la gente del poder de Satanás. La misión sin invitación autoritativa al arrepentimiento permanecerá como no bíblica y por lo tanto un tratamiento inválido.

El que proclama el evangelio anuncia el mensaje del Señor mismo. Tippett defiende al misionero que invita a hacer una decisión en vez de un mero diálogo, cuando dice:

> Los hombres se tienen que persuadir a llegar a ser cristianos por su propia elección positiva, y la validez de la conversión depende del hecho que han hecho la decisión correcta por voluntad propia. El dogmatismo monológico, tan frecuentemente criticado, no es el dogmatismo del misionero, sino la proclamación. Los escritores del diálogo completamente han ignorado el punto que la proclamación viene, no del heraldo, sino de Dios (1969:91).

Los obstáculos para el crecimiento saludable de la iglesia puestos por las teorías de la salvación de amplia esperanza se pueden superar solamente cuando los movimientos cristianos reafirman las enseñanzas bíblicas de la redención y su prioridad. El crecimiento saludable de la iglesia descansa sobre el fundamento teológico de la necesidad humana de la provisión de Dios.

Los conceptos de la "apertura de Dios" que contiene que todas las personas encontrarán la vida eterna o por lo menos acceso a la vida eterna no se reconcilian con las enseñanzas bíblicas. El crecimiento auténtico de la iglesia resulta en cristianos genuinos y en congregaciones saludables solamente cuando las doctrinas fundamentales concernientes a la salvación y la eterna separación permanecen fuertes entre las iglesias. ¡Las teorías de la amplia esperanza proveen solamente un espectro estrecho de la amplia perdición y más profunda tristeza! Las misiones sin una invitación a la decisión son misiones sin el crecimiento saludable de la iglesia. Las teorías de la amplia esperanza son uno de los mal entendidos que obstruye el crecimiento saludable de la iglesia. En el último análisis son teorías de falsa esperanza.

Humanitarismo Mal Dirigido

El humanitarismo en sí mismo no constituye un obstáculo al crecimiento de la iglesia saludable. El humanitarismo mal dirigido, sin embargo, produce obstrucciones directas y vastas para las iglesias que desean crecer de maneras saludables. El tipo de humanitarismo designado como "mal dirigido" es el pensamiento que coloca satisfacer las necesidades sociales, superar la opresión y la injusticia y mejorar las condiciones de vida de la gente como la *meta primaria* y *propósito primario para las misiones*.

> El humanitarismo mal dirigido ocurre cuando los obreros proyectan satisfacer las necesidades sociales, superar la opresión y la injusticia y mejorar las condiciones de vida de la gente como la *meta primaria y el propósito primario para las misiones*.

El error opuesto concibe los aspectos sociales del evangelio como menos que una parte vital de la fe o solamente como medios de un fin evangelizador. John Cheyne indica que este último error deja de lado el hecho de la íntima relación entre la Gran Comisión "vayan por todo el mundo" y el Gran Mandamiento "ama a tu prójimo como a ti mismo" (Lucas 4:18-19, 7:20-24, Mateo 25:31-46). Cheyne señala que los dos mandatos tienen que ser parte de las misiones y deben mantenerse en una relación apropiada (1998:515).

La importancia del balance de los dos elementos en el mandato cristiano (evangelización y acción social) se han mencionado en al capítulo 3. La participación cristiana en ambos es una parte vital e indispensable en la implementación completa de la total obediencia de la iglesia al Señor. Cualquier descuido o falla en la implementación completa de los mandatos bíblicos para aliviar el sufrimiento, superar la opresión, corregir la injusticia y mejorar la vida queda corto del cristianismo bíblico.

El crecimiento saludable de la iglesia acepta y se da cuenta que el pueblo de Dios, individual y colectivamente, son llamados a servir como heraldos y como ministros. La iglesia de Jesucristo tiene que actuar evangelizadora y socialmente. La verdadera obediencia a los mandamientos de Cristo invita a la Iglesia a incluir el ministerio social y la acción social. El ministerio social se refiere a ayudar a los lastimados por las estructuras sociales mientras que la acción social se refiere a los esfuerzos para cambiar las estructuras que lastiman a la gente. Los mandamientos evangelizadores y sociales tienen que permanecer en una perspectiva apropiada a fin de contribuir al crecimiento saludable de las iglesias.

Tanto Carl F. H. Henry como David Moberg[7] enfatizan que el esfuerzo social era parte de la enseñanza y la práctica de la iglesia en sus primeros años. Este énfasis, sin embargo, se eclipsó en las enseñanzas de algunos cristianos y grupos durante las luchas con las teologías liberales de los siglos 18 y 19. Ambos escritores enseñan que el cristianismo ortodoxo debe procurar recobrar el énfasis apropiado y bíblico en cuanto a la participación social.

Evite los errores ya sea de colocar el énfasis social del evangelio en un lugar secundario o sin importancia, o exaltar este aspecto del servicio cristiano a un lugar de prioridad, las Iglesias e iglesias que aspiran al crecimiento saludable deben mantener estos dos elementos del evangelio en un balance apropiado. El punto importante para recordar es que tanto la participación social como la evangelización forman partes vitales de la misión de la Iglesia. Exaltar la evangelización sobre la participación social no indica que el grupo sea conservador. Una participación balanceada en los ministerios sociales no indica que el grupo sea liberal. Para esperar el crecimiento saludable de la iglesia, cualquier grupo o líder tiene que luchar para guardar el balance, como sea dictado por la situación local, estos son dos aspectos del evangelio.

Las Iglesias e iglesias que fallan en mantener este balance necesario han surgido en toda la historia cristiana. Simplemente se tiene que recordar la era del "evangelio social" cuando la participación social asumió un lugar prominente entre ciertos cristianos. Por otra parte, algunos cristianos "fundamentalistas" reaccionaron contra los excesos del evangelio social rechazando el lugar apropiado de la participación social.

Las Iglesias e iglesias deben reconocer las siguientes sugerencias a fin de expresar el humanitarismo en un nivel que contribuya al crecimiento saludable en vez de formar un barrera a este avance.

Aceptar el hecho que las iglesias saludables mantienen un balance entre la participación social y los esfuerzos evangelizadores. Permitir desequilibrio en esta o en otras áreas resultará en un desarrollo no saludable. La participación social es bíblica. Descuidarla o evadirla no es ser conservador sino que conduce a la iglesia hacia una vida no bíblica.

Mantener la prioridad evangelizadora. Rehusar cualquier énfasis en hacer discípulos o en la participación social eclipsa el mandato evangelizador. Descuidar la evangelización a fin de guiar la gente a la madurez espiritual o para elevar la gente social y físicamente al final resultará en la pérdida de la habilidad para hacer una de las dos. El mandato de "hacer discípulos" constituye el fundamento para satisfacer las necesidades sociales y físicas del mundo.

Mantener la prioridad social. Dios le ha dado al movimiento cristiano los mandatos para evangelizar y servir. En verdad proclamamos el evangelio por la palabra y la acción. John Cheyne muestra que la Iglesia tiene que mantener un tratamiento desde el punto de vista total para la participación social. Explica la importancia de las relaciones interdependientes de las partes en vez de solamente el todo. El ministerio al cual el Señor llama a la Iglesia tiene una naturaleza simbiótica en lo que ambos mandatos contribuyen a satisfacer el otro y ninguno puede funcionar apropiadamente sin el otro (1998:517). La participación social es imperativa para el crecimiento saludable de la iglesia porque es la naturaleza de las personas redimidas y de las organizaciones redimidas satisfacer tanto las necesidades evangelizadoras como las sociales de la gente.

Mantener el balance apropiado entre los ministerios sociales y las acciones sociales. Las iglesias deben procurar aliviar el sufrimiento, vendar a los quebrantados y contribuir a los que experimentan pérdida. La Iglesia también debe tomar parte en la acción social para quitar las leyes y las costumbres opresoras, cambiando las estructuras que dañan a la gente y edificar estructuras que mejoran la vida y sirven a la gente.

Mantener el balance entre lo social y evangelizador al ajustar el nivel de involucramiento en las situaciones locales. En algunos casos, las necesidades locales dictarán una mayor participación social que la que se demandará en otras situaciones. Sin embargo, pocas o casi ninguna deben requerir que lo social venga a ser primario. Cuando situaciones extremas (desastres, extrema opresión, e intensas violaciones de los derechos humanos) vienen a ser obvias, la Iglesia puede colocar recursos adicionales en el campo de la acción social. Algunas regiones del mundo hoy solamente permiten participación social. En tales situaciones la Iglesia regresará a priorizar el mandato evangelizador tan pronto como la situación indique la posibilidad.

Mantener ambos énfasis en los esfuerzos de las iglesias en todo tiempo. Jamás permita que la evangelización o la participación social sean totalmente eclipsadas. Haga espacio para ambos énfasis.

El humanitarismo claramente es parte del evangelio. Solamente obstruye el crecimiento saludable de la iglesia cuando el balance apropiado entre los esfuerzos sociales y evangelizadores viene a estar desequilibrada por la situación particular. El balance apropiado en el involucramiento social estimula el crecimiento de la iglesia saludable. Los que dirigen los esfuerzos del crecimiento de la iglesia, por lo tanto, tienen que aceptar gozosamente e implementar enérgicamente tanto el mandato social como el evangelizador.

Elevar Asuntos Culturales al Estado Teológico

Un asunto más serio que a menudo obstruye el crecimiento saludable de la iglesia se ramifica del error que es parte teológico y parte metodológico. Este error refleja la práctica equivocada de elevar asuntos que son costumbre en la cultura o denominación del misionero al estado de doctrina y que demanda que las iglesias entre los nuevos pueblos se sometan a estas estipulaciones.

Un sorpresivo evento ocurrió en Java central en el servicio de ordenación de un pastor menonita. Al momento para el servicio, cada pastor menonita presente vistió una toga negra con una cinta blanca en el cuello y puño de camisa. La explicación era que los pastores debían vestirse de esta manera. Los pastores holandeses que habían empezado el trabajo en Java casi 300 años antes se habían vestido con estas togas y la iglesia menonita en Java continuaba la costumbre como si fuera una instrucción bíblica. En este caso el daño al crecimiento saludable de la iglesia consistió en hacer que la Iglesia luciera foránea—porque tal vestidura no era autóctona en el Java tropical.

> Este error involucra elevar asuntos que son costumbre en la cultura o denominación del misionero al estado de doctrina y que demanda que las iglesias entre los nuevos pueblos se sometan a estas estipulaciones.

Una elevación más seria de lo cultural a un estado teológico resultó de las convicciones de varios misioneros que una iglesia nueva no se iniciaría sin la participación de una iglesia madre. La "doctrina" surgía de la controversia "landmark" entre los seguidores de la denominación en los Estados Unidos. Transferida al nuevo ambiente, la costumbre, se elevó a doctrina impidiendo severamente el sembrar nuevas congregaciones.

En otro caso, los misioneros vinieron de un grupo que insistía que el líder fuese ordenado antes que pudiera administrar el bautismo o dirigir el servicio de la Santa Cena. En la nueva región, esta costumbre se enseñó como doctrina. Como se requería educación de seminario para la ordenación (otra demanda no bíblica) el movimiento que enormemente necesitaba aumentar el servicio de pastores laicos se bloqueó y no pudo hacerlo así. Otras restricciones de la misma naturaleza han llegado a ser obstáculos para el crecimiento saludable de la iglesia alrededor del mundo.

Algunos asuntos culturales también pueden ser elevados al estado de enseñanzas cristianas. James A. Michener en su relato del primer movimiento cristiano en Hawái, exageró la imposición del vestuario occidental de los misioneros y otras normas en los hawaianos. Sin embargo, su historia no estaba sin fundamento. Muchos misioneros han seguido tales procedimientos que han producido resultados de mayor detrimento. Acciones consideradas necesarias en una cultura pueden no tener el mismo significado en otras e insistir en la congruencia cultural con las maneras occidentales puede resultar en acciones no bíblicas en la nueva cultura.

En otro caso, los misioneros intentaron forzar a las creyentes a usar blusas para cubrir su pecho aunque la costumbre en la cultura era que las mujeres no usaban nada de la cintura para arriba. Los hombres y las mujeres en la cultura se resistieron—rehusaron usar blusas. Los misioneros estuvieron confundidos. Solamente más tarde los misioneros aprendieron que en esa cultura, una mujer que usara blusa era anunciar que ella era una prostituta. Inocentemente, los misioneros estaban insistiendo que las mujeres violaran la enseñanza bíblica (modestia) a fin de mantener una costumbre occidental.

Los errores bosquejados en esto párrafos no eran ramificaciones de enseñar la sana doctrina. El crecimiento saludable de la iglesia insiste en la conformidad con las enseñanzas bíblicas en las categorías teológicas y de conducta. El obstáculo aquí parece que es el de tomar una acción o creencia cultural e imponerla en la cultura receptora cuando la acción o creencia puede tener diferente significado en la nueva área. Estos obstáculos se evitarán al sencillamente permanecer fieles a la Escritura sin incorporación de asuntos culturales. Las decisiones relacionadas con este problema pueden llegar a ser lo más intenso que los misioneros y las iglesias autóctonas encaren.

Conclusión

Los errores teológicos obstruyen el crecimiento saludable de la iglesia. Cualquier desviación de la verdad de la Palabra de Dios obstruye el aumento y avance de las iglesias para que crezcan más grandes, mejores, más amplias y más saludables. Lo anterior menciona solamente tres errores teológicos. Estos son simplemente ilustraciones de malas interpretaciones teológicas que obstruyen el crecimiento saludable de la iglesia. El punto de partida en la superación de los obstáculos al crecimiento saludable de la iglesia se relaciona con la comprensión y la corrección de los errores teológicos en las iglesias.

SUPERANDO LOS OBSTÁCULOS METODOLÓGICOS

Los obstáculos que surgen de métodos defectuosos también inhibirán el crecimiento saludable de las iglesias. Esto no quiere decir que el crecimiento depende solamente de los métodos. El Espíritu, como ya se ha indicado, concederá crecimiento a pesar de nuestra defectuosa metodología. Aun errores en los métodos a veces son obstáculos para el crecimiento más adecuado. Como lo hicimos antes, no mencionaremos todos los errores metodológicos que obstruyen el crecimiento saludable de la iglesia solamente presentamos cuatro ejemplos representativos— *gradualismo, perfeccionismo, igualacionismo y paternalismo.*

Gradualismo

El error metodológico del gradualismo resulta de un grupo que continúa esfuerzos de preparación como de siembra de la semilla que está designado a preparar para la cosecha futura cuando la cosecha está lista para recogerse. El grupo continúa la práctica de las buenas obras, que incluyen actividades médicas, educativas, entrenamiento y culturales que se realizan en anticipación a que estas obras contribuyan posteriormente a la cosecha. Los problemas ocurren cuando estos esfuerzos preparatorios continúan descuidando recoger la cosecha que está madura. McGavran ha indicado, "No nos perturba cuando (el gradualismo) es realmente la única manera posible: lo que nos perturba es cuando el gradualismo es innecesario (1959:105).

Cuando las circunstancias solamente permiten la preparación, entonces ciertamente, ese es el método dictado. El gradualismo impide el crecimiento saludable de la iglesia cuando la cosecha espera, pero las iglesias continúan en la siembra de la semilla en vez de recoger la cosecha. El error no es el método gradual sino en continuar el método gradual cuando la cosecha está madura para la siega.

Superar el gradualismo es posible aunque no siempre es fácil. Un método para superar este obstáculo es reconocer la realidad del problema y aceptar la posibilidad de la cosecha. A menudo un grupo puede estar tan impresionado por las maneras tradicionales que hemos desarrollado en los períodos de resistencia, que las nuevas maneras de responder no se toman en cuenta ni se utilizan. La cosecha a menudo sigue los métodos de las iglesias intercambiando las maneras del sembrador con las maneras del que cosecha.

> El gradualismo resulta cuando un grupo continua utilizando métodos para la preparación de la siembra cuando la cosecha ya está lista para recogerse.

El cambio de gradualismo a cosechar requerirá simplemente ajustar la expectativa y/o el método. En una parte de África Occidental, los misioneros se habían concentrado en el método de la escuela e intentaban alcanzar la gente por medio de la educación. Varios de los misioneros cambiaron esta táctica de la escuela a la que enfatizaba la evangelización directa y la siembra de iglesias. El aumento resultante demostró que tales cosechas expandidas a menudo siguen a un cambio de expectativas y metodología.

El cambio del gradualismo a la cosecha también puede involucrar ir de una población resistente a una que responde. Si un grupo continúa procurando aumento entre las "clases altas" mientras que las "masas" que responden no se evangelizan, el gradualismo ha prevalecido y obstruido el auténtico crecimiento de la iglesia. Demasiado a menudo un grupo se ha dicho, "Ganaremos las clases altas y de allí entonces cosecharemos entre las clases bajas." Alcanzar las clases altas a menudo requiere largos períodos de preparación mientras que las clases bajas están listas para escuchar el mensaje.

La historia misionera ha visto como cambiar de las clases altas, brahmanes a los parias, *Harijan* o *Madiga* en la provincia *Andra Pradesh* en la India que resultó en una cosecha admirable. Un simple asunto como dirigir el ministerio hacia la gente que mejor responde en vez de los que no responden cambiará un movimiento de uno de preparación a uno de cosecha fructífera.

Consciencia de la posibilidad de crecimiento saludable de la iglesia y dedicación a la cosecha son los ingredientes necesarios en un plan para superar el obstáculo del gradualismo. Los campos blancos para la siega tienen que recogerse. Los métodos tienen que ligarse a las posibilidades de crecimiento. Continuar los métodos del gradualismo cuando la cosecha espera, bloquea las oportunidades de que Dios conceda una cosecha abundante. Los métodos que promueven la preparación y la siembra de la semilla se tienen que dejar de lado cuando los cristianos entran a los campos de la cosecha para recoger las gavillas.

Perfeccionismo

Pocos obstáculos para el crecimiento saludable de la iglesia vienen a ser más serios que las tendencias hacia el perfeccionismo. El perfeccionismo se presenta tanto en los esfuerzos hacia el desarrollo de la iglesia como en el desarrollo de los creyentes. Algunos sembradores de iglesias tienden a desear edificar las nuevas congregaciones tan firmemente y proveer tal liderazgo y equipo que solamente unas pocas iglesias se sembrarán. El perfeccionismo algunas veces impulsa a los misioneros a patrocinar iglesias para negarles a las nuevas congregaciones el derecho de manejarse a sí mismas porque los patrocinadores creen que estas iglesias tienen que demostrar ciertas características. El resultado es que el esfuerzo para perfeccionar las iglesias inhibe el impulso para sembrar nuevas congregaciones y permitir que las iglesias existentes asuman la posición de pararse por sus propias habilidades y fortalezas.

Por otra parte, las tendencias hacia el perfeccionismo a veces impulsan los grupos a colocar tal énfasis en el desarrollo (hacer discípulos o perfeccionarlos) de los nuevos creyentes que los esfuerzos para alcanzar nuevos convertidos se descuidan. Este impulso de perfeccionar a los creyentes conducirá a las iglesias a exagerar el énfasis del imperativo de pastorear, desarrollar y cuidar de los creyentes. Se debe buscar continuamente un balance para mantenerse entre la evangelización y la formación de discípulos (hacer discípulos y perfeccionarlos).

El exagerado énfasis en el perfeccionamiento de las iglesias o los creyentes impedirá el crecimiento de la iglesia de tres maneras. *Primera*, la tendencia hará que los recursos— personas y materiales—se dedique a los esfuerzos del perfeccionamiento y se le nieguen a los ministerios evangelizadores. Aunque la importancia del esfuerzo del perfeccionamiento no se debe desconocer, la prioridad de la evangelización jamás se debe dejar de lado. McGavran correctamente escribe, "durante los períodos de expansión cuando la fe surge y aumenta en alguna población, si cualquier parte de la tarea tiene que sufrir debe ser la del perfeccionamiento" (1970:295-313). La falla en priorizar apropiadamente la evangelización impide el crecimiento saludable de las iglesias.

Segunda, el perfeccionismo también impedirá el crecimiento de la iglesia si los cristianos y las iglesias se concentran tanto en la experiencia espiritual y en la expresión emocional, que el alcance y la siembra de iglesias sufren. Los esfuerzos de renovación de la iglesia y algunas experiencias carismáticas fácilmente caen en el peligro de enfatizar el compañerismo, la expresión espiritual y las calurosas experiencias y descuidar del alcance evangelizador. El peligro del perfeccionismo es el que la iglesia trate tan completamente llegar a ser mejor que se olvida el mandato de ser más grande y más amplia. Algunas veces este impulso hacia el perfeccionamiento aún guía a los cristianos a un interés mayor para atraer la gente que ya son creyentes a una vida más profunda, en vez de buscar a los perdidos para la salvación.

Tercera, el impulso a perfeccionar también guiará a los cristianos y a las iglesias a descuidar las relaciones con los inconversos y los con los cristianos nuevos. Cando los cristianos maduran en la fe, algunas veces desarrollan una falta de paciencia y sensibilidad por los que están en un plano espiritual más bajo o con los que no son creyentes. La falta de verdadera identificación con los espiritualmente necesitados adversamente afecta el crecimiento de la iglesia.

Los problemas del perfeccionismo, aunque no se superan fácilmente, se puede resolver. La dedicación a la evangelización y a la siembra de iiglesias tiene que permanecer como la avenida primaria para evitar o corregir los puntos de caída en el perfeccionismo. Adicionalmente, los obreros de la iglesia tienen que determinar cuanta "perfección" se requiere antes que la salvación y la membresía de la iglesia sea posible.

Las iglesias crecerán en maneras saludables solamente cuando las iglesias mantengan el balance entre la evangelización y el perfeccionismo (formar discípulos). Como con la hermandad, la perfección es el fruto y la salvación es la raíz. *El perfeccionismo solamente viene a ser un obstáculo en el crecimiento saludable de las iglesias cuando se exagera su énfasis—*

esto es, cuando civilizar y desarrollar toma el lugar de la evangelización.

Igualacionismo

El crecimiento de la iglesia a menudo se obstruye por el error administrativo de asignar recursos iguales a todos los campos o programas. Ningún campo se debe descuidar. Sin embargo, los campos que responden deben recibir proporciones mayores de recursos—gente y dinero. El igualacionismo asigna gente y dinero en la base de "lo mismo para todos" con el resultado que los campos blancos para la siega a menudo no se cosechan.

Tratar la administración misionera en base de los mismos recursos para todas las áreas previene a las misiones responder rápidamente al desarrollo de oportunidades. Algunas veces un área de repente se vuelve receptiva. El evangelio empieza a esparcirse entre algún segmento o segmentos de una población. Buena estrategia misionera demanda que los recursos misioneros se canalicen rápidamente a un campo donde la receptividad ha aumentado.

En un campo, hubo una sorprendente respuesta entre un segmento de la población. Los misioneros de toda el área podían funcionar lingüísticamente entre el grupo de gente receptiva. La política de la misión, sin embargo, mantuvo los recursos misioneros en su sitio para las áreas de menor receptividad y no proveía aumento para los que clamaban para aceptar el mensaje. El igualacionismo obstruye el crecimiento de la iglesia al insistir en lo mismo para todos.

Los problemas del igualacionismo se corregirán con la dedicación a la estrategia de enfatizar la evangelización entre los pueblos receptivos. La estrategia y la política se deben ajustar a fin de sacar ventaja del aumento de receptividad. Ningún grupo misionero debe permanecer encadenado a un trabajo no productivo cuando campos más receptivos permanecen sin cosecharse. Los recursos se deben colocar en los campos que están blancos para la siega sin descuidar los campos donde la respuesta no a dado fruto todavía.

¿Entonces qué tiene el crecimiento saludable de la iglesia para los pueblos que se resisten? Ciertamente no es el descuido. El crecimiento de la iglesia enseña que cada persona no solamente tiene la necesidad sino también el derecho de escuchar el evangelio. Los esfuerzos misioneros tienen que continuar aún donde la gente es dura como pedernal contra el evangelio. La estrategia misionera continúa en contacto con los pueblos que se resisten. Algunos responderán. Quién sabe si el grupo se tornará receptivo y los misioneros tienen que estar allí para recoger la cosecha. Los que no responden son importantes para Dios y por lo tanto lo son para el crecimiento de la iglesia.

¿Qué de los que han sido llamados a campos que no responden? Cuando Dios llama, el pueblo de Dios responde. Dios llama a los hombres y a las mujeres a campos que no responden. Cuando uno es conducido a un pueblo que no responde, Dios juzga por la fidelidad del misionero y no por la cantidad de frutos. El crecimiento de la iglesia afirma y apoya a los que sirven al llamamiento de Dios entre los que no responden. El crecimiento de la iglesia solamente sugiere que el énfasis y el esfuerzo se concentren en los segmentos de la humanidad que responden.

El igualacionismo también se superará al desarrollar una fuerza de trabajo para entrar en los campos en desarrollo. La política misionera debe permitir el movimiento de los recursos a los campos de mayor receptividad. Cuando el propósito de la actividad misionera y evangelizadora se mantienen claramente, el igualacionismo se superará y los impedimentos para el crecimiento de la iglesia se neutralizarán.

Paternalismo

El paternalismo, la tendencia del misionero o del grupo auspiciador de asumir un lugar de autoridad o de indebida influencia en el desarrollo de la iglesia o del cristiano, severamente obstruye el crecimiento de la iglesia. Los líderes de la iglesia que practican el paternalismo tienden a tratar a los adultos, aun a los adultos líderes en las iglesias en desarrollo como si fuesen niños. Este error no está restringido a las misiones foráneas. Las iglesias auspiciadoras y los pastores tanto como también los trabajadores denominacionales en los Estados Unidos subyugarán hasta el punto de restringir severamente el desarrollo de una nueva iglesia. Cuando quiera que los misioneros o los grupos auspiciadores insistan en hacer decisiones, demandar obediencia, controlan los fondos y en general mantenerse a cargo, el paternalismo está presente.

El paternalismo surge en parte de un sentido de responsabilidad por el trabajo y por los que lo sostienen. A menudo, sin embargo, la razón para el paternalismo se fundamenta en la falta de confianza en los nuevos creyentes y en sus habilidades para conducir la iglesia. El temor doctrinal o denominacional de desviación también a menudo resulta en paternalismo. Aun los recursos más básicos del paternalismo quedan del sentimiento de responsabilidad y/o el deseo de ser reconocido. El paternalismo algunas veces se esconde bajo el ropaje de rendir cuentas pero en realidad es el deseo de aprecio. El problema es, como dice Peter Wagner, "el paternalismo no lleva a la iglesia a la perfección" (1971:170).

El problema del paternalismo a menudo surge en las áreas de dinero y subsidio. El misionero o el grupo auspiciador que controla los fondos fácilmente se desliza a una actitud de autoridad y dominio. Los fondos y otras gratificaciones son algunas veces dadas a los que se someten a los misioneros y quitadas de los que no lo hacen. Esta situación pinta lo peor del paternalismo. En ninguna parte es más claro el paternalismo o más destructivo que en la relación del subsidio (vea el capítulo 4).

El paternalismo obstruye el crecimiento saludable de la iglesia al limitar la verdadera comunicación entre el misionero y el nacional o entre la iglesia auspiciadora y la nueva congregación. Esta actitud niega el desarrollo de la verdadera cooperación, expresa los rezagos perturbadores de la cultura del misionero y muy a menudo afecta adversamente el desarrollo de los nuevos creyentes y de las iglesias. Los métodos paternalistas, el subsidio incluido, inicialmente parecerá más fácil para el misionero y los grupos auspiciadores, pero a la larga probarán ir en detrimento para el trabajo que se intenta ayudar.

¿Cómo superarán los misioneros y los grupos auspiciadores y los trabajadores denominacionales el paternalismo? La humildad es el lugar donde comenzar. Darse cuenta que la gente local son adultos y cristianos dedicados le ayudará al misionero y a la denominación a evitar el error de excesivo control y dominio. Confianza en el Espíritu Santo también le ayuda al misionero a despojarse de las tendencias paternalistas. Creer que el Espíritu les hablará y dirigirá a los nuevos creyentes en las nuevas iglesias evitará el sentimiento de tener control y de dirigir. La dedicación a la estrategia de la iglesia autóctona también permitirá que los misioneros se hagan a un lado y dejen que la iglesia llegue a ser la expresión local del cristianismo.

Otra ayuda para superar el paternalismo viene de relajar el control desde la base. A menudo las regulaciones de las organizaciones que envían fuerzan a los misioneros a rendir cuentas lo cual hace difícil, si no imposible, la confianza y la cooperación. Las regulaciones del cuerpo que envía deben ser suficientemente amplias para permitir soluciones creativas a los problemas del desarrollo de las iglesias. Las mismas reglas para cada área pueden tener buen sentido administrativo pero también forzarán a los obreros al paternalismo.

El paternalismo tiene que superarse si las iglesias nuevas se van a desarrollar de maneras saludables. Pocos obstáculos obstruyen el crecimiento balanceado de la iglesia más que el paternalismo. Superar este error metodológico permanece como un paso imperativo en el crecimiento balanceado de la iglesia.

Conclusión

Muchos métodos forman barreras e impiden el crecimiento saludable de la iglesia. Un método que mejora el crecimiento en un área puede impedir el aumento en otra región. Los métodos tienen que examinarse y, si se prueban destructivos, deben cambiarse por métodos más productivos. Los métodos no son necesariamente bíblicos ni correctamente teológicos. El hecho que un grupo haya practicado cierto método por muchos años no quiere decir que este método se deba continuar. Los obstáculos metodológicos para el crecimiento saludable de la iglesia jamás se les debe permitir que impidan la cosecha que Dios, el Señor de la mies, desea.

SUPERANDO LOS OBSTÁCULOS ECLESIÁSTICOS

Otros obstáculos al crecimiento saludable de la iglesia surgen directamente de asuntos relacionados con Iglesias, congregaciones y las maneras con las cuales trabajan. Estos obstáculos son teológicos y metodológicos pero como se relacionan directamente con la vida y ministerio de las denominaciones e iglesias, los llamamos *obstáculos eclesiásticos* para el crecimiento de la iglesia.

Unión o Híper-cooperación

La unión o híper-cooperación obstruye en vez de mejorar el crecimiento de la iglesia. La cooperación interdenominacional obviamente es un tratamiento benéfico para evangelizar y congregar una región. La unión, consolidación de denominaciones, sin embargo, a menudo perturba más de lo que ayuda. En el crecimiento saludable de la iglesia, como en otras formas de trabajo de la iglesia, la meta es la unidad en vez de la unión.

Peter Wagner acuñó el término, "híper-cooperación" y sugiere que mientras que la cooperación entre iglesias pueda estimular el crecimiento de la iglesia, este procedimiento obstruirá la formación de discípulos entre la gente y del desarrollo de las iglesias (1979:64-76). Estoy de acuerdo con Wagner que la cooperación interdenominacional es una herramienta útil para la acción social, alivio, educación, compañerismo y enriquecimiento. Tal cooperación, sin embargo, no se ha probado de beneficio para la tarea evangelizadora en muchos casos. Además estoy de acuerdo que la cooperación, aunque de ayuda, será destructiva y un obstáculo para el crecimiento de la iglesia cuando se usa con fines equivocados para desarrollar desequilibrio.

Los esfuerzos hacia la unión algunas veces resultan en algunas de las siguientes aberraciones de la vida de la iglesia y puede, y a menudo sucede, obstruir el crecimiento genuino. Una distorsión que resulta de la mucha insistencia en la distorsión teológica de la unión, pues a menudo conduce a comprometer algunos de los fundamentos teológicos básicos, tales como la divinidad de Cristo, la necesidad humana de la salvación y la responsabilidad misionera de la Gran Comisión. Si se consolida con otros grupos en cooperación se demanda un sacrificio de estas u otras enseñanzas bíblica fundamentales, así esta unión inhibirá, y tal vez prevendrá, el crecimiento saludable de la iglesia. El error doctrinal golpea en el mismo corazón del crecimiento de las iglesias. La unión de movimiento fácilmente conduce a debilitar las convicciones doctrinales y así bloquea el crecimiento.

La segunda distorsión que a menudo resulta de las tendencias de la unión, el excesivo énfasis en el aspecto de los ministerios sociales del evangelio, impedirá la fuerza evangelizadora del movimiento

---

Maneras en que el Excesivo Énfasis en la Cooperación Impide el Crecimiento de la Iglesia

➢ Al conducir comprometer los fundamentos teológicos básicos.

➢ Al causar un énfasis excesivo en los ministerios sociales que son centrales para muchos grupos que buscan la unión.

➢ Al limitar a algunos grupos el acceso a ciertas áreas por medio de "acuerdos judiciales."

cristiano. Como los movimientos de unión son especialmente eficaces en los ministerios sociales, la tendencia para tal movimiento es enfatizar excesivamente estos esfuerzos sociales. Los ministerios sociales constituyen un hecho imperativo y normativo del ministerio cristiano. El excesivo énfasis en el ministerio social, sin embargo, obstruye el balance necesario para el crecimiento saludable de la iglesia.

Los esfuerzos hacia la unión también distorsionarán el establecer prioridades apropiadas para las metas de una iglesia o grupo misionero. Procurar la justicia, la libertad y los derechos humanos son intereses vitales para el movimiento cristiano. Algunos movimientos cooperativos, sin embargo, han colocado tal énfasis en procurar la justicia que ha perdido la tarea de formar discípulos. Esta pérdida de la prioridad apropiada en la prioridad evangelizadora seriamente inhibirá el crecimiento saludable de la iglesia.

Si la cooperación con algunas organizaciones demanda un excesivo énfasis en los esfuerzos para alcanzar justicia, esta cooperación muy probablemente sacrificará el crecimiento de la iglesia. Cuando los esfuerzos de enderezar lo malo distraen a los cristianos de una evangelización eficaz y del crecimiento saludable de la iglesia de los cristianos e iglesias, la cooperación ha llegado a ser destructiva. Ningún empuje hacia la unión se debe permitir para canalizar energía y recursos de la formación de discípulos a fin de mantener la cooperación. Lyle Schaller nota que entre más amplia es la cooperación, son más complejas de mantener las relaciones sociales y lo más probable es que el tiempo para "el alcance de la membresía sea severamente limitado" (1977:21).

Una tercera distorsión se presentará de los esfuerzos hacia la unión o cooperación que hace que el misionero o grupos de la iglesia tengan acceso limitado a ciertas regiones en base a que "esta región ya está evangelizada." Estos arreglos antes se llamaban acuerdos de respeto y algunas veces restringían a algunos grupos de los esfuerzos evangelizadores porque otro grupo se ocupaba en algunos ministerios educativos en el área. Ningún espíritu cooperativo debe permitir que a un grupo se le niegue la entrada para evangelizar en cualquier región. La libertad para evangelizar y sembrar iglesias es un deber para el crecimiento de la iglesia sin obstrucciones.

¿Se pueden evadir las obstrucciones al crecimiento ocasionadas por los esfuerzos de la unión? Sí, pero no fácilmente. Los cristianos, las denominaciones y las congregaciones tienen que resistir tenazmente cualquier esfuerzo cooperativo que conduzca a cualquier compromiso en tales creencias esenciales como la divinidad de Cristo, la necesidad del hombre, la salvación por la gracia y la necesidad de las misiones de la Gran Comisión. Ninguna clase de cooperación pagará la pérdida incurrida por el compromiso en tales verdades bíblicas básicas. Cuando las prioridades evangelizadoras y de crecimiento de la iglesia se determinan y se mantienen, los esfuerzos cooperativos no deben obstruir el crecimiento de la iglesia. La cooperación, concebida e implementada apropiadamente mejorará el crecimiento pero debe mantenerse dentro de límites apropiados.

Espectacularísimo

El espectacularísimo consiste en la promoción de actividades de la iglesia altamente visibles que tiene la intención de edificar la reputación de las congregaciones o de los individuos que promueven los eventos. Estos eventos de por sí no son negativos. Se vuelven negativos y obstructivos para el crecimiento saludable de la iglesia cuando se coloca un excesivo énfasis en crear la reputación del individuo o de la congregación.

El espectacularísimo a menudo obstruye el crecimiento saludable de la iglesia al enfatizar lo altamente visible en detrimento de las congregaciones locales. Como las producciones profesionales, masivas, caras pueden lograr y logran espectáculos más allá de las capacidades de las iglesias locales, el resultado a menudo es el de bajar el estado de las congregaciones locales. La gente tiende a juzgar la iglesia local por la excelencia de las producciones masivas.

Cualquier distracción del énfasis en el lugar de las congregaciones locales en el plan redentor de Dios obstruye el crecimiento de la iglesia. Los esfuerzos espectaculares de larga escala, tales como enormes ministerios de radio/televisión o extensas entidades organizacionales, desplazarán la posición de la iglesia local. Las iglesias locales algunas veces sufren por la comparación con las producciones altamente profesionales de la televisión. Esta situación por sí misma no es destructiva. No estoy en contra de la estrategia de los medios masivos sino que abogo por la expresión de la vida de la iglesia local. El problema es que los recursos a menudo son drenados de iglesias locales hacia grandes estrategias públicas y el crecimiento del movimiento cristiano queda restringido.

Es triste cuando los cristianos reemplazan la vida de la iglesia local con la iglesia electrónica. Cuando quiera que el énfasis sea dirigido a lo sensacional y lejos de las

> El espectacularísimo a menudo obstruye el crecimiento saludable de la iglesia al enfatizar lo altamente visible en detrimento de las congregaciones locales.

congregaciones locales, la expresión masiva del cristianismo, declina el crecimiento saludable de la Iglesia (e iglesias). Si la televisión u otras campañas de medios masivos atraen la atención de los participantes usualmente se contribuye poco al crecimiento saludable de la iglesia.

Mantener las congregaciones locales en una posición de prioridad disminuirá los peligros de las tácticas masivas. Los recursos canalizados tan generosamente en los esfuerzos de los medios masivos por lo menos se pueden canalizar a las iglesias locales donde se efectúa el crecimiento productivo. Las congregaciones locales tienen que permanecer como el centro y esfuerzo de la vida cristiana. La táctica de los medios masivos sensacionales debe enfatizar el lugar de la iglesia local. Las súper iglesias tienen que procurar ayudar, en vez de vivir a expensas de las iglesias pequeñas. El crecimiento balanceado de la iglesia tiene lugar primordialmente en el nivel local.

Persistencia en lo Improductivo

La persistencia en esfuerzos improductivos constituye un obstáculo mayor para el crecimiento de las iglesias. Las iglesias y los misioneros tienden a acomodarse a los métodos del ministerio. Estos métodos algunas veces son improductivos—no dan como resultado iglesias que crecen, más grandes, más amplias y más saludables. Permanecer encadenado a un método improductivo, aún cuando el método obviamente no conduce al crecimiento, obstruye el crecimiento de la iglesia como pocos problemas lo logran.

La persistencia algunas veces crece del fracaso de reconocer las posibilidades de más métodos productivos. Se desarrolla un sentido de desesperanza. Con poca o sin visión para aumentar el crecimiento y con pocas expectativas de crecimiento, una iglesia o misión simplemente continuará "haciendo lo usual" y dejando de lado las posibilidades de crecimiento.

En otras ocasiones la persistencia en lo improductivo surge de ideas en las que se ha invertido demasiado en un método dado para aún considerar cambiarlo. Este punto de vista es especialmente crítico en relación con las instituciones. La inversión anterior de personas y dinero guiará a concluir que el cambio no es sabio y tal vez imposible. Para algunos, el cambio de estas instituciones caras parecería una admisión de fracaso.

La consideración de los sentimientos y de las actitudes protectoras mantiene a muchos grupos atados a lo improductivo. Solamente los gigantes espirituales se dan a crear métodos creativos para el trabajo de las instituciones de servicio y luego estarán dispuestos a dejar estos métodos de lado para buscar caminos más productivos. Es difícil aún admitir para nosotros mismos y delante de otros que un método al cual se ha dedicado nuestras vidas sea improductivo. La protección así deja a muchos atados a maneras menos productivas de trabajo.

Los cuerpos que envían dictarán una estrategia conservadora. Estas agencias que envían a menudo desaniman o prohíben alternativas creativas. La resistencia desde la base a menudo endurece el grupo en métodos improductivos o menos productivos cuando estrategias más adecuadas están disponibles.

Por la razón que sea la persistencia en lo improductivo continúa, el método tiene consecuencias más serias para el crecimiento saludable de las iglesias.

La persistencia en lo improductivo se puede superar. Se pueden hacer cambios pero solamente en respuesta a la dedicación, persistencia y determinación. Superar el problema de quedarse con lo menos productivo usualmente demanda seis pasos.

Pasos para Superar la Persistencia en lo Improductivo

1. Reconocer y aceptar la realidad del trabajo improductivo.
2. Dedicarse al concepto de crecimiento.
3. Formular planes para cambiar que dan esperanza para el ministerio productivo.
4. Compartir los planes que dan esperanza para la productividad.
5. Implementar los cambios necesarios.
6. Analizar y evaluar los nuevos métodos.

Primer paso es el reconocimiento y aceptación del hecho de los esfuerzos improductivos. Obviamente, lo que es improductivo en un área podría ser productivo en otra debido a diferencias de respuesta. Cada Misión, iglesia y misionero deben usar todos los medios posibles para evaluar honesta y objetivamente el crecimiento que se está logrando como resultado de los métodos empleados. Cuando la evidencia muestra un método o procedimiento inefectivo, esta verdad tiene que encararse, admitirse y posiblemente cambiarse. Este paso es básico para el resto.

Segundo paso involucra dedicación al concepto de crecimiento. La dedicación al crecimiento saludable de la iglesia debe tener una más alta prioridad que cualquier otro factor. Nadie quiere herir sentimientos o ser brusco. Sin embargo, el hecho es que el crecimiento de la Iglesia del Señor es tan imperativo que no se debe permitir que nada lo impida.

Tercer paso es la formulación de planes para el cambio que da esperanza de resultados de aumento. Con indicar meramente el trabajo improductivo sin presentar planes para cambios produce poco avance. Planes detallados con la razón de los mismos se tienen que alcanzar para lograr la meta del cambio. Un principio bien establecido es que "lo que es" no se debe criticar sin una "razón auténtica para el cambio" que acompañe la crítica.

Compartir los datos y los planes para el cambio es el imperativo cuarto paso. Cambio unilateral de parte de la Misión, o de la iglesia auspiciadora, o de los misioneros (o un grupo de ellos) rara vez trae cambio sin una intensa reacción. Es verdad que el cambio puede que tenga que ser puesto en operación antes que todos los involucrados estén completamente de acuerdo con el cambio. Pero se debe hacer todo esfuerzo para compartir los planes y las razones del mismo con todos los interesados. Alguna dilación en la implementación se puede tolerar a fin de conseguir mayor acuerdo y dedicación para el cambio, pero las objeciones no deben de bloquear permanentemente el cambio necesario.

El paso quinto invita a la implementación del cambio necesario. Este paso demanda valor y determinación. El cambio usualmente es difícil. A veces tiene que realizarse encarando la oposición y la falta de acuerdo. Si es en favor de la cosecha, el cambio se tiene que llevar a cabo. De nuevo, rehusar o fallar en cambiar cuando la cosecha sufre, básicamente es infidelidad al Señor de la mies.

Finalmente, *el paso sexto invita al análisis y evaluación del nuevo método.* Con simplemente cambiar la estrategia no se asegura el crecimiento. Los nuevos métodos deben ser cuidadosamente evaluados como los anteriores. Si no hay crecimiento, se debe intentar otros cambios. El crecimiento de la iglesia es tan importante para permitir que los obstáculos impidan el progreso. Si los métodos improductivos existen—o si las maneras que previamente eran productivas ya no llevan fruto—el cambio se tiene que introducir y descubrir los métodos productivos. Dios tiene una manera para balancear el crecimiento y esta manera se tiene que encontrar e implementar.

Contactos Perdidos

Otro obstáculo eclesiástico para el crecimiento de la iglesia es la pérdida de contacto con el mundo perdido, o lo que Donald McGavran ha denominado "redención y elevación" (1970:295-313). Es natural que las condiciones sociales de las personas y grupos que aceptan el cristianismo tengan una movilidad hacia arriba. Tal mejoramiento social es entendible, positivo y se debe esperar. En sí misma, esta movilidad social no se debe desacreditar. El problema viene en el punto de los cristianos y grupos cristianos que se encierran y pierden contacto con la población no cristiana de la cual ellos surgieron.

La solución al problema de la redención y la elevación ciertamente no se encuentra en ninguna idea de traer personas nominales y mundanas a la iglesia. Por otra parte, la situación no se mejora al promover agrupaciones pequeñas que no crecen, de cristianos entre las multitudes de inconversos. El problema de la pérdida de contacto con el mundo perdido se supera cuando los cristianos y las iglesias siguen las siguientes sugerencias.

Primera, *permitir y animar las actividades que mejorarán la condición de los creyentes.* La iglesia debe proveer servicios que ayuden a que la gente se de cuenta de las posibilidades de alcanzar más altos estándares de vida. Se debe tener y mantener cuidado que los esfuerzos de elevación no vengan a apagar los esfuerzos evangelizadores en los cristianos o en las iglesias.

Segunda, cultivar el contacto con el mundo inconverso por medio de la capacitación de toda la membresía en la constante búsqueda de amistades y contactos con los perdidos y no dedicados. Se les tiene que enseñar a los cristianos la validez de "hacer amigos para Cristo" (McDill 1980; Arn and Arn 1982). Cualquier tendencia para que los cristianos den importancia a la comunión cristiana hasta el punto en que se pierde el contacto significativo con los perdidos es una estrategia de derrota para el crecimiento saludable de la iglesia.

Tercera, *no perder el contacto con los perdidos y que la iglesia evangelice para mantener una fuente de nuevos convertidos que vengan al compañerismo.* Estos nuevos convertidos mantienen muchos contactos (puentes) en el mundo perdido. Un nuevo creyente no tiene que esperar años hasta que le sea dado entrenamiento adecuado antes de tener el valor y de testificarles a otros. En vez, el nuevo creyente puede ser el evangelista más eficaz cuando comparte de su nueva experiencia en Cristo.

La cantidad de relaciones en las vidas de los nuevos convertidos provee los contactos ya establecidos entre la iglesia y el mundo. Redención y elevación se puede usar positivamente cuando la elevación se usa para promover la redención de nuevos convertidos. Redención y elevación, por lo tanto, no tiene que obstaculizar el crecimiento de la iglesia. Solamente viene a ser un obstáculo si resulta en un contacto significativo con el mundo perdido. La evangelización eficaz, se recordará, demanda primero que todo, contacto o presencia.

Compañerismo

El amor mutuo y el compañerismo entre el pueblo de Dios mejora el crecimiento de la iglesia saludable. Muchas cosas que son positivas, sin embargo, vienen a ser obstrucciones para este crecimiento. El compañerismo, cuando se convierte en un fin en sí mismo y corta a los cristianos de la población sin iglesias, llega a ser patológico y destructivo para la misión de la iglesia. Este compañerismo entonces obstruye el crecimiento saludable del cristianismo.

Por compañerismo queremos decir la red de relaciones interpersonales que existen entre los creyentes, especialmente los creyentes que son miembros de una congregación en particular. El estímulo, apoyo, consuelo e inspiración mutuos proveen la ayuda necesaria en el crecimiento espiritual y en el crecimiento de las iglesias. El compañerismo, correctamente practicado, mejora en vez de impedir el crecimiento de la iglesia.

El compañerismo cristiano, tristemente, podría hacer el alcance de los inconversos y sin iglesia más difícil. La unidad entre los miembros hace difícil la entrada de nuevas personas al compañerismo. Este problema será agudo entre los grupos juveniles. El crecimiento saludable de la iglesia debe abrirse tanto para la membresía como para el compañerismo. Cada iglesia debe asegurarse que su compañerismo cerrado se abra para incluir a las personas nuevas. La congregación debe aclarar que esta apertura está disponible para las personas nuevas.

La respuesta a los problemas generados por el énfasis equivocado en el compañerismo sencillamente es balancear el compañerismo y la penetración en la comunidad. Los miembros de la iglesia sacan fortaleza del compañerismo de los santos, pero se debe usar esta fortaleza e inspiración para penetrar al mundo con el testimonio y el servicio. El compañerismo cristiano debe atraer no repeler a los de afuera. Cuando el compañerismo se balancea correctamente, mejora el crecimiento tanto de los creyentes como de las iglesias.

SUPERANDO LOS OBSTÁCULOS ESPIRITUALES

De las barreras que impactan el crecimiento y ministerio de las iglesias, ninguno es más serio que los obstáculos espirituales. No discutiremos asuntos tales como abierta pecaminosidad dentro de las iglesias. Obviamente, esta condición obstruye el crecimiento. Algunos de los obstáculos espirituales al crecimiento balanceado de la iglesia son la mundanalidad, vencimiento, materialismo y nominalismo.

Mundanalidad

La mundanalidad, la condición que permite que las acciones y actitudes pecaminosas que existen entre los inconversos encuentren lugar dentro de la iglesia, seriamente impide el crecimiento saludable de la iglesia. En efecto, pocos obstáculos son tan serios y ninguno tan serio como éste. Naturalmente, la presencia abierta de actividades y actitudes pecaminosas—tales como mala conducta sexual, prácticas de avaricia o actos llenos de odio—obstruirán el crecimiento saludable en la iglesia que los permite.

La mundanalidad infectará la Iglesia o iglesia en muchas maneras sutiles. Las iglesias pueden usar métodos comprometedores, medios manipulativos y medidas corruptas para lograr su "éxito." Permitir que estas maneras de los inconversos entren a la iglesia de nuestro Señor compromete la verdadera naturaleza de la comunidad de Dios. La iglesia que demuestra una indisposición a compartir con los necesitados o que no favorece ayuda a los que se les rehúsa el más completo significado de la justicia no es iglesia saludable y no puede crecer de maneras saludables.

Algunos líderes de la iglesia usan los medios de comunicación para expresar sus lados en asuntos controversiales. Cuando estos líderes toman posiciones en principios cristianos, se les debe aplaudir. Sin embargo, cuando cortan el lado opuesto y tratan de ganar apoyo para sus puntos de vista, los líderes están muy cerca de usar las tácticas periodísticas del mundo para alcanzar metas espirituales. Inevitablemente fracasarán para alcanzar la meta porque la voluntad de Dios no se puede ganar por la pecaminosidad de los humanos.

La mundanalidad en la iglesia frustra el crecimiento saludable de la iglesia. Los cristianos y las iglesias pueden superar la mundanalidad al regresar y creer que Dios proveerá la victoria sin que el pueblo de Dios recurra a medios pecaminosos. Los creyentes deben buscar la dirección del Espíritu Santo para que los guíe en los caminos de Dios y lejos de los medios del mundo. Descansar en el Señor superará caminar con Satanás. En muchas Iglesias e iglesias el primer paso en la búsqueda del crecimiento saludable de la iglesia será permitir que el Espíritu eche fuera la mundanalidad y la llene de amor y la guíe. La mundanalidad y el crecimiento saludable de la iglesia no coexisten.

Derrotismo

Un segundo obstáculo espiritual al crecimiento de la iglesia saludable, el derrotismo, involucra falta de fe en que el crecimiento va a ocurrir. El darse por vencido a menudo se desarrolla en regiones donde la obra misionera encara una larga resistencia al evangelio. Poco crecimiento fácilmente llega a ser la norma, decrecen las expectativas y los resultados tienden a conformarse con las bajas expectativas.

En tiempo de derrotismo se puede ir a la exaltación de lo pequeño. Lo pequeño puede ser bello y las súper iglesias ciertamente no constituyen la meta final de todo crecimiento de la iglesia. En algunas regiones la resistencia dicta

> Los cristianos y las iglesias pueden superar la mundanalidad al regresar y creer que Dios proveerá la victoria sin que el pueblo de Dios recurra a medios pecaminosos.

que las iglesias permanezcan pequeñas. El movimiento cristiano, sin embargo, debe evitar el derrotismo que acepta poco crecimiento como la norma y permanecer satisfecho con poco crecimiento cuando la cosecha está sin recogerse.

Superar el derrotismo demanda renovar la fe que Dios desea el crecimiento y que el Espíritu Santo provee poder para la cosecha. El desánimo surge al considerar las olas; la victoria viene por medio de la contemplación de Cristo quien todavía puede calmar la tempestad y tornar el tumulto en victoria. Aceptar la seguridad del poder de Dios ayuda a disipar el derrotismo (Mateo 28:18). La nueva visión a menudo cura el derrotismo.

Correctamente evaluada la situación de igual manera aliviará los sentimientos del derrotismo. La falta de la cosecha o poco crecimiento puede surgir de métodos equivocados o del énfasis equivocado en vez de una falta de respuesta. Cambio de métodos a menudo corrige el derrotismo. Los misioneros continuarán aceptando poco crecimiento en un segmento de población mientras se deja de lado grupos cercanos que están abiertos para la evangelización. El derrotismo jamás se debe permitir que ciegue a los mensajeros de Dios de la cosecha que espera.

El derrotismo se superará al dedicarse al crecimiento. El crecimiento en números de salvados y la siembra de iglesias permanece como la primera prioridad. Cuando las situaciones hacen que el crecimiento sea lento, concentración en otros aspectos del crecimiento permanece posible. Queda el importante principio—*el pueblo de Dios debe dedicarse y constantemente buscar el crecimiento saludable y balanceado de iglesia.*

Materialismo

Un devastador obstáculo espiritual para el crecimiento balanceado de la iglesia, el materialismo, se refiere sencillamente a cualquier tendencia centrada en sí misma, servicio a favor propio, búsqueda de lo propio en las iglesias, denominaciones o líderes de las iglesias. El espíritu del materialismo se evidencia cuando una iglesia dilata la actividad misionera por causa de la provisión de equipo, facilidades o personal adicional. El materialismo llega a ser un factor cuando la motivación surge del deseo de edificar el imperio personal o de atraer la atención hacia uno. El materialismo ha llegado a ser el problema cuando las iglesias o denominaciones se interesan más con el avance de su propio grupo (denominación o grupo dentro de la denominación) que con el progreso del reino de Dios.

El materialismo obstruye el crecimiento de la iglesia cuando la iglesia de Dios y el pueblo de Dios viene a centrarse en sí mismo y busca avance personal o corporativo a expensas de la actividad de siervo. El crecimiento saludable de la iglesia es imposible en la fase materialista que busca lo suyo propio en las iglesias y en los líderes de la iglesia. La actitud materialista impulsa las iglesias a abandonar los lugares necesitados de ministerio para buscar campos más fáciles. El materialismo y la búsqueda de lo propio conducen a una evangelización no auténtica y al crecimiento de la iglesia como iglesias y líderes que se especializan en lo espectacular en vez del servicio. El materialismo hace que las iglesias y los líderes demanden ser servidos en vez de buscar darse en favor de otros. El materialismo aun puede causar que los líderes de la iglesia exageren los resultados para presentar mejores reportes a otros grupos cristianos.

Se supera el materialismo principalmente con el arrepentimiento y el cambio hacia nuevas direcciones. El arrepentimiento lleva la idea de abandonar lo viejo, el método de buscar lo propio y seguir lo nuevo, el método de siervo. El materialismo, una manifestación de pecaminosidad en la iglesia, severamente restringe el crecimiento saludable de la iglesia. El capítulo 11 de este libro considera el único remedio para este obstáculo—la adopción del método de siervo.

Nominalismo

El nominalismo, una actitud de sopor de la rutina y de la vida de la iglesia, obstruye el crecimiento saludable de la iglesia. El nominalismo no solamente resulta en esfuerzos limitados hacia el alcance sino también en una iglesia tibia que atrae poca gente. Así, el nominalismo impide el crecimiento de la iglesia en dos direcciones.

C. Peter Wagner llama al nominalismo "el síndrome de san Juan." Escribe: El problema detrás del síndrome de san Juan es el nominalismo cristiano. Cuando los cristianos llegan a ser cristianos de nombre solamente, cuando sienten que su fe es solamente rutina, cuando la participación en la iglesia es mayormente por medio de movimientos y cuando pertenecer a la iglesia es una tradición familiar y algo bien visto socialmente, el síndrome de san Juan en estos casos está presente (1976:112).

Wagner continúa identificando el síndrome de san Juan con la "etapa institucional" del desarrollo de una iglesia. Aunque esto pueda ser verdad el nominalismo muy a menudo se establece en las etapas posteriores del desarrollo de una iglesia, tal no es siempre el caso. La tragedia del nominalismo amenaza las iglesias y su crecimiento en cada etapa de su vida.

Las causas y resultados del nominalismo son obvios en lo que se dice de las iglesias en Éfeso (Apocalipsis 2:1-70 y Laodicea (Apocalipsis 3:14-22). El nominalismo había invadido la iglesia de Éfeso porque había abandonado su *primer amor* (Apocalipsis 2:4). Esta iglesia demostró estabilidad interna y crecimiento. Había aguantado persecución y adversidad (perseverancia). Doctrinalmente permanecía en lo correcto (*probaba a los falsos apóstoles*). Había permanecido moralmente pura (*no podía sufrir a los malos*). Sin embargo, permanecía nominal porque había abandonado el primer amor, probablemente su dedicación a la evangelización.

¿Cuáles fueron las obras que esta iglesia había hecho al principio que dejaron de hacer (Apocalipsis 2:5)? Creo que la carta de Pablo a los efesios era circular escrita a muchas congregaciones en la región de Éfeso. ¿No indicaría eso que la primea iglesia de Éfeso era activa en sembrar muchas congregaciones? ¿No es posible que la iglesia efesia a la cual Juan se refería hubiese abandonado la multiplicación de iglesias y por lo tanto caído en el nominalismo? No se puede probar esto pero decididamente es una posibilidad.

¿Cómo se superaría el nominalismo (de cualquier fuente)? El apóstol Juan sencillamente instruyó la iglesia a *recordar, arrepentirse y regresar* (Apocalipsis 2:5). Las iglesias hoy que han permitido que el nominalismo obstruya su crecimiento deben recordar los días de crecimiento y dedicación, arrepentirse de sus faltas, apartarse de lo improductivo y regresar al primer amor que yo creo es la evangelización y la siembra de iglesias.

El nominalismo en Laodicea surgió de una fuente diferente (Apocalipsis 3:14-22). "La tibieza" parece haber resultado de la satisfacción propia y la falla de percibir las necesidades espirituales (Apocalipsis 3:17-18). La iglesia en Laodicea confiaba en su riqueza, su conocimiento de medicina, su suficiencia, en vez de confiar en el Señor. El auto suficiencia natural e invariablemente lleva al nominalismo. La superación del nominalismo en el caso de Laodicea era el reconocimiento de la necesidad, la aceptación del poder y fortaleza de Dios y el darse cuenta de la disciplina amorosa de Dios (Apocalipsis 3:18-20).

El nominalismo permanece como enemigo del crecimiento saludable de la iglesia. Las condiciones en muchas áreas en el occidente que antes se consideraron cristianas que son seculares y nominales muestran la seria naturaleza del nominalismo aun en áreas consideradas cristianas. Las iglesias y denominaciones fácilmente son víctimas del nominalismo, declinación del crecimiento, llevando aún a mayor nominalismo. Los cristianos dejan de crecer espiritualmente, se olvidan de ganar almas, el nominalismo aumenta y el progreso espiritual declina aún más. El nominalismo se supera con una dedicación continua al crecimiento espiritual y al alcance evangelizador. El nominalismo descuida el crecimiento y el alcance lo cual lleva a problemas. Mantener el crecimiento y el alcance en balance derrota al nominalismo y permite que el crecimiento continúe.

CONCLUSIÓN

Los obstáculos al crecimiento saludable de la iglesia ciertamente que existen hoy. Algunos obstáculos sencillamente son manifestaciones del pecado en el campo cristiano. Otros obstáculos son evidencias de métodos y prioridades confusos. Aun otros surgen por malos entendidos. El hecho importante es que ningún obstáculo es invencible y ninguno tiene que ser permanente. Las maneras de evitar y superar los obstáculos están disponibles. Para mantener el crecimiento saludable de la iglesia el pueblo de Dios debe estar alerta a sus peligros, rápidamente reconocer su presencia y firmemente dedicarse a su erradicación del cuerpo.

> Ningún obstáculo es insuperable y ninguno es permanente. En relación con los obstáculos para el crecimiento saludable de la iglesia, los cristianos y las iglesias deben estar alerta de sus peligros, rápidamente reconocer su presencia y firmemente dedicarse a su erradicación del cuerpo.

Preguntas y actividades

1. Tome uno de los obstáculos al crecimiento saludable de la iglesia y relacione este obstáculo con su iglesia. ¿Qué evidencia ve de que este obstáculo exista en su iglesia? ¿Qué pasos cree que ayudarán a superarlo?

2. En su estudio de la historia del cristianismo, ¿Qué obstáculos para el crecimiento saludable de la iglesia cree que han ejercido los resultados más negativos? ¿Por qué?

3. Describa lo que piensa que debe ser la iglesia saludable. ¿Qué obstáculos superarán la mayoría de las iglesias para ser iglesias saludables?

Lecturas adicionales

Wagenveld, Juan, *Iglecrecimiento Integral: Hacia una iglesia de impacto* (Logoi y Editorial Unilit, 2000).

C. Wagner, Peter C, *Su Iglesia Puede Crecer* Traducción por Xavier Terrassa (España: Libros CLIE, 1980).

Lyle E. Schaller, *Hey, That's Our Church* (Abingdon, 1975). Lyle E. Schaller, *Assimilating New Members* (Abingdon, 1978).

CAPÍTULO 9

ENCONTRANDO CLAVES PARA PLANTAR IGLESIAS

Sembrar nuevas iglesias siempre ha sido prominente en el pensamiento del crecimiento de la iglesia. En años recientes, el énfasis en sembrar nuevas iglesias ha ganado momento. Desde varios puntos en el espectro del crecimiento de la iglesia lo escrito se ha convertido en una biblioteca de libros con un énfasis primario es esta área vital del crecimiento de la Iglesia de Jesucristo.[8] Uno de estos libros recientes, al comentar en las oportunidades para el avance cristiano en el siglo 21, atribuye esta posibilidad de expansión a dos factores significativos. Estos factores que ayudan son el sentido mundial del hambre espiritual de parte de los que no tienen iglesia y una dedicación sin precedentes a la siembra de iglesias de parte de los cristianos (Sánchez, Smith and Watke 2001,1).

Sembrar nuevas congregaciones de ninguna manera constituye edificar un imperio pastoral o denominacional. Más bien es el método primario de trabajar con y por medio del Espíritu Santo para evangelizar a la gente del mundo. La necesidad y algunas de las estrategias para alcanzar la meta de una ilimitada multiplicación de iglesias ya se ha discutido. El crecimiento saludable de la iglesia insiste que los que anhelan la expansión más amplia posible del mensaje de la vida de Jesucristo tienen que considerar seriamente el asunto de sembrar nuevas congregaciones para cada grupo de gente en el mundo.

Cada Iglesia debe crecer de acuerdo con las posibilidades de su medio. El crecimiento saludable de la iglesia insiste, usted recordará, que las iglesias crezcan más grandes, más fuertes, más amplias y más saludables. Para alcanzar esta clase de crecimiento, cada Iglesia y cada iglesia tiene que buscar claves para sembrar nuevas congregaciones. Solamente en la medida en que grupos cristianos se dedican a sembrar nuevas congregaciones estos grupos participarán completamente en el movimiento que Dios desea para la evangelización del mundo. Peter Wagner afirma, *"Sin excepción, las denominaciones que crecen son las que enfatizan el establecimiento de nuevas congregaciones"* (Wagner 1990:12).

Los especialistas del crecimiento de la iglesia han identificado y nombrado cuatro clases de crecimiento de la iglesia (vea el gráfico: **Cuatro clases de crecimiento**). *La primera de estas clases de crecimiento, crecimiento interno, se relaciona con el propio progreso de la iglesia y el progreso de sus números.* El crecimiento interno surge cuando la iglesia y sus miembros llegan a ser mejores en su semejanza a Cristo y su servicio. Los miembros nuevos en el crecimiento interno vienen de adentro de la congregación—hijos y familiares de los miembros o personas íntimamente relacionadas con los miembros que ya asisten a la iglesia.

El crecimiento interno es imperativo. Las iglesias tienen que crecer más fuertes, guiar a su membresía en continua madurez en la vida y el servicio cristiano y evangelizar a los que ya están en contacto con la iglesia. Este imperativo de crecimiento, sin embargo, no debe asumir un lugar exclusivo en la vida de la iglesia. En el crecimiento de una iglesia, como en otros aspectos de la vida cristiana, los que se concentran demasido y exclusivamente en los intereses propios terminan por perderlo todo. Charles Chaney indica que una iglesia se puede estrangular en un enfoque totalmente interno (1982:84-85).

| Una iglesia se puede estrangular en un enfoque totalmente interno. |

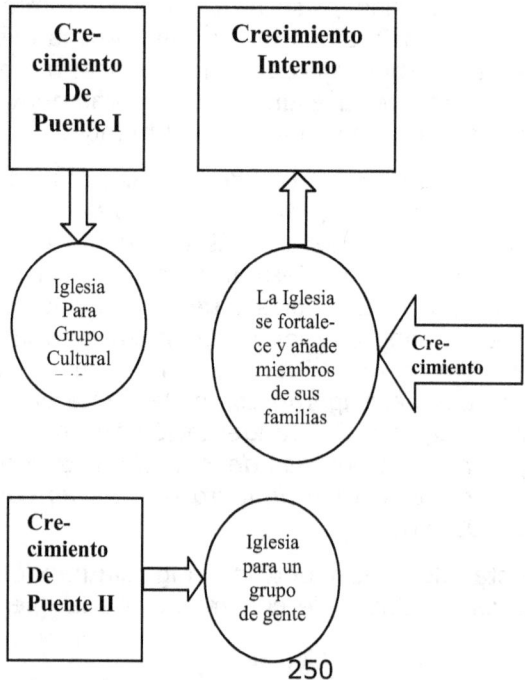

CUATRO CLASES DE CRECIMIENTO

El crecimiento interno es imperativo. Las iglesias deben crecer más fuertes, guiar a sus miembros en continua madurez en la vida y servicio cristianos, y evangelizar a los que ya están en contacto con la iglesia. Este imperativo de crecimiento interno, sin embargo, no debe asumir un lugar exclusivo en la vida de la iglesia. Permitir que lo interno eclipse todos los esfuerzos para alcanzar a los que no tienen iglesia en la comunidad sería sacrificar el crecimiento saludable y promover una iglesia que no será saludable.

El crecimiento de expansión se relaciona con el imperativo de la tarea de la iglesia para evangelizar e incorporar a los que no tienen iglesia en su propia comunidad. Por medio del crecimiento de expansión, la iglesia alcanza su propia clase de gente, p. ej., gente del mismo estrato socio-cultural como la mayoría de los miembros. Esta clase de crecimiento comprende el empuje primario de la mayoría de las congregaciones. Tan importante como es el crecimiento por expansión para la vida de la iglesia, no es la única clase de crecimiento por medio del cual la congregación se hace más grande.

El crecimiento por extensión, uno de los métodos más eficaces y rápidos para sembrar nuevas iglesias, involucra sembrar una iglesia hija entre gente básicamente del mismo estrato socio-cultural como los miembros de la iglesia madre. Este método a menudo pide el comisionar a un grupo de miembros de la iglesia madre para que formen el grupo clave o familias como semilla de la nueva congregación. Todas las iglesias deben buscar oportunidades para sembrar nuevas congregaciones en otras comunidades sea con el uso del grupo clave o con algún otro método.

Crecimiento de puente involucra sembrar una nueva iglesia en una comunidad diferente cultural, lingüística o étnica. Si la barrera cultural es relativamente pequeña—por ejemplo una iglesia anglo de clase media que siembra una iglesia de un grupo más bajo socioeconómico—se llama *crecimiento de puente uno*. Si la barrera cultural es mayor—por ejemplo para una comunidad diferente étnica o lingüística—se llama *crecimiento de puente dos*. Una iglesia anglo que siembra una nueva iglesia para un grupo asiático tal como camboyano o malasio se ocupa en crecimiento de puente dos.

Sembrar iglesias se relaciona tanto a la extensión como al crecimiento de puente. Estas clases de crecimiento son esenciales en la tarea de ganar el mundo para Cristo. En la mayoría de las regiones del mundo, grandemente se necesitan nuevas congregaciones diseñadas para alcanzar nuevos grupos de gente. Este capítulo sobre encontrar claves para sembrar iglesias incorpora uno de los factores importantes en el crecimiento saludable de la iglesia. Entonces vamos al proceso inicial para sembrar nuevas iglesias, esto es, persuadir a todos los interesados que la nueva iglesia se necesita y que la congregación existente participe en la siembra de esta iglesia.

VISUALIZANDO Y PERSUADIENDO

Todos los miembros de la iglesia no están convencidos que se necesiten iglesias nuevas o que la sabiduría indique que los cristianos deben sembrarlas. En efecto, los sembradores de iglesias invariablemente encaran un variedad de objeciones a los asuntos de sembrar nuevas congregaciones (vea Getz and Wall 2000:132-33). Esta resistencia a sembrar nuevas iglesias surge a menudo de obreros laicos, pastores, misioneros, obreros denominacionales que temen la competencia de las nuevas iglesias. Sánchez, Smith y Watke, *Starting Reproducing Churches* discuten maneras prácticas para tratar con estas varias objeciones a las iglesias nuevas (2000:9-23).

El proceso actual de sembrar una nueva iglesia empieza con el proceso de la visión, esto es, *obtener una visión para esta congregación en la mente y corazón de alguna persona o grupo*. Esta importante visión incluirá solamente una congregación o un número de congregaciones pero muy poco se logrará de sembrar la iglesia sin el impulso de una visión. Esta verdad se expresará:

> El primer paso en la fase de formulación de sembrar la iglesia se relaciona con el bien importante asunto de establecer y compartir una visión para la nueva obra. Sin el impulso de una visión clara el esfuerzo de sembrar una iglesia no será exitoso. Los sembradores de iglesias empiezan al recibir la visión del Señor de la iglesia que se tiene que sembrar, compartir esta visión con otros y aclarar la visión para que otros participen en el esfuerzo (Sánchez, Smith y Watke 1001:155).

Después de recibir e internalizar esta visión, el siguiente e igual importante paso en la siembra de la iglesia se encuentra en el área de la persuasión—al compartir la visión, la necesidad, y la demanda para la extensión y crecimiento de puente y convencer a otros para que acepten las mismas convicciones. Compartir la visión para la nueva iglesia atrae a otros al proyecto y les da la oportunidad de contribuir con sus ideas a este ministerio. Sin visión la posibilidad de una nueva iglesia se puede perder en un bosque de dificultades. Charles Brock dice, "en el poder del Espíritu Santo, los creyentes que creen en la Biblia no tienen otra alternativa que escalar las barreras, deshacer las limitaciones, y caminar en ritmo con Dios para empujar los límites del paganismo, con el establecimiento rápido de iglesias autóctonas" (1981:96).

Tanto Jack Redford como Charles Chaney usan el término "crear un clima para sembrar iglesias" en sus discusiones del proceso de persuadir (Redford 1978: 17-18, Chaney 1982:77-80). Daniel Sánchez y Ebbie Smith colocan el factor de alcanzar este clima para sembrar iglesias como parte de la fase de preparación para sembrar la iglesia. Para crear el clima para sembrar Iglesias, iglesias, misiones y denominaciones tiene que haber preparación motivacional, espiritual, evangelizadora y filosófica tanto en el liderazgo como en los factores financieros (2001:7).

Sembrar iglesias básicamente es una tarea espiritual y por lo tanto debe empezar con una preparación directamente espiritual. Los mandamientos bíblicos hacia la evangelización y la siembra de iglesias ayudan a proveer este fundamento espiritual para la multiplicación de iglesias. Enfatizar el lugar central del Espíritu Santo en la vida de la iglesia y de la gente también ayuda con la necesaria preparación espiritual.

No obstante, la preparación espiritual no es "un paso" en la siembra de iglesias. El esfuerzo para mantener el fundamento espiritual para el proyecto debe permanecer como un proceso continuo en las vidas del grupo que siembra la nueva iglesia. Renovación periódica de la dedicación es imperativa. Sembrar iglesias jamás se debe reducir a una obligación para lograrse mecánicamente. Sembrar iglesias nuevas espera el poder espiritual, responde a un llamamiento espiritual y resulta de acuerdo con los dones espirituales.

El grupo que trabaja para sembrar la nueva iglesia también requiere preparación mental. Entender la necesidad de una nueva iglesias provee un fundamento indispensable para el ministerio eficaz. Las oportunidades y necesidades de sembrar la iglesia tienen que vivir en las mentes de los líderes y miembros. Dedicación para sembrar las nuevas congregaciones florece con el entendimiento de la necesidad y de los métodos de sembrar iglesias nuevas. La iglesia local debe ver más allá de sus propias necesidades. El entendimiento necesario se alcanza por medio de la preparación mental. Sin embargo, la sola información nunca preparará la iglesia, la denominación o la misión para la plantación de iglesias—pero esta información concerniente las necesidades y posibilidades de nuevas iglesias es un punto de partida necesario en el proceso de la plantación de iglesias.

El proceso de sembrar una iglesia nueva también requiere preparación organizacional. Cada iglesia, denominación y grupo misionero necesita un grupo de gente dedicado encargado con la responsabilidad de guiar el grupo en la actividad de sembrar la iglesia. Jack Redford llama a este grupo el comité de misiones de la iglesia (1978:28-33) y Charles Chaney o denomina como la fuerza de trabajo para sembrar la iglesia (1982:86-89). Grupos misioneros ordinariamente tienen un grupo que guía la organización en los planes para la nueva obra. Cualquiera que sea el nombre, un comité o fuerza de trabajo tiene que asumir la responsabilidad para guiar los esfuerzos para sembrar nuevas congregaciones.

Quizá la designación de Chaney sea mejor. Un comité de misiones de la iglesia o un comité de alcance misionero fácilmente se ocuparán en muchas actividades "misioneras." La mayoría, sino es que todas estas actividades misioneras son bíblicas, válidas, necesarias y apropiadas. El asunto imperativo de sembrar nuevas iglesias, sin embargo, se perderá o se hará a un lado en vista de las muchas otras tareas misioneras. El comité de misiones de la iglesia puede recibir muchas responsabilidades que el planeamiento para abrir nuevas áreas o sembrar nueva iglesias queda olvidado. Para que el comité de misiones de la iglesia se entregue totalmente su propósito, por lo menos algunos del grupo tienen que dedicarse totalmente a la siembra de la iglesia.

La fuerza de trabajo para sembrar la iglesia tiene que recibir entrenamiento continuo. Materiales escritos y sesiones de enseñanza proveerán este entrenamiento necesario. Eventualmente, este entrenamiento se transferirá al "campo" en la medida que los miembros del comité de trabajo en realidad participan en los esfuerzos de sembrar la iglesia.

Chaney sugiere cinco funciones primarias del comité de trabajo para sembrar la iglesia. La función profética involucra inspirar y motivar la misión de la iglesia o misión para comenzar la nueva obra y mantener

> **Funciones del comité de trabajo para Plantar la Iglesia**
>
> 1. Profética—inspirando y motivando.
> 2. Planeadora—aprendiendo y compartiendo las necesidades y posibilidades.
> 3. Promotora—enlistando el esfuerzo dedicado de todo el grupo.
> 4. Productora—logrando que se haga el trabajo por medio de reclutar y entrenar los obreros.
> 5. Preparando a la iglesia pragmáticamente—encontrando compromiso y obreros.

estas llamas ardiendo. El comité de trabajo sirve como la consciencia misionera de la iglesia. Este grupo que planea debe mantener las ideas de las nuevas áreas y nuevas obras ante los ojos de los miembros de la iglesia, los misioneros, los líderes denominacionales y los líderes nacionales.

El comité de trabajo también sirve a la *función de planear*. El estudio del área y sus necesidades ayuda al comité de trabajo a descubrir las necesidades y posibilidades para las nuevas iglesias. Estos estudios tienen que archivarse para uso futuro si los programas inmediatos no son posibles. El estudio y la planificación tienen que ser permanentes. Los planes para el alcance continuo deben ser parte del trabajo del comité de trabajo. Este grupo de planeación tiene la responsabilidad especial de proveer estudios detallados e información de las áreas bajo consideración para la nueva obra.

El comité de trabajo de igual manera sirve una *función promotora*. Al compartir las necesidades y planes para la nueva obra, el comité de trabajo guía el pensamiento y dedicación de todo el grupo hacia la dedicación para nuevas iglesias. Sembrar iglesias es lo que todo el grupo tiene que estar haciendo—no sencillamente de unos pocos dedicados. Hasta cuando el fervor por una nueva congregación penetre toda la iglesia o misión, la plantación de iglesias no asumirá su justo lugar en el ministerio de la iglesia.

La *función productora* del comité de trabajo sigue a las funciones profética y promotora. Producir aquí tiene el significado de lograr que se haga el trabajo. El comité de trabajo recluta y entrena la gente para involucrarse en el esfuerzo de sembrar la nueva congregación. El comité de trabajo continúa supervisando y dirigiendo la nueva obra al realmente comenzar su ministerio. El grupo que dirige mantiene una evaluación constante. Los nuevos planes emergen de los esfuerzos existentes.

La experiencia en la siembra de iglesias indica que la mayoría de las fallas y dificultades surgen de dos áreas problemáticas—una falta de planeación y/o falta de dedicación de parte de las iglesias auspiciadoras, pastores, misiones y otras entidades. Auspiciar una iglesia nueva en nombre solamente a menudo falla en proveer el apoyo y dirección que la iglesia nueva necesita. Apoyo de labios para la siembra de nueva iglesias cuando la meta real es edificar la iglesia o iglesias existentes frustra los esfuerzos de la siembra de iglesias.

La quinta función del comité de trabajo es *preparar la iglesia pragmáticamente*. Esta preparación necesaria involucra crear el clima para la nueva iglesia—en el grupo auspiciador y en la comunidad donde la nueva congregación servirá. La iglesia o misión tiene que dedicar el esfuerzo en términos de gente, dinero, capacitación, oración y esfuerzo. Sin esta dedicación, la siembra de la iglesia se puede perder.

De todas las áreas en las que es necesaria la dedicación, la más vital será la oración y la gente. Las iglesias a menudo están más dispuestas a dar dinero que a suplir gente que participe activamente en la nueva iglesia. La participación a corto tiempo en las misiones (viajes misioneros, caminatas de oración, esfuerzos de fin de semana) están creciendo en popularidad. La participación misionera trae gratificaciones saludables—en las vidas de los participantes y en los ministerios que suplementan. Los arreglos de corto plazo sin embargo, no se deben dejar que sean sustituto para el servicio misionero a largo plazo.

Las iglesias deben considerar contribuir con algunos de sus miembros para que lleguen a ser las semillas de la nueva obra. Este "grupo clave" debe incluir líderes y personas de apoyo para que participen en servicio a largo plazo de la nueva iglesia. Sin embargo, el lector recordará el consejo concerniente a salida de misioneros de la siembra de iglesias como se discutió en el capítulo 5. Estamos convencidos de la verdad al decir que ninguna iglesia jamás sufre al apropiar miembros a la nueva congregación. El Espíritu Santo parece reemplazar inmediatamente a los que se han dado por la iglesia auspiciadora.

Las denominaciones, misiones, Iglesias e iglesias se tienen que cuidar contra la tendencia de emplear el grueso de los recursos—tanto financieros como de gente—en los programas existentes. Demasiado a menudo se ve la tendencia de poner personal en instituciones a costo de la obra nueva. Las instituciones misioneras tienen apetitos insaciables para personal misionero. La iglesia local es igualmente absorbente en sus tendencias de usar cada líder en el esfuerzo local. Rara vez se envía a un obrero institucional para el desarrollo de una nueva iglesia.

> Las instituciones misioneras y las iglesias locales a menudo tienen apetito insaciable para el liderazgo misionero, personal y recursos y la iglesia nueva se queda afuera o se le pospone.

La mayoría de las actividades de la iglesia y la misión justifican fuertemente emplear todo el cuerpo de obreros en los esfuerzos existentes. Las necesidades locales son reales e importantes. La Iglesia o misión o iglesias tienen que cuidarse de la tendencia de consumir los recursos en las obras existentes con el resultado de tener pocos o no tener recursos para las iglesias nuevas.

Sembrar iglesias depende fuertemente en una entidad auspiciadora—una iglesia, una misión o una agencia misionera. Para satisfacer esta dependencia en la entidad auspiciadora, el grupo auspiciador tiene que estar consciente y dedicado al costo de sembrar una nueva iglesia. La fuerza de trabajo debe suplir esta preparación y ayudar a crear el clima para la emocionante tarea de sembrar una iglesia nueva. Compartir la visión y persuadir a la gente, las iglesias y misiones del esfuerzo de una nueva iglesia a menudo es la tarea más demandante en todo proceso completo de sembrar una nueva congregación.

PREPARANDO EL PLAN

Una vez que se persuade la iglesia o misión concerniente a la necesidad de una nueva obra, el plan debe empezarse. Se ha dicho que fallar en planear es lo mismo que planear en fallar. Muchos esfuerzos de empezar nuevas congregaciones fallan por los que están involucrados en los esfuerzos que fallaron al no planear o demostraron planeamiento inadecuado. El planeamiento para la nueva iglesia debe incluir por lo menos las siguientes cinco consideraciones.

> **Cinco Consideraciones para los Planes de la Nueva Iglesias son:**
> 1. Decidir la meta;
> 2. Seleccionar el método;
> 3. Reclutar el equipo para comenzar;
> 4. Determinar el área;
> 5. Provea el lugar de reuniones.

Decidir la Meta

Planear la nueva iglesia demanda una idea clara en cuanto a la meta para la nueva congregación. Esta meta expresará no sólo la intención de empezar una nueva iglesia sino también la decisión en cuanto a la clase particular de congregación que se espera. Se tiene que tener cuidado que el tipo de iglesia que se comienza satisfaga las necesidades de la comunidad en la que la nueva iglesia servirá.

Al considerar el tipo o clase de iglesia que sembrarán, el grupo que conduce el esfuerzo tiene que recordar que una iglesia para un grupo étnico o de idioma diferente requiere factores especiales. Una iglesia que se reúne en una casa (iglesia de casa) requiere un plan diferente de una que se espera que llegue a ser una súper iglesia. Una iglesia de vecindario necesita diferentes aspectos que una iglesia regional. Todas estas diferencias se tienen que considerar en la fase de planeamiento en el esfuerzo de sembrar la iglesia.

Seleccionar el Método

El plan para la nueva iglesia incluirá no solamente la clase de iglesia visualizada sino también tiene que considerar el método o métodos que se usarán. Daniel Sánchez, Ebbie Smith y Curtis Watke (2001:75-97) sugieren cinco estrategias diferentes para sembrar nuevas iglesias. *Uno, los modelos paternales* involucran una iglesia central (iglesia madre que en una o varias maneras asume la responsabilidad para empezar la nueva iglesia o iglesias. En este modelo, la iglesia auspiciadora le facilita a la nueva congregación o por lo menos algunos de sus recursos necesarios tales como *modelos pioneros* el sembrador de iglesias comienza de cero, sin un grupo clave u otras ayudas. El sembrador de iglesias usa el modelo pionero y tendrá que reclutar un grupo clave de la comunidad de la nueva iglesia. Este sembrador de iglesias no puede depender en una iglesia auspiciadora para que le provea gente. A menudo los que usan el modelo pionero sembrarán iglesias distantes de cualquier iglesia auspiciadora o ayuda denominacional. El sembrador de iglesias pioneras será uno que inicie la nueva iglesia y deja la nueva congregación a otro para su desarrollo o el sembrador de iglesias la desarrollará y permanecerá como su líder por un tiempo extendido.

Una tercera estrategia principal para sembrar la iglesia, el *modelo de colaboradores*, consiste de varias iglesias o grupos existentes que juntan sus recursos para proveer para las necesidades de la nueva iglesia o iglesias. Los modelos colaboradores son especialmente eficaces

Modelos para Sembrar Iglesias

> Modelos paternales—la iglesia madre auspicia y asume la responsabilidad para sostener el esfuerzo del comienzo.

> Modelos pioneros—el sembrador de la iglesia empieza desde cero a menudo en un lugar lejos de cualquier Iglesia auspiciadora o aun sin iglesia auspiciadora.

> Modelos colaboradores—un grupo de iglesias se juntan cooperativamente para guiar y ayudar el esfuerzo de la nueva iglesia.

> Modelos propagadores—el esfuerzo para sembrar una iglesia visualiza la máxima multiplicación tal como un movimiento de siembra de iglesias.

> Modelos de grupos de gente—Una iglesia o grupo planea empezar una iglesia o iglesias para algún grupo de gente en particular al reconocer y procurar satisfacer sus necesidades particulares.

para proveer el comienzo de muchas congregaciones nuevas al multiplicarse los recursos. Una variación importante y eficaz del modelo de colaboradores, el modelo de la iglesia clave, surgió del ministerio de la Convención Bautista General de Texas.

En este plan, iglesias establecidas y la convención del estado se unen para proveer un ministro de misiones dentro del personal de las iglesias. Estos ministros de misiones en cada iglesia participante dirigen la iglesia a enfatizar las misiones y la siembra de iglesias. J. Timothy Ahlen y J. V. Thomas describen este modelo completamente en *One Church, Many Congregations: the Key Church Strategy* (2000).

Un cuarto grupo de estrategias para sembrar nuevas congregaciones, los *modelos propagadores*, visualizan el máximo de multiplicación de iglesias. Estos modelos procuran proveer una serie o movimiento, de nuevas iglesia—mayormente en métodos autóctonos. Entre los mejor conocidos y más eficaces de estos modelos está el de "multiplicación por entrenamiento teológico" y "los movimientos de plantación de iglesias." Estos métodos se mencionaron en el capítulo 5.

El quinto grupo de modelos para sembrar nuevas iglesias considera las necesidades específicas de las *nuevas iglesias entre los grupos de gente o grupos étnicos*. Debido a las necesidades significativas culturales y lingüísticas que se presentan en estos grupos, el grupo planificador tiene que adquirir información específica sobre el grupo en el cual la iglesia servirá. En años recientes en los Estados Unidos, la siembra de iglesias entre los grupos de gente se ha demostrado gratificante. Algunas denominaciones encuentran que su crecimiento hubiese sido negativo sin la bendición que ha surgido de las iglesias nuevas entre estos grupos de gente.

El sembrador de iglesias y los que trabajan con él tienen que considerar cuidadosamente los diferentes modelos, los dones del sembrador de iglesias, la naturaleza de la comunidad y la meta final del esfuerzo. Considerar estos y otros factores habilita al grupo para seleccionar el modelo apropiado para su esfuerzo en particular (Sánchez, Smith 2001:98-99).

Determinar el Área

Un rasgo importante del plan para la nueva iglesia se relaciona con la localidad. La entidades que siembran iglesias tales como denominaciones, agencias misioneras e iglesias locales deben tener una extensión, división o departamento que guía en el asunto de la siembra de iglesias y ayuda a localizar las áreas en las cuales estas nuevas congregaciones se localizarán. Junto con la selección del método o estrategia para la nueva obra, la selección del área se constituye en una de las decisiones más críticas.

Varios libros de siembra de iglesias proveen una guía detallada concerniente al criterio para seleccionar el área para la nueva iglesia.[9] Este libro constituye una manera más general. Mencionamos algunos de los criterios más centrales para las áreas para las nuevas iglesias o métodos con los cuales los grupos que siembran iglesias descubrirán estas áreas.

Criterio uno: La posibilidad es favorable para una nueva iglesia en el área. Recuerde que la respuesta de la gente en vez de la necesidad determina el uso de los recursos. La iglesia auspiciadora provee estabilidad en el esfuerzo. Las masas de gente naturalmente atraen a los evangelistas. La mera presencia de números de personas, aun gente sin iglesia, en sí misma no indica el área más vital para la nueva iglesia. La presencia de gente que muestra señales de responder al evangelio marca la posibilidad favorable para una nueva iglesia. *¿Muestra el área alguna indicación de que habrá respuesta, la nueva iglesia pueda sembrarse y la nueva congregación continuará en la región?*

Criterio dos: Es aparente la necesidad de una iglesia y su ministerio en el área. La proporción de gente sin iglesia indica la necesidad de una iglesia. Las necesidades de los ministerios de la iglesia de igual manera indican la necesidad de una iglesia y de los ministerios que provee. La confluencia de la necesidad de la salvación y de membresía de la iglesia tanto como las necesidades sociales no satisfechas proveen una fuerte indicación que el área está lista para una nueva iglesia. *¿Proveerá una nueva iglesia la necesidad de la evangelización y ministerio en la región?*

Criterio tres: La presencia de grupos que necesitan una iglesia pero que no se les ha alcanzado por las congregaciones existentes es una señal de la necesidad de una nueva congregación. Una comunidad puede tener muchas iglesias y con todo no tener una congregación o congregaciones enfocadas para cada grupo étnico, racial o socioeconómico en la región. Grupos de personas sin iglesia establecen la necesidad de nuevas congregaciones. ¿En el área de la iglesia existen grupos que no se han alcanzado por las otras iglesias?

Criterio cuatro: Inadecuada actividad evangelizadora de la

iglesia en la región indicará la necesidad de una nueva congregación. La presencia de edificios de iglesia y congregaciones en la región no son garantía de la presencia del testimonio adecuado y del servicio evangélico. Cualquier lugar que demuestra que la evangelización y el servicio social son inadecuados es un lugar que bien puede necesitar una nueva iglesia. ¿Existen necesidades evangelizadoras y de ministerios que no se han satisfecho?

Criterio cinco: La región más amplia indica que una nueva iglesia proveerá la plataforma para la siembra de otra iglesia. Toda la región en vez de simplemente áreas aisladas debe recibir atención. La estrategia se considera y se adoptan los métodos para la evangelización y congregar en una región amplia (Chaney 1982:39-59).

El planeamiento regional, tan importante como puede ser, debe evitar el error del "síndrome del mapa de vías." La existencia de una ciudad grande, donde un grupo no tiene iglesia, localizado entre dos ciudades donde el grupo no tiene iglesias, automáticamente no indica que el sitio "entre las ciudades" es la localidad primaria para la nueva obra. Ideas de tipo romántico de tener iglesias en ambos lados de un río no indica automáticamente lugares para nuevas congregaciones. Lo notorio o la naturaleza histórica de una región automáticamente no dan su sello de aprobación como la localidad para una nueva obra. El planeamiento regional se tiene que conformar a los criterios para la nueva obra. Toda planificación para sembrar iglesias nuevas debe ser dirigida por el Espíritu y ser científicamente bien ideada.

Estos y otros criterios guían a los equipos sembradores de iglesias en la selección de áreas para nuevas iglesias. Aunque guías eficaces, estos criterios no siempre son obvios. Varios métodos ayudarán la entidad sembradora de iglesias a emplear los criterios, evaluar la información, algunas veces modificar las conclusiones que indican los criterios y descubrir dónde se deben colocar las nuevas congregaciones. Varios de estos métodos ayudan a los sembradores de iglesias a usar los criterios y en verdad a decidir dónde sembrar las nuevas iglesias.

Un método, el de *la invitación directa*, considera solicitudes del área bajo consideración. Tales solicitudes a veces influyen en las decisiones en cuanto a la localidad de la nueva iglesia. Una solicitud directa por la gente que vive en el área o sus representantes puede forzar al grupo sembrador de iglesias a considerar el área aun cuando los criterios no indiquen que sea el lugar primario.

Los grupos sembradores de iglesias deben estar listos a responder a estas invitaciones directas. Sin embargo, se tiene que tener cuidado. Una solicitud directa para una nueva congregación no asegura que el área que solicita sea el lugar primario para una nueva iglesia. Los criterios para sembrar nuevas iglesias todavía se tienen que considerar aun frente a las solicitudes directas. La solicitud directa, sin embargo, puede lograr que un grupo considere y tal vez le dé prioridad a un área no inmediatamente indicada cuando se consideren los criterios.

La *manera de la emergente apertura repentina* para considerar los criterios responde a la emergencia repentina de necesidades o respuestas especiales. Cuando una nueva ciudad, tal como Brasilia, en Brasil o The Woodlands, Texas, nace, la necesidad para congregaciones nuevas viene a ser evidente. Cuando cantidad de personas se cambian de las regiones rurales a la ciudad, tal como se ha visto en Manaus, Brasil, su nueva localidad clama por nuevas iglesias. Cuando áreas previamente cerradas de repente se abren, como en la apertura de los países previamente satélites de la Unión Soviética, la mayoría de los sembradores de iglesias abogan por la necesidad percibida de los esfuerzos evangelizadores y de sembrar iglesias. Los grupos sembradores de iglesias tienen que permanecer alerta de tales desarrollos emergentes y hacer planes de largo plazo para llenar las necesidades que crean estos nuevos desarrollos.

Muchos grupos contemplarán la decisión de sembrar nuevas iglesias en un área particular por medio de la *manera investigativa*. La manera investigativa busca determinar el área para nuevas iglesias al reunir información sobre las comunidades—población, grupos de personas, número existente de iglesias y sus membresías, necesidades de la comunidad y desafíos. J. V. Thomas llama esta clase de esfuerzo investigativo "estudio de factibilidades."

Los estudios de factibilidades consultan datos voluminosos de los reportes del censo, información de las oficinas de planificación, contacto directo al visitar la región, entrevistar a la gente local, especialmente a los líderes. Este estudio de datos demográficos existentes tiene que ser suplementado por muestras de sentimientos, deseos y apertura al evangelio de parte de la gente al ir de puerta en puerta. El grupo que busca liderazgo para el área de la nueva iglesia considerará cuidadosamente y conservará los resultados de estos estudios.

La información reunida sobre la comunidad revelará el número de personas sin iglesia, los grupos de gente no alcanzada, las necesidades en las comunidades, las necesidades de los ministerios de la iglesia y las posibilidades de que una iglesia viva y sirva allí. Al comparar esta información con los criterios de selección de un área para la nueva iglesia, el grupo tiene una guía objetiva en su decisión en cuanto a dónde ubicar la obra nueva. Con el uso de los datos y dependiendo de la dirección del Espíritu Santo, el equipo sembrador de iglesias precisará los mejores lugares para sembrar nuevas iglesias.

Otra ayuda al considerar los criterios para las áreas de obras nuevas, la *manera de respuesta*, nota no solamente los números de personas sino las indicaciones de posible respuesta al mensaje de Cristo. En muchas áreas de los países en desarrollo las necesidades de iglesias nuevas son abrumadoras. Una manera de decidir entre las áreas en las que todas necesitan iglesias nuevas, es buscar la manera en que la gente responde al mensaje del evangelio.

Un grupo misionero encaró la decisión de ubicar la nueva obra en una población grande de gente bien establecida culturalmente que había sido notoria por su rechazo al evangelio o colocar la nueva obra en un área donde la gente se cambiaba de una isla principal a otra. Menos población vivía en la isla de trasmigración que en el área de la región de la gente bien establecida. Como la gente responde al cambio, incluyendo el cambio religioso durante tiempo de trastornos (tales como la trasmigración), la manera de la respuesta debió ayudar en la decisión de sembrar iglesias en la región de la transmigración aun con menos gente viviendo allí. La manera de la respuesta pudo haber ayudado al grupo a evitar un serio error en cuanto a estrategia.

Los criterios de selección de un área para nuevas iglesias y las maneras diferentes para considerar estos criterios pueden ayudar al grupo sembrador de iglesias a seleccionar el área para el nuevo esfuerzo. Como los recursos para nuevas iglesias son limitados, planeamiento para su uso más eficaz es imperativo. Desde luego, la dirección del Espíritu Santo tiene que ser central en la tarea de la selección del área tanto como la investigación científica. La investigación científica y la dirección del

Espíritu Santo constituyen dos factores indispensables en el proceso de selección.

Reclutar el Equipo Sembrador de la Iglesia y el Grupo Clave

Sembrar iglesias, aun con el uso del modelo pionero, involucra tal complejidad que rara vez una persona logra cumplir la tarea solo. Aubrey Malphurs indica que aun el apóstol Pablo no intentó obedecer la Gran Comisión él solo, sino que consiguió un equipo de trabajo con él (1992:248). Un sembrador de iglesias necesita un equipo de colaboradores que fortalezcan y complementen el trabajo del líder. Un grupo dedicado con la visión y compromiso que iguala y que está en armonía con los del sembrador de iglesias, es lo que se llama el equipo sembrador de iglesias por Sánchez, Smith y Watke (2001:183-84).

El equipo sembrador de iglesias usualmente incluye a personas que bien pueden llegar a ser miembros del personal de la nueva iglesia. Servirá bivocacionalmente por un período. Debido al hecho que el equipo iniciador puede llegar a servir como el personal, deben seleccionarse en vista a los diferentes papeles y de acuerdo a sus diferentes habilidades y dones. Robert Logan sugiere siete papeles que el equipo tiene que desempeñar. El equipo necesita personas que puedan responsabilizarse de reclutador-evangelista (pastor), líder de adoración, facilitador, ministro de los niños, dador de cuidado pastoral, organizador implementador y administrador y encargado de finanzas y negocios. No hay necesidad de decir que una persona o una pareja proveerán más de una de estas categorías (Logan y Ogne 1991:215).

Adicionalmente al equipo sembrador de iglesias el esfuerzo de la nueva iglesia también necesita un grupo conocido como el "grupo clave." El equipo sembrador de iglesias será parte del grupo clave pero no todo el grupo. El grupo clave se compone de los miembros alrededor de los cuales se edificará la nueva congregación mientras que el equipo sembrador de iglesias constituye el incipiente personal de la nueva congregación. Después que el equipo sembrador de iglesias esté organizado el siguiente paso importante es el de reclutar al grupo clave de miembros de la nueva congregación.

El grupo clave se recluta de entre los miembros de la iglesia colaboradora, los miembros de iglesias en al comunidad o de ambas fuentes. El esfuerzo para sembrar la nueva congregación se mejorará grandemente con la cuidadosa selección y entrenamiento del los miembros del grupo clave. La nueva iglesia crecerá y se desarrollará alrededor de estos primeros miembros.

Una parte importante del entrenamiento del grupo clave involucra establecer la convicción que la nueva iglesia le pertenece al Señor y no al grupo clave. El grupo clave viene a ser parte del compañerismo, pero no los gobernantes o dueños de la congregación. El grupo clave jamás debe esperar un lugar especial de autoridad o influencia en la nueva congregación.

Un grupo clave en función, sea suplido por los colaboradores o reclutado de la comunidad, constituye una de la entidades más importantes en el desarrollo de la nueva iglesia. La selección y entrenamiento del grupo se entiende que es un paso importante al sembrar la nueva congregación (Sánchez, Smith, y Watke 2001:208-210).

Proveer el Lugar de Reunión

La nueva iglesia se tiene que reunir en alguna parte. La provisión de un lugar de reuniones ejerce influencia significativa, positiva o negativa, en el progreso de la nueva congregación. Este principio no significa que la nueva congregación tenga que tener facilidades permanentes inmediatamente. En efecto, muchas personas experimentan al sembrar nuevas iglesias que han observado que muchas congregaciones nuevas a menudo impiden el desarrollo total al intentar construir demasiado pronto y demasiado pequeño (Warren 1995:46).

> La congregación que intenta edificar un edificio permanente demasiado pronto, demasiado pequeño, o demasiado costoso a menudo impide el desarrollo de la nueva iglesia.

Las realidades detrás de estas observaciones se fundamentan en el hecho que cuando las nuevas iglesias edifican demasiado pronto a menudo edifican de acuerdo a sus capacidades en ese tiempo en vez de acuerdo con las necesidades que permitirán el potencial máximo. Por otra parte, las nuevas congregaciones algunas veces se comprometen con tales deudas para el primer edificio permanente que les quedan pocos recursos para los ministerios que contribuirán a fortalecer el crecimiento. Las nuevas congregaciones y los que las siembran se tienen que cuidar de las tendencias de edificar demasiado pronto, demasiado pequeño o demasiado costoso (Sánchez, Smith y Watke 2001:265).

Parte de la respuesta a estos dilemas está en utilizar lugares temporales para las reuniones. Las iglesias han usado un número infinito de instalaciones como lugares temporales de reunión. Estos lugares incluyen escuelas, salones de conferencias en los hoteles, edificios de acción comunitaria, edificios de tipo de iglesia de otras iglesias, edificios portátiles, casas de clubes, espacio de renta para negocios, salones de conferencias de negocios, restaurantes, capillas en funerarias, teatros, edificios recreativos, instalaciones en los bancos, casas grandes y aun estadios. Con el uso de tales instalaciones temporales que usualmente se pueden rentar por relativamente precios razonables deja la nueva congregación con más recursos para personal y programas en vez de debilitarla con los pagos por el edificio (Sánchez, Smith y Watke 2001:265-66)

Dos principios primarios para conseguir edificios temporales son que el desarrollo de la congregación no sea restringido ni que la reputación de la nueva congregación se comprometa por el lugar de reunión. Muchas congregaciones en desarrollo encuentran que tienen que cambiar de localidad cuando el grupo crece. Estos cambios en la localidad no siempre han ido en detrimento de la causa. El tiempo puede llegar, sin embargo, cuando las instalaciones permanentes son necesarias.

Algunas de las decisiones importantes que se relacionan con las instalaciones permanentes involucran la localidad de la propiedad para las nuevas instalaciones, el tamaño de la propiedad, el costo de la propiedad, y el plan maestro para las instalaciones, los códigos restrictivos y el acceso futuro o la falta del mismo. A menudo, la propiedad para la nueva iglesia se adquirirá antes del tiempo de edificar. Aun cuando se ha comprado la propiedad de antemano, los cambios pueden dictar que el lugar conseguido no es el lugar ideal.

En tales casos, la iglesia se debe preparar para cambiar de localidad aun encarando algunas pérdidas financieras. Ubicar las instalaciones de la iglesia en un sitio inadecuado solamente porque la congregación o alguna entidad colaboradora ya han comprado el terreno muy a menudo constituye un gran error en la estrategia. El futuro de la iglesia es más importante que las consideraciones financieras por sí mismas.

Planear las instalaciones permanentes es de tal importancia en la vida de la nueva iglesia que casi siempre es aconsejable buscar ayuda profesional en el proceso. Muchas denominaciones tienen departamentos que proveen tal ayuda sin costo o a un costo muy bajo. Aun si la ayuda profesional es costosa, el futuro de la iglesia se puede mejorar significativamente con un planeamiento completo con guía profesional.

Cuando los planes para las instalaciones permanentes maduran, los dos principios del uso presente y de la adaptación futura deben permanecer como importantes. Los conceptos de permanecer libres para crecer y libres de compromisos también son importantes.

Las instalaciones serán un gran impulso para el desarrollo de la nueva iglesia pero también pueden llegar a ser una fuente de dificultades e impedimentos. La provisión de las instalaciones permanentes llega a ser uno de los aspectos más prometedores y amenazantes de la siembra de nuevas iglesias.

IMPLEMENTANDO O PRODUCIENDO

Una vez que se han completado los preparativos, la fase siguiente para sembrar la nueva iglesia es la implementación de planes y en realidad producir la iglesia. Desde luego, cada iglesia tiene que recordar y mantenerse pensando que el Espíritu Santo tiene que estar presente en todo lo que se hace—persuadir, planear y producir. La fase de implementación de la nueva iglesia seguirá las líneas de contacto con la comunidad, reuniones de la nueva congregación, establecer la iglesia, desarrollar la iglesia y producir la congregación y aún sembrar otras congregaciones nuevas.

Contacto con la Comunidad (cultivo)

Jack Redford nota correctamente que la nueva iglesia necesita un período de tiempo para cultivar la nueva comunidad antes de empezar la fase de reuniones públicas. Dice, "Además de seleccionar la comunidad apropiada en la cual sembrar una nueva iglesia, quizá el único elemento más impor-

> Además de seleccionar la comunidad apropiada en la cual sembrar una nueva iglesia, quizá el único elemento más importante en un comienzo correcto es el cultivo de la comunidad.

tante en un comienzo correcto es el cultivo de la comunidad" (1978:52-60). Conocer y llegar a familiarizarse con la gente y que lo conozcan bien afecta este cultivo. El proceso demanda cuidadoso cultivo de las relaciones con la comunidad. La entidad y los líderes que siembran iglesias deben establecer los contactos con las iglesias existentes, los líderes de las iglesias y los grupos misioneros. El grupo que siembra la nueva iglesia también debe contactar el gobierno y las organizaciones de la comunidad y sus oficiales, la comunidad de negocios y la población en general.

El grupo que planea la nueva congregación debe buscar oportunidades para los ministerios comunitarios por medio de los cuales demostrar amor e interés. Estas demostraciones pavimentan el camino para que la iglesia se relacione con la comunidad pero no se debe ver como que la iglesia trata de comprar su posición dentro de la comunidad. Los esfuerzos de satisfacer con amor las necesidades de la comunidad proveen un contacto válido con la comunidad y crea un fundamento para el trabajo de la nueva iglesia.

En su libro, *Conspiracy of Kindness*, Steve Sjogren sugiere una variedad de métodos por medio de los cuales el sembrador de iglesias puede contactar la gente de la comunidad y ministrarles en varias maneras. Estas expresiones de amor e interés abren caminos para relaciones

> La decisión final de sembrar una nueva iglesia descansa en el llamamiento de Dios y no en las quejas de la gente.

significativas que la nueva iglesia seguirá cultivando al empezar sus ministerios formales (1993:215-26). Sánchez, Smith and Watke sugieren eventos comunitarios para cultivar todos los grupos (niños, jóvenes y adultos) que harán posible que las iglesias nuevas impacten a la gente en las comunidades y formen relaciones con la gente que desean alcanzar (2001:229-42). Todo el propósito de la fase del cultivo de sembrar la iglesia es preparar el clima para la nueva iglesia.

No es del todo imposible que la fase de cultivo y de contacto con la comunidad—especialmente el sector religioso—resulte en declaraciones que desanimen y/o oposición para la nueva iglesia. Los líderes religiosos en la comunidad puede que critiquen la idea de una nueva iglesia y que aún intenten disuadir su comienzo. Los propietarios puedan objetar la edificación de una iglesia en sus vecindarios o los grupos de estudio bíblico que se reúnen en sus áreas. Las ordenanzas de la ciudad pueden impedir el trabajo de varias maneras.

Aunque los sembradores de iglesias deben considerar cuidadosamente estas objeciones y barreras para la nueva iglesia la decisión de una nueva iglesia descansa en el llamamiento de Dios no en las quejas de la gente.

Si el Espíritu Santo guía al grupo sembrador de iglesias a empezar una nueva congregación, ningún grado de oposición humana debe disuadir del proyecto. Los sembradores de iglesias pueden aprender de las objeciones y ajustar los planes a la luz de los mismos pero no se deben bloquear por objeciones no válidas.

Reuniones de la Nueva Iglesia

El proceso de sembrar la nueva iglesia ahora alcanza el punto de tener las reuniones. Las reuniones de la nueva iglesia incluyen tanto las reuniones pre-públicas y las más formales, las reuniones públicas. Las reuniones pre-públicas tienen muchas ventajas definitivas en la preparación para las posteriores reuniones de adoración. *Primera*, las reuniones pre-públicas permiten el compañerismo para que madure entre los líderes y principiantes en las actividades del grupo pequeño. *Segunda*, el período pre-público permite que la congregación descubra y entrene a sus líderes. *Tercera*, las reuniones pre-públicas permiten que la nueva iglesia comunique su visión tanto a sus propios miembros como a la comunidad. *Cuarta*, el período de las reuniones pre-públicas permite el desarrollo de la congregación para ministrar a las necesidades espirituales de sus líderes. Finalmente, el período de reuniones pre-públicas permite que la nueva congregación gane experiencia en llevar adelante las funciones vitales de una iglesia (Sánchez, Smith y Watke 2001:297-98).

Varios estilos y tipos de reuniones son válidos durante el período de reuniones pre-públicas—estudios bíblicos, reuniones de oración, sesiones de compañerismo, foros cristianos y otros que le permiten a la iglesia sentir la reunión del conjunto antes de la adoración pública formal. La nueva iglesia empieza a poner en actividad sus ministerios que necesita para funcionar como iglesia cuando llegue la fase pública.

La nueva iglesia se tiene que cuidar de la tendencia de pensar que tiene que proveer cada función de una iglesia establecida durante el período pre-público. La nueva iglesia se tiene que adaptar a la comunidad y proveer las funciones necesarias en esa comunidad y rehusar disipar el liderazgo y los recursos tratando de proveer servicios que en realidad no son necesarios en la comunidad. La nueva congregación debe hacer lo que es necesario y solamente lo que se necesita al acercarse al comienzo de la fase de su principio de adoración pública (Sánchez, Smith y Watke 2001:304).

El período pre-público primordialmente busca establecer el compañerismo de la nueva iglesia y prepararla para su ministerio futuro. Los estudios bíblicos y otras reuniones estarán alerta, sin embargo, a las posibilidades de guiar gente a la salvación y reclamar a los creyentes descarriados e incorporarlos tanto en las reuniones pre-públicas como a la adoración pública que sigue. Las reuniones pre-públicas conducen a los servicios de adoración pública.

El primera adoración pública en realidad sirve para introducir la iglesia nueva a la comunidad y permitir que la iglesia haga su primera impresión en la gente de la comunidad. El primer servicio de adoración debe ser cuidadosamente planeado, adecuadamente publicado, y sobre todo, completamente cubierto con oración. Los servicios de adoración, tanto en el comienzo como posteriormente en la vida de la nueva iglesia, deben ser culturalmente relevantes a la comunidad de la gente que la iglesia intenta alcanzar. La música y la predicación deben reflejar las necesidades, deseos y estilo de vida de la gente que constituirá la membresía de la iglesia.

Los servicios de adoración, tanto como cualquier otro factor, contribuyen al crecimiento de la iglesia. La dimensión espiritual permanece importantísima. Un libro resume el lugar de los servicios de adoración en el principio y el crecimiento de una iglesia cuando dice:

> Cuando la gente sale del servicio de adoración con la convicción firme que ha estado en la presencia del Señor, no solamente regresarán, sino que también invitarán a otros con entusiasmo para que participen en la fiesta espiritual. Un servicio de adoración dinámico contribuye al crecimiento de la iglesia (Sánchez, Smith y Watke 2001:319).

Estableciendo la Nueva Iglesia

La nueva iglesia necesita reconocimiento como iglesia en los ojos de sus propios miembros, en las mentes de la gente en la comunidad, en el pensamiento de los grupos colaboradores y en los registros de la denominación. En la fase del establecimiento, la nueva iglesia ciertamente debe asegurarse que ha ganado reconocimiento con las autoridades civiles tanto como por los líderes religiosos y denominacionales. Estos reconocimientos requerirán asuntos de organización con una constitución formal y reglas, que sigan los procedimientos civiles requeridos y cumplan con los requisitos denominacionales. Todos estos requisitos, entre tanto que no comprometan las enseñanzas bíblicas sobre la iglesia, se deben seguir para así establecer la iglesia legal y denominacionalmente.

Parte del proceso de la incorporación involucrará la selección del nombre para la iglesia. El equipo sembrador de iglesias puede haber tomado este paso en el proceso inicial. El nombre de la iglesia debe ser un nombre que mejora y que de ninguna manera detrae de la vida y ministerio de la iglesia. Las sugerencias de nombres de las nuevas iglesias se proveen en los materiales existentes (vea Cómo Plantar Iglesias en el Siglo XXI, por Daniel Sánchez y Ebbie Smith, 23001:271-75).

Las realidades financieras se tienen que considerar, en toda la experiencia de sembrar la iglesia y en el establecimiento formal de la iglesia. La integridad mantiene un lugar imperativo en la vida y servicio de cada iglesia. En la constitución, reglas y el arreglo financiero se deben establecer claramente. La integridad de los fondos contables nunca debe dar lugar a cuestionamientos.

Al atender cuidadosamente los asuntos del establecimiento de la iglesia el grupo sembrador ayudará a proveer estabilidad a largo plazo. A fin de cumplir con el mandato bíblico de "dar a César lo que es del César" (Mateo 22:21), las iglesia debe y tiene que cumplir con las regulaciones apropiadas del gobierno y la denominación. Estas

> Las iglesias son organismos espirituales que tienen que existir en jurisdicciones civiles y por lo tanto tienen que ser establecidas formal y legalmente a fin de continuar con sus ministerios espirituales.

iglesias deben recordar también que el Señor limitó esta sumisión voluntaria a aquellas cosas que el gobierno tiene derecho de requerir.

Creciendo y Desarrollándose

El crecimiento saludable de la iglesia insiste en que la iglesia nueva empiece con la idea de crecer más grande, mejor, más amplia y más saludable. El comienzo y establecimiento de la nueva congregación no representa el logro final de los procesos. La nueva iglesia no debe de permanecer sin desarrollo sino crecer a una madurez espiritual.

Las entidades sembradoras de iglesias (Iglesias, iglesias, denominaciones y agencias misioneras) se deben interesar por el crecimiento y desarrollo continuo de la congregación. Un número de recursos están disponibles para ayudar a los líderes de la nueva iglesia a guiar la congregación en el desarrollo y crecimientos apropiados.[10] La siembra de iglesias que no considera el crecimiento continuo de las congregaciones es crecimiento de la iglesia que permanece inválido e incompetente.

Reproducción

El Crecimiento Saludable de la Iglesia busca Sembrar Congregaciones que:

1. Viven naturalmente en el terreno en que son sembradas;
2. Crecen saludablemente en el clima en el cual viven;
3. Sirven fielmente entre la gente a la cual están llamadas a alcanzar;
4. Se reproducen naturalmente en el mundo por el cual son responsables.

En el capítulo 2 enfatizamos que el crecimiento saludable de la iglesia aspira ver iglesias que incorporan creyentes responsables que se reproducen en congregaciones responsables y que se reproducen. Esta meta se tiene que tener presente desde el planeamiento de una nueva iglesia. La meta de la reproducción no se debe abandonar y perder. Charles Brock, un eficaz sembrador de iglesias, dice que la siembra de iglesias desde el comienzo "piensa reproductoramente." Escribe, *"un sembrador de iglesias responsable no estará seguro que cada iglesia que siembra en realidad sembrará nuevas iglesias, pero puede hacer todo lo posible para dejar el camino abierto para que las iglesias se reproduzcan"* (1981:56).

En otras palabras, los esfuerzos viables de sembrar iglesias en el siglo 21 deben tener en el centro la cualidad de reproducción. Estos movimientos necesitan lo que Mike Berg y Paul Pretiz llaman la cualidad de ser "inherentemente expansionista" (1966:63). Otro escrito sobre la siembra de iglesias pide que la reproducción esté presente en la formación genética (el DNA) de las metodologías de la siembra de iglesias tanto como en las nuevas congregaciones. "Todo en la estrategia apuntará en la dirección de ayudar a la nueva iglesia a percibir y a concentrarse en esta responsabilidad de la reproducción" (Sánchez, Smith, 2001:412).

Para lograr que el esfuerzo de sembrar iglesias se concentre en la reproducción y que las nuevas congregaciones desde su comienzo se dediquen a la reproducción en cada nivel del proceso, ciertas claves para la reproducción existen y deben considerarse cuidadosamente por todos los involucrados en la siembra de iglesias.

Primera, el esfuerzo debe reclutar y entrenar personal que acepte e implemente la necesidad de sembrar iglesias que se

---

Claves para la Reproducción

➢ Reclutar al personal que acepta y se dedica al principio de la reproducción.

➢ Únicamente usar modelos de siembra de iglesias que permitan y animen la reproducción.

➢ Solamente emplear estrategias que permitan y animan la reproducción.

➢ Cuidar las congregaciones contra cualquier elemento que desanime o impida la reproducción.

---

reproducirán. El objetivo es alcanzar un movimiento de siembra de iglesias con reclutamiento, entrenamiento y animando a los tipos de sembradores de iglesias que se dedican al movimiento de la reproducción (Sánchez, Smith y Watke 2001:405).

Segunda, la siembra de iglesias reproductoras se dará en el uso de modelos de siembra de iglesias reproductoras. La mayoría de modelos de siembra de iglesias llegarán a ser reproductoras si el elemento de reproducción se incorpora intencionalmente. Tres modelos, el de la iglesia clave, el modelo de la capacitación de liderazgo y el modelo de empezar un movimiento de siembra de iglesias contribuyen adecuadamente a los esfuerzos que resultarán en los esfuerzos de reproducción (Sánchez, Smith y Watke 2001:409-411).

Tercera, un esfuerzo de sembrar iglesias que continuamente sembrarán otras iglesias debe incluirse en las estrategias de siembra de iglesias reproductoras. Las estrategias que permiten la reproducción que se ha puesto en el cuadro genético de las congregaciones, siguen procesos viables que reproducen iglesias que se reproducen, descansan en los recursos locales y planean el retiro de la influencia externa. Estas y otras estrategias dan lugar a la siembra de iglesias reproductoras (Sánchez, Smith y Watke 2001:411-16).

Algunas Iglesias e iglesias se han concentrado en sí mismas y usan la mayoría de sus recursos en sus propias necesidades y planes. Se falla al no ser misioneras y sembrar otras iglesias, que a su vez sembrarán otras congregaciones, así se falla en alcanzar la meta dada por el Señor a sus iglesias. De nuevo la meta del crecimiento saludable de la iglesia es la de tener creyentes responsables, reproductores en congregaciones responsables y reproductoras.

Cuarta, las congregaciones que se siembran de deben cuidarse de cualquier elemento que haga su reproducción más difícil. Esta idea involucra cualquier distorsión teológica que haga menos probable la reproducción o cualquier provisión que haga que la nueva iglesia piense en retardar la reproducción hasta cuando ciertas realidades físicas estén en su lugar.

> La meta del crecimiento saludable de la iglesia es la de tener creyentes responsables, reproductores en congregaciones responsables y reproductoras.

Por ejemplo, un grupo les enseñó a los líderes de la iglesia que la iglesia tenía que estar organizada oficialmente antes que sembrara una nueva congregación. Otro grupo insistió en tener su propio edificio permanente antes que considerara sembrar una nueva congregación. Tales elementos impedirán la reproducción y se deben evitar en un movimiento continuo de siembra de iglesias.

Sánchez, Smith y Watke resumen el asunto de la reproducción al decir:

> Sembrar Iglesias que se reproducen al comenzar aun nuevas congregaciones obviamente ha sido crítico en cada período—

bíblico y actual. La persona o grupo que desee ver un alcance continuo de los perdidos y de los que no tienen iglesia debe seguir estos ejemplos y procurar sembrar iglesias que por su propia naturaleza (su DNA si se quiere) continuarán el movimiento de sembrar otras iglesias. El método es tener la expansión "diseñada por Dios" (2001:416).

CONCLUSIÓN

La siembra de iglesias permanece como el enfoque central en el crecimiento saludable de la iglesia. La única manera de satisfacer el fantástico crecimiento de la población en el mundo hoy es al proveer la fantástica multiplicación de iglesias (McGavran 1969:3). Casi en cada comunidad, en el mundo occidental y en el mundo en desarrollo, está la necesidad de más iglesias y diferentes clases de congregaciones. Las misiones, Iglesias e iglesias hoy, si van a ser fieles al Señor de la mies, tienen que enfatizar la siembra de iglesias que se pueden reproducir y que se reproducirán.

La comisión—"hagan discípulos de todas la naciones"— demanda proveer congregaciones en las cuales estos creyentes se incorporarán, desarrollarán y se comisionarán para continuar el proceso. *El crecimiento saludable de la iglesia pide que se siembren iglesias que crecen, se reproducen en cada región del mundo y entre cada grupo de gente en la tierra.* La iglesia o congregación que no se reproduce al sembrar nuevas congregaciones es una Iglesia o iglesia que sacrificará la salud de la iglesia.

Preguntas y actividades

1. Tenga la encuesta (estudio de probabilidad) de la región de su área. Encuentre el área o las áreas que necesitan nuevas congregaciones. Contacte a las personas y los grupos que pueden ayudar a sembrar una nueva iglesia en el área.

2. Haga una lista de las razones por las que la gente objeta o resiste la idea de nuevas iglesias.

3. Descubra la población de su comunidad y el número de iglesias evangélicas en su comunidad. ¿Cree que existen sufrientes iglesias? ¿Hay grupos de personas en la comunidad que no son servidos por las iglesias existentes?

4. ¿Por qué un esfuerzo de siembra de iglesias tiene que pensar en la reproducción desde el comienzo?

CAPÍTULO 10

DESARROLLANDO MÉTODOS URBANOS DE CRECIMIENTO DE LA IGLESIA

Crecientemente el mundo ha llegado a ser un lugar urbano. Al expandirse las ciudades y las poblaciones urbanas, estos lugares y gente asumen preocupaciones significativamente crecientes para la humanidad moderna—y para los interesados del crecimiento de la iglesia. En 1970 Donald McGavran escribió:

> Discipular las poblaciones urbanas quizá sea la tarea más urgente que confronta la iglesia. Brillantes rayos de esperanza que ahora precisamente es el tiempo para aprender cómo se hace y para ir adelante realmente haciéndolo (1970:332).

Ahora, treinta y cinco años después que se escribieran estas palabras, el crecimiento saludable de la iglesia reconoce que la necesidad ha aumentado en vez de haberse satisfecho y que la tarea está más lejos de completarse que cuando McGavran habló. Roger Greenway nota que entre los años 1979, cuando se completó y apareció la primera edición de su libro, *Discipling the City*, y 1992 cuando publicó la segunda edición, más de mil millones de personas se habían cambiado del "campo a la ciudad" (1992:7).

En efecto, ya para 1983, Roger Greenway había notado correctamente que el método del "sombrero de paja" para las misiones que se concentró en gentes rurales y grupos tribales ya no encajaba en la situación de ese día (1983:1). Más recientemente Viv Grigg le ha dicho al mundo de las misiones que las regiones urbanas han venido a ser la "nueva frontera" y ha anunciado, "¡Lo siento! La frontera se ha cambiado" (1997), otras voces hacen llamamientos apasionados para desarrollar maneras para alcanzar estas masas urbanas (vea Schaller 1993:11-20).

Las realidades de la vida urbana se tienen que encarar, medirse sus posibilidades, cosecharse sus promesas. El crecimiento saludable de la iglesia en el siglo 21 tiene que invadir los espacios urbanos del mundo y desarrollar métodos para alcanzar a los habitantes de las ciudades—especialmente las gentes urbanas sumidas en la pobreza.

El cargo que el crecimiento de la iglesia no tiene nada para las ciudades está injustificado como mal fundamentado (Elliott 1981:801). Es verdad que mucha de la teoría del crecimiento de la iglesia en la iglesia temprana se desarrolló e implementó entre las gentes rurales y tribales en las naciones menos desarrolladas. Los métodos y estrategias básicos del crecimiento de la iglesia, sin embargo, son no sólo adaptables a la vida urbana sino que también mantienen una gran esperanza para la eficacia de la evangelización urbana. *Pocos desafíos son más urgentes, desafiantes o complejos que la evangelización de las poblaciones urbanas y reunirlas en iglesias que se reproducen* (Greenway 1992:7).

LA IMPORTANCIA ESTRATÉGICA DE LAS CIUDADES

Mientras que el movimiento cristiano avanza en el siglo 21, el aumento de cristianos e iglesias se experimentó abundantemente, pero no exclusivamente, en las áreas urbanas. Cálculos hechos en 1982 que el 50 por ciento de la población del mundo sería urbana para el 2000 D.C. se probaron inexactos. Los datos de los estimados de la Revisión Oficial de las Naciones Unidas de 1999 ahora proyectan que la población del mundo alcanzará el 50 por ciento urbano para el 2007. El año 2000 D.C. vio que solo el 47 por ciento de la población en medios urbanos. *Para el 2030, sin embargo, cerca de cuatro mil novecientos millones de personas de la población del mundo vivirán en áreas urbanas—**un asombroso 60 por ciento**.*

> Para el 2007 D.C., por primera vez en la historia el 50 por ciento de la población del mundo vivirá en áreas urbanas y para el 2030 D.C. el asombroso 60 por ciento de la población del mundo será urbano.

Entre los años 2000 al 2030 D.C., casi todo el crecimiento de la población del mundo se concentrará en las ciudades. Mucho de este aumento urbano tendrá lugar en los países menos desarrollados al saltar la población de estos países de mil ciento noventa millones en el 2000 a tres mil novecientos millones en el 2030. Aunque el porcentaje de aumento en los países más desarrollados producirá un doble efecto en 38 años, la proporción de aumento en los países menos desarrollados es consistente con el doble del tiempo de solamente 30 años. Aún, para el 2030, el 84 por ciento de los habitantes de los países más desarrollados serán habitantes urbanos.

La proporción de gente en extremadamente grandes ciudades permanece relativamente pequeña. En el 2000, 4.3 por ciento de la gente vivía en ciudades de más de 10 millones de habitantes. Para el 2015, sin embargo, esa figura probablemente se elevará al 5.3 por ciento. Estas ciudades bien grandes no muestran extensos porcentajes de crecimiento de la población. Algún 48 por ciento de la gente del mundo, sin embargo, vivirá en ciudades con población bajo el millón.

En Tokio, Japón encabeza las grandes ciudades con 26,444,000 habitantes, seguida por la ciudad de México, Sao Paulo, Brasil y la ciudad de Nueva York. Para el 2015, la ciudad de Nueva York se encontrará en el séptimo lugar, excedida por Tokyo, Dahka, Bangladesh, Mumbai (Bombay), India, Sao Paulo, Brasil, Delhi, India y ciudad de México. Obviamente, las extensas poblaciones de los espacios urbanos de hoy le dan a estas ciudades un significado estratégico asombroso.

Sin minimizar la importancia del crecimiento de la iglesia en las ciudades del mundo, el crecimiento balanceado de la iglesia apuntará al significado de la población rural también. Si el 50 por ciento de la gente del mundo vivirá en las áreas urbanas en el 2007, 50 por ciento también vivirán en los lugares rurales. En nuestro esfuerzo apropiado para evangelizar la gente de las ciudades no nos olvidemos que la gente que se puede ganar también reside en las áreas rurales.

> En nuestro esfuerzo apropiado para evangelizar la gente de las ciudades no nos olvidemos que la gente que se puede ganar también reside en las áreas rurales.

La Iglesia (e iglesias) deben mirar hacia las ciudades con sus poblaciones extendidas, sus concentrados poderes políticos y económicos, sus amenazantes problemas y percibir las posibilidades ilimitadas para el crecimiento y ministerio de la iglesia en el ambiente urbano. *Las iglesias tienen que notar los factores de la población, los factores políticos y económicos, los factores de problemas sociales y los factores de la posibilidad cristiana que existen en las ciudades.*

> Las iglesias tienen que notar los factores de la población, los factores políticos y económicos, los factores de problemas sociales y los factores de la posibilidad cristiana que existen en las ciudades.

Los Factores de la Población

El aumento mundial de las poblaciones urbanas con su consecuente concentración de la gente urbana llama la atención de los planeadores de iglesias urbanas. Aunque casi la mitad de la población del mundo era urbanos en 1980, como se ha visto, el 60 por ciento se encontrará en el medio urbano para el 2030. En las naciones más desarrolladas, el presente 76 por ciento de los habitantes urbanos aumentará al 84 por ciento para el 2030. Al presente, el 75 por ciento de las poblaciones de Latinoamérica y del Caribe son urbanas—cantidad que crecerá al 83 por ciento para el 2030. África y Asia permanecen menos urbanizadas (37 y 38 por ciento), pero se espera que experimenten rápidos porcentajes de urbanización entre el 2000 y el 2030, alcanzando el 55 y el 53 por ciento respectivamente. Europa (al presente 75 por ciento urbanizada) y Norteamérica (77 por ciento urbanizada se espera que aumenten al 83 u 84 por ciento. En Oceanía, el aumento urbano será menor yendo del 70 por ciento al 74 por ciento para el 2030.

Los números de por sí y los porcentajes de las poblaciones urbanas, aunque impresionantes, no son exhaustivos del significado de la urbanización para el pensamiento del crecimiento de la iglesia. Las poblaciones urbanas son tan heterogéneas como son masivas y complejas. La diversidad de grupos de gente en el ambiente urbano provee un desafío distintivo para las iglesias y denominaciones. Las iglesias deben movilizarse a satisfacer las diferentes necesidades de los diversos pueblos en el mundo urbano.

> Las poblaciones urbanas son tan heterogéneas como son masivas y complejas.

Las iglesias compuestas mayormente de anglos, miembros de la clase media, que se aferran a las maneras de la clase media, encuentran difícil, si no imposible, atraer y ministrar a los pobres, los étnicos y los destituidos de las ciudades. La presencia de muchos grupos de personas dentro de la ciudad se juntan en el factor de los números de la expansión de la población que hace áreas estratégicas de la ciudad para el crecimiento de la iglesia y expandir la necesidad de encontrar métodos para el avance de la iglesia urbana.

Factores Político-Económicos

La población al migrar a las ciudades, así como el poder político y económico crecientemente reside en las mismas áreas urbanas. La industrialización proveyó el primer gran ímpetu hacia la urbanización. El poder político y económico vino a estar unido a estos centros de manufactura y las poblaciones que representaban. En la sociedad posterior a la industrialización con el gran énfasis en la intensa información, provisión de servicios, factores centrales de descanso, las ciudades llegaron a ser aun más poseedoras del poder político y del prestigio económico.

Muchas ciudades han reemplazado la maquinaria política con métodos reformados de gobierno que enfatizan el uso de concilios y administradores. Este mejorado método de administración de ninguna manera ha disminuido la influencia política y económica de las realidades urbanas. Las elecciones nacionales se ganan o se pierden en las ciudades. La política económica se hace principalmente para las ciudades y la mejor parte de los recursos compartidos se gasta en satisfacer las necesidades urbanas.

Las iglesias y los pensadores del crecimiento de la iglesia deben dar atención al significado político y económico de las ciudades del mundo. En demasiados casos, los grupos religiosos han abdicado la responsabilidad de las regiones urbanas y han dejado caer la influencia y posibilidades en los sectores gubernamentales y económicos. Los principios bíblicos demandan que las iglesias y los cristianos ejerzan la influencia positiva en las instituciones políticas y económicas en las ciudades para así lograr justicia para todos. Solamente la influencia viable y visible de las iglesias y de los líderes de las iglesias ganará de nuevo el lugar significativo y apropiado que Dios quiere para Su Iglesia en las áreas urbanas. Roger Greenway habla de esta necesidad, al decir:

> Hacer discípulos urbanos significa tomar con seriedad los asuntos como buenas escuelas, gobierno responsable, sanidad y limpieza de las calles, equidad en el mercado y justicia en las cortes. Esto significa trabajar para eliminar la miseria, los centros de miseria y cada condición depresiva que no honra a Dios al degradar la vida humana (992:7-10).

Factores problemáticos

La magnitud de los problemas urbanos subraya el significado del ministerio urbano. Johannes F. Linn traza los problemas urbanos, especialmente en los países desarrollados a dos fenómenos primarios. El primero de estos problemas se relaciona con suplir la labor urbana que tiende a expandirse más rápidamente que la demanda de aumento de la labor urbana. Este desequilibrio limita el crecimiento urbano de salarios y entradas, especialmente en los no especializados.

El segundo problema crítico, de acuerdo con Linn, se relaciona con el hecho que las demandas de los servicios urbanos se expanden más rápidamente que la habilidad de las ciudades de proveer estos servicios. Consecuentemente, los precios del terreno urbano, los servicios y las viviendas tienden a subir. El resultado es demasiada demanda y quedar cortas en los servicios públicos. La falta de servicios y dificultades resultan debido a la ineficiencia de la política del gobierno. Así, Linn últimamente traza los problemas de la vida de la ciudad a la mala administración (1983: xiv).

Cada ciudad tiene una serie de problemas únicos que suena admirablemente como los problemas únicos de otras ciudades. Los problemas típicos de la ciudad se relacionan con demasiada gente, falta de servicios esenciales que cuestan excesivamente caros, expansión de los barrios pobres, aumento de congestión, desempleo y bajos empleos, tensión e inconformidad racial y de minorías, declinación del ambiente y asuntos del uso de la tierra. Estos y otros problemas llevan a las demandas administrativas tales como planeamiento, provisión financiera y el mantenimiento del orden.

Muchos, o la mayoría, de estos problemas urbanos de los países más desarrollados no sólo están presentes sino que también se intensifican en los menos desarrollados. Algo de las dificultades financieras de las ciudades en los países menos desarrollados se pueden ver en el hecho que en muchas ciudades de los países menos desarrollados demandaría un tercio de las entradas anuales de una familia pobre para simplemente proveer las facilidades sanitarias (Linn 1983:150-53). Aunque estos problemas se acentúan en muchos de los países menos desarrollados ciertamente están lejos de ser inconsecuentes en los países más desarrollados.

En adición a los "macro" problemas de las ciudades, las responsabilidades de las iglesias urbanas se aumentan con las necesidades encaradas para aliviar las "micro" dificultades de mucha gente urbana. La desilusión, la pérdida de la comunidad, el desorden, la ira y el temor conducen a una declinación moral y a la ansiedad espiritual que a su vez conduce a los narcóticos y al abuso del alcohol y a menudo a la desintegración familiar.

El urbanólogo, Paul Geisel, correctamente declara, "nuestras ciudades quedan cortas en la justicia, la tranquilidad y el bienestar en general" (1982:31). Las iglesias tienen que lidiar con multitudes de tragedias y crisis personales en las ciudades.

Factores de Posibilidad

Los que planean el crecimiento de la iglesia en el medio urbano deben entender y considerar los problemas urbanos tanto las posibilidades como los obstáculos. Algunos obreros en el crecimiento de la iglesia han permitido que la multitud de los problemas en la ciudad los abrume y consecuentemente han entregado las ciudades y los servicios de la ciudad a instituciones seculares. Las iglesias en las ciudades tienen que ver los problemas urbanos como abiertas oportunidades para el ministerio y servicio que resultarán en posibilidades evangelizadoras. Los métodos para el ministerio de la iglesia urbana tienen que armonizar con los problemas urbanos. Al comunicar el evangelio las iglesias urbanas por palabra y obra, los servicios y ministerios abren caminos para al poder redentor entre los habitantes urbanos.

Nadie puede minimizar el gran peso de los problemas urbanos o las dificultades que presentan a los habitantes de las ciudades y a las iglesias. Es posible, aun probable, que las Iglesias hayan permitido que los problemas en las ciudades oscurezcan las tremendas posibilidades que brotan por medio de estos problemas. Las posibilidades tanto para el servicio como para testificar debe aprovecharse y arreglarse prioritariamente en los planes del ministerio urbano. Sidney H. Rooy indica que la ciudad no es más mala ni más santa que el campo. La ciudad, sin embargo, provee una intensificación de las relaciones humanas que dan oportunidad para mayor pecaminosidad pero también engrandece el testimonio y la presencia cristianos (1992:227).

Conclusión

Las ciudades, debido a la magnitud de sus poblaciones, la centralidad de su poder político y económico, la complejidad de sus problemas y lo vasto de sus posibilidades mantienen un lugar de tremendo significado para el crecimiento balanceado de la iglesia. Las ciudades del mundo constituyen grandes campos misioneros en este mundo. Las iglesias evangélicas deben dar atención inmediata y suficiente para descubrir e implementar los métodos urbanos para la iglesia.

LAS IGLESIAS Y LA CIUDAD

La respuesta tradicional de la iglesia al crecimiento de las ciudades ha sido el retiro. Los edificios de las iglesias a menudo han sido localizados en la ciudad en áreas crecientemente impactadas por el cambio social. Cuando los grupos de gente étnica y los pobres del campo se vienen a la ciudad, la membresía de clase media de las iglesias tradicionales se encuentran más compatibles y atraídas a los afluentes suburbios que a las masas del centro de la ciudad. Las barreras lingüísticas y raciales a menudo se añaden a la alienación sentida tanto de las iglesias como de los que recientemente llegan a los vecindarios. Las iglesias, consecuentemente, se han quedado sin el deseo ni las habilidades para alcanzar y ministrar a la gente que llega a sus áreas.

> Demasiadas iglesias e Iglesias han abandonado las áreas urbanas que han experimentado extenso cambio social y demográfico en estas iglesias y por lo tanto han perdido la posibilidad de evangelizar y ministrar a esta gente.

Típicamente las iglesias respondieron a estas situaciones cambiantes abandonando el área ahora ocupada por los nuevos tipos de gente y se unen a la fuga de la iglesia a los suburbios o permaneciendo en el lugar original de la iglesia con sus miembros que regresan de los suburbios para adorar y otras actividades de la iglesia. El asilamiento producido por la segunda opción ha probado ir en mayor detrimento que la huida de la primera respuesta.

En cualquier caso, sin embargo, el contacto significativo con la gente en la ciudad se perdió y la influencia y ministerio de la iglesia ha disminuido. El error no fue tanto el seguir a su gente a los suburbios cuando se fueron; el error se encuentra en el abandono de la nueva gente en el lugar original de su trabajo. En verdad seguir a los suyos es una estrategia aceptable y viable en el crecimiento de la iglesia. El vacío dejado por el retiro de la iglesia, sin embargo, la mayoría de las veces ha quedado sin llenarse—sea que el retiro haya sido por la partida física (cambio a los suburbios) o el aislamiento sicológico (quedándose separados de la gente nueva). El resultado en cada caso es que grandes segmentos de la población permanecen sin evangelizarse y sin cuidado pastoral.

> El resultado final de la huida de la Iglesia de las áreas urbanas es que grandes segmentos de la población permanecen sin evangelizarse y sin cuidado pastoral.

A menudo, la situación descrita antes ocurre en comunidades que experimentan la llegada de gente diferente de los que han sido miembros por mucho tiempo de la iglesia. En muchos casos esta gente nueva y diferente será de grupos de un nivel inferior socioeconómicamente. Esta gente más pobre, menos educada, a menudo, no es servida por las iglesias a las que asistieron antes de cambiarse a la nueva comunidad. Consecuentemente, los urbanos pobres permanecen mayormente aislados tanto de las iglesias como del evangelio. Los urbanos pobres, en efecto, constituyen uno de los campos misioneros más grandes en los Estados Unidos hoy. En los países menos desarrollados los vastos números de pobres urbanos, incluyendo a millones de niños de la calle, son menos evangelizados y por lo tanto en aun mayor necesidad de la Iglesia que los pobres en los países más desarrollados. Congregaciones viables, congruentes, evangelizadoras, servidoras constituyen una extensa necesidad sin satisfacción en las áreas urbanas de hoy.

> Congregaciones viables, congruentes, evangelizadoras, servidoras constituyen una extensa necesidad sin satisfacción en las áreas urbanas de hoy.

Demasiadas iglesias han llegado a ser grupos culturales de clase media, cortados de las clases bajas y altas. El aislamiento surge tanto por las clases abandonadas, como por los miembros de la iglesia de clase media. En efecto, algunas veces las iglesias de clase media son más abiertas a recibir clases más bajas o más altas que lo que están esas gentes a asistir a esas congregaciones. *Para superar este problema las iglesias se tienen que dedicar a las ciudades y a la gente urbana. Las iglesias y los miembros de las iglesias deben romper las barreras entre ellos y estas gentes que necesitan a Jesucristo.*

Las congregaciones y las denominaciones se tienen que aclimatar y sentirse cómodos en las ciudades y con la gente de las ciudades. Deben de crear e implementar maneras nuevas para alcanzar a los urbanos. Larry Rose y Kirk Hadaway captan este espíritu cuando dicen:

> Nuestras ciudades no serán buenos lugares para vivir si las iglesias y su influencia no son preservadas de una manera eficaz con la gente en las ciudades. Por lo tanto, es nuestro mandamiento no permanecer como espectadores criticando sino llegar a ser catalizadores en las ciudades, para cambiarlas, elevando sus valores y su sentido de interés. El desafío de las urbes para las iglesias en los 80's puede ser lo que el desafío del estado de la religión ilegal fue para las iglesias del primer siglo; porque a pesar de las dificultades y adversidades, las iglesias crecieron y expandieron su testimonio en el mundo (1982:18-19).

COMPONENTES DE LOS MINISTERIOS URBANOS

Muchas voces se han escuchado en favor del ministerio urbano de la iglesia.[11] A menudo de estas voces se escuchan palabras menospreciadoras en más grandes números que declaraciones optimistas. Sin embargo, hay un acuerdo básico en cuanto a la necesidad de una estrategia urbana. Muchos procuran descubrir los secretos para alcanzar las masas urbanas del mundo. Cualquier intento para formular estrategias para el ministerio urbano debe incluir por lo menos siete componentes. Estos componentes se combinan y adaptan de acuerdo a las necesidades de las áreas y situaciones específicas, pero todos

Componentes de la Estrategia Urbana Viable
➢ Compromiso
➢ Optimismo
➢ Ojos urbanos
➢ Provisión para la pluralidad
➢ Balance en la evangelización y los ministerios sociales
➢ Flexibilidad y creatividad
➢ Planeamiento audaz

los componentes tienen que estar presentes en una estrategia urbana viable.

Compromiso

El primer e indispensable componente del modelo urbano es un compromiso primario para el ministerio urbano. La fuga previamente mencionada de muchas Iglesias e iglesias de las áreas urbanas revelan la falta del compromiso necesario con el ministerio urbano. La aversión y el abandono en vez de la atracción y dedicación caracterizan el método de demasiados grupos que sirven en las ciudades. El compromiso a los ministerios en la ciudad involucra una determinación amorosa para satisfacer las necesidades de los habitantes de la ciudad y una dedicación para esparcir el evangelio de Jesucristo entre ellos en vez de buscar el avance de una congregación en particular al huir a los suburbios.

El compromiso al ministerio urbano demanda disposición al cambio. Las ciudades y la población de las ciudades están en proceso de cambio. La gente urbana está cambiando. La Iglesia e iglesias que intentan mantener los métodos y normas tradicionales de mucho tiempo eventualmente pierden la capacidad para servir urbanamente. El cambio, aunque a menudo traumático, casi siempre es necesario para alcanzar un crecimiento urbano eficaz de la iglesia.

> Ninguna estrategia o grupo de estrategias serán eficaces en espacios urbanos sin un piso nivelado en compromiso con la gente urbana y lugares urbanos.

El compromiso con el crecimiento saludable de la iglesia en las ciudades involucra primero la decisión de quedarse, para cambiar y para servir. Ninguna estrategia o grupo de estrategias serán eficaces en espacios urbanos sin un piso nivelado en compromiso con la gente urbana y lugares urbanos. Solamente si la estrategia y los esfuerzos urbanos se basan en un compromiso sólido como los ministerios urbanos el crecimiento de la iglesia vendrá a ser una realidad.

Optimismo

Un segundo componente de un método viable para el ministerio en áreas urbanas, optimismo, se relaciona con la habilidad de ver el potencial en la gente de la ciudad, para soñar de alcanzar a los urbanos y para esperar eficacia en la evangelización de los espacios de la ciudad. La visión para el crecimiento mencionada en el capítulo uno es muy significativo para el ministerio urbano. La convicción sólida que los habitantes de las ciudades se alcanzarán para Cristo y que mantienen tremendas posibilidades para la causa de Cristo y Su plan mundial es esencial para el eficaz crecimiento urbano de la iglesia.

G. Willis Bennett obviamente está en lo correcto al decir que las iglesias tienen que estar dispuestas a sentar metas e implementar nuevos planes de acción en las áreas urbanas. Tal implementación, dice él, "requerirá que la iglesia sueñe sueños nuevos." Bennett continúa diciendo que la Iglesia que no sueña nuevos sueños y que por lo mismo no se atreve a implementar nuevos planes "corre el riesgo de perder su eficacia" (1983:167).

El optimismo santo que ve la ciudad en términos de lo que Dios puede hacer allí es el fundamento de todos los ministerios urbanos eficaces. Las estrategias y los estrategas urbanos tienen que incorporar optimismo en vez de pesimismo en su pensamiento y planificación. El crecimiento de la iglesia urbana espera obreros con actitudes positivas hacia las ciudades y las gentes de la ciudad. Este optimismo se basa en la fe del poder del Espíritu Santo no en ningún recurso humano. Por demasiado tiempo la Iglesia se ha inclinado a ver la ciudad como un lugar perverso. El optimismo santo que ve la ciudad en términos de lo que Dios puede hacer allí lo cual es el fundamento de todos los ministerios urbanos eficaces.

> El optimismo santo que ve la ciudad en términos de lo que Dios puede hacer allí es el fundamento de todos los ministerios urbanos eficaces.

Ojos Urbanos

El tercer componente de la estrategia urbana eficaz, "ojos urbanos," significa un entendimiento básico y de empatía con las ciudades, sus habitantes y sus problemas. El movimiento cristiano necesita un cuerpo de urbanólogos entrenados profesionalmente que entiendan las ciudades y los problemas urbanos. Este cuerpo de especialistas urbanos ayudará a forjar los planes para alcanzar los habitantes de la ciudad. Igualmente, los líderes de la iglesia tienen que estudiar a fondo la creciente literatura que estudia las verdades e ideas presentes en estos materiales. Kirk Hadaway anima la investigación urbana para llenar ambas de estas necesidades imperantes en el ministerio urbano. Hadaway concluye:

> La investigación a menudo se ve como un lujo para la denominación. Con todo si se desea diseñar programas que trabajen, si nuestros programas se van a guiar por información precisa, si nuestros programas van a ser objetivamente evaluados, y si deseamos hacer planeamiento eficaz, la investigación debe verse como una necesidad (1997:44).

Las metodologías tradicionales no han probado ser eficaces para alcanzar la gente en los lugares urbanos. Los que desean el crecimiento saludable de la iglesia en los sitios urbanos tienen que encontrar ideas, formular nuevos métodos y adoptar nuevos métodos para obtener crecimiento en las ciudades. Brevemente, los líderes y los métodos para el crecimiento de la iglesia tienen que desarrollar ojos urbanos.

Contribución para la Pluralidad Urbana

Los métodos para el ministerio urbano tienen que contener, como cuarto componente, la provisión para la extendida pluralidad que existe en las ciudades del mundo. Esta pluralidad de gente e instituciones es aparente en las ciudades en los Estados Unidos. Aún es más obvio y significativo, sin embargo, para el crecimiento de la iglesia en muchas ciudades y en otras partes del mundo. Una eficaz estrategia urbana tiene que proveer para cada uno de los muchos y variados grupos que están saturando los sitios urbanos.

A fin de llenar las necesidades de la presente pluralidad urbana, la estrategia urbana debe incluir planes para alcanzar y servir cada segmento del mosaico que comprende cada sociedad urbana. Si las congregaciones existentes no pueden (o no están dispuestas) a satisfacer las necesidades específicas de ciertos grupos de gente en el área urbana en que sirven, entonces las nuevas congregaciones, diseñadas para evangelizar y ministrar estos segmentos de la población se deben cultivar y nutrir.

En las áreas urbanas, los líderes del crecimiento urbano de la iglesia deben sembrar congregaciones que estén diseñadas para atraer y formar discípulos de los pobres, los ricos y la clase media que vive allí. Algunas iglesias deben enfocarse en los profesionales, algunas en los obreros y algunas en los desempleados. Otras congregaciones deben enfocarse en ciertos grupos étnicos y lingüísticos. La pluralidad, un hecho en la vida urbana de hoy, por lo tanto, tiene que ser un factor en los planes estratégicos de la iglesia.

No obstante, la estrategia urbana no se contentará con proveer simplemente para los varios segmentos de la población de las áreas urbanas. El siguiente objetivo en la estrategia urbana demanda establecer un puente entre los pueblos para avanzar en la evangelización y en la hermandad cristiana (vea el capítulo 3). Cuidar la pluralidad en la ciudad incluye traer los diferentes grupos de creyentes a la unidad en Cristo que puede venir solamente por medio del poder de la cruz y por la obra del Espíritu Santo.

> La pluralidad, un hecho en la vida urbana de hoy, tiene que ser un factor en los planes para evangelizar la gente en los medios urbanos.

Balance entre la Evangelización y el Ministerio Social

El quinto componente de la estrategia urbana eficaz demanda un balance apropiado entre la evangelización y la participación social. La evangelización tiene que ser un énfasis principal en todo planeamiento del crecimiento de la iglesia. La participación social no es una parte inferior en cada esfuerzo válido para el crecimiento balanceado de la iglesia en las ciudades. A causa de las necesidades sociales que presionan en los sitios urbanos, la participación social asume una importancia particular para la planeación urbana.

> La predicación y la práctica del evangelio sin el interés social y la participación social básicamente es predicar y practicar un evangelio mutilado.

Craig Ellison señala la importancia de un ministerio balanceado de servicio y proclamación en los esfuerzos para alcanzar la gente de las áreas urbanas. Menciona el Allen Temple Baptist Church in Oakland, California, como ejemplo de tal ministerio balanceado en el contexto urbano (1997:108-109). Predicar el cuidado amable de Cristo para los que sufren que viven en la ciudad sin el esfuerzo de aliviar su sufrimiento básicamente es hipocresía. Los ministerios urbanos eficaces incluyen los ministerios para las necesidades sociales y para las necesidades físicas de las gentes urbanas.

Flexibilidad y Creatividad

Los métodos urbanos también deben incorporar el componente de flexibilidad y creatividad. Sin la libertad de la flexibilidad y la creatividad es imposible. En el trabajo urbano de la iglesia, nuevas maneras tienen que tratarse y probarse. Los líderes en los ministerios urbanos no solamente deben permitir esfuerzos audaces e innovadores sino que deben de animarlos. Las iglesias urbanas eficaces y las estrategias del futuro pueden reflejar poco las iglesias tradicionales y las estrategias en estructura, método o planes.

Aunque la función de las iglesias tiene que permanecer sólidamente bíblica, sus estructuras y métodos pueden cambiar radicalmente. Tales cambios y asuntos no centrales al evangelio son posibles, probables y necesarios. Un método flexible y creativo para la estrategia urbana ofrece la promesa de avance significativo.

Planeación Audaz

El componente final de la estrategia urbana eficaz, planeamiento audaz, ocupa un lugar prominente en todo el pensamiento del crecimiento de la iglesia. En las ciudades, la estrategia de la iglesia tiene que tener en cuenta los métodos demográficos, las direcciones de crecimiento y las necesidades sociales. Los trabajadores de la iglesia urbana por lo menos deben estar conscientes de las necesidades y tendencias como lo están los planificadores y administradores de la ciudad. Los métodos urbanos se tienen que planear a la luz del entendimiento y dedicación a las ciudades, los pueblos urbanos y sus necesidades. Los planes audaces con objetivos medibles deben encontrar expresión en toda la estrategia urbana. El crecimiento balanceado de la iglesia en los medios urbanos espera planeamiento audaz para las iglesias y sus ministerios en las ciudades.

La Iglesia necesita un método o métodos para los esfuerzos urbanos. Bien pudiera ser que la relativa falta de crecimiento en las regiones urbanas se atribuya parcialmente a la falta de métodos o estrategias. Es tiempo que las Iglesias y congregaciones planeen específicamente y se dediquen directamente a los esfuerzos urbanos que incluyen estos siete componentes. Tales estrategias proveerán los métodos directos que se discutirán en la siguiente sección.

MÉTODOS DIRECTOS DE LOS MINISTERIOS URBANOS

Alcanzar la gente urbana requiere métodos directos diseñados y adaptados para esta gente y las situaciones en las que viven. Establecer estos métodos requiere cambio de los métodos tradicionales. La Iglesia catedral del centro de la ciudad con su falta de solidaridad en el vecindario, a menudo exhibe una naturaleza inerte, nominal y estática evangelizadoramente. Tales Iglesias son ineficaces en el alcance y ministerio para las gentes urbanas. Las ciudades modernas demandan métodos diferentes, nuevos y audaces en la vida y ministerio de la iglesia. Los límites de este libro niegan espacio para las discusiones detalladas de los varios ministerios.

Se proveerán solamente guías generales para los métodos urbanos.[12] Las siguientes sugerencias se relacionan con las maneras en que las iglesias pueden desarrollar métodos eficaces para el desarrollo y servicio de la iglesia urbana.

Congregaciones Congruentes

Uno de los métodos para los esfuerzos urbanos de la iglesia involucra a congregaciones que sean congruentes con la gente en las comunidades que tratan de alcanzar, evangelizar y servir. Los miembros de las congregaciones congruentes igualan las características sociales de la gente en los vecindarios que tratan de alcanzar. David Britt nota que las iglesias urbanas hoy tienen que ir más lejos del concepto de homogeneidad a la congruencia. Por congruencia Britt quiere decir no sólo una característica de la congregación sino también una relación entre la congregación y su contexto de comunidad. Las iglesias congruentes usan los símbolos que son consistentes con los empleados dentro de la comunidad. Britt concluye, "Donde los símbolos culturales de una congregación son congruentes con los de la comunidad local, el evangelio será recibido y escuchado." Su conclusión final es que *la congruencia de la iglesia y la*

> La congruencia Iglesia-Comunidad forma las condiciones para el crecimiento o declinación de la iglesia en lugares urbanos.

comunidad forma las condiciones para el crecimiento o declinación de la iglesia en lugares urbanos (1997:143-44).

Las iglesias que encuentran diferencias significativas entre el estado socioeconómico de sus miembros y la gente en las comunidades donde se localizan sus edificios muy a menudo experimentarán dificultad en alcanzar adecuadamente el crecimiento balanceado de la iglesia entre estas diferentes poblaciones. Las iglesias que usan símbolos e ilustraciones de la vida significativamente diferentes de los de la comunidad descubrirán que el crecimiento es restringido. Estos símbolos pueden ser asuntos simples como el vestido para los servicios, el tiempo de los servicios, expresiones y expectativas.

Cierta iglesia se encontró en la siguiente situación en relación con sus miembros y la gente en la comunidad. Aunque el 68 por ciento de la comunidad era Africoamericana, la membresía de la iglesia era 100 por ciento Anglo. Más del 41 por ciento de la gente en la comunidad trabajaba en empleos que requerían labor manual. Solamente el 7 por ciento de los miembros de la iglesia caían en esta categoría. Los obreros, se podrían clasificar como operadores, que constituían el 28 por ciento de la población de la comunidad pero menos del 11 por ciento de los miembros de la iglesia. Más del 16 por ciento de los miembros de la iglesia trabajaban como profesionales o administradores mientras que alrededor del 6 por ciento de la comunidad lo eran. Entre los miembros de la iglesia, el 41 por ciento de la gente tenía educación de escuela secundaria pero en la comunidad como un todo el porcentaje era únicamente 16.3. El 19.8 por ciento de los miembros de la iglesia tenían educación universitaria mientras que sólo el 8 por ciento de toda la comunidad había logrado tal nivel. La incongruencia entre la población de la comunidad y los miembros de la iglesia es obvia.

Cierta iglesia siguió el método que es muy frecuente en las iglesias que son incongruentes con la gente en sus vecindarios. Los servicios de adoración continuaron en el estilo tradicional y no apelaron a los porcentajes mayores de la gente que vivía en el área de los edificios de la iglesia. Más y más de los miembros se cambiaban a los suburbios más afluentes y de más clase media o se cambiaron a una iglesia más cercana o manejaban hasta la

> El método usual para las iglesias que no son congruentes con la gente de la comunidad al principio es estancamiento, seguido por declinación y eventualmente la muerte.

iglesia para las actividades de la iglesia. La mayoría de los nuevos miembros de la iglesia venían de áreas un poco remotas de las instalaciones de la iglesia. La iglesia sentía que había hecho una gran inversión en la propiedad de la iglesia para considerar cambiarse. Se entiende que el record de crecimiento para la iglesia era un cuadro de estancamiento seguido por declinación. La experiencia de esta iglesia sigue el método típico para las iglesias incongruentes con sus comunidades.

Las iglesias que no son congruentes con sus comunidades usualmente se concentran en las necesidades de la gente que ha sido la que tradicionalmente apoya la iglesia. Muchos de los que apoyan se han cambiado a otros lugares algunas veces a gran distancia del área de las instalaciones de la iglesia. La gente más nueva en la comunidad a menudo rechaza la iglesia como irrelevante a sus situaciones o desinteresada en su bienestar. El resultado es una iglesia que meramente busca sobrevivir y pierde la oportunidad y el deseo para ministrar en el área cerca de las instalaciones. La iglesia incongruente tiende a ministrar a gente en otras comunidades y a descuidar o evitar la gente en el área inmediata.

Un resultado de esta situación es el rechazo de la iglesia por la gente que vive en el área de las instalaciones de la iglesia. Esta gente a menudo desarrolla conceptos de la iglesia, que sean verdaderos o falsos, forman barreras para venir a la iglesia o a su membresía. Hablando desde el punto de vista del Reino Unido, Roy Joslin indica el hecho que la gente de clase trabajadora a menudo concibe las iglesias como la iglesia del otro lado de la cerca. El resultado es que una brecha se desarrolla entre la gente trabajadora y la iglesia. Van desarrollando sospechas y llegan a ver a la gente de la iglesia como hipócritas (1982:9). Otras situaciones donde la iglesia es incongruente con la comunidad a menudo sigue un método similar y rechaza o evita la iglesia.

¿Las iglesias incongruentes con la gente en las áreas en que sirven tienen algunas opciones? La respuesta es ¡Sí!

> **Opciones para Iglesias Incongruentes**
> ➢ Continuar de la misma manera—estancarse y morir.
> ➢ Cambiarse a los suburbios (o a una nueva localidad) con sus miembros.
> ➢ Entregar las facilidades a una iglesia que alcance a la nueva gente de la comunidad.
> ➢ Cambiarse para ser más congruente con el vecindario.
> ➢ Sea una iglesia de doble ministerio y alcanza a ambas comunidades.

Las iglesias que se encuentran en la condición de ser incongruentes con sus vecindarios deben ejercer una de estas opciones. *Pueden quedarse como están y eventualmente morir.* Esta opción llevará varios años (tal vez muchos) de lucha y declinación. En realidad, los recursos significativos que se podrían usar en una obra más productiva se consumirán. El paso final será la muerte.

La segunda, se puede cambiar a los suburbios con sus miembros. Esta opción tiene promesa para la iglesia. Sin embargo, algunas desventajas existen para la iglesia que parte de su localidad. En la mayoría de los casos, no todos los miembros se cambian y los que no pueden viajar a la nueva localidad se quedan atrás. También a menudo, se crea un vacío en la localidad de la cual se cambia la iglesia. Esta opción usualmente no se prueba como la mejor para el crecimiento del reino.

Una tercera opción, íntimamente ligada con la segunda, pide que la iglesia que se cambia entregue sus facilidades a un grupo que más eficazmente ministre y alcance a la gente de la comunidad. Esta opción ha probado ser eficaz cuando una iglesia auspiciadora colabora con la iglesia moribunda y ayuda a la congregación en problemas a convertir sus recursos para una nueva clase de congregación. La iglesia "First Baptist" de Houston, Texas, ha empleado esta estrategia con gran eficacia (Kneisel 1995).

Una cuarta opción es la de ser más congruente con la gente en la comunidad. Lograr congruencia no es ni automático ni fácil. Esfuerzo consciente, dedicación entusiasta y liderazgo positivo se requieren para cualquier movimiento hacia la congruencia, especialmente en áreas de transición donde diferentes tipos de gente entran en la comunidad en más y más cantidades. La iglesia encarará situaciones desafiantes al intentar ministrar simultáneamente tanto a los miembros originales como a los nuevos residentes de la comunidad cambiante. Dependiendo en el grado de cambio, la iglesia puede seguir uno de varios caminos.

La quinta opción es ser una iglesia con ministerio doble que alcanza a ambas comunidades. Algunas iglesias exitosamente han alcanzado a la gente nueva mientras que sirven adecuadamente a los miembros originales también. Willis Bennett muestra cómo el Allen Temple Baptist Church de Oakland, California y su pastor Alfred Smith se adaptaron para alcanzar y ministrar tanto a los miembros originales, algunos de los cuales se cambiaron lejos, como a la nueva gente que había llegado al vecindario. En un sentido, Allen Temple Church se acercó para ser más congruente con la comunidad (1983:117).

Otras iglesias han alcanzado este método doble al adoptar el método de ser una iglesia dentro de una iglesia. Estas congregaciones han continuado un método para los miembros originales y empezado otro método para la gente nueva. La gente original comparte los edificios de la iglesia y el nombre de la iglesia con la gente nueva. Aunque reuniéndose en diferentes servicios, algunas veces debido a las necesidades del idioma, los dos grupos se consideran como una iglesia y cada esfuerzo se extiende para alimentar este sentimiento. Una iglesia empezó como una iglesia anglo con un departamento hispano. El crecimiento de la obra hispana pronto demandó un cambio que resultó en una iglesia hispana con un departamento anglo. Finalmente, la necesidad de un departamento anglo cesó y la iglesia se constituyó como iglesia hispana.

Pocas iglesias, y casi ninguna iglesia en las áreas en transición, serán congruentes con la gente de su vecindario. El método de iglesias congruentes se puede lograr solamente cuando las iglesias conscientemente se identifican con la gente en las áreas que procuran servir. A menudo la única esperanza genuina para las iglesias congruentes con la gente en la comunidad yace en sembrar nuevas congregaciones que tienen como meta ser iglesias para la gente en la comunidad. Por cualquier medio, la estrategia urbana tiene que encontrar maneras para proveer y lograr congregaciones que sean congruentes con las realidades socioeconómicas de la gente en las comunidades.

Iglesias de Múltiples Grupos de Gente

Hasta cierto punto la última sugerencia fluye de esta. Las iglesias algunas veces ministrarán mejor a la comunidad que ha experimentado cambio social significativo al adoptar el método de grupos de gente. En el método de grupos de gente, una iglesia que se junta con los vínculos de hermandad y administrativos, se reúne para adorar y capacitar en grupos diferentes—cada grupo enfocado a un segmento diferente de la comunidad. Peter Wagner describe este método en su libro significativo, *Our Kind of People*.

Este método de la iglesia de grupos de gente ofrece uno de los métodos más viables para el trabajo de la iglesia viable. Una iglesia compuesta de varias congregaciones, cada una sirviendo a grupos de idiomas, étnicos y sociales, provee estabilidad en las finanzas, comparte las instalaciones, la hermandad y los ministerios especializados. Interesantemente, un crítico de la teoría del crecimiento de la iglesia, después de hacer el cargo que el crecimiento de la iglesia no tenía nada para la ciudad, describe la iglesia que servía en ese tiempo. Esta descripción de su iglesia seguía casi precisamente el método de una iglesia de grupos de gente, un método defendido por muchos escritores del crecimiento de la iglesia (Elliott 1981:11-12).

Iglesias de grupos de gente conscientemente tiene que promover la hermandad cristiana, la mutualidad y la acción unida entre las varias congregaciones. La mayoría de las actividades tendrán lugar en las reuniones especializadas separadas. Sin embargo, celebraciones unidas regulares estimulan y mejoran el compañerismo y la mutualidad. Las congregaciones deben esforzarse para alcanzar un fuerte sentido de unidad dentro de la diversidad. Cualquier responsabilidad financiera desbalanceada (por ejemplo si la congregación anglo aporta el porcentaje mayor de las necesidades del presupuesto) de ninguna manera involucrará una mayor autoridad o posición.

Las contribuciones deben verse como iguales como en el método de la "hamburguesa cabanejo". El método "hamburguesa cabanejo" surge de un hombre que empezó un restaurante y anunció una "hamburguesa cabanejo". Cuando se le preguntó sobre el asunto explicó que la hamburguesa estaba hecha de carne que era 50 por ciento caballo y 50 por ciento conejo. Cuando alguien más inquirió como obtenía la mezcla exacta de 50-50 de las dos carnes respondió "eso es fácil, uso un caballo y un conejo."

En las iglesias de grupos de gente, no debe haber segregación ni lucha por el poder. Cualquier miembro de cualquiera de las congregaciones especializadas debe estar libre para participar en cualquier grupo o actividad que desee. La idea es proveer para todos—no dejar a nadie fuera. Las celebraciones en conjunto añadirán el espíritu de la unidad.

Las iglesias de grupos de gente proveen para la diversidad de la ciudad y a la vez contribuye a la hermandad y dedicación a la misión. Muchas iglesias, que se encuentran rodeadas por nuevas y diferentes clases de personas que no se alcanzarán con sus tácticas tradicionales, debieran considerar la posibilidad del método de grupos de gente. Este método directo a las necesidades de la ciudad es una opción viable en el crecimiento de la iglesia urbana.

Reuniones de Grupos Pequeños

Las congregaciones compuestas de grupos pequeños de creyentes que se reúnen en las casas o en otros lugares proveen otro prometedor método directo para el crecimiento de la iglesia urbana. Ninguna enseñanza bíblica prohíbe que un grupo pequeño de creyentes se considere y constituya su compañerismo como iglesia. Muchos participantes en las actividades de los grupos pequeños, sin embargo, permanecen como parte de otra congregación. Los grupos se reunirán en las instalaciones de la iglesia o afuera. Puede ser una congregación separada o parte de la misma iglesia. De cualquier manera, los grupos pequeños son viables y posibles expresiones de congregaciones bíblicas (vea Sánchez, Smith y Watke 2001: 277-90).

Cuando el grupo pequeño se considera como una congregación independiente, tomará el hombre de "iglesia en casa". Si el término "iglesia en casa" causa problema, trate de pensar del grupo en términos de "una iglesia que se reúne en una casa." El método tiene precedencia bíblica a la manera en que Pablo habló de "la iglesia que se reúne en su casa" en varias ocasiones (Filemón 2; Romanos 16).

Muchas iglesias han adoptado el método de "iglesia de grupo celular." Con esto se quiere decir que la iglesia se reúne semanalmente en muchos grupos celulares pequeños, usualmente en hogares y otras instalaciones. Una vez a la semana, usualmente, los miembros de varias células o "iglesias en casa" se juntan para celebrar. La iglesia Yoido y el pastor Yongucho en Seúl, Corea, la Comunidad Bautista de Fe en Singapur, con

Lawrence Khong como pastor, y la Iglesia de la comunidad Nueva Esperanza en Portland, Oregon con el Pastor Dale Galloway todas se basan en el concepto de iglesia de grupos celulares (Khong 1998:213-226; Galloway 1993:142-47). Ralph Neighbour provee guía directa y práctica para el desarrollo de iglesias de grupos celulares en varios tipos de vecindarios urbanos en su artículo encontrado en *Planting and Growing Urban Churches*, ed. Harvie M. Conn (1997:116-119).

Los sembradores de iglesias urbanas han descubierto que los grupos pequeños contribuyen grandemente al proceso de sembrar nuevas congregaciones en situaciones urbanas y alcanzar la gente en complejos de apartamentos, condominios y casas manufacturadas. La estrategia de grupos pequeños no tiene que estar restringida a la etapa del comienzo del desarrollo de la iglesia. Una congregación puede escoger permanecer pequeña y sembrar otros grupos pequeños en los esfuerzos para evangelizar la gente en la comunidad, algunos de los cuales pueden resistirse a ir a las iglesias grandes. Los grupos pequeños bien pueden ser parte de una expresión alterna de una iglesia más grande. Los grupos pequeños podrían ser también parte de una congregación de grupos de gente.

En cualquier arreglo, las congregaciones de grupos pequeños deben recibir la completa dignidad y aceptación por la denominación y la comunidad cristiana. Los que deciden permanecer como grupos pequeños independientes deben considerarse como iglesias completas y por lo tanto permitírseles y animárseles a expresar su fe por medio de la observación de las funciones de la iglesia tales como bautismo, la Cena del Señor y la identificación de miembros.

Calvin (Cal) Guy contiende que el método de la iglesia en casa tiene gran potencial para alcanzar las ciudades. Dice que la metodología de "edificar en grande" no ha sido eficaz para alcanzar al pobre urbano, los estrategas urbanos deben animar y afirmar esta metodología diferente. Guy escribe:

> La pobreza de las masas urbanas, su inhabilidad para edificar y mantener grandes estructuras, y la psicología del pobre urbano que les previene de la identificación con un gran número de personas, apuntan al grupo pequeño y a la iglesia en casa como al modo más posible. En comunidades pequeñas que cuidan donde los cristianos reciben la Palabra, comparten las ordenanzas, se apoyan en oración mutua y testifican verbal y visiblemente a sus vecinos, puede ser que la fe fluya como en

el primer siglo a las grandes poblaciones (1979:127).

Los métodos de grupos pequeños en la forma de estudios bíblicos, discusión de grupos, grupos de acción y otras expresiones son prometedores para el crecimiento de la iglesia urbana. Ningún asunto teológico debe cegar a los líderes de la iglesia para aconsejar la práctica de la estrategia de los grupos pequeños. El empleo de varios métodos para el ministerio de los grupos pequeños es un método viable, directo para el desarrollo de la iglesia urbana.

El Ministerio del Cuerpo Total

Métodos urbanos eficaces, como todos los demás ministerios eficaces de la iglesia, deben involucrar y emplear todo el cuerpo de creyentes de la iglesia. Cada miembro se debe reclutar, motivar, entrenar y emplear en el ministerio para el ambiente urbano. Sidney H. Rooy correctamente evalúa la situación urbana, cuando dice:

> Para satisfacer su meta de reconciliación, la educación teológica urbana debe preparar a los cristianos para que hagan su parte de ministerio que incorpora a cada miembro de acuerdo a sus dones para la predicación, conversión y servicio de sanidad, tanto dentro de la hermandad espiritual como en la comunidad más amplia de la cual es parte (1979:1865).

Este ministerio de todo el cuerpo sigue el plan que Pablo bosquejó en Efesios 4:11-13. El plan es que los líderes de la iglesia equipen a los miembros (el cuerpo de la iglesia) para que lleven el ministerio que el Señor le da a la iglesia. Si la iglesia es capaz de tener personal que desempeñe todo el testimonio, todo el servicio, toda la consolación, toda la enseñanza, toda la influencia necesaria en la comunidad, esto todavía no sería la manera bíblica. Para coincidir con los estándares bíblicos, todo el cuerpo de creyentes debe funcionar para la realización de la misión de la iglesia. La idea que la membresía apoya al personal profesional que a su vez hace el ministerio de la iglesia tal vez sea la más grande herejía de la vida de la iglesia de hoy.

Las iglesias urbanas tienen que entrenar miembros para que participen activamente en cada fase del ministerio de la iglesia. Restringir cualquier función a la clase de personas "ordenadas" equivoca el método bíblico. Es por esto que Sidney H. Rooy pide que la educación teológica en la ciudad prepare toda la membresía para el ministerio de la iglesia (1992:223-45). Cada iglesia debe ayudar a cada creyente a descubrir y emplear cada don espiritual que el Espíritu le ha concedido en cada creyente. El ministerio de todo el cuerpo constituye otros de los métodos directos que los obreros de la iglesia urbana deben considerar y adoptar.

Iglesias Satélite

El área del ministerio original de la iglesia y las nuevas áreas de ministerio se pueden alcanzar simultáneamente al usar el método de la iglesia satélite. El método de la iglesia satélite pide que la iglesia madre empiece ministerios y congregaciones entre los varios segmentos diferentes de la población de la comunidad. A menudo estos ministerios y congregaciones no se espera que lleguen a ser iglesias independientes sino que continúen bajo el cuidado de la iglesia madre.

El método de la iglesia satélite tiene varias ventajas. Las congregaciones satélites se benefician del sostenimiento y guía de la iglesia madre tanto como aprovecha la buena reputación de la iglesia madre en las comunidades. Este método permite que la iglesia madre extienda su ministerio a diferentes grupos culturales y socioeconómicos en la ciudad. Las congregaciones a menudo pedirán a la iglesia madre el equipo y las facilidades necesarias. Otro beneficio para la iglesia madre es que la congregación auspiciada puede contar los miembros y asistencias como parte de sus registros (vea Sánchez, Smith y Watke 2001:78-79).

Junto con estas ventajas del método satélite, surgen algunas desventajas. La iglesia madre algunas veces ve las congregaciones satélites como extensiones permanentes y se resiste a dejarlas ir y a concederles independencia aun cuando este cambio sea ventajoso. La iglesia auspiciadora debe darse cuenta que solamente si la continua relación es necesaria para la obra del satélite, se debe continuar con tal relación. La iglesia madre también debe estar consciente de la posibilidad de la dependencia que hace que el satélite desee permanecer con la iglesia madre aun cuando tiene la fortaleza para ser independiente.

A pesar de ciertas posibles desventajas, el método de la iglesia satélite tiene gran potencial para el crecimiento de la iglesia urbana. Estas congregaciones pueden alcanzar secciones de la ciudad y grupos de gente para quienes la iglesia madre pueda encontrar dificultad en ministrar. Los planeadores urbanos deben considerar cuidadosa y fielmente enseñar el pro y contras del método de la iglesia satélite para el avance urbano.

El Método de la Iglesia Clave

En el capítulo 5, se introdujo al estudiante al método de la iglesia clave para el avance misionero. Este modelo, que ha experimentado eficacia significativa en Texas como programa de la Convención Bautista General de Texas, pide que la iglesia se dedique a un plan de largo plazo para el ministerio de alcance. La iglesia clave hace prioridad de las misiones al mismo nivel de los ministerios de la educación y la música. El ministro de misiones se añade al personal de la iglesia para trabajar con el concilio de misiones. La iglesia clave se dedica a empezar un número específico de ministerios y nuevas congregaciones cada año (J. Timothy Ahlen y J. V. Thomas 1999). Uno de los ejemplos más eficaces de la iglesia clave se ha promovida por la First Baptist Church de Arlington, Texas, por medio del programa, misión Arlington, que ha empezado cientos de congregaciones—mayormente en complejos de apartamentos y otras áreas difíciles de alcanzar para la iglesia central.

El método de la iglesia clave tiene vasta promesa para la evangelización urbana. Las grandes multitudes que viven en las comunidades de vivienda múltiple tienen poca probabilidad de ser alcanzadas por los métodos tradicionales. El método de la iglesia clave provee un plan viable para alcanzar las áreas difíciles y las gentes menos vistas. Este método, como se dijo anteriormente, se describe completamente en *One Church, Many Congregations: The Key Church Strategy* por Timothy Ahlen y J. V. Thomas (Abingdon, 1999).

Métodos de Relación y de Redes

El ministerio urbano eficazmente emplea los métodos de evangelización relacional para testificar, como se bosquejó en el capítulo 3. En efecto, seguir las líneas relacionales puede tener especial relevancia en las ciudades donde la gente tiende a establecerse cerca de la familia y amigos. Aunque el concepto de evangelización relacional ciertamente tiene validez en los esfuerzos en el crecimiento de la iglesia urbana, Robert C. Linthicum sugiere ir más allá de simplemente buscar puentes de relaciones a las redes actuales en las arenas urbanas.

Por redes, Linthicum quiere decir crear o mantener una "red" de contactos por medio de los cuales una persona o grupo lleva más eficazmente una empresa. La red puede ser individuos o entidades o ambos. Establecer redes para el trabajo urbano, en el plan de Linthicum, exige establecer contactos y relaciones con los líderes principales dentro de la comunidad—tanto de los amigos y de los que se consideran por los residentes de la comunidad como las personas en quienes se puede depender. Esta gente local responsable son los que "cuidan" y "mantienen vigiladas las puertas de entrada." Eventualmente, ambos líderes de la comunidad, las personas que tienen los medios, y los pobres o desaventajados se juntan en una red dedicada a encontrar soluciones a los problemas de la comunidad.

La ventaja de trabajar en la red es que se trae a los desaventajados junto con los que tienen poder para hacer un esfuerzo en conjunto y solucionar las dificultades urbanas. Los desaventajados participan tanto en la planificación como en la acción. Los más necesitados entran en contacto y trabajan junto con los que tienen los medios y la experiencia para traer cambio. Para la iglesia urbana trabajar en red abre el camino para la evangelización eficaz. Las relaciones permanecen como puentes para el evangelio pero la obra del trabajo en red muestra la dedicación de la iglesia para echar fuera las injusticias, el sufrimiento y la explotación. En relación con la evangelización, Linthicum concluye, "un evangelio que ha ganado el respeto tanto para identificarse con los pobres como permitir que los pobres se encarguen de sus propios problemas es un evangelio que se escucha y se recibe" (1997:164-81).

Las iglesias urbanas tienen que servir un medio social y geográfico variado. Los contactos relacionales y el trabajo en redes proveen los medios tanto para la evangelización como para pastorear la gente en el anonimato de las ciudades. Este método relacional se puede incorporar en cada fase de la actividad de la iglesia. Los grupos pequeños se pueden organizar mejor junto con las líneas relacionales. El método de la evangelización relacional y de cuidado pastoral sigue siendo prometedor como un método para el ministerio urbano eficaz.

Ministerio Multifacético

Las realidades urbanas demandan una variedad de métodos para satisfacer la plétora de necesidades—tanto espirituales como físicas. Cada problema urbano, desde la pobreza hasta el crimen, mantiene la posibilidad para el ministerio urbano de la iglesia. El ministerio urbano de usar un método multifacético a fin de responder a las necesidades espirituales, sociales, sicológicas y físicas de los que habitan en la ciudad. Bennett cita la variedad de ministerios como la clave para el crecimiento y servicio del Allen Temple Baptist Church en Oakland, California. Bennett dice:

> Algunas iglesias en comunidades en transición funcionan como islas pequeñas, aisladas de la comunidad más grande. Esto no parece ser verdad del Allen Temple. Continúa apelando eficazmente a la gente que vive cerca, y también alcanza la comunidad mayor. El llamamiento viene por medio de una amplia variedad de ministerios que provee, y a los servicios de adoración que son relevantes teológica y culturalmente para la congregación creciente (1983:117).

Robert C. Linthicum señala que definir los problemas urbanos simplemente y luego crear programas o ministerios para solucionar estas dificultades rara vez logra las metas propuestas. En efecto, muestra que estas estrategias, planeadas y sostenidas desde afuera, usualmente están simplemente diseñadas para el fracaso. Esos proyectos diseñados e introducidos por los de adentro son más prometedores (1977:79). El ministerio de la iglesia urbana tiene que ser multifacético, y también sabio en la forma en que las diferentes maneras de este método multifacético se introducen y se operan.

Las iglesias en las ciudades deben aprovechar las oportunidades provistas y demandadas por el medio urbano y planear una variedad de ministerios para satisfacer las necesidades de la gente que vive los problemas diariamente. Involucrar a la gente urbana en encontrar y promover soluciones para los problemas en cada región fundamentará y estimulará los esfuerzos de la iglesia urbana para alcanzar y servir a la gente de la manera multifacética que demanda la vida urbana.

CONCLUSIÓN

Las ciudades hoy proveen posibilidades para un significativo crecimiento de la iglesia. Las multitudes de gente y las necesidades claman y demandan que las Iglesias e iglesias se movilicen en los esfuerzos para satisfacer las necesidades de la gente urbana. Cada denominación y cada misión tienen que hacer todo lo posible para desarrollar los métodos para alcanzar y servir en el panorama urbano. Los líderes de las iglesias urbanas deben usar cada esfuerzo para crear congregaciones que sean congruentes con cada segmento de la población urbana.

Las iglesias deben cesar su retirada de las ciudades. Las áreas urbanas no son más ni menos pecadoras que otras regiones. Dios ama la ciudad y a la gente de las ciudades; la Iglesia no puede hacer menos. ¡Dedicación al servicio en las ciudades del mundo es una demanda que el crecimiento saludable de las iglesias no se debe atrever a descuidar!

Por el papel estratégico de las ciudades en el mundo de hoy y el increíble número de gente en nuestras regiones urbanas, es urgente que estas áreas reciban el cuidado e interés de la Iglesia.

> El crecimiento saludable de la iglesia insiste en que las Iglesias e iglesias expandan e intensifiquen su servicio y evangelización en las áreas urbanas del mundo.

La gente urbana vive compactamente en áreas pequeñas, y así sus problemas se intensifican. Estos datos solamente significan que las iglesias tienen que expandir e intensificar sus ministerios tanto en magnitud como en eficacia y evangelización en las ciudades. El crecimiento saludable de la iglesia no se contenta con menos.

Preguntas y actividades

1. Discuta los pros y contras de la siguiente declaración, "En el período entre ahora y el 2020 D.C., las misiones se deben dedicar totalmente a las áreas urbanas del mundo."

2. Haga una lista y evalúe los componentes de una estrategia saludable.

3. Visite las iglesia que usan uno de los métodos del trabajo urbano tal como el método de grupo de gente, el método de la iglesia satélite, el método de la iglesia clave o algún otro. Escriba sus impresiones. ¿Cómo se pueden mejorar los ministerios?

4. Visite una sección de una ciudad donde vivan grupos no privilegiados de gente. ¿Le parece que las iglesias se relacionan para ayudar a esta gente?

5. ¿Cree que la Iglesia puede alcanzar a la gente de la ciudad? ¿Por qué sí? ¿Por qué no?

CAPÍTULO 11

LIDERAZGO DE SERVICIO EN EL CRECIMIENTO SALUDABLE DE LA IGLESIA

El mundo ha invadido a la Iglesia. Una seria área de invasión ha ocurrido en la arena teológica-científica donde las teologías liberales y el cientismo han suplantado o distorsionado la verdad bíblica en demasiadas mentes. Tan seria como desafortunada invasión del mundo a la Iglesia ha pasado prácticamente sin impercibida. Este desconocimiento de la invasión yace en el área de Iglesias, iglesias y la gente cristiana y sus actitudes hacia el éxito y los estilos de liderazgo. Pero aun, muchos cristianos y líderes cristianos han llegado sostener puntos de vista contrarios a la Biblia concerniente al éxito y estilos de liderazgo *como manera bíblica*.

Muchos cristianos han aceptado un punto de vista básicamente mundano del éxito como la norma para la vida cristiana y algunos escritores cristianos han prometido avance financiero y salud física como Dios promete para personas que siguen ciertas guías. Las voces del movimiento cristiano han juntado principios de liderazgo de las fuentes seculares y los presentan como el método bíblico. *Así, dos errores el de considerar ganancia por cualquier medio y el de una autoridad jerárquica pastoral han llegado a ser los estándares para muchos en el servicio cristiano y centrales en mucha de la metodología de la iglesia.*

Para lograr el crecimiento saludable en las iglesias, estos dos errores se tienen que reconocer, resolverse y excluirse. El crecimiento saludable de la iglesia busca el éxito como demostrado en las iglesias que deben llegar a ser más grandes, mejores, más amplias y más saludables. El simple aumento, aunque es el corazón del crecimiento de la iglesia, por sí mismo solamente, sin embargo, no constituye el crecimiento eficaz que busca el crecimiento saludable de la iglesia. El crecimiento saludable de la iglesia anhela el crecimiento que continúa, sirve y se reproduce. La reproducción permanece como la roca fundamental del crecimiento balanceado de la iglesia saludable.

Todo crecimiento de la iglesia, incluyendo el crecimiento de la iglesia saludable, es único e íntimamente ligado al liderazgo—tanto pastoral como laico. Las Iglesias con liderazgo orientado hacia el crecimiento mientras que iglesias con liderazgo no dedicado al crecimiento tienden a estancarse o a declinar. El crecimiento saludable y agresivo de la iglesia y el liderazgo dedicado y orientado hacia el crecimiento están inextricablemente unidos.

Las Iglesias, iglesias y líderes de la iglesia que contribuyen más completa y duraderamente al reino de Dios y al crecimiento saludable de la iglesia son los que evitan los estándares y métodos del mundo y se dirigen por medio de métodos bíblicos de servicio. El crecimiento de la iglesia eficaz, genuino, duradero y reproductor depende básicamente del hecho que los cristianos y las iglesias acepten y practiquen el método de servicio para ministrar y dirigir. Si existe una regla o un principio guiador para el crecimiento balanceado de la iglesia es lo más probable que sea este método de dirigir por medio del servicio.

El método bíblico de liderazgo de servicio consiste en vivir, dirigir y actuar en favor del reino de Dios y de los otros en vez de los intereses propios. Los líderes de servicio se alejan de demandar que sus necesidades, ambiciones y deseos deban satisfacerse y buscan maneras de satisfacer las necesidades de otros. Los métodos de liderazgo de servicio rehúsan manipular, coaccionar o forzar; sirven con motivos de amor e interés; el propósito central y el enfoque del liderazgo de servicio sigue siendo la voluntad de Dios y el beneficio de los que son servidos.

> Las iglesias y líderes de la iglesia que contribuyen en una forma más completa y duradera al reino de Dios y al crecimiento saludable de la iglesia son las que evitan los estándares y métodos del mundo y dirigen por medio de métodos bíblicos de servicio.

EL MODELO BÍBLICO DE SERVICIO

Una investigación del modelo bíblico de servicio se entiende mejor con un estudio de las enseñanzas bíblicas sobre liderazgo. La creación del pueblo especial de Dios, Israel, presenta el concepto de servicio. Abraham y su familia fueron llamados, no simplemente a llegar a ser una nación grande, sino a ser una nación grande a fin de servir como bendición a todos los pueblos de la tierra, las naciones (Génesis 12:1-3). La doble promesa de bendiciones y grandeza fueros pasos para capacitar a Israel para que llegara a ser un "Siervo."

El relato de Jonás cuenta directamente cómo Israel perdió el método de servicio. Israel, como nación, se había olvidado de su misión de ser bendición a todas las naciones y tomar la luz de la Palabra de Dios a todos los pueblos (vea Isaías 49:6). El pueblo de Dios se había concentrado en sí mismo, satisfecho y preocupado solamente por lo que Dios podría hacer por ellos. La ira de Jonás porque Dios había perdonado la gente de Nínive y por no haber dejado caer Su ira sobre ellos indica lo lejos que estaba Israel del método de siervo.

Las Iglesias, misiones, denominaciones, iglesias y líderes de la iglesia hoy pueden caer en el mismo pecado que Israel sufría en el tiempo de Jonás. El eclipse del método de siervo conduce a los cristianos, las instituciones y las iglesias a perder compasión y deseo por las oportunidades de ministerio. La pérdida del método de siervo resulta en la búsqueda egoísta de avance personal o de la iglesia. Jonás presenta y simboliza al pueblo de Dios sin una actitud de siervo.

La naturaleza del "Siervo" en Isaías presenta el modelo del método de siervo en la vida y ministerio tan necesario para los cristianos e iglesias hoy. El "Siervo" en Isaías existía no para su propio beneficio sino con el propósito de establecer justicia para todos (Isaías 42:1-4). El pueblo de Dios, (Israel) que sirve existía con el propósito de servirles a otros al darles a conocer la Palabra y el amor de Dios. Isaías escribió:

> Y ahora dice el Señor, que desde el seno materno me formó para fue fuera yo su siervo, para hacer que Jacob se vuelva a él, que Israel se reúna a su alrededor; porque a los ojos del Señor soy digno de honra, y mi Dios ha sido mi fortaleza: «No es gran cosa que seas mi siervo, ni que restaures a las tribus de Jacob, ni que hagas volver a los de Israel, a quienes he preservado. Yo te pongo ahora como luz para las naciones, a fin de que lleves mi salvación hasta los confines de la tierra.» (Isa. 49:5,6).

En ninguna parte el motivo de siervo se establece más claramente que en Isaías 53:

> Ciertamente él cargó con nuestras enfermedades y soportó nuestros dolores, pero nosotros lo consideramos herido, golpeado por Dios, y humillado. Él fue traspasado por nuestras rebeliones, y molido por nuestras iniquidades; sobre él recayó el castigo, precio de nuestra paz, y gracias a sus heridas fui-

mos sanados. Todos andábamos perdidos, como ovejas; cada uno seguía su propio camino, pero el Señor hizo recaer sobre él la iniquidad de todos nosotros. (Isaías. 53:4-6).

La encarnación de Cristo presenta el modelo más completo y total del método del Siervo. Jesús mismo señaló hacia el "Siervo" como el modelo de Su misión (Lucas 4:16-21). La maravilla del despojo de Cristo con el propósito de servir a toda la humanidad se expresa bellísimamente en el conmovedor himno en Filipenses 2:5-11. El Señor declaró Su manera como la manera de servicio al decir, *"Porque ni aun el Hijo del hombre vino para que le sirvan, sino para servir y para dar su vida en rescate por muchos"* (Marcos 10:45).

La manera del mundo que cambia de un método de servicio a un modelo de interés propio pide que el líder "se enseñoree" y sea "la autoridad" para los que dirige. El Maestro declara que tal método no esté presente en Su pueblo ni en las iglesias (Matero 20:24-28). El camino del siervo pide que el líder muera al yo y encuentre maneras de servir a otros. Jesús ejemplificó este método de servicio en el aposento alto al lavarle los pies a los discípulos (Juan 13:1-15).

El método del siervo, como se revela en la Biblia, encuentra su base en la negación propia y en tomar la cruz propia que se refiere a algo más que a aceptar las rudezas físicas o el sufrimiento. L. H. Marshall explica bien el impacto de morir al ego como se relaciona con el servicio al escribir que Jesús hace de la negación propia la primera condición del discipulado, "Si alguno quiere ser mi discípulo, tiene que negarse a sí mismo, tomar su cruz y seguirme" (Mateo 16:24).

Aquí la referencia no es a hechos insignificantes comúnmente llamados "negación propia," sino a algo mucho más drástico. El hacha se a puesto a la raíz del árbol de maldad, es decir, excesivo amor propio; la vida ya no gira alrededor del ego como su centro, sino alrededor del amor de Dios y de amor por el hombre; el ego se debe quitar del trono de la vida, y Dios y el prójimo deben tomar su lugar; el amor ya no es meramente una fuerza centrípeta—directamente hacia adentro, al ego; también es una fuerza centrífuga—dirigida hacia a fuera a Dios y al hombre; tiene que haber un cambio radical en interés y cuidado, que en vez de estar centrado en el ego, tiene que darse generosamente a Dios y al hombre. "Negarse a sí mismo," por lo tanto, es reconocer, admitir y aceptar los derechos de Dios y del prójimo, para subordinar el interés egoísta para amar a Dios y al hombre. Esta idea de la "negación propia" era algo nuevo en la ética, y el sacrificio propio en favor de otros, como un medio del bien social, es la idea central de la moralidad cristiana (1956:35).

El Calvario ejemplifica completamente el concepto de servicio ya que el Hijo inmaculado de Dios puso Su vida por la humanidad pecadora. No tenemos que ver la cruz como una derrota que fue rectificada por la victoria de la resurrección. La cruz, tomada alegre y dispuestamente, fue en sí misma una victoria. Jesús derrotó tanto el pecado como a Satanás en la cruz (Efesios 1:19-23; 2:14-18). Los que desean seguir el ejemplo del Señor deben seguirlo en la cruz—y en esta muerte encontrarán la verdadera vida y servicio (Lucas 9:23-26).

Importante en esta discusión del método del siervo es la bella enseñanza de Jesús hacia el fin de la productividad en el reino de Dios que crece directamente de "morir al ego" de parte del discípulo de Dios.

> Entre los que habían subido a adorar en la fiesta había algunos griegos. Éstos se acercaron a Felipe, que era de Betsaida de Galilea, y le pidieron: --Señor, queremos ver a Jesús. Felipe fue a decírselo a Andrés, y ambos fueron a decírselo a Jesús. --Ha llegado la hora de que el Hijo del hombre sea glorificado --les contestó Jesús--. Ciertamente les aseguro que si el grano de trigo no cae en tierra y muere, se queda solo. Pero si muere, produce mucho fruto. El que se apega a su vida la pierde; en cambio, el que aborrece su vida en este mundo, la conserva para la vida eterna. Quien quiera servirme, debe seguirme; y donde yo esté, allí también estará mi siervo. A quien me sirva, mi Padre lo honrará. "Ahora todo mi ser está angustiado, ¿y acaso voy a decir: 'Padre, sálvame de este trance'? ¡Si precisamente para este trance he venido! ¡Padre, glorifica tu nombre! Se oyó entonces, desde el cielo, una voz que decía: "Ya lo he glorificado, y volveré a glorificarlo" (Juan 12:20-28).

Claramente el método del siervo permite ser fructífero, la ausencia de la manera del siervo resultará en la tragedia de no llevar fruto. Servir a Dios y al hombre y producir fruto en el reino de Dios requiere la adopción del método de siervo. Solamente cuando adoptamos y vivimos las maneras de servicio podemos producir fruto genuino en el reino de Dios y recibir crecimiento genuino en Sus iglesias. **No nos debe admirar** *que digamos que el crecimiento saludable de la iglesia descansa en la base del servicio.*

El liderazgo de acuerdo al modelo bíblico, usa el método del siervo como lo muestra Isaías y Jesús. El crecimiento saludable de la iglesia se realizará solamente por medio de este método de servicio. Por lo tanto, es imperativo que los que buscan la clase de crecimiento de la iglesia de Dios pidan que el Espíritu Santo cree dentro de ellos el método de siervo para su liderazgo.

LA EXPRESIÓN DEL LIDERAZGO DE SERVICIO

El servicio modelado con el método bíblico, tiene que expresarse o vivirse si el crecimiento balanceado de la iglesia va a ocurrir. Esta expresión de liderazgo de servicio tiene lugar en el mundo real cuando hombres y mujeres se ganan, son pastoreados e involucrados al ministerio de iglesias vitales, que crecen y se reproducen. Volvamos nuestra atención en cómo se expresa el método de liderazgo de servicio en los esfuerzos diarios para alcanzar el crecimiento balanceado de la iglesia. El crecimiento balanceado de la iglesia resulta de este método de liderazgo de servicio.

La Expresión del Liderazgo de Servicio
- Relación en vez de posición.
- Servicio en vez de control
- Equipando en vez de desempeño
- Mutualidad en vez de jerarquía
- Guía en vez de manipulación.

Esta sección va a la investigación de cómo se debe expresar el método de servicio en el liderazgo de la iglesia. La tesis es que los métodos autoritativos, manipulativos, dominantes por el líder ni son bíblicos ni producen crecimiento genuino de la iglesia. Ser líder involucra servicio en vez de dominio o control. Este método de liderazgo se expresa con varias características contrastadas.

Relación en Vez de Posición

El método de servicio concibe el liderazgo con base a la relación en vez de la posición. La dirección bíblica de los pastores o de otros líderes de la iglesia se aleja de los métodos autoritativos que conducen hacia métodos relacionales que guían a favor de los que son guiados. *El concepto de tener una posición que demanda obediencia y sumisión no se encuentra en los métodos bíblicos de liderazgo.*

Hablando del pasaje en Efesios 5:21-33 (que habla de la relación entre esposo y esposa) Lawrence O. Richards y Clyde Hoeldtke arguyen con los puntos de vista de ser cabeza que sugiera métodos autoritarios o dictatoriales. Escriben:

> Si alguna vez estamos tentados a extender esta analogía para sugerir papeles autoritarios para los líderes de la iglesia, seremos conducidos por los datos bíblicos a la posición que involucra el liderazgo, darnos para aquellos que servimos (v. 25) y dedicarnos a expresiones santas y sin mancha a la manera de Jesús para el beneficio de la comunidad cristiana y del individuo cristiano. Seguramente que no encontraremos base aquí para reclamar una posición de autoridad sobre la iglesia ni para reclamar el derecho de tomar decisiones y demandar obediencia. Si existe alguna base para los líderes humanos para reclamar tal control o demanda de una posición en la iglesia, esta base se tiene que encontrar en alguna otra parte diferente al Nuevo Testamento en su presentación de ser cabeza (1980:22)

Algunos han entendido que C. Peter Wagner ha abogado por el autoritarianismo de parte de los pastores (1976:57-68). Personalmente pienso que Wagner ha exagerado el concepto de autoridad en este trabajo y hubiera hecho mejor con el uso de la idea de servicio. Sin embargo, ser justos demanda que los intérpretes noten que Wagner habla de autoridad que se ha ganado por medio del amor y de vivir en relación con la gente (Ibíd. 59). Wagner en realidad no aboga que los pastores actúen como dictadores ni busquen sus propias maneras y medios autoritarios. Enfatiza la importancia de un liderazgo pastoral adecuado. La idea de Wagner de tomar autoridad de los miembros y dársela al pastor habla de situaciones donde los miembros laicos previenen el crecimiento al insistir en métodos y procedimiento que no trabajan (1978).

El crecimiento saludable de la iglesia depende de liderazgo adecuado y agresivo. Los pastores y otros líderes de la iglesia tienen que ser "pensadores de posibilidades." La motivación hacia las metas del crecimiento balanceado de la iglesia es indispensable. Los líderes de la iglesia son responsables de motivar a los miembros de la iglesia hacia el logro de estas metas.

El "liderazgo que motiva," sin embargo, tiene que ser relacional—basado en el contacto vivo y en el interés vital de los que dirigen. El liderazgo jamás debe ser posicional—que demande un seguimiento de respeto, admiración, obediencia debido al hecho que el líder tenga cierta posición.

Servicio en Vez de Control

El método de servicio desea servir en vez de demandar servicio. El liderazgo de servicio intenta apoyar, quitar y retirarse de la manipulación y el control. El líder siervo se interesa en otros. Desarrolla la disposición de procurar el bienestar de otros y de practicar dar en vez de demandar. Darse a sí mismo, no controlar, es el corazón de liderazgo de servicio que conduce al crecimiento balanceado de la iglesia.

Servicio desde el punto de vista bíblico evita el error del paternalismo. Los misioneros fácilmente caen en métodos de control por su experiencia, entrenamiento y las responsabilidades que tienen para con los grupos auspiciadores que a menudo suplen los fondos para los esfuerzos. Interés genuino por el trabajo a menudo produce falsos métodos de liderazgo que resultan en control. El liderazgo de siervo intercambia métodos de control por métodos de servicio. Edgemon dice:

> Jesús dejó bien claro que el resultado práctico del amor siempre es el servicio. Estaba tratando de ayudarles a entender que estaba allí para servir y los amó lo suficiente para hacer lo que ellos se rehusaban a hacer (1980:32).

La motivación para actuar en el método de servicio viene del amor. El amor deja a un lado los métodos que otros usan y busca metas personales por maneras que traten de satisfacer las necesidades de otros. El amor guía al líder que trata de seguir los métodos bíblicos dejando de lado el control por amor al servicio.

Equipando en Vez de Desempeño

El liderazgo confía más en equipar a otros en vez de desempañar varias funciones de ministerio y reconoce que el servicio de equipar conduce a un crecimiento más duradero y reproductivo que el simple desempeño. El apóstol Pablo sentó la medida para los líderes de la iglesia en Efesios 4:11-13. Indica que Dios provee líderes a la iglesia (apóstoles, profetas, evangelistas, pastores y maestros) con el propósito de equipar al pueblo de Dios (los santos) para la obra del ministerio (servicio) a fin de edificar el cuerpo de Cristo. La Biblia habla directamente y establece el concepto del ministerio de equipar.

> **Efesios 4:11-13**
>
> El Plan de Dios para el Liderazgo de la Iglesia
>
> ➢ Dios ha dado líderes a la iglesia (apóstoles, profetas, evangelistas, pastores, maestros)
>
> ➢ Con el propósito de equipar a los santos (los miembros de la iglesia).
>
> ➢ Para que hagan la obra del ministerio y servicio.
>
> ➢ A fin de edificar el cuerpo de Cristo.

Los maestros del crecimiento de la iglesia consistentemente han enfatizado el lugar imperativo de los laicos en el progreso de la iglesia (McGavran 1977:108-109). Los que sienten que en este libro, *Your Church Can Grow*, Wagner colocó demasiado énfasis en la autoridad del liderazgo pastoral, deben notar que en el siguiente capítulo del libro se concede un énfasis igual en el lugar de los laicos (1976:69-83). El crecimiento auténtico más a menudo resulta cuando el ministerio viene a ser la responsabilidad de toda la membresía. Aún si la iglesia puede emplear suficiente personal para llenar la evangelización, ministrar y otros servicios, este arreglo no será el método bíblico. El crecimiento balanceado de la iglesia demanda la incorporación total y el involucramiento de todo el cuerpo de la membresía de la iglesia en el constante trabajo de la evangelización hacia afuera, la consolación, la enseñanza, la proclamación y el servicio a la comunidad.

Al darse cuenta del imperativo de colocar los laicos en el crecimiento de la iglesia, Donald McGavran desarrolló el concepto de cinco clases de líderes (1977:108-109).

Debido al posible mal entendimiento del término "clase" que describe diferencias en alcurnia, dignidad o valor, en este capítulo se sustituye el término "tipos" para el término "clase" de McGavran.

Los líderes tipo cinco, dice McGavran, son los obreros denominacionales u obreros sobre una región o número de igle-

---

Los Cinco Tipos de Líderes

➢ Los líderes tipo cinco—obreros denominacionales u otros con responsabilidades sobre un área.

➢ Los líderes tipo cuatro—líderes completamente capacitados y completamente pagados de la iglesia local.

➢ Los líderes tipo tres—líderes bivocacionales que sirven como pastores de las iglesias u otras posiciones en el personal.

➢ Los líderes tipo dos—líderes laicos, voluntarios, no pagados, a menudo con entrenamiento formal que se enfocan en la gente fuera de la membresía de la iglesia.

➢ Los líderes tipo uno—líderes laicos, voluntarios, sin paga, a menudo sin entrenamiento formal que se enfocan en los miembros y en las actividades de la iglesia.

---

sias. Tienen gran importancia para el crecimiento de la iglesia pero relativamente pocos llenan la necesidad. Estos líderes usualmente son bien entrenados y completamente pagados.

Los líderes tipo cuatro están completamente entrenados y completamente pagados obreros de tiempo completo de la iglesia y ministran primordialmente en la iglesia local. Estos líderes también tienen un lugar importante en el crecimiento de la iglesia. Sin embargo, reciben un gran énfasis, tal vez exagerado, de su lugar en los planes y actividades de la iglesia.

Los líderes tipo tres son obreros que ganan parte o la mayor parte de salario para sus familias en empleos fuera de la iglesia. Algunos los llaman de medio tiempo, ahora más a menudo se les llama *bivocacionales*, para describir a estos siervos. Estos obreros sirven la iglesia local mientras que ganan la mayor parte de su salario en otro empleo o servicio. Los obreros de tipo tres tienen una vasta importancia para el crecimiento de la iglesia y deben ser respetados y usados en números crecientes. La evangelización mundial avanzará tremendamente por medio de la expansión del uso de los pastores bivocacionales. Las Iglesias tienen que descartar las tendencias de considerar a los obreros bivocacionales de las iglesias como menos importantes y excluirlos del círculo íntimo de los "obreros de tiempo completo." Lejos de ser de segunda, obreros secundarios, los obreros bivocacionales prometen posibilidades para la misión en el mundo.

Los dos grupos finales de líderes, *tipo dos y tipo uno*, no se les paga, son obreros voluntarios. Sin embargo difieren en la dirección de sus ministerios. El tipo uno de obreros se relaciona primariamente con la iglesia local y sus necesidades. Sirven en el comité de edificios y propiedades, en el comité de finanzas, como ujieres, miembros del coro, maestros de la escuela dominical y otros semejantes. Desempeñan funciones importantes y vitales dentro de la iglesia. Los números de estos obreros y su entrenamiento deben crecer.

El tipo dos de trabajadores, por una parte, dirigen sus ministerios primordialmente hacia los inconversos y los que no tienen iglesia que están fuera de la iglesia. Procuran alcanzar a los que están fuera de la iglesia y traerlos al compañerismo. El crecimiento de conversiones es la meta primaria de trabajadores del tipo dos.

El problema es que en la mayoría de las iglesias locales, la mejor parte de los trabajadores y de las horas de trabajo en el tipo uno funcionan con solamente pocos dedicados al ministerio de tipo dos. Los estudios indican que en la mayoría de las congregaciones, 96 a 98 por ciento de los obreros y horas de trabajo de los obreros laicos están dedicados al trabajo del tipo uno. No sorprende que el crecimiento de conversiones sea tan pobre.

La iglesia local que busca un crecimiento auténtico y balanceado debe orar y estimular el tipo dos de trabajadores. Tales obreros tienen que entrenarse y motivarse para el trabajo del testimonio continuo. Doblar la cantidad del tipo dos de ministerio en casi cualquier iglesia llevará a un aumento en el crecimiento.

> Por lo menos una tercera parte de todos los recursos denominacionales para el entrenamiento del liderazgo se debe dedicar al entrenamiento de obreros bivocacionales—especialmente de los países en desarrollo.

Mientras que las iglesias locales tienen que enfatizar el tipo dos de ministerio, las denominaciones y otros grupos de las iglesias tienen que enfatizar los trabajadores del tipo tres. La mayoría de las denominaciones proveen programas de entrenamiento extenso y caro para los obreros de tipos cuatro y cinco. Poco énfasis y menos dinero y personal se dedica para el entrenamiento del tipo tres de ministros bivocacionales. *Por lo menos una tercera parte de todos los recursos denominacionales para el entrenamiento del liderazgo se tiene que dedicar para el entrenamiento de los obreros bivocacionales— especialmente de los países en desarrollo.* Las instituciones de entrenamiento existentes (escuelas bíblicas, universidades bíblicas) deben incluir entrenamiento vocacional que capacite a sus graduados para ser bivocacionales. Cualquier denominación que aspira a alcanzar un crecimiento saludable, balanceado y auténtico de las iglesias y de los miembros de la iglesia debe animar el llamado y entrenamiento de obreros del tipo tres.

Los métodos relacionados con la educación teológica por extensión están disponibles para ayudar en el entrenamiento de los que serán los ministros bivocacionales. Los planes para aprendizaje a distancia en las recientes décadas han salido al mercado. El crecimiento auténtico de la iglesia tiene que hacer uso completo de los tipos de obreros tres, dos y uno y proveer el apoyo para su capacitación.

El liderazgo de servicio procura desarrollar y equipar en vez de simplemente desempeñar los ministerios de los líderes profesionales. Cada cristiano tiene dones espirituales. El uso de estos dones espirituales abre las puertas para el crecimiento balanceado de la iglesia. A los miembros de la iglesia se les debe guiar a descubrir, desarrollar y usar sus dones en la obra de sus iglesias. El método de servicio es indispensable para el crecimiento de Iglesias y congregaciones.

Mutualidad en Vez de Jerarquía

Los líderes siervos buscan desarrollar un equipo que funciona en conjunto en vez de una burocracia que tiene autoridad que fluye hacia abajo del líder a los que trabajan bajo él. Demasiadas organizaciones religiosas desarrollan el arreglo jerárquico que ve el poder, el prestigio y el honor concedido al líder. En los arreglos jerárquicos, los líderes tienden a esperar que los que están bajo del líder les rindan honor, respeto y obediencia. El proceso de hacer decisiones viene de arriba con poco interés en las ideas de los que están debajo en la jerarquía. Este no es el método del liderazgo de servicio.

El liderazgo es crítico. La gran diferencia entre la mutualidad y la jerarquía es un asunto de actitud. El líder jerárquico dice, "Obedézcame porque yo soy la cabeza." El líder siervo dice, "Síganme porque me aman." El líder siervo no espera ni demanda ser puesto en un pedestal y honrarlo como la cabeza. El siervo líder en vez vive y si es necesario muere por las personas del grupo.

La mayor diferencia entre el líder jerárquico y el líder siervo se encuentra en el área de la actitud. El líder jerárquico demandará, insistirá, ordenará o forzará. El líder siervo ama guía, persuade, tiene interés y ayuda. El liderazgo está presente en cualquiera de estos métodos. El tipo y espíritu del liderazgo difiere entre los dos.

El crecimiento saludable de la iglesia más probablemente ocurrirá cuando el liderazgo es el del líder siervo en vez de la guía jerárquica. El grupo más fácilmente se moldea en un compañerismo en el cual la mutualidad motiva y caracteriza el ministerio. Esta mutualidad desarrolla carácter en el grupo de miembros y contribuye a un ministerio más duradero. El crecimiento será más balanceado en que los individuos crecen al crecer el movimiento. La mutualidad en vez de la jerarquía resulta en el crecimiento saludable de la iglesia.

Guía en Vez de Manipulación

El liderazgo de servicio siempre guía y jamás manipula. Los líderes siervos respetan a los que los siguen. La manipulación en la mayoría de los casos revela una actitud de desinterés, condescendencia y crítica. Los líderes que manipulan por temor, por poder o por la actitud, rara vez desarrollan equipos fuertes o personas fuertes.

Los líderes que desarrollan a la gente en las gracias cristianas encontrarán que el método de guía en vez del de manipulación será bastamente eficaz. La manipulación en ocasiones parecerá más fácil que guiar. Los resultados de la guía, sin embargo, aventajan mucho a los de la manipulación.

Los líderes siervos, debido a su interés por la gente, se alejarán del uso de la manipulación. Estos líderes respetan a los que guían. Desean desarrollarlos en los caminos cristianos de vivir y actuar. La manipulación se constituye en una manera diametralmente opuesta a la manera cristiana. Guía en vez de manipulación es la marca del liderazgo de servicio.

LA TRAGEDIA DE LA AUSENCIA DEL MÉTODO DE SIERVO

El espíritu de servicio a menudo falta trágicamente en las vidas de los líderes de la iglesia. El ministerio de parte del personal de la iglesia y de parte de los obreros voluntarios, se puede desempeñar por razones egoístas o menos que cristianas. El deseo de reconocimiento personal, ganancia material, estatus, prestigio o posición lleva a métodos o aún en las tareas cristianas que se alejan de los métodos de servicio. Pienso que tales líderes que buscan lo suyo propio eran los que Pablo tenía en mente cuando le advirtió a Timoteo que se cuidara de estas personas, al decir:

> Si alguien enseña falsas doctrinas, apartándose de la sana enseñanza de nuestro Señor Jesucristo y de la doctrina que se ciñe a la verdadera religión, es un obstinado que nada entiende. Ese tal padece del afán enfermizo de provocar discusiones inútiles que generan envidias, discordias, insultos, suspicacias y altercados entre personas de mente depravada, carentes de la verdad. Éste es de los que piensan que la religión es un medio de obtener ganancias. Es cierto que con la verdadera religión se obtienen grandes ganancias, pero sólo si uno está satisfecho con lo que tiene (1 Timoteo 6:3-6 NVI).

Varias consecuencias siguen a la tragedia de la ausencia de un método de siervo. El líder pierde la bendición y galardón de servicio genuino. Los galardones del servicio son insignificantes o ausentes por completo. El movimiento cristiano pierde respeto en los ojos de los inconversos. El pueblo de Dios es más empujado que guiado. El método de Jesús se reemplaza por las maneras del mundo y la obra de Dios se lastima por la mala dirección de la ambición humana.

Cuando el concepto del éxito se liga totalmente a las ideas de grandeza, poder, reconocimiento, ganancia material, notoriedad o fama, el método de servicio está en peligro. Las iglesias tanto como los pastores caen víctimas del pecado de sustituir la ambición, el deseo por el primer lugar, el reconocimiento, el éxito externo o la estabilidad financiera en lugar de la estrategia del servicio. Impulsados por el éxito rápido (como se ve desde afuera) llevará a métodos rápidos y en verdad a resultados no auténticos. El método de siervo rehúsa comprometer lo genuino, el crecimiento balanceado por resultados rápidos. Charles Swindoll, al comentar en la declaración de Jesús, "El que quiera hacerse grande ente ustedes deberá ser su servidor" (Mateo 20:26), declara que estas palabras no deben pasarse por alto:

> . . . aun en muchas iglesia con sus pastores pulidos, ejecutivos de alto poder y cantantes superestrellas. Desafortunadamente, no parece haber mucho de la mentalidad de servicio en tales situaciones. Aun en nuestra vida de iglesia tendemos a enredarnos en la carrera del éxito y dimensión, que perdemos de vista nuestro llamamiento primario como seguidores de Cristo. El "síndrome de celebridad" tan presente en nuestro pensamiento y actividades cristianos no encaja con las actitudes y el mensaje de Cristo. Nos hemos resbalado a un método en el que las celebridades y gente importante en la vida de nuestra iglesia hacen las decisiones, y es difícil ser siervos cuando se está acostumbrado de decirle a otros lo que tiene que hacer (1981:21-23).

El "método egoísta" que es la antítesis del método del servicio, a menudo se meterá casi sin notarse en la vida de la iglesia (o Iglesia) y en el pensamiento de los líderes de la iglesia. Una vez dentro de la iglesia (o de los líderes de la iglesia), esta "actitud egoísta" a menudo permanece sin notarse, creando un ministerio no auténtico sin que la gente esté consciente del problema. No obstante, siempre existen maneras de detectar la presencia del "espíritu egoísta" en la vida de la iglesia, o del líder de la iglesia. Se sospechará que existe el "método egoísta" en la vida de la iglesia o del líder de la iglesia cuando se observen estas actitudes o acciones:

El equipo viene a ser más importante que ministrar a la gente. Si los edificios, los autobuses, los grados, los programas de televisión, el vestuario vienen a ser fines se sospechará el espíritu de egoísmo. Las cosas más importantes que las personas es una señal cierta del espíritu egoísta.

La petición de fondos y apoyo eclipsan la búsqueda de maneras para servir y ayudar.

Los intereses locales pesan más que las necesidades del reino. Si el presupuesto local o el capital tienen que cancelar el dar para misiones o si la iglesia local gasta más en sí misma en vez del alcance misionero, se sospechará del espíritu egoísta.

El líder insiste en el acuerdo y se enoja por la oposición a sus planes.

Cuando los líderes y las iglesias se ofenden rápidamente por cualquier crítica o invasión en su "territorio."

Cuando los líderes y las iglesias se refrenan o rehúsan tomar posición en asuntos que no son populares o empujan las necesidades de algún grupo minoritario de afuera debido a la presión de las mayorías.

Cuando el líder o la iglesia gasta mucho esfuerzo en llamar la atención al líder o a la iglesia.

Cuando el crecimiento (o las decisiones) se demandan y reportan sin ver los métodos o la realidad del crecimiento.

Cuando los reportes del "éxito" se exageran o se anuncian y los registros de reversos se suspenden o niegan.

Cuando los líderes se inclinan ante la influencia de los miembros ricos o influyentes y prestan poca atención a los que son menos ricos o poderosos en la comunidad de la iglesia.

Cuando los líderes están dispuestos a sacrificar principios para obtener la aprobación denominacional o la fama.

La ausencia del método de servicio en el liderazgo o vida de la iglesia aplasta posibilidades para el crecimiento saludable de la iglesia. Las iglesias no pueden desarrollar maneras saludables cuando las guían personas con motivos y actitudes egoístas. Vivir sirviendo es vivir en el servicio cristiano saludable. Es, por lo tanto, imperativo que los líderes de la iglesia y las iglesias (e Iglesias) sigan el ejemplo del Maestro y se adopten los métodos del liderazgo del servicio.

ADOPTANDO EL MÉTODO DE SERVICIO

El crecimiento saludable de la iglesia se hace realidad cuando y solamente cuando, las iglesias y los líderes adoptan el método de servicio. Solamente cuando el liderazgo se dedica al liderazgo de servicio las iglesias alcanzarán el creciendo balanceado de la iglesia. ¿Cómo estar seguro que se está dirigiendo con el método de servicio? ¿Cómo puede uno adoptar este método en su vida y ministerio?

El método principal para llegar a ser un líder de servicio está en el ejercicio de la fe. La convicción es que Dios por medio de Su Espíritu, hará que Su voluntad se cumpla por medio de nosotros. Al alcanzar Su voluntad por medio de nosotros Dios llenará las necesidades de otros y nuestras propias necesidades

---

Alcanzando el Espíritu de Siervo

➢ Ejerciendo la fe que Dios puede y hará Su voluntad.

➢ Desarrollando las actitudes propias hacia las cosas materiales.

➢ Colocando a la gente en primer lugar.

➢ Reconociendo la naturaleza del verdadero crecimiento.

➢ Dándose cuenta que Dios desarrolla el espíritu de servicio en sus siervos.

➢ Dedicándose a Su método y morir al yo por Su Espíritu.

---

también. Esta seguridad estimula a los cristianos para aceptar y adoptar el método de servicio.

Cuando la fe es débil, la acción y los esfuerzos humanos procuran que las metas se alcancen, se de crédito, posición de respeto y que se concedan los galardones. Solamente los cristianos que tienen esta gran fe en Dios vivirán y trabajarán dentro del plan de servicio. Estos cristianos siervos creen que, *"el que quiera salvar su vida, la perderá, pero el que pierda su vida por mi causa, la encontrará"* (Mateo 16:25 NVI).

Un segundo método para adoptar y lograr la actitud de siervo se relaciona con el desarrollo de los puntos de vista apropiados hacia las cosas materiales, el dinero, las posesiones, la reputación y el poder. Sólo al aceptar la perspectiva de Jesús sobre las cosas del mundo uno alcanza el punto de servicio. Rehusando permitir que las consideraciones materiales determinen el estilo del ministerio protege al líder de abandonar el método de servicio para ir a las maneras del mundo.

Colocando a la gente primero ayuda a las iglesias y a los líderes a adoptar y desarrollar el método de siervo. El líder siervo reconoce que todas las personas son creadas a la imagen de Dios y por lo tanto son más grandes en importancia. Sólo cuando la gente viene a ser más importante que el equipo, la ganancia o la fama personal, o la posición en la iglesia el liderazgo de servicio se realiza y desarrolla. El énfasis apropiado en la gente mejora el desarrollo del siervo y consecuentemente el crecimiento balanceado de la iglesia.

Reconocer y aceptar la naturaleza del crecimiento genuino también estimula a seguir el método de siervo. Sólo el crecimiento que guía hacia cristianos responsables, reproductores en congregaciones responsables y reproductoras es genuino crecimiento de la iglesia. El método egoísta podrá aceptar crecimiento inválido. El método egoísta se puede satisfacer con crecimiento falso con grandes reportes. Sin embargo, el líder siervo reconoce la naturaleza e importancia del crecimiento genuino, y permanecerá en el método de siervo, conociendo que este método resultará en el crecimiento genuino, balanceado y saludable.

Siguiendo el ejemplo de Jesús es otra manera de adoptar el método del liderazgo de servicio. Cuando era odiado, Jesús no respondió nada sino que dio Su vida en rescate por muchos (Marcos 10:45). Los líderes siervos caminan dejando atrás la crítica o los ataques personales para seguir el método de Jesús en sacrificio propio. Cuando lo ignoraban, Jesús los amó. Cuando lo amenazaban, Jesús permaneció genuino. Cuando no se le entendió, Jesús explicó. Cuando lo envilecían, Jesús los alcanzaba. Jesús es el método para el liderazgo de siervo y todos los que desean dirigir Iglesias o iglesias en el crecimiento saludable de la iglesia deben aceptar esto como su punto de partida.

Dándose cuenta y aceptando el hecho que Dios desarrolla el servicio en las vidas de Sus siervos dispuestos, le ayuda a uno a permanecer en el carril del servicio. Este espíritu maravilloso no viene ni fácil ni rápidamente. Dios desarrolla este espíritu en la vida del creyente dispuesto. Los líderes siervos no se desesperan cuando reconocen la falta de actitudes de servicio. Estos siervos simplemente se dedican permitiendo que Dios desarrolle más al siervo dentro de ellos. Saben que Dios desarrollará el espíritu de servicio en ellos hasta el grado que permitirán que obre en ellos la libertad del Espíritu.

Finalmente, dedicación a Dios y a su método tanto para el trabajo como para el individuo resultará en alcanzar el método de siervo. Morir al ego no se logra por el esfuerzo de ninguna persona. Morir al ego solamente resulta por medio de la dedicación al Señor que pide que permitamos que el Espíritu Santo nos limpie de pecado, salve del egoísmo y separe para el servicio. Si la persona vive en la carne (en el método egoísta), esa persona muere (esto es, lo pierde todo). Si la persona, por medio del Espíritu, permite que las obras de la carne sean puestas a muerte, esa persona vive (Romanos 8:13). En un sentido, uno que viene a ser un siervo líder gana todo al entregarlo todo.

CONCLUSIÓN

El método de siervo promueve el crecimiento auténtico, balanceado y saludable de la iglesia. Todos los que desean que las iglesias (y las Iglesias) continúen creciendo más grandes, más amplias y más saludables necesariamente permitirán que el Espíritu desarrolle en ellos este espíritu de siervo. ***Dirigir por medio del servicio constituye la estrategia suprema para el crecimiento auténtico de la iglesia.***

Preguntas y Actividades

1. Lea Isaías 40-55. Haga una lista de las cualidades del "Siervo." Sugiera maneras en que los líderes de hoy adopten el método de liderazgo de siervos.

2. Estudie el liderazgo de su iglesia. Cuántas personas y horas de personas se dedican al "tipo uno" y al "tipo dos" de ministerio.

3. Escriba un artículo para la carta de noticias de la iglesia y explique el significado de "morir al ego." Muestre cómo este método puede llegar a ser parte del ministerio de una persona.

4. Describa la diferencia entre un liderazgo autoritativo y el liderazgo de siervo.

5. Describa a líder ideal de la iglesia—tanto pastoral como laico. Considere cómo podría mejorar como líder en su iglesia.

Lecturas Adicionales

Charles R. Swindoll, *Improving Your Serve* (Word, 1981).

L. H. Marshall, *The Challenge of New Testament Ethics* (St. Martin's Press, 1964).

T. B. Maston, *Why Live the Christian Life* (Thomas Nelson, 1974).

T. B. Maston, *God's Will in Your Life* (Broadman Press, 1964).

C. Peter Wagner, *Leading Your Church to Grow* (Regal, 1984).

Jerry Bridges, *The Practice of Godliness* (NavPress, 1983).

CAPÍTULO 12

NUEVAS DIRECCIONES PARA EL CRECIMIENTO DE LA IGLESIA EN EL SIGLO 21

El siglo 21 entre todos, probablemente vendrá a ser la era más significativa del ministerio de la misión en general y para el movimiento de crecimiento de la iglesia como parte de las misiones. Como las misiones en general, el crecimiento de la iglesia tiene que responder al llamamiento a nuevas direcciones. Moviéndose en la dirección del crecimiento saludable de la iglesia en sí mismo viene a ser una de las mayores nuevas direcciones. En estos años el crecimiento de la iglesia debe alcanzar su completo potencial y producir las cosechas más completas. Para alcanzar estas metas y posibilidades, sin embargo se demandará que el crecimiento de la iglesia a propósito se embarque en algunas nuevas direcciones.

EL CAMINO HASTA AQUÍ

El siglo 21 marca una nueva era para el crecimiento de la iglesia. Los cristianos del Nuevo Testamento claramente siguieron algunos de los principios y procedimientos que posteriormente se expresaron con la teoría del crecimiento de la iglesia. De acuerdo al libro de los Hechos, en los primeros días del movimiento cristiano, los cristianos se concentraron en traer la gente a la fe en Jesucristo e incorporarlos en la adoración, el compañerismo, el servicio y la reproducción de congregaciones (Hechos 1:15; 2:41, 47; 4:4; 5:14; 6:1, 7; 9:31, 35; 16:5; 21:20).

Los apóstoles primero evangelizaron solamente entre la gente judía pero luego se movilizaron fuera de este ministerio inmediato y abrazaron el mundo entero (Hechos 10:1-48; 11:1- 30; 13:1-3). Los métodos apostólicos incluían una extensa acomodación—alcanzando a pueblos diferentes (gentiles) en sus propias culturas. Pablo, por ejemplo, modificó el evangelio que venía de los fundamentos judíos a una expresión formada para el mundo gentil. Las iglesias

> La mayoría de los conceptos y estrategias del movimiento del crecimiento de la iglesia se evidenciaron por las iglesias del Nuevo Testamento.

sembraron otras iglesias y el evangelio hizo explosión en todo el mundo romano.

El alcance apostólico bien pudo haber sembrado iglesias en el sur de India (el apóstol Tomás), Egipto (el apóstol Marcos) y España (el apóstol Santiago), y Roma (los apóstoles Pedro y Pablo). El período después de los apóstoles testifica extensivamente de la expansión cristiana por medio del ministerio de muchos cristianos desconocidos quienes por varias razones se esparcieron en el globo llevando con ellos el nombre de Jesucristo. Estos primeros misioneros algunas veces son llamados "los anónimos" simplemente porque la historia no registra sus nombres o las historias exactas de sus misiones (Mathews 1951).

La expansión misionera también tuvo las hazañas de tan notables primeros misioneros como el papa Gregorio. Ulfilas, Bonifacio, Aiden, Paricio y el nestoriano Alopen, quien ministró en China ya para el 635 D.C. En este método de crecimiento explosivo, la iglesia de Jesucristo vio algunos de sus más asombrosos avances. En lo que tiene que ver con la estrategia misionera, los esfuerzos desarrollaron métodos tales como idioma y traducción (Ulfilao), poder del encuentro (Bonifacio), escuelas de capacitación (Aiden y Columba), vida espiritual profunda y servicio (Francisco de Asis y Raymundo Lull) y envío de grupos misioneros (papas Gregorio y Urbano II).

> Los primeros líderes misioneros demostraron tanto la dedicación a las misiones como los métodos de hacer misiones que llevaron al crecimiento de la iglesia.

Durante el período de desarrollo de iglesias jerárquicas, en el cual se establecieron la católica romana y a la ortodoxa griega, la estrategia misionera entró en un período de estancamiento. El período experimentó las primeras controversias cristianas, solidificó muchas de las doctrinas básicas cristianas (la Trinidad, la divinidad de Cristo, la pecaminosidad de la humanidad) y vio el surgimiento del papado y la centralización de la iglesia. Quizá este período de solidificación doctrinal y de práctica era imperativo para el joven movimiento cristiano pero en verdad que no avanzó en el crecimiento saludable de la iglesia.

Los resultados de este período de desarrollo fueron iglesias dominantes, que controlaban, liderazgo jerárquico en el papa, arzobispos y sacerdotes y el énfasis primario en el mantenimiento. La enseñanza y la práctica se mezclaron con elementos mágicos tradicionales de las expresiones religiosas de las culturas existentes.

> El crecimiento saludable de la iglesia cayó en un eclipse durante el surgimiento de las iglesias jerárquicas con papas, arzobispos y sacerdotes.

Una Iglesia floreciente centralizada que se resistía a cambiar e impedía el alcance ilimitado suplantó el crecimiento saludable de la iglesia. La conversión se mezcló con ser parte de la Iglesia en vez de ser parte de Cristo. La genuina estrategia de alcance misionero experimentó poco desarrollo.

Los últimos años de este período de desarrollo de la Iglesia central, la metodología misionera llegó a tocar un número de puntos bajos. Las misiones por la fuerza militar en las cruzadas no solamente fueron ineficaces sino que también dejaron cicatrices que todavía no han sanado. Las misiones por medio de las órdenes monásticas (dominicanas, jesuitas, franciscanas) llevaron el evangelio a muchas áreas pero desarrollaron una metodología extremadamente subsidiada, la metodología europea que incluía en las Américas los infames sistemas de reducción y la reunión y explotación de los pueblos autóctonos en comunas. Quizá el peor error metodológico/teológico resultó en declarar la membresía en la Iglesia como requisito para la salvación y trabajar meramente para colocar la gente dentro de la membresía de la Iglesia.

> Las órdenes monásticas extendieron el mensaje de la iglesia pero permitieron que los métodos paternalistas y las maneras occidentales entraran en la misión.

El nominalismo y la mundanalidad en la Iglesia no podían durar. Grupos de reforma (por ejemplo Juan Huss, Juan Wycliff) a través de los años llamaron al retorno al cristianismo auténtico. Debido a sus números pequeños y a la intensa persecución de la Iglesia, estos grupos reformadores establecieron poca estrategia misionera. Sin embargo, mostraron la importancia de permanecer fieles a la verdad bíblica.

En el siglo XVI la reforma demandó el regreso al cristianismo bíblico. Aun entre los reformadores y otros que rompieron con la Iglesia central, el siglo dieciséis hubo un eclipse del crecimiento saludable de la iglesia. Las interpretaciones no misio-

> Los reformadores dieron pasos de avanzada para recobrar la verdad doctrinal bíblica pero quedaron cortos en la proyección de actitudes bíblicas hacia las misiones y el crecimiento saludable de la iglesia.

neras de la verdad bíblica, tales como la idea que la Gran Comisión se había cumplido en el período apostólico, llegaron a ser obstáculos para alcanzar a los pueblos que permanecían en esclavitud y necesitados del evangelio. Las iglesias vinieron a estar enfermas porque estuvieron mirando hacia adentro. Llegar a ser parte de la "Iglesia" suplantó el llegar a ser parte del Reino.

Entre 1500 hasta 1700 algunos misioneros notables sirvieron y eficazmente esparcieron el evangelio. *Francisco Javier* empleó la metodología de extensas misiones itinerantes que alcanzaron hasta la India, Malaca (Singapur/Malasia), las islas indonesias y aun hasta Japón y China. Javier estableció una escuela de entrenamiento donde capacitaba obreros para que regresaran a ministrar en sus propios países.

> Entre 1500 hasta 1700 se dieron algunos pasos de avanzada por misioneros dotados, pero la salud de las misiones no avanzó.

Robert de Nobili en India y *Matteo Ricci* en China se cambiaron a la acomodación del campo misionero, aprendiendo las filosofías de las regiones y ajustando la comunicación del evangelio a las culturas que trataban de alcanzar. La estrategia misionera tornó hacia lo peor cuando el papa restringió a la orden jesuita sobre la controversia del uso del término chino de Espíritu Supremo (*Shang Ti and Tien*) para Dios. La autoridad central bloqueó el comienzo prometedor de la acomodación.

Otro problema para la estrategia misionera tuvo lugar en 1493 cuando el *papa Alejandro VI* dividió el territorio misionero entre España y Portugal. Este comienzo de restringir algunos grupos de las regiones misioneras limitó a los misioneros y a los grupos misioneros para alcanzar al pueblo que respondía al evangelio. Más tarde en la historia se ha comprobado lo inadecuado de algunos de esos acuerdos restrictivos en el alcance misionero.

Durante el siglo XVIII, más desviaciones de la verdad bíblica emergieron. Una parte de la Iglesia no aceptó el compromiso misionero—sosteniendo en vez conceptos no bíblicos sofocantes de la elección y la predestinación. Algunas Iglesias procuraron cimentar su propio poder y poner de lado el mandamiento de "Ir a hacer discípulos." A pesar de algunas luces misioneras, tales como los hermanos moravos, las misiones descansaron eclipsadas y el crecimiento saludable de la iglesia fue raramente visto.

El así llamado "Gran Siglo" (1792-1910) vio un retorno a la tarea misionera y una expansión sin precedentes de la influencia cristiana. El comienzo del movimiento misionero moderno bajo el liderazgo de William Carey y otros trajeron el cristianismo protestante de regreso al énfasis de "misiones de la Gran Comisión." Este período también testificó el surgimiento de las sociedades misioneras que promovieron los esfuerzos misioneros alrededor del mundo. Muchos nobles y eficaces misioneros se unieron a Carey y proclamaron el mensaje en varias regiones del mundo—por ejemplo, Anne y Adoniram Judson en Burma (Myanmar), Henry Martyn en India, Robert Morrison en China, Ludwign Nommesen en Indonesia, David Livingston, Robert Moffat y Mary Slessor en África, David Brainerd en las Américas, Samuel Marsden en Australia.

> El así llamado "Gran Siglo" de avance misionero vio una expansión de territorio y de la influencia cristiana, pero también vio el desarrollo del paternalismo, la occidentalización y los métodos enfermizos tales como subsidios e institucionalismo.

Esta expansión durante el "Gran Siglo," a menudo loado y defendido, sin embargo, no contribuyó grandemente al crecimiento saludable de la iglesia. En efecto el control paternalista desde afuera (misioneros), la fuerte dependencia en el subsidio, las tendencias a reproducir métodos occidentales e imágenes denominacionales y los esfuerzos de negar los métodos autóctonos y de contextualización caracterizaron este período—haciendo la terminología de "el Gran Siglo" más que un poco cuestionable. Un revés más serio para la metodología misionera, la dependencia en el poder colonial en el esparcimiento del Mensaje, resultó en odio de todas las cosas occidentales incluyendo la Iglesia.

Los perturbantes desarrollos de las misiones por medio de instituciones, métodos de estación misionera y la occidentalización de las nuevas Iglesias infectaron el movimiento misionero

> El "Gran" Siglo podría llamarse mejor el siglo "tenebroso" del alcance misionero.

con enfermedades que todavía no han sido completamente erradicadas. Las misiones además llegaron a ser la tarea de profesionales enviados a "civilizar" los pueblos no occidentales. El "Gran" siglo podría llamarse mejor el siglo "tenebroso" del alcance misionero. Desde el punto de vista de la estrategia misionera el siglo se puede identificar como el período de la metodología misionera equivocada y de un tiempo del crecimiento enfermizo de la iglesia.

El siglo XIX también fue testigo de alejamientos mayores de la expresión bíblica del cristianismo cuando el movimiento que vino a conocerse como liberalismo procuró acomodar el cristianismo a las filosofías del iluminación y cientismo que estuvo infectando al mundo académico. El surgimiento de la enseñanza evolucionaria, la aceptación de la crítica bíblica, y la pérdida de fe y dedicación a los aspectos sobrenaturales de la religión cristiana, trajeron movimientos desastrosos lejos de la verdad bíblica. Este siglo vio el surgimiento de teologías que hicieron a los sentimientos más importantes que la revelación, que sostuvieron la salvación como menos importante que el entendimiento y que generalmente dejaron de lado las Misiones de la Gran Comisión.

El siglo XIX observó el esfuerzo de regreso a los métodos del Nuevo Testamento. El concepto de la iglesia autóctona (los tres auto), el desarrollo de algunos notables ejemplos de la iglesia saludable (por ejemplo, la estrategia de Nevius en Corea) y el apoyo para los movimientos multi-individuales en partes del mundo se acercaron en dirección del crecimiento saludable de la iglesia. Estos movimientos, sin embargo, fueron las excepciones en vez de lo acontecido usualmente en este siglo.

El siglo XX trajo nuevas amenazas a las misiones bíblicas. El reporte Hocking anunciaba la creencia que la meta de la misiones ya no era la de procurar convertidos sino la de servir y entrar en diálogo. El surgimiento del movimiento ecuménico trajo desviaciones adicionales del cristianismo bíblico. En el siglo veinte, especialmente los primeros cincuenta años, no se presentaron grandes pasos de avanzada hacia las metas de la estrategia misionera adecuada o del crecimiento saludable de la iglesia.

El siglo veinte, sin embargo, testificó los intentos de regresar a los métodos del Nuevo Testamento. Los escritos de Roland Allen y Sidney Clark marcaron admirables esfuerzos para establecer las metodologías misioneras sobre terreno firme. El esfuerzo pionero de Donald A. McGavran, y el surgimiento del los movimientos neopentecostales, la tendencia hacia la escuela dominical, y el ánimo de los movimientos evangélicos cooperadores todo se atribuye hacia el nuevo día del crecimiento de la iglesia.

En medio de estos regresos a la estrategia de la Gran Comisión, de la evangelización centrada en la iglesia, el énfasis de McGavran resultó en el movimiento de crecimiento de la iglesia, que eventualmente encontró su hogar en la Escuela de Misiones Mundiales y en el Instituto del Crecimiento de la Iglesia en Fuller Theological Seminary en Pasadena, California (ver Miles 1981:9-26).

El Movimiento de Crecimiento de la Iglesia inicial luchó contra los conceptos de misiones que se desviaban drásticamente de las misiones de la Gran Comisión. Muchas voces del lado ecuménico del cristianismo intensamente enfatizaron las misiones como diálogo y servicio con la consecuencia del abandono de las misiones como proclamación y conversión. Un ejemplo de esto, la creciente discusión entre las misiones ecuménicas y las misiones de la Gran Comisión es el debate sobre las sugerencias de los borradores de la cuarta asamblea del Concilio Mundial de Iglesias en Upsala, Suecia, en 1968. A McGavran y su grupo se les forzó a preguntar, "¿Traicionará Upsala a los dos mil millones?" La idea de "traición" lidió con el asunto de falta de dedicación a la búsqueda de la salvación en los misiones de parte de los grupos ecuménicos (vea McGavran 1968; y 1972:233-82)

> El movimiento del crecimiento de la iglesia bajo la dirección de Donald A. McGavran surgió en medio del abandono de las misiones de la Gran Comisión y de la pérdida de la visión de proclamar el evangelio con la intención de ganar convertidos entre los líderes del Movimiento Ecuménico.

Aunque el tratamiento defendido por McGavran y sus seguidores reflejaban los métodos del Nuevo Testamento y prometían avance sin precedentes en los períodos modernos, estos conceptos no encontraron aceptación inmediata. La práctica de desacuerdo con las enseñanzas del crecimiento de la iglesia vino a ser algo dado aun entre los misiólogos evangélicos. Los grupos misioneros se sostuvieron empecinadamente a la práctica del uso de subsidio y a los métodos institucionales para las misiones. El paternalismo continuó siendo evidente en el trabajo misionero. A pesar de la resistencia de parte de muchos líderes misioneros, los conceptos descubiertos por McGavran y sus seguidores ganaron aceptación y empezaron a contribuir hacia el crecimiento saludable de la iglesia.

Debido a los esfuerzos de McGavran para despertar el movimiento cristiano a las realidades de la necesidad de expansión, evangelización, siembra de iglesias y la cosecha, el movimiento del crecimiento de la iglesia enfatizó el crecimiento numérico. Este énfasis resultó en el eclipse de esta clase de crecimiento entre muchos de la fuerza misionera. El movimiento del crecimiento de la iglesia en el siglo veinte pudo haberse concentrado demasiado en el crecimiento numérico—maneras de registrarlo y alcanzarlo. *Este énfasis, sin embargo, era el énfasis más necesitado en ese tiempo.* Las últimas décadas del siglo veinte vieron el crecimiento de la iglesia más aceptado que lo que había sido en las décadas de la mitad del siglo.

> El énfasis en el crecimiento numérico durante el período inicial de desarrollo del Movimiento del Crecimiento de la Iglesia reflejó un énfasis más urgente y necesario durante este período.

Los movimientos en los últimos años del siglo veinte, revelaron algún progreso hacia entendimientos más balanceados. Las estrategias del crecimiento saludable de la iglesia, iglesias misioneras, movimientos de siembra de iglesias, extensión del entrenamiento del liderazgo, y otros métodos innovadores abrieron la puerta a avenidas eficaces para el crecimiento auténtico. Estos últimos años del siglo veinte pavimentaron la vía para el crecimiento auténtico de la iglesia en el siglo veintiuno.

El mundo se ha movido al siglo veintiuno y lo mismo tiene que hacer el cristianismo en general y el crecimiento de la iglesia en particular. Las nuevas direcciones son necesarias para el crecimiento de la iglesia si el movimiento va a contribuir a la evangelización de los pueblos del mundo y de la ilimitada provisión de congregaciones en las cuales los evangelizados se desarrollen y sirvan. Estas nuevas direcciones son necesarias si el crecimiento de la iglesia en el siglo XXI deja detrás las estrategias limitantes del pasado y se mueve hacia los métodos más liberadores del futuro.

Alcanzar esta intensamente necesaria meta descansa sobre el fundamento de continuar con la mayoría, si no todos, los énfasis del pensamiento del crecimiento de la iglesia del siglo veinte. Las características del crecimiento de la iglesia, bosquejadas en los capítulos anteriores permanecen válidas y eficaces. Estas estrategias para el crecimiento de la iglesia, no tienen que dejarse de lado sino en vez ajustarse para el siglo XXI.

¿Entones cuáles tienen que ser las direcciones para el crecimiento de la iglesia en el siglo veintiuno? El punto de partida para el viaje será la reafirmación de la enseñanza tradicional del crecimiento de la iglesia. Dios aun desea que se encuentren Sus ovejas perdidas y que se les traiga al redil—primero el Reino y luego una iglesia. El pensamiento en la cosecha no desaparecerá de las enseñanzas del crecimiento de la iglesia. Dios todavía desea que estas iglesias crezcan más grandes, mejores y más amplias. Los líderes del crecimiento de la iglesia continuarán enfatizando la necesidad de iglesias más grandes en número de creyentes y unidades. El movimiento continuará enseñando que Dios también desea que las iglesias crezcan más saludables y jamás sacrifiquen la salud por alguna desilusión de crecimiento como más grande o mejor y que en realidad produce enfermedad en la iglesia.

El crecimiento de la iglesia aun basará la evangelización en empezar muchas nuevas iglesias, enfatizará los métodos de los grupos pequeños y promoverá los esfuerzos para estudiar la Iglesia e iglesias para encontrar los hechos del crecimiento. Los que guían la estrategia del crecimiento de la iglesia continuarán el énfasis de la necesidad de entendimiento de los aspectos sociales y culturales de la gente del grupo que desea alcanzar y diseñará planes para esa gente específica en sus situaciones culturales específicas.

> **El Énfasis Continuo del Crecimiento de la Iglesia**
>
> El Crecimiento de la Iglesia Continúa:
>
> - Creyendo que Dios desea que los perdidos sean ganados a la fe;
> - Dándose cuenta que Dios favorece la teología de la cosecha;
> - Insistiendo que Dios desea que Su iglesia crezca más grande, mejor y más amplia;
> - Enseñando que Dios insiste que Sus iglesias crezcan más saludables tanto como más grandes y más fuertes;
> - Basándose la evangelización en sembrar muchas nuevas iglesias;
> - Enfatizando los métodos de los grupos pequeños;
> - Insistiendo en la acomodación cultural;
> - Defendiendo y promoviendo el uso de la estrategia de los "puentes de Dios;"
> - Llamando a una diversidad de los tipos de iglesias;
> - Enfatizando la importancia de los obreros laicos;
> - Enfatizando la estrategia de las iglesia de unidad homogénea, pero de manera modificada;
> - Haciendo la estrategia autóctona de la iglesia central e importante en el pensamiento del crecimiento de la iglesia;
> - Enfatizando la contextualización en el servicio misionero;
> - Enfatizando la importancia y precisión en la investigación e información en cuanto a las iglesias y las comunidades.

Los líderes del pensamiento del crecimiento de la iglesia no cancelarán la práctica de enfatizar los esfuerzos evangelizadores entre la gente que responde mejor en el mundo. Los "puentes de Dios" permanecen entre los pueblos de la tierra y se deben usar para esparcir el mensaje inmutable del evangelio. Las poblaciones que fantásticamente se multiplican en el mundo todavía se alcanzarán solamente por una igualmente fantástica multiplicación de iglesias. Nada menos

El crecimiento de la iglesia continuará indicando la importancia de los grupos homogéneos en el planeamiento de la estrategia misionera. La estrategia de la unidad homogénea, sin embargo, cambiará por la naturaleza de cambio de los grupos homogéneos. Las unidades homogéneas en las sociedades contemporáneas alrededor del mundo se basan que una expansión de los diversos tipos de iglesias diseñadas para los diferentes grupos de gentes en el mundo harán posible que el movimiento cristiano alcance a las multitudes del mundo. La importancia de los líderes laicos en el crecimiento de las iglesias a menudo se enfatizará en el siglo veintiuno como en el período pasado. Cada vez menos en raza o etnicidad y más de acuerdo a las realidades socio-económicas. Los asuntos ocupacionales y educacionales atraen a la gente a grupos más que en el pasado. Si esto no se deja de considerar, las unidades homogéneas existen y la estrategia homogénea continuará siendo importante en la planificación misionera.

El pensamiento del crecimiento de la iglesia en el siglo veintiuno. Las iglesias diseñadas para grupos particulares continuarán representando la estrategia misionera apropiada y necesaria. Esta estrategia será crecientemente usada en los medios occidentales, cuando se diseñen las iglesias para grupos homogéneos que han existido por largo tiempo en el oeste y también para los grupos que han llegado recientemente que entran en el medio occidental como inmigrantes. La estrategia de la iglesia autóctona continúa siendo central en el pensamiento del crecimiento de la iglesia.

Los esfuerzos de ayudar a que las iglesias aumenten en maneras contextualizadas estarán presentes en el crecimiento de la iglesia en el siglo veintiuno. Los maestros del crecimiento de la iglesia continuarán enfatizando los esfuerzos que permiten y animan a la gente a escribir sus propias teologías fieles a la Biblia en maneras que expresen la verdad en sus propios vocabularios y puntos de vista de la realidad. Convencer a los líderes cristianos más tradicionales de la necesidad de la contextualización llegará a ser una de las discusiones más intensas entre los abogados del crecimiento de la iglesia y otros en el siglo veintiuno.

Como se verá en las siguientes páginas, algunos de los métodos del crecimiento de la iglesia que se han probado como eficaces en el siglo veinte serán modificados y extendidos en el siglo veintiuno. No se anticipa un cambio total. El crecimiento saludable de la iglesia en el siglo veintiuno se edificará sobre el fundamento de lo que los abogados del crecimiento de la iglesia descubrieron en el siglo pasado. El crecimiento de la iglesia también abrazará varios movimientos que vinieron al escenario en los últimos años del siglo veinte. Entre estos nuevos énfasis están tales métodos como los movimientos de plantación de iglesias, iglesias innovadoras, las estrategias de la iglesia clave y de guerra espiritual.

Adicionalmente para permanecer ligados a una adaptación de las ideas tradicionales del crecimiento de la iglesia y aceptando estos nuevos énfasis, el crecimiento de la iglesia debe moverse a un número de nuevas fronteras importantes. El crecimiento de la iglesia en el siglo veintiuno debe encontrar maneras para impactar a los pobres urbanos, la gente no alcanzada y efectuar la re evangelización de los grupos secularizados y posmodernos en regiones previamente cristianas. En el siglo veintiuno, el crecimiento de la iglesia debe buscar el avivamiento espiritual entre los evangélicos y renovar la dedicación a las misiones mundiales. Los evangélicos tienen que encontrar más tiempo para la vida espiritual, los esfuerzos evangelizadores y el servicio de amor. Algunos evangélicos gastan más tiempo peleando sus luchas internas que su dedicación a resistir el enemigo real.

Dedicación a la teoría del crecimiento de la iglesia y a la posibilidad de ajustar estas teorías para el siglo veintiuno es una tarea tremenda pero una por la que el crecimiento de la iglesia debe luchar. ¿Así que cuáles son estos nuevos métodos?

NUEVOS MÉTODOS PARA EL CRECIMIENTO DE LA IGLESIA

Las siguientes sugerencias se relacionan a lo que las nuevas direcciones del crecimiento de la iglesia deben y tiene que tomar si se va a ajustar y a contribuir para el avance del Reino en el siglo veintiuno.

Completamente Concentrados en el Poder Sobrenatural

El poder sobrenatural será por lo menos tan importante para el crecimiento de la iglesia en el siglo veintiuno como lo ha sido en cada siglo anterior. El crecimiento de la iglesia ha sido y siempre será un esfuerzo divino producido por el poder del Espíritu Santo. En el siglo veintiuno, el crecimiento de la iglesia se relacionará con el poder sobrenatural por lo menos de dos maneras imperativas.

Primera, en el nuevo día de la vida del siglo veintiuno, el

crecimiento de la iglesia se tiene que concentrar bien en la necesidad de obrar por medio del poder totalmente adecuado de Dios. Cualesquiera ideas que los abogados del crecimiento de la iglesia hayan dado que los métodos de por sí producirán crecimiento tienen que desecharse y descartarse.

> El crecimiento de la iglesia en el siglo veintiuno debe reconocer en la teoría y en la práctica la dependencia en el poder del Espíritu Santo.

En el siglo veintiuno, el crecimiento de la iglesia tiene que afirmar su dependencia y dedicación al poder sobrenatural de Dios que únicamente puede producir el crecimiento saludable de la iglesia. *Algunos de los notorios ejemplos del crecimiento enfermizo de la iglesia surgen en el intento de realizar la realidad espiritual del crecimiento saludable de la iglesia por medio de métodos manchados por el poder humano sin ayuda y por medio de métodos que reflejan la magia pagana.*

Una dirección definitiva para el crecimiento de la iglesia en el siglo veintiuno es la aceptación y uso del énfasis actual en la guerra espiritual directa que enseña que el poder de Dios está disponible para que Su pueblo desempeñe su misión en el mundo. En los períodos pasados los observadores notaron alguna vacilación, aun entre los evangélicos que creen en la Biblia, para abrazar completamente las enseñanzas y prácticas de la guerra espiritual directa. Quizá esta vacilación fue causada por algunas prácticas de líderes que se dedicaban a expresiones de la guerra espiritual que la corriente principal de los evangélicos no estaba preparados a seguir. Otros practicantes han enviado lejos de la guerra espiritual a algunos evangélicos por el uso de técnicas que llegan casi a la magia, si es que no la incluyen.

El crecimiento de la iglesia en el siglo veintiuno tiene que moverse en la dirección de aceptar y usar la guerra espiritual directa. Estos métodos descansan sobre la verdad que el poder de Dios está disponible para que Su pueblo se desempeñe en su misión en el mundo. Los días de los milagros, sanidades y liberaciones no han terminado. El crecimiento de la iglesia en el siglo veintiuno tiene que armarse de este tremendo poder.

El uso de la guerra espiritual directa, sin embargo, tiene que evitar cualquier mezcla con la magia o el ritual al buscar estas bendiciones.

La necesidad para confrontar directa y activamente los poderes de las tinieblas debe motivar a los abogados del crecimiento de la iglesia a abrazar este movimiento hacia la participación en la guerra espiritual directa. En esta participación, los evangélicos tienen que luchar para mantener un método balanceado. El hecho que unos pocos hayan exagerado algunos de los aspectos de la guerra espiritual no debe cegar a la mayoría que ser parte del movimiento que le permite al Espíritu tener Su más completa obra entre nosotros es lo correcto. *Participar completamente en los esfuerzos de la guerra espiritual en lo que tiene que ver con sembrar iglesias y crecer congregaciones y cristianos es la dirección que el crecimiento de iglesias tiene que seguir en el sigloXXI.*

Afirme Apasionadamente la Verdad Bíblica en todos los Esfuerzos del Crecimiento de la Iglesia

El crecimiento de la iglesia en el siglo veintiuno tiene que afirmar con pasión la integridad, inspiración, infalibilidad y confiabilidad de la Biblia. La Biblia jamás nos enseña a cree o practicar algo que no esté de acuerdo con la voluntad de Dios.

Cualquier doctrina que se desvía de la dirección de la verdad bíblica tiene que negarse y rechazarse por el crecimiento de la iglesia en el siglo veintiuno.

En cada período, se levantan grupos que proyectan enseñanzas y énfasis que simplemente no están en armonía con las enseñanzas bíblicas. En los primeros siglos se vieron enseñanzas como las interpretaciones anti-misioneras a las cuales William Carey se opuso y las corrientes de las teologías liberales que cuestionaban lo sobrenatural en el cristianismo y en la Biblia.

Afirme la verdad de la salvación sólo en Cristo. Afirme las enseñanzas claras como el llamamiento de Dios a vivir una vida moral. Rehúse aceptar alejamiento de la verdad bíblica. Rehúse hacer asuntos culturales posturas doctrinales.

El siglo XXI vio el surgimiento de tales abstracciones teológicas como "Dios está muerto" y la "apertura de Dios. Cuestionar la

> El crecimiento saludable de la iglesia en el siglo veintiuno sostiene apasionadamente la verdad y la confiabilidad en la Biblia. Desviaciones de la verdad bíblica no contribuirán al crecimiento saludable de la iglesia en el siglo veintiuno.

doctrina básica y las enseñanzas éticas ha sido aparente en el siglo pasado. El siglo veintiuno sin dudas verá sus falsas enseñanzas y maestros también. El crecimiento saludable de la iglesia en el siglo veintiuno sostiene apasionadamente la verdad y la confiabilidad en la Biblia. Desviaciones de la verdad bíblica no contribuirán al crecimiento saludable de la iglesia en el siglo veintiuno.

Dedicación sin Reservas a la Evangelización Mundial

El movimiento de crecimiento de la iglesia en el siglo veinte se enfocó en la evangelización y desarrollo de la iglesia en el mundo no occidental. La mayoría de los escritos se centraron en lo que Dios estaba haciendo en Asia, África, Latinoamérica y el Medio Oriente. Después del debut del crecimiento de la iglesia de 1972 en la audiencia en los Estados Unidos, la atención fue a cómo las iglesias crecen y se les puede ayudar para que crezcan en el mundo occidental. Por unos años (en realidad hasta el fin del siglo veinte) la mayoría de libros del crecimiento de la iglesia, la mayoría de conferencias y el énfasis primario habla del crecimiento de la iglesia en el oeste.

Aunque gran provecho fluyó de estos estudios y sugerencias para el crecimiento de la iglesia en la situación del occidente, hubo menos énfasis y dedicación a las maneras en que las iglesias crecen en los sitios no occidentales. En el siglo veintiuno, el movimiento del crecimiento de la iglesia se debe dedicar totalmente a la evangelización, a sembrar congregaciones y al desarrollo de la iglesia en todas partes en el mundo. *Solamente el crecimiento de la iglesia en una visión mundial puede reclamar el título del crecimiento saludable de la iglesia.*

La dedicación al crecimiento de la iglesia en todo el mundo debe guiar a nuevos métodos de estudios de cómo el movimiento cristiano avanza en todas partes del mundo. El crecimiento de la iglesia en el siglo veintiuno debe producir una continua corriente de congregaciones e iglesias alrededor del mundo y trazar sus contribuciones al entendimiento de cómo crecen las iglesias. El crecimiento de la iglesia tiene que enfatizar el ir y hacer discípulos de "todas las naciones" en los años del siglo veintiuno.

El énfasis mundial que es necesario para el crecimiento de la iglesia en el siglo veintiuno también acogerá el énfasis apropiado para los pueblos no alcanzados. Estos grupos de gente entre los cuales existe poca evangelización directa y siembra de iglesias le grita al crecimiento de iglesias del siglo veintiuno para que continúe el comienzo que se ha visto en el siglo veinte. Las metodologías recientemente desarrolladas sobre "los movimiento de plantación de iglesias" tendrán un lugar de importancia en el crecimiento de la iglesia en el siglo veintiuno. Cualquier esfuerzo para aumentar el crecimiento saludable de la iglesia en este siglo tiene que construirse sobre el fundamento de alcanzar a los grupos de gente no alcanzados.

Una segunda dirección importante para el crecimiento de la iglesia en el siglo veintiuno procura mantener la visión y la dedicación mundial. Nada menos que una visión mundial contribuirá al crecimiento saludable de las Iglesias e iglesias en el siglo veintiuno. El crecimiento saludable de la iglesia y el enfoque mundial irán de la mano en la nueva era del siglo veintiuno.

Mantenga Firmemente la Iniciativa del Crecimiento Saludable de la Iglesia

El crecimiento de la iglesia en el siglo veintiuno tiene que ir más allá de las ideas de crecimiento de cantidad y calidad que se han enfatizado adecuadamente en el siglo veinte a un nuevo énfasis en el crecimiento saludable de la iglesia. Obviamente, el crecimiento saludable de la iglesia en la mayoría de los casos incluirá crecer más grande y mejor. El siglo veinte vio un énfasis en crecer más ampliamente por medio de las misiones y también de ministerios. El crecimiento de la iglesia en el siglo veintiuno tiene que asir firmemente el concepto del crecimiento saludable de la iglesia.

El crecimiento de la iglesia en el siglo veintiuno olvidará todos los métodos que producen aumento en tamaño sin avance en las realidades espirituales. Los que promueven el crecimiento de la iglesia en este siglo no aceptarán ningún método que resulte en un aumento estupendo que rápidamente se disipa. La cuestión primordial en este período no será "¿Qué tan grande puede crecer esta Iglesia o iglesia?" en vez, "¿Está esta Iglesia (iglesia) aumentando en salud y servicio tanto como en tamaño y fortaleza?" La investigación más

> El crecimiento de la iglesia en el siglo veintiuno tiene que adoptar firmemente y promover totalmente el concepto de crecimiento saludable de la iglesia.

crucial del crecimiento de la iglesia en el siglo veintiuno será por la salud de las congregaciones y de los cristianos que conforman sus membresías.

En el siglo veintiuno, los escritores del crecimiento de la iglesia trabajarán más para descubrir maneras y medios para ayudar a las iglesias a aumentar la salud de la iglesia en vez de simplemente el tamaño. El asunto tanto para las denominaciones como para las congregaciones locales será qué tan bien funciona nuestro movimiento. Los líderes de las iglesias discutirán qué tan bien el grupo se guarda de las perturbadoras enseñanzas, prácticas y actitudes no saludables. Las preguntas últimas considerarán qué tan bien guía la iglesia a los creyentes hacia la madurez cristiana en vez de cuántos nombres de creyentes están en las listas de nuestra membresía.

Evidencie Completamente las Cualidades de Integridad y Servicio

Las iglesias no se desarrollan de maneras saludables a menos que estas iglesias y sus líderes demuestren completa integridad en la totalidad de sus vidas y tratos. Algunas iglesias en el siglo veinte han aumentado grandemente en tamaño y reportado aumentos inusuales en los resultados de bautismos, pero han ganado este crecimiento por medio de métodos que muestran una integridad cuestionable. La gente ha sido atraída a la membresía de la iglesia por medios que indican una ausencia básica de honestidad de parte de las iglesias y sus líderes.

Además, demasiado en la vida de la iglesia ha sido enlodado por la mala conducta de los líderes de la iglesia y otros miembros de la iglesia en el siglo veinte. Las fallas altamente publicadas de los líderes cristianos visibles han lanzado sospechas en mucho del movimiento cristiano. Las iglesias y aun el movimiento cristiano han dado lugar a sentimientos que los grupos religiosos operaban sobre los mismos motivos cuestionables de los sectores no religiosos. Los líderes cristianos han manifestado materialismo egoísta en proporciones no diferentes que los de la sociedad no cristiana.

> Integridad, honestidad y vida cristiana básica deben caracterizar las vidas de los que desean contribuir al crecimiento saludable de la iglesia en el siglo veintiuno.

En el siglo veintiuno, el crecimiento de la iglesia debe requerir del movimiento cristiano un nuevo nivel de dedicación a la integridad y honestidad. Este período de tiempo no aceptará ni abrazará a cualquier Iglesia o líder de la iglesia que no se conforma a la altura ética que mantiene el evangelio. Integridad, honestidad y vida cristiana básica deben caracterizar las vidas de los que desean contribuir al crecimiento saludable de la iglesia en el siglo veintiuno.

Los únicos medios para asegurar este nivel de vida cristiana que demanda este siglo es aceptar y desarrollar creyentes que sirven (vea el capítulo 10). Los que estén dedicados al estilo de siervos desdeñarán la deshonestidad y los métodos pecaminosos de la humanidad no redimida. El correctivo del movimiento cristiano a la falta de integridad y honestidad para el movimiento cristiano se basa en el concepto de servicio.

EMPLEE CRECIENTEMENTE Y CON GUSTO LOS NUEVOS MÉTODOS

El siglo veintiuno debe ver el crecimiento de la iglesia empleando crecientemente los más nuevos métodos que han emergido en la última parte del siglo veinte y aun más nuevos métodos que emergerán en los primeros años del siglo veintiuno. Los líderes de la iglesia en el nuevo siglo superarán la tendencia de resistir el cambio y la innovación.

> Los líderes del crecimiento de la iglesia en el siglo veintiuno sin temor se dedicarán a cambiar todos los métodos limitantes que han venido de los períodos anteriores.

Estos líderes, que guiarán las iglesias a métodos saludables, se abrirán a maneras nuevas y estarán dispuestos a los riesgos de la innovación. Los líderes del crecimiento de la iglesia en el siglo veintiuno necesariamente se dedicarán sin temor o disgusto a cambiar cualesquiera métodos que limiten el crecimiento saludable de las iglesias y congregaciones.

De Súper Iglesia a Iglesias Más Pequeñas

El crecimiento de la iglesia en el siglo veintiuno continuará el método de súper iglesias más grande e innovativas que han venido a ser populares en las últimas décadas del siglo veinte. El crecimiento saludable de la iglesia reconoce a la súper iglesia como *uno* de los métodos de alcanzar la población del mundo—especialmente en los ambientes occidentales. Elmer Towns está en lo correcto al llamar a las súper iglesias, "iglesias súper agresivas" (1973:26). El crecimiento saludable de la iglesia, aunque afirma el servicio de las súper iglesias, no restringe el crecimiento de la iglesia a este solo método en el siglo veintiuno.

El crecimiento saludable de la iglesia también hará un mayor énfasis en las iglesias celulares, actividades de grupos pequeños, e iglesias de congregación múltiple. Estos métodos, aunque ciertamente usados en el siglo anterior, se deben expandir y enriquecer en el nuevo período. Al plantar césped en el patio, el sistema más eficaz es sembrar tantas ramas de césped pequeño como sea posible. Este procedimiento provee muchos lados desde los cuales el pasto se esparce y cubre el patio. Entre más crecen los lados, lo más rápido que todo crece y cubre todo. Algunas veces el mismo método se ve en el crecimiento de la iglesia. El impulso a sembrar muchas congregaciones de varias clases debe ser un mayor empuje para el crecimiento de la iglesia en el siglo veintiuno.

> El crecimiento saludable de la iglesia reconoce que las súper iglesias son UNO de los métodos de crecimiento de la iglesia en el siglo veintiuno pero no considera este método como el único método.

Nuevos Métodos para las Iglesias Misioneras e Innovadoras

El siglo veintiuno debe ver una dedicación creciente al método de la iglesia misionera (y a los métodos de la iglesia innovadora) que emergieron en las últimas décadas del siglo veinte. La Iglesia e iglesias han existido por mucho tiempo por causa de las instituciones. En el nuevo espíritu del nuevo milenio la iglesia debe redescubrir su propósito real de existencia—el de hacer discípulos de todas las naciones. *Las iglesias del siglo veintiuno crecientemente vendrán a ser iglesias para los que no tienen iglesias y los que no tienen iglesias crecientemente vendrán a ser las metas de alcance.*

La estrategia de la iglesia misionera coloca el alcance de los que no tienen iglesia en una posición importante en su vida y ministerio. Al llegar a cualquier decisión el asunto para una iglesia misionera no es qué tanto costará. El asunto será alcanzar a los que no tienen iglesia. *Ningún cambio es demasiado* grande si permite alcanzar a los que no tienen iglesia en tanto que el cambio sea compatible con la verdad bíblica. Ninguna posición o práctica favorita es tan importante que no se le pondría a un lado si el resultado fuera el aumento de la cosecha de los que no tienen iglesia.

Para ser una iglesia misionera ninguna congregación tiene que copiar a ninguna otra iglesia o método. En el libro *The New Apostolic Churches*, C. Peter Wagner muestra que existen muchas expresiones de las iglesias misioneras. La característica primordial es el énfasis de los esfuerzos de alcanzar a los que no tienen iglesia. *El crecimiento de la iglesia en el siglo veintiuno aboga por la multiplicación de iglesias que existen para los que no tienen iglesia—esto es, iglesias misioneras.*

Nuevas Expresiones de la Estrategia de los Movimientos de Plantación de Iglesias

Como se ha indicado, la estrategia de los movimientos de plantación de iglesias es uno de los métodos más prometedores del siglo veinte. Sin embargo, esta estrategia está primordialmente en uso en áreas del nuevo movimiento cristiano. Se usa, en la mayoría de los casos, donde la Iglesia ya no ha estado sirviendo. La estrategia al presente se emplea más en áreas de gente no alcanzada.

Este uso de la estrategia es profundamente práctico, eficaz y bíblico. En el siglo veintiuno, los grupos buscan la más amplia extensión posible del mensaje cristiano y el movimiento tiene que encontrar maneras para emplear alguna expresión de la estrategia del movimiento de sembrar iglesias en áreas donde las iglesias ya existen. Esta es una de las profundas posibilidades para el crecimiento de la iglesia en el siglo veintiuno.

Este uso de la estrategia del movimiento de siembra de iglesias *se puede lograr* donde iglesias existentes sirven. Un método para introducir la estrategia sería separar las nuevas congregaciones que crecen del movimiento de sembrar iglesias de esas congregaciones que se afilian con las antiguas expresiones de la vida de la iglesia. Las iglesias nuevas serán diferentes. Operarán diferentemente. Se multiplicarán diferentemente. Estas congregaciones necesariamente permanecerán separadas.

Las nuevas iglesias del movimiento se plantación de iglesias, sin embargo, no permanecerán separadas de las congregaciones antiguas en amor e interés. Las nuevas congregaciones deben estar listas para ayudar y asistir a las congregaciones antiguas si se esfuerzan por incorporar los rasgos del movimiento de sembrar iglesias en sus ministerios. Las iglesias nuevas deben cuidarse contra el sentimiento de superioridad o crítica de las iglesias tradicionales. Las nuevas congregaciones simplemente se esforzarán para realizar la continua y rápida multiplicación de congregaciones inclinadas a la meta de ganar a la gente y de reproducir tanto creyentes como congregaciones.

Los que buscan promover un movimiento de plantación de iglesias en regiones al presente ocupadas por iglesias existentes deben procurar un acuerdo y la bendición de las Iglesias existentes. No obstante, no deben ser disuadidas por la falta de acuerdo o bendición. El nuevo movimiento debe esforzarse por contribuir y no detraer de las obras existentes. El nuevo movimiento debe rehusar permitir cualquier sentido de competencia que se presente con la Iglesia existente.

El movimiento cristiano tiene que entrenar al cuerpo de obreros para que entienda, se dedique y esté dispuesto a implementar la estrategia de los movimientos de plantación de iglesias en cualquier parte del mundo. En áreas que se han vuelto seculares (Europa, los Estado Unidos, Canadá, etc.) estos movimientos deben procurar reintroducir el cristianismo bíblico en la sociedad. Los líderes de los movimientos se darán cuenta que algunos de los "convertidos" vendrán de membresías de iglesias existentes. *Los movimientos de plantación de iglesias puede ser el único método existente de alcance para la gente secular que vive en áreas donde las iglesias han perdido contacto con la gente.*

Encontrar maneras para implementar el empuje de los movimientos de plantación de iglesias en regiones donde ya existen Iglesias puede ser el esfuerzo más desafiante para los sembradores de iglesias en el siglo veintiuno. Aquí está una tarea que luce como las más difícil pero más imperativa que difícil. *Los movimientos de plantación de iglesias proveen una manera directa de regresar a las metodologías del Nuevo Testamento y a la fructividad del Nuevo Testamento.*

Proyecte el uso Mundial de la Estrategia de la Iglesia Clave

Como la estrategia del movimiento de plantación de iglesias, la estrategia de la iglesia clave representa un método válido, imperativo y más prometedor del siglo veinte para alcanzar a los perdidos y para sembrar iglesias. El único aspecto negativo en esta estrategia es que se ha usado únicamente en un área limitada de los Estados Unidos, Texas. *Esta estrategia tiene tal promesa para el crecimiento saludable de la iglesia que en el siglo veintiuno su uso debe extenderse a una expresión mundial.*

La estrategia de la iglesia clave contribuye a la salud de la iglesia al aumentar la visión y el servicio misioneros dentro de la iglesia local. El ministro de misiones busca lugares de servicio, comunica estas necesidades a la iglesia, entrena a la gente de la iglesia para que responda y los guía en su respuesta. Esta estrategia por lo tanto estimula la actividad misionera en la iglesia local y también contribuye a comenzar nuevas iglesias y ministerios.

Los líderes del crecimiento de la iglesia en el siglo veintiuno deben conscientemente compartir información de la estrategia de la iglesia clave con los líderes de la iglesia alrededor del mundo. La estrategia de la iglesia clave proveerá una avenida para introducir el concepto de los movimientos de plantación de iglesias en los grupos denominacionales e Iglesias. *Pocos conceptos tienen mayor promesa para el crecimiento saludable de la iglesia en el siglo veintiuno que la estrategia de la iglesia clave.*

Nuevos Métodos para el Liderazgo de la Iglesia

El crecimiento de la iglesia en el siglo veintiuno demostrará un nuevo método de liderazgo para las iglesias. En efecto, la iglesia del siglo veintiuno tenderá a reinterpretar completamente el concepto del liderazgo de la iglesia. El liderazgo de la iglesia cambiará al método de cuidado y dirección pastoral de las ovejas en vez de ser el ser el principal oficial ejecutivo que empuja su corporación. Como Lynn Anderson dice en su excelente libro, *They Smell Like Sheep: Spiritual Leadership for the 21st Century*, el líder de la iglesia en esta nueva edad será uno que sigue el modelo de *pastor, mentor y equipador*. De este modelo de liderazgo, Anderson dice:

> De los tres modelos, pastor, mentor y equipador, el modelo principal es el de *pastor*—y con buena razón, porque el pastor es alguien que vive con las ovejas. El pastor conoce a cada oveja por nombre; alimenta los corderos, cura a las heridas, cuida de las débiles y las protege a todas. El pastor *huele como las ovejas* (1977:3-4).

Otro aspecto del cambio en el liderazgo de la iglesia que es necesario en el siglo veintiuno se relaciona con el ministerio de todo el cuerpo en vez del ministerio del personal de la iglesia. Los días del pastor "súper estrella" están llegando a su fin y en el siglo veintiuno el liderazgo fluirá del pastor equipador a todas las partes del cuerpo que deben practicar el ministerio (Efesios 4:11-13). Hasta el grado que cada parte de la familia de la iglesia sirve activamente en el ministerio de la iglesia, la iglesia demostrará salud.

El servicio de todo el cuerpo de creyentes desde luego tiene en cuenta los dones y habilidades de cada miembro. No se espera que nadie haga tareas para las cuales la persona no tiene los dones ni el entrenamiento. La iglesia saludable procura guiar a los miembros a descubrir sus dones y expresar estos dones en el ministerio. El crecimiento de la iglesia en el siglo veintiuno necesita ver el regreso al ministerio de todo el cuerpo. El concepto del personal de la iglesia que se apoya para que haga el ministerio de la iglesia y efectivamente alivie a los cristianos individuales de la responsabilidad quizá sea la preeminente herejía del siglo veinte. El crecimiento saludable de la iglesia en el siglo veintiuno seguirá recobrándose de esta enfermedad que infecta con un método de ministerio de arriba a abajo.

El nuevo método de liderazgo de la iglesia será más evidente en la tarea evangelizadora que en ninguna otra área. Las congregaciones ya no dependerán del personal de la iglesia y los servicios de adoración para atraer a la gente a la maravillosa vida de la conversión. En vez, cada miembro participará activamente haciendo discípulos.

Muchas iglesias ahora admiten la proporción de 40 a 1 miembro—*se quiere decir que por cada 40 miembros de la iglesia, la iglesia experimenta un bautismo por año*. Esta proporción ciertamente no indica un estado de salud en la iglesia. Para cambiar a una vida de la iglesia más saludable, el servicio evangelizador de los miembros tiene que aumentar. Este aumento será una meta mayor del crecimiento de la iglesia en el siglo veintiuno.

Nuevos Métodos para el Entrenamiento del Liderazgo

Las guías para el crecimiento de la iglesia en el siglo veintiuno desarrollarán nuevos métodos de entrenamiento. Muchas de las súper iglesias que se desarrollaron en el siglo veinte han emprendido la tarea de entrenar a sus propios líderes en vez de depender en las escuelas denominacionales de capacitación. Esta tendencia se debe continuar y animar. Un nuevo cambio será el de proveer entrenamiento del liderazgo por extensión—un método que permite estudio individual pero con algo de participación de los profesores.

> El entrenamiento del liderazgo en el siglo veintiuno se alejará de la dependencia de las escuelas o seminarios con profesionales de tiempo completo a los medios para capacitar todo el cuerpo sin sacar a los trabajadores a lugares distantes de sus propios hogares.

Los seminarios y otras escuelas de capacitación tienden a concentrarse en estudios teológicos más profundos y se sacrifica el entrenamiento necesario en cómo hacer el trabajo en el campo. Los maestros de la teología clásica encararon la evidencia directa de ex-alumnos que decían que no se les había preparado para hacer el trabajo cotidiano en las iglesias y esta evaluación se escuchaba de los directores de área. La facultad respondió diciendo, pero nosotros somos los que entendemos lo que se necesita en la educación teológica. Los seminarios tienden a cambiar de lo práctico a lo teórico.

El entrenamiento para los líderes en el siglo veintiuno necesariamente se inclinará más hacia las materias prácticas en vez de lo teórico. Los profesores en el siglo veintiuno tomarán las estrategias de capacitación de los practicantes en vez de los eruditos altamente entrenados. La meta del entrenamiento será equipar más para el ministerio que para formación de eruditos. Este entrenamiento será más en el sitio de trabajo. Menos y menos liderazgo entrenado en el siglo veintiuno demandará que la gente abandone el hogar para dedicarse a períodos de estudio orientados hacia un Grado. Las instituciones que ofrecen Grados serán menos importantes en la capacitación de liderazgo en el nuevo siglo.

En los años del siglo veintiuno, el entrenamiento encontrará expresión en numerosas conferencias y eventos de entrenamiento de corto plazo diseñados para poner al día y mejorar las habilidades de los practicantes en el ambiente de la iglesia. Estos eventos de capacitación serán cada vez menos auspiciados por las entidades denominacionales. El entrenamiento, por lo tanto, demostrará la característica de ser más generalizado en vez de denominacionalmente específico. *En el lenguaje de la era de la computadora (informática), el entrenamiento ministerial vendrá a ser más "amigable para el usuario" en el siglo veintiuno.*

Otro cambio nuevo debe ser el de proveer entrenamiento para el liderazgo por extensión—método que permite el estudio individual y la capacitación pero también con algo de participación de los profesores. Tal plan evita la dislocación y separación de los obreros de los grupos de su vida. El entrenamiento se extiende en el período de tiempo más conveniente para los que se preparan en vez de conformarse a las horas especificadas por las instituciones.

El entrenamiento para los líderes en el siglo veintiuno se concentrará en el carácter y la conducta. Integridad, honestidad y pureza se considerarán más importantes que los logros intelectuales y la refinación de las habilidades. Quién es el líder será más importante que lo que sabe o lo que puede hacer. *El crecimiento saludable de la iglesia no tolerará el desempeño sin un carácter sólido o conducta apropiada.*

Pocos cambios en el nuevo siglo serán más transformados y más eficaces que los cambios en los métodos del entrenamiento del liderazgo. De capacitar a unos pocos en las escuelas de entrenamiento el énfasis irá al entrenamiento de muchos en su lugar de trabajo. El crecimiento de la iglesia cambiará a campos de mayor salud en las alas de esta estrategia en la capacitación de liderazgo.

Nuevos Métodos de Servicio Misionero

Nuevos métodos para hacer el servicio misionero se desarrollarán durante el siglo veintiuno. En el siglo veinte, la tendencia empezó con hacer misiones directamente más desde las iglesias locales que por medio de las agencias misioneras. Aunque la mayoría de las iglesias tuvieron doble dirección, las de los esfuerzos misioneros de la iglesia local y la del servicio de

---

Servicio Misionero en el Siglo Veintiuno

> Se centrará más en la iglesia y menos manejado denominacionalmente.

> Será más el ministerio del cuerpo completo de la iglesia y menos el de misioneros profesionales.

> Involucrará a más jóvenes que participarán más directamente en las relaciones mundiales.

> Involucrará a más misioneros bivocacionales "fabricantes de tiendas."

> Involucrará a la mayoría de los misioneros que participen en la evangelización aunque algunos sirvan a las iglesias nacionales.

> Involucrará a más iglesias que retarden necesidades locales a fin de colocar más recursos en los esfuerzos transculturales

---

las agencias misioneras, muchas empezaron a hacer más énfasis en el servicio misionero de la propia iglesia local. Viajes misioneros, caminatas de oración y enviar obreros directamente fue lo que asumió más grande énfasis.

El servicio misionero en el siglo veintiuno tiene que ser menos el esfuerzo de unos pocos "misioneros" profesionales y más la participación directa de toda la comunidad cristiana. Cada persona tiene que aceptarse como misionero y en realidad unirse al servicio directo de llevar a Cristo al mundo. En muchos casos este esfuerzo requerirá de hombres y mujeres (y familias) que dejen sus lugares de comodidad y se localicen en otras regiones del mundo—con la intención de evangelizar.

El siglo veintiuno necesita ver multitudes de misioneros "fabricantes de tiendas" que se mudarán de lugar para practicar sus carreras en otras culturas. El objetivo de estos cambios será el de esparcir las buenas nuevas de Jesucristo. La práctica de sus carreras apoyará sus metas evangelizadoras. Esta gente servirá como misioneros mientras que trabajen como profesores, especialistas de construcción, investigadores y otras líneas de empleo. *Desde los misioneros profesionales hasta los profesionales que sirven como misioneros será una de las historias primordiales del siglo veintiuno.*

La mayoría de los misioneros de carrera que sirve en otras culturas se dedicará directamente a la evangelización y a sembrar iglesias. Algunos misioneros de carrera, sin embargo, deben continuar ofreciendo sus servicios a los grupos de iglesias establecidas—pero de una manera de servicio en vez de dirigir. Los nuevos misioneros, de carrera y de corto plazo, irán listos y dispuestos a servir bajo la dirección de las Iglesias nacionales y sus líderes. Estos misioneros procurarán trabajar a manera de ayudantes. *En este cambio del misionero de líder a ayudante el esfuerzo misionero mundial verá su mayor nueva dirección en el siglo veintiuno.*

Los esfuerzos y servicio misioneros en el siglo veintiuno verán un aumento marcado de iglesia que retarda atender sus necesidades locales para que haya más recursos disponibles para el alcance misionero. Estas iglesias así colocarán la evangelización mundial por encima de las necesidades e intereses locales. Los recursos ahora dedicados para construir facilidades más grandes y mayor número de personal se entregarán para la tarea imperativa de ganar al mundo para Cristo. Las necesidades del mundo sobrepasan los deseos de las iglesias.

Este nuevo método tiene tantas ventajas como desventajas. Aun es probable que llegue a ser más dominante en el siglo veintiuno. El crecimiento de la iglesia en el siglo veintiuno puede desarrollar aun métodos más saludables cuando en las misiones directas de la iglesia local participen más cristianos en el servicio misionero. La necesidad que se presenta en este método de las misiones directas de la iglesia local es el del entrenamiento de los que participan en los ministerios. Una iglesia local que envía su gente a otros grupos culturales para misiones también acepta la responsabilidad del entrenamiento intensivo de estos grupos. La iglesia local que se involucra y a su gente en misiones directas también tiene que aceptar la completa responsabilidad financiera y cuidado para el trabajo.

El crecimiento de la iglesia en el siglo veintiuno reevaluará el lugar de las misiones en la vida completa de la iglesia. *Las* misiones tienen que ocupar un lugar de preeminencia si va a resultar el crecimiento saludable de la iglesia. Cuando las iglesias (y congregaciones) gastan altos porcentajes de sus recursos en sí mismas y dejan poco para las misiones, las acciones evidencian la falta de salud en la iglesia. *Las iglesias a menudo revelan sus corazones por la manera en que usan sus recursos.*

Nuevo Énfasis en los Sistemas Inmunológicos de la Iglesia

El crecimiento de la iglesia en el siglo veintiuno enfatizará la necesidad de métodos para evitar los errores en la doctrina y práctica en la vida de las iglesias o de los cristianos. El crecimiento de la iglesia debe ayudar a desviar las congregaciones o cristianos de cualquier enseñanza o práctica que detraiga de la vida cristiana saludable o del servicio. Las iglesias y los líderes de la iglesia pueden estar forzados a tomar posiciones audaces e indicar los errores para salvaguardar a sus miembros y a las iglesias.

La práctica de incorporar los esfuerzos para salvaguardar a los cristianos y a las congregaciones debe evitar descansar simplemente en los puntos de vista de los líderes en particular. Cuando las enseñanzas o prácticas que estén claramente fuera de la Biblia, las iglesias y los líderes de las iglesias tienen que hacer a la gente consciente de la verdad. Sólo de esta manera las iglesias y los creyentes desarrollarán el sistema apropiado de inmunización contra los errores que a menudo surgen.

Nuevos Métodos para que los Misioneros se Identifiquen con la gente que desean alcanzar

Los misioneros, tanto de carrera como de corto plazo, en el siglo veintiuno buscarán más identificación espiritual y personal con la gente que sirven. Las prácticas de los misioneros de vivir separados de la gente que tratan de servir se desvanecerán. El uso del equipo caro por el misionero que la gente local y los líderes no pueden esperar tenerlos será eliminado. Los misioneros regresarán al método del Señor quien se hizo carne y habitó entre nosotros.

En el siglo veintiuno los misioneros, de carrera y de corto plazo, se concentrarán en la identificación genuina con la gente que sirve. Esta identificación no será para mostrarla o demostrarla sino un acercamiento genuino con la gente. Los misioneros estarán dispuestos a hacer este esfuerzo de identificación frente a las dificultades y a veces el rechazo de parte de la gente que sirve. Después de todo, Jesús vino a lo suyo pero los suyos no lo recibieron (Juan 1:11).

Nuevos Métodos para la Evangelización Urbana y el Desarrollo de la Iglesia

La expansión de los lugares urbanos crecientemente llamará la atención del crecimiento de la iglesia en el siglo veintiuno. Como este siglo experimentará el movimiento de la población del mundo hacia una mayoría en ciudades, el crecimiento de la iglesia en este siglo tiene que dar atención a estas masas. *El evangelio y el Espíritu Santo todavía pueden alcanzar la gente urbana en siglo veintiuno en el mundo. El crecimiento de la iglesia en este siglo tiene que encontrar maneras para obrar con el Espíritu que permita que suceda que esta vasta población urbana sea hallada.*

La declaración de McGavran en 1970 que la Iglesia no había hecho lo correcto en las ciudades todavía es un lamento válido en este siglo. El crecimiento de la iglesia en el siglo veintiuno necesitará encontrar maneras tanto para proclamar el evangelio como para expresar el evangelio en los lugares urbanos. El movimiento cristiano necesita miles de especialistas urbanos para planear estrategias de alcance de la gente urbana y aún más miles de personas para que en verdad marchen a los lugares urbanos para vivir, testificar, servir y ganar esta gente.

Los pobres y sufrientes en la favelas, los barrios pobres, los guetos del centro de la ciudad tienen grandes necesidades. Habitaciones, agua limpia, cuidado médico, nutrición adecuada y educación ciertamente se constituyen en necesidades desesperadas. Como gente con mentalidad bíblica estamos conscientes de las necesidades espirituales de esta gente que son más importantes que las físicas. El crecimiento de la iglesia en el siglo veintiuno procurará llegar a ser el crecimiento urbano de la iglesia. *El crecimiento de la iglesia no será completamente saludable hasta cuando los acercamientos para alcanzar a las multitudes urbanas se hayan descubierto.*

Nuevos Métodos para el Crecimiento Cristiano

El siglo veintiuno verá el desarrollo de más materiales y procedimientos para el crecimiento cristiano. Algunos grupos llaman a este proceso discipulado y otros lo llaman perfeccionamiento—pero cualquiera que sea el término, la necesidad de tales materiales y esfuerzos son obvios. Como con el entrenamiento de liderazgo, estos materiales estarán disponibles en formatos que permitan que muchas personas sigan la instrucción de pocos maestros. Un énfasis en llegar a ser un creyente que crece y madura será parte del crecimiento de la iglesia en el siglo veintiuno.

El crecimiento cristiano viable en el siglo veintiuno se enfocará menos en qué tanto sabe el creyente y más en lo que hace el creyente. Los programas para hacer discípulos en el pasado han enfatizado aprender los hechos de la Biblia y de las doctrinas bíblicas. Aunque el conocimiento de la Biblia es esencial, la faceta más importante de la vida cristiana es hacer. El crecimiento de la iglesia en el siglo veintiuno enfatizará el crecimiento por medio de la acción.

Una faceta principal en el crecimiento cristiano que tiene que considerarse en el siglo veintiuno es el de crecimiento con un mentor. Los cristianos ya en el camino hacia la madurez cristiana deben de servir activamente de mentores para los nuevos creyentes y ayudarlos personalmente en el camino del crecimiento cristiano. La importancia del paso del mentor consiste en la ayuda que provee tanto al que recibe cuidado como al mentor mismo. Cuando el mentor y la persona bajo su cuidado comparten y vienen a ser responsable el uno con el otro, genuino crecimiento cristiano debe seguir.

Nuevos Métodos para un Alcance Comprensivo

El crecimiento de la iglesia en el siglo veintiuno debe dedicarse y participar en un alcance más comprensivo hacia los muchos grupos diferentes de gente que existen en el mundo. El énfasis en los pueblos no alcanzados es un paso en la dirección correcta. Muchos grupos de gente aún permanecen virtualmente sin alcanzarse aunque no están incluidos en lo que generalmente se conoce como pueblos no alcanzados. Personas de grupos sociales (sin educación, con poco empleo, sin hogar, pobres y sin poder) a menudo no tienen una relación viable con el evangelio. La iglesia en casos demasiado numerosos ha llegado a ser una institución para los que "tienen" y una entidad inexistente para los que "no tienen."

Un alcance comprensivo pide que el movimiento cristiano provea congregaciones viables para cada segmento de las poblaciones del mundo. El crecimiento de la iglesia en el siglo veintiuno debe estudiar cuidadosamente cada sociedad y encontrar los grupos de gente—sea su grupo basado en etnicidad, empleo, economía u otros factores—y el método evangelizador y la siembra de iglesias para ese grupo.

Las iglesias innovadoras en los Estados Unidos han encontrado un grupo tal que estaba aislado de las iglesias—los adultos jóvenes de movilidad hacia arriba—y han hecho un trabajo eficaz para evangelizarlos. ¿Qué de los que no tiene movilidad hacia arriba? ¿Ha estado la iglesia igualmente motivada para hacer discípulos de esta gente menos afluente? ¿No hay muchos grupos de gente, aún en las áreas más evangelizadas, que permanecen lejos del evangelio porque están separados socialmente del cuerpo principal de los cristianos?

Grupos que el Crecimiento de la Iglesia del Siglo 21 debe Alcanzar

➤ Grupos de gente no alcanzada alrededor del mundo.

➤ Grupos especiales de gente en varias culturas en muchas áreas del mundo.

➤ Muchas personas que ahora son miembros marginales de grupos e iglesias cristianas.

➤ Gente en áreas que antes fueron impactadas por el cristianismo pero que ahora especializados y contados como no religiosos.

Muchos millones permanecen atrapados en grupos religiosos que emplean el nombre cristiano pero que en realidad no proveen el significado real del nombre. Millones siguen la iglesia católico romana y las iglesias ortodoxas pero no tienen conocimiento genuino de una experiencia con Cristo. Otros siguen varios grupos de cultos que tampoco han venido a la salvación en Cristo. Con esto no se dice que cada persona que sigue los grupos anteriores está perdida. Algunos pueden ser salvos a pesar de lo que sus iglesias enseñan. Pero el gran número de ellos, seguidores de tales grupos están perdidos y el crecimiento de la iglesia en el siglo veintiuno no debe considerarlos seguros cuando en su vida religiosa no existe seguridad.

Otro grupo que debe atraer la atención del crecimiento de la iglesia en el siglo veintiuno es el de los millones de regiones antes impactadas por el cristianismo pero que ahora se secularizaron y crecientemente se llaman sin religión. Estos grupos pueblan vastas regiones de lo que es Europa y los Estados Unidos tanto como otras partes del mundo. Estas gentes representan un vasto cuerpo de gente inconversa que necesita el evangelio tanto como los que nunca lo han oído.

El crecimiento de la iglesia en el siglo veintiuno aumenta un gran error si ignora a esas gentes que están en áreas dominadas por grupos marginales cristianos o que se han secularizado en regiones que antes se conocían como cristianas. Un error semejante sería esperar que las Iglesias nacionales de esas regiones alcanzaran su propia gente. Muchas de esas Iglesias se han secularizado y en realidad no proclaman el verdadero evangelio a su propia gente. La presencia de estos vastos números de gente secularizada y sin religión vive en áreas que antes eran cristianas y representan un desafío en la re evangelización para el crecimiento de la iglesia en el siglo veintiuno. Para alcanzar la marca de crecimiento saludable de la iglesia, el movimiento cristiano debe abrazar un programa de alcance comprensivo que provea testimonio y congregaciones viables para todos los pueblos del mundo. Cualquier cosa inferior a esto fallará en alcanzar la meta del crecimiento saludable de la iglesia en el siglo veintiuno.

Nuevos Métodos de Ministerio Compasivo para las Gentes que Sufren del Mundo

El crecimiento de la iglesia en el siglo veintiuno debe dedicarse por completo a servir compasivamente en las vidas de los pueblos que sufren en el mundo. La iglesia de Cristo no debe desviarse del propósito de ministerio de Cristo expresado en Lucas 4:16-24. Como se declaró anteriormente, el intento de predicar y practicar el evangelio de Jesucristo sin involucramiento en los esfuerzos de satisfacer las necesidades físicas y sociales tanto como las necesidades religiosas de la gente es predicar y practicar un evangelio mutilado.

Los ministerios sociales y de ayuda para el crecimiento de la iglesia en el siglo veintiuno deben ser inclusivos. Estos esfuerzos involucran dar de comer al hambriento y sanar a los enfermos. El ministerio también involucra aliviar la opresión y acabar con la injusticia. *El mandato de Cristo del ministerio social para*

Su Iglesia involucra compartir vastamente. Este mandato no se alcanzará con simplemente dar de lo que "sobra." Los cristianos deben compartir su abundancia con los que tienen tan poco de la misma.

Venir a un involucramiento más bíblico en las necesidades sociales y físicas de los pueblos del mundo será el cambio más demandante para el crecimiento de la iglesia en el siglo veintiuno. La participación social jamás debe reemplazar el mandato evangelizador; sin embargo, debe practicarlo si el crecimiento saludable de la iglesia va a ser una realidad. El crecimiento de la iglesia en el siglo veintiuno proclamará las buenas nuevas de Jesucristo por medio de la palabra y las obras. Por mucho tiempo los desventajados del mundo han oído nuestras palabras sin ver la confirmación de las obras de amor y cuidado.

Nuevos Métodos para Ver las Misiones desde la Posición del Fin del Tiempo

El crecimiento de la iglesia en el siglo veintiuno debe operar desde la posición del entendimiento del fin del tiempo, de la inminente segunda venida de Cristo. La iglesia de Jesucristo no puede apurar ni dilatar Su segunda venida al predicar o no predicar el evangelio a cada persona. La enseñanza bíblica, *"Y este evangelio del reino se predicará en todo el mundo como testimonio a todas las naciones, y entonces vendrá el fin"* (Mateo 24:14), no significa que Jesucristo no puede regresar hasta cuando el evangelio se proclame a cada persona en todas partes. Expresa la intención de Dios de la universalidad del mensaje. Dios desea que este mensaje se proclame a todos antes del fin. Este deseo de parte de Dios, sin embargo, no hace la proclamación hasta los confines de la tierra una condición para el regreso de Jesucristo.

Los cristianos proclaman el evangelio *porque* Cristo regresará, no para permitir o causar el regreso de Cristo. Los cristianos no procuran llevar el evangelio a todos los pueblos a fin de permitir que Cristo regrese. Proclaman el evangelio porque Cristo regresará—en el horario y en el

> Los cristianos proclaman el evangelio *porque* Cristo regresará no a fin de permitir o causar el regreso de Cristo.

tiempo determinado en el gran concilio de Dios. La doctrina de la segunda venida indica que el tiempo terminará y que la urgencia de proclamar el evangelio es de mayor importancia. Porque el tiempo terminará y la oportunidad de la salvación cesará con el fin del tiempo, los cristianos aceptarán la motivación para evangelizar mientras que la oportunidad lo permite.

La visión y entendimiento del fin del tiempo debe impulsar al cristianismo en el siglo veintiuno a una urgencia sin precedentes de estar ciertos que todos tenemos el privilegio de oír del amor de Dios. El conocimiento de la oportunidad limitada demanda involucración activa para dar a conocer Su nombre a todos. En el siglo veintiuno el cristianismo debe tomar la decisión radical de colocar todos los demás asuntos en un lugar inferior que el de hacer conocer la salvación del Señor por todos.

Las misiones cristianas en general y el crecimiento de la iglesia en particular en el siglo veintiuno tratarán las misiones con santa y persistente urgencia. La visión del fin del tiempo requiere tal urgencia. *El tiempo terminará, la oportunidad cesará y la gente estará eternamente separada de Dios. Estas verdades demandan que los cristianos del siglo veintiuno compartan el bendito evangelio con toda la gente en todas partes ahora—mientras que permanece la oportunidad.*

CONCLUSIÓN

El crecimiento de la iglesia permanece como un programa válido y eficaz para los cristianos, las Iglesias y las congregaciones. Junto con los ajustes de las enseñanzas tradicionales del crecimiento de la iglesia en este nuevo siglo, el crecimiento de la iglesia en el siglo veintiuno con gusto abrazará nuevos métodos y estrategias que prometan aumentar la cosecha en este período. Como en el pasado, el crecimiento de la iglesia en el siglo veintiuno tolerará únicamente las estrategias que se conforman a los estándares bíblicos y que producen resultados bíblicos.

El crecimiento de la iglesia es necesario y esencial en el siglo veintiuno. El crecimiento de la iglesia no está fuera de moda. Flexibilidad es la palabra que ayuda a este movimiento. El mundo todavía necesita iglesias que crecen. Ahora entendemos que esta verdad es parcial. El mundo necesita iglesias que crecen saludablemente. El mundo necesita iglesias saludables que son compañerismos de cristianos saludables.

La gran pregunta para el siglo veintiuno no es "¿Cómo ayudamos para que nuestras iglesias lleguen a ser más grandes y poderosas?" La pregunta del siglo veintiuno es "¿Cómo ayudamos para que nuestras iglesias venga ser más saludables?" El crecimiento saludable de la iglesia es el llamamiento predominante en este siglo. *La meta primaria, por lo tanto, es desarrollar iglesias saludables y la búsqueda de nuevas direcciones para el crecimiento de la iglesia en el siglo veintiuno.*

Preguntas y Actividades

1. Responda a la declaración que el tratamiento del crecimiento de la iglesia de McGavran ya no es una estrategia válida para el siglo veintiuno.

2. Sugiera otras direcciones nuevas para el crecimiento saludable de la iglesia en el siglo veintiuno además de la sugeridas en el capítulo. ¿Por qué cree que estas nuevas direcciones son importantes?

3. Explique por qué está de acuerdo o en desacuerdo con las sugerencias sobre las nuevas direcciones para el entrenamiento del liderazgo en el siglo veintiuno.

FUENTES PARA EL ESTUDIO DEL CRECIMIENTO SALUDABLE DE LA IGLESIA

Bibliografía en Español

Allen, Roland, *La Expansión Espontánea de la Iglesia,* Editorial Aurora, 1970.

Chriswell, W. A., *El Pastor Y Su Ministerio: Una guía práctica*, El Paso: Casa Bautista de Publicaciones, 1998.

Coleman, Robert E., *Plan Supremo de Evangelización,* El Paso, TX: Casa Bautista de Publicaciones, 1972.

Darino, Miguel Ángel, *La Adoración*, Cupertino: Distribuidora Internacional de Materiales Evangélicos, 1992.

Foster Richard J, *Alabanza a la Disciplina*, Miami: Editorial Betania, 1986.

Gerber, Virgilio, *Manual Para Evangelismo Y Crecimiento De La Iglesia*, Pasadena: William Carey Library, 1974.

Grubbs Bruce, *Mi Iglesia Puede Crecer,* Casa Bautista de Publicaciones, 1985.

Hunter, A. M., *El Hecho de Cristo,* Buenos Aires: Editorial La Aurora, 1967.

Kammerdiener, Donald, *Las Iglesias Que Crecen*, El Paso: Casa Bautista de Publicaciones, 1992.

Larson, Pedro, *Crecimiento de la Iglesia,* El Paso, TX: Casa Bautista de Publicaciones, 1989.

McDonough, Reginald M. *La Iglesia y su Misión*, Nashville: Convention Press, 1981.

Mraida Carlos, *La Iglesia en las Casas: Manual Para Círculos Familiares,* Buenos Aires, Argentina: Asociación Bautista Argentina de Publicaciones, 1988.

Padilla René C, |Misión Integral,| Buenos Aires: Nueva Creación, 1986.

Powell, Paul W, *Apacentar Las Ovejas En Una Iglesia Pequeña*, Dallas: Junta de Anualidades, 1997.

Sánchez, Daniel R., Smith Ebbie C., *Cómo Sembrar Iglesias en el Siglo XXI*, Casa Bautista de Publicaciones, 2002.

Sánchez, Daniel R, *Iglesia: Crecimiento y Cultura*, Red Sembrar Iglesias, 2006, www.sembrariglesias.net

Scazzero, Peter, *Una Iglesia Emocionalmente Sana*, Miami: Editorial Vida, 2005

Schuller, Robert H, *Su Iglesia tiene posibilidades*, Publicaciones GL, 1976

Wagenveld, Juan, Iglecrecimiento Integral: Hacia una iglesia de impacto (Logoi y Editorial Unilit, 2000).

Wagner, Peter C, *Su Iglesia Puede Crecer* Traducción por Xavier Terrassa (España: Libros CLIE, 1980).

Bibliografía en Inglés

AHLEN, Timothy and THOMAS, J. V.
    1999   *One Church, Many Congregations*. Abingdon.

ALLEN, Roland
    1962   *Missionary Methods: St. Paul's or Ours?* Eerdmans.

ALLEN, Jere and BULLARD, George
    1980   *Shaping a Future for the Church in the Changing Community*. Home Mission Board, SBC.

ANDERSON, Leith.
    1990   *Dying for Change*. Bethany House.

ANDERSON, Lynn
    1997   *They Smell Like Sheep*. Howard.

ARNOLD, Clinton E.
    1997   *3 Crucial Questions about Spiritual Warfare.* Baker.

ARN, Win
    1990   The Church Growth Ratio Book: How to Have a Revitalized, Healthy, Growing, Loving Church. Church Growth, Inc.

ARN, Win and McGAVRAN, Donald A.
    1977   *Ten Steps to Church Growth.* Harper & Row.

BANDY, Thomas G.
    1998   *Moving off the Map: A Field Guide to Changing the Congregation*. Abingdon Press.

BANDY, Thomas B.
    2001   *Facing Reality: A Tool for Congregational Mission Assessment*. Abingdon Press.

BEEKMAN, John
    1953   "Minimizing Syncretism among the Chol," in *Readings in Missionary Anthropology, II,* ed. William A. Smalley. Practical Anthropology.

BENNETT, Thomas
    1968   *Tinder in Tabasco*. Eerdmans.

BENNETT, G. Willis.
    1983   *Effective Urban Ministry*. Broadman.

BEYERHAUS, Peter
    1975   "Possessio and Syncretism in Biblical Perspective," in *Christopaganism or Indigenous Christianity?,* ed. Yammaori and Taber. William Carey Library.

BERG, Mike and PRETIZ, Paul.
    1996   *Spontaneous Combustion: Grass-Roots Christianity, Latin American Style*. William Carey Library.

BRITT, David
    1997   "From Homogeneity to Congruent: A Church Community Model," in *Planting and Growing Urban Churches: From Dream to Reality*. Ed. Harvie M. Conn. Baker.

BROCK, Charles
    1981   *Indigenous Church Planting*. Broadman.

BUSH, Luis.
    1990   "Getting to the Core of the Core: The 10/40 Window," AD 200 and Beyond" (September –October 1990).

BUSH, Luis and PEGUES, Beverly
    1999   *The Move of the Holy Spirit in the 10/40 Window*. Youth With a Mission Publishing.

CHANEY, Charles and LEWIS, Ron S.
    1977   *Design for Church Growth* Broadman (includes Manual).

CHANEY, Charles
    1982   *Church Planting at the End of the Twentieth Century*. Broadman. Republished and Expanded 1991, Tyndale House.

CHAYNE, John
    1998   "Strategies for Humanitarian Missions," in Missiology: An Introduction to the Foundations, History, and Strategies of World Missions.Ed. John Mark Terry, Ebbie Smith, and Justice Anderson. Broadman & Holman.

COOLEY, Frank L.
    1968   *Indonesia: Church and Society*. Friendship Press.

CONN, Harvie M. Editor
    1997   *Planting and Growing Urban Churches: From Dream to Reality*. Baker.

CONN, Harvie M. and ORTIZ, *Manuel Editors*
    2001   *Urban Ministry: the Kingdom, the City, and the People of God*. IVP.

CROCKETT, William V and SIGOUNTOS, James G.
    1991   *Through No Fault of Their Own*. Baker.

DALE, Robert D.
    1981   *To Dream* Again. Broadman.
    1988   Keeping the Dream Alive. Broadman.

ECKHARDT, John
　1999　*Moving in the Apostolic: God's Plan to Lead His Church to the Final Victory.* Renew.

DAYTON, Edward
　1978　"To Reach the Unreached," in *Unreached Peoples '79 edition.* Ed. C. Peter Wagner and Edward R. Dayton. Cook Publishing Co.

DUNAVANT, Donald R.
　1999　"Universalism," *Evangelical Dictionary of World Missions.* Ed. A Scott Moreau. Baker

EASUM, William M.
　1990 1996　The Church Growth Handbook. Abingdon. The Complete Ministry Audit: How to Measure 20 Principles for Growth. Abingdon.

EITEL, Keith
　1999　"To Be or Not to Be?: The Indigenous Church Question," in Missiology: An Introduction to the Foundations, History, and Strategies of World Missions. Ed. John Mark Terry, Ebbie Smith, and Justice Anderson. Broadman & Holman.

ELLIOTT, Ralph
　1982　Church Growth that Counts. Judson Press
　1981　"Dangers of the Church Growth Movement," The Christian Century. August 12-19, 1981.

ELLISON, Craig
　1976　"Addressing Felt Needs of Urban Dwellers," in Planting and Growing Urban Churches: From Dream to Reality. Ed. Harvie M. Conn. Baker.

FAIRCLOTH, Samuel D.
　1991　Church Planting for Reproduction, Baker.

GALLOWAY, Dale E.
　1986　20/20 Vision: How to Create a Successful Church With Lay Pastors and Cell Groups. Scott Publishing.
　1993　20/20 Vision. Scott Publishing Company.

GARRISON, David
　2000　*Church Planting Movements.* International Mission Board, SBC

GERBER. Virgil
　1973　*God's Way to Keep a Church Growing and Going.* Regal.

GETZ, Gene and WALLS, Joe
    2000   Effective Church Growth Strategies. Word.

GEISEL, Paul
    1982   "Understanding American Cities," in *The Urban Challenge*. Ed. Larry L. Rose and C. Kirk Hadaway. Broadman.

GEORGE, Carl R.
    1992   *Prepare Your Church for the Future*. Revell. 1993 How to Break Growth Barriers. Baker.

GILLILAND, Dean
    2000   "Contextualization," in *Dictionary of Evangelical Missions*, ed. A. Scott Moreau. Baker.

GRIGG, Viv.
    1997   "Sorry, The Frontier Moved," in *Planting and Growing Urban Churches: From Dream to Reality*. Ed. Harvie M. Conn. Baker.

GREENWAY, Roger editor
    1979   *Discipling the City*. Baker. 2d edition 1992 1983 "Mission to an Urban World," Urban Mission, 1 (September 1983).

GRUNDLAN, Stephen A. and MAYERS, Marvin K.
    1979   Cultural Anthropology: A Christian Perspective. Zondervan.

GUY, Calvin
    1978   "Pilgrimage Toward the House Church," in *Discipling the City*, ed. Roger Greenway. Baker.

HADAWAY, C. Kirk
    1991   *Church Growth Principles*. Broadman.
    1997   "Learning from Urban Church Research," in *Planting and Growing Urban Churches: From Dream to Reality*. Baker

HEMPHILL, Kenneth
    1990   The Official Rule Book for the New Church Game. Broadman.
    1994   The Antioch Effect. Broadman Press.

HENRY, Carl F. H.
    1971   The Uneasy Consciousness of Modern Fundamentalism. Eerdmans.
    1947   A Plea for Evangelical Demonstration. Eerdmans.

HEIBERT, Paul G.
    1985   Anthropological Insights for Missionaries. Baker.

HESSELGRAVE, David J.
    1980   *Planting Churches Cross-Culturally*. 2d Ed. Zondervan.
    1991   *Communicating Christ Cross-Culturally*. 2d ed. Zondervan.

HESSELGRAVE, David J. and ROMMEN, Edward
    1989   *Contextualization: Meanings, Methods, and Models*. Baker.

HODGES, Melvin
    1953   The Indigenous Church on the Mission Field. Gospel Publishing House.

HICK, John
    1977   "Jesus and the World Religions," in The Myth of God Incarnate. SCM.
    1980   "Whatever Path Men May Choose Is Mine," in Christianity and Other Religions. Ed. John Hick and Brian Hebblethwaite. Fortress Press.
    1988   "The Non-Absoluteness of Christianity," in The Myth of Christian Uniqueness. Ed. John Hick and Paul K. Knitter. Orbis.

HOGE, Dean R. and ROOZEN, David A.
    1979   *Understanding Church Growth and Decline 1950-1978*. Pilgrim Press.

HUNTER, George III.
    1992   The Contagious Congregation. Abingdon.
    1992   How to Reach Secular People. Abingdon.
    1996   Church for the Unchurched. Abingdon.

HYBELS, Lynne & HYBELS, Bill
    1995   *Rediscovering the Church: The Story and Vision of Willow Creek Community Church.* Zondervan.

JOHNSTONE, Patrick and MANDRYK, Jason
    2001   Operation World. 21st Century Edition. Bethany House.

JONES, Philip B.
    1979   "An Examination of the Statistical Growth of the Southern Baptist Convention*," in Understanding Church Growth and Decline 1950-1978.* Ed. Dean R. Hoge and David A. Roozen. Pilgrim Press.

JOSLIN, Roy
    1982   *Urban Harvest*. Evangelical Press.

KHONG, Lawrence
    1998   "Faith Community Baptist Church," in *The New Apostolic Churches.* Ed. C. Peter Wagner. Regal.

KLASS, Alan
    1996   In *Search of the Unchurched*. Alban Institute.

KNEISEL, Harvey
    1995   *New Life for Declining Churches*. Macedonian Foundation.

KRAFT, Charles

1973 "God's Model for Cross Cultural Communication—the Incarnation," Evangelical Missionary Quarterly 9 (1973):205-16.
1973 "The Incarnation, Cross-Cultural Communication and Communication Theory," Evangelical Mission Quarterly 9 (1973): 277-84.
1973 "Dynamic Equivalence Churches,"Missiology 1 (1973):36-57.
1979 Communicating the Gospel God's Way. William Carey Library.
1979 Christianity In Culture: A Study in Dynamic Biblical Theologizing in Cross-Cultural Perspective. Orbis.
1991 Communication Theory for Christian Witness. Orbis.
1996 Anthropology for Christian Witness. Orbis.

LEWIS, James F. and TRAVIS, William G.
1991 Religious Traditions of the World. Zondervan.

LINDSELL, Harold
1949 A Christian Philosophy of Mission. Van Kampen Press.
1968 The Church's Worldwide Mission Word.
1968 "Missionary Imperatives: *A Conservative Evangelical Exposition," in Protestant Cross-currents in Mission.* Ed. Norman H. Horner. Abingdon.

LINGENFELTER, Sherwood
1998 *Transforming Culture: A Challenge for Christian Mission.* Baker.

LINN, Johannes F.
1983 *Cities in the Developing World.* Oxford University Press.

LOGAN, Robert E.
1989 *Beyond Church Growth: Action Plans for Developing a Dynamic Church.* Revell.

LOGAN, Robert E. and OGNE, Steve L.
1990 *The Church Planter's Tool Kit.* CRM.

LINTHICUM, Robert C.
1991 City of God City of Satan: A Biblical Theology of the Urban Church. Zondervan.
1997 "Networking: Hope for the Church in the City," in *Planting and Growing Urban Churches: From Dream to Reality.* Ed. Harvie M. Conn. Baker.

LUZBETAK, Louis
1970 *The Church and Cultures.* Divine Word. 1988 The Church and Culture. Orbis.

MACCHIA, Stephen A.
>1999   *Becoming A Healthy Church: 10 Characteristics.* Baker Books.

MALPHURS, Aubrey.
>1992   Planting Growing Churches for the 21st Century. Baker (2d ed. 1998).
>1992   Vision for Ministry in the 21st Century Baker. Howard.
>1993   Pouring New Wine Into Old Wineskins. Baker Books.
>1997   Ministry Nuts and Bolts. Kregel.
>1999   The Dynamics of Church Leadership. Baker.

MARSHALL, L. H.
>1956   *The Challenge of New Testament Ethics.* St. Martin's Press.

MASTON, T. B.
>1957   *Christianity and the Modern World.* Macmillan.

MATHEWS, Basil
>1951   *Forward Through the Ages.* Friendship Press.

MAYERS, Marvin
>1987   *Christianity Confronts Culture.* Zondervan.

McDILL, Wayne
>1980   Making Friends for Jesus. Broadman.

McGAVRAN, Donald A.
>1955   The Bridges of God. World Dominion Press.
>1958   How Churches Grow. World Dominion Press.
>1965   "Wrong Strategy: The Real Crisis in Mission," IRM (January).
>1970   Understanding Church Growth. Eerdmans [2d, 3d editions 1980,1990]
>1974   The Clash Between Christianity and Culture. Cannon.
>1972   The Conciliar-Evangelical Debate: The Crucial Documents 1964-1976. William Carey Library.
>1975   "The Biblical Basis from Which Adjustments are Made," in Christopaganism or Indigenous Christianity?, ed. Yammaori and Taber. William Carey Library.
>1988   Effective Evangelism: A Theological Mandate. Presbyterian & Reformed Publishing House.

McGAVRAN, Donald A. and ARN, W
>1977   *Ten Steps to Church Growth.* Regal.

McGAVRAN, Donald A. and HUNTER, George III
>1980   *Church Growth Strategies that Work.* Abingdon.

McINTOSH, John
2000 "Christo-Paganism," in *Evangelical Dictionary of World Missions*. Ed. A. Scott Moreau. Baker.

McINTOSH, Gary & MARTIN, Glenn.
1991 Finding Them, Keeping Them: Effective Strategies for Evangelism and Assimilation in the Local Church. Broadman.

McSWAIN, Larry L.
1980 "A Critical Appraisal of the Church Growth Movement," *Review and Expositor LXXVII* (Fall 1980).
1981 *Church Growth that Counts*. Judson Press.

MAYERS, Marvin
1987 *Christianity Confronts Culture*. Zondervan.

MILES, Delos
1981 *Church Growth: A Mighty River*. Broadman.

MINEAR, Paul
1970 *The Obedience of Faith*. SCM.

MOBERG, David
1971 The Great Reversal. Lippincott.

MOREAU, A. Scott
2000 "Syncretism," in *Evangelical Dictionary of World Missions*. Baker.

MOREAU, A Scott editor
2001 Evangelical Dictionary of World Missions. Baker.

NASH. Ronald
1994 Is Jesus the Only Savior? Zondervan. 1995 "Restrictivism," What About Those Who Have Never Heard? Ed. John Sanders. IVP.

NEIGHBOUR, Ralph
1980 Future Church. Broadman.
1996 "How to Create An Urban Strategy," in Planting and Growing Urban Churches: From Dream to Reality. Ed. Harvie M. Conn. Baker.

NIDA, Eugene A
1954 Customs and Cultures. Harper & Brothers.
1959 "The Role of Anthropology in Christian Missions," Practical Anthropology 6, 3 (1959).

PETERS, George
1970 Saturation Evangelism. Zondervan.

PICKETT, Waskom
   1933   Christian Mass Movements in India. Lucknow Publishing (India).
   1956   Church Growth and Group Conversion. Lucknow Publishing (India).

PINNOCK, Clark
   1993   "Acts 4:12—No Other Name Under Heaven," in *Through No Fault of Their Own*, Ed. William V. Crockett and James G. Sigountos. Baker.
   1994   A Wideness in God's Mercy: The Finality of Christ in a World of Religions. Zondervan.
   1995   *The Openness of God.* [with Richard Rice, John Sanders, William Hasker, and David Basinger]. IVP.

QUINN, ANDERSON, BRADLEY, GOETTING AND SHRIVER
   1982   *Churches and Church Membership in the United States, 1980.* Glenmary Research Center.

REDFORD, Jack
   1978   Planting New Churches. Broadman.

REDFORD, Robert
   1950   *A Village That Chose Progress.* University of Chicago Press.

RICHARDSON, Don
   1974   *Peace Child.* Regal.

ROOY, Sidney H.
   1992   "Theological Education for Urban Mission," in *Discipling the City*, ed. Roger S. Greenway. Baker.

ROSE, Larry L. and HADAWAY, C. Kirk
   1982   "Toward An Urban Awareness," in *The Urban Challenge.* Ed. Larry L. Rose and C. Kirk Hadaway. Broadman.

ROXBURGH, Alan J.
   1993   *Reaching A New Generation: Strategies for Tomorrow's Church.* IVP

SAMPLE, Tex
   1984   Blue Collar Ministry. Judson Press SÁNCHEZ, Daniel R.
   1993   Iglesia: Crecimiento y Cultura. Convention Press.
   1998   "Contextualization," chapter in Missiology: An Introduction to the Foundations, the History, and the Strategies of World Missions, ed. John Mark Terry, Ebbie Smith, and Justice Anderson. Broadman & Holman Publishers.

SÁNCHEZ, Daniel R., SMITH, Ebbie C., & WATKE, Curtis E.

2001 *Starting Reproducing Congregations: A Guide Book for Developing Reproducing Churches.* ChurchStarting.net Publications. (This book is available in Spanish Como *Sembrar Iglesias en el Siglo XXI* Casa Bautista De Publicaciones and Korean, Starting Reproducing Congregations. Contact Church Starting Network (Churchstarting.net).

SANDERS, John
    1988   "Is Belief in Christ Necessary for Salvation?" *Evangelical Missions Quarterly.* (1988).
    1996   *No Other Name: An Investigation into the Destiny of the Unevangelized.* Eerdmans. 1994 "Evangelical Responses to Salvation Outside the Church," Christian Scholars Review 24 (September 1988).
    1995   "Inclusivism," in *What About Those Who Have Never Heard?*, Ed John Sanders. IVP.

SANDERS, John ed.
    1995   What About Those Who Have Never Heard? IVP.

SCHALLER, Lyle E
    1977   *Reflections on Cooperative Missions*, The Clergy Journal (September 1977)
    1981   Activating the Passive Church: Diagnosis & Treatment. Abingdon.
    1983   Assimilating New Members. Abingdon.
    1972   The Change Agent: The Strategy of Innovative Leadership. Abingdon.
    1990   Choices for Churches. Abingdon.
    1991   44 Questions for Church Planters. Abingdon.
    1994   *Center City Churches: The New Urban Frontier.* Abingdon.

SCHWARZ, Christian A.
    1998   *Natural Church Development: A Guide to Eight Essential Qualities of Healthy Churches.* ChurchSmart Resources.

SCHENNEMANN, Detmer
    1969   "Our God Is Marching On," Thrust,6, 5: 1-3.

SEVILLANO, Mando
    1997   *Evangelizing the Culturally Different.* Destiny Image Publishers.

SHEARER, Roy
    1966   Wildfire*: The Growth of the Church in Korea.* Eerdmans.

SJOGREN, Steve
    1993   Conspiracy of Kindness. Servant Publications.

SLACK, James and MARONEY, Jimmy K.
Nd Handbook for Effective Church Planting and Growth. Foreign Mission Board, SBC.

SMALLEY, William A.
1958 Cultural Implication of the Indigenous Church" Practical Anthropology, 5, 2. (1958)

SMITH, Ebbie C.
1969 God's Miracles: Indonesian Church Growth. William Carey Library.
1976 A Manual For Church Growth Surveys. William Carey Library.
1984 Balanced Church Growth: Church Growth Based on the Model of Servanthood. Broadman Press.
1987 "A Comparison of the Socioeconomic Standing of Southern Baptist Churches and the Population of Tarrant, County, Texas. MA thesis, University of Texas in Arlington.
1998 Contemporary Theologies of Religions," in *Missiology: An Introduction to the Foundations, History, and Strategies of World Missions*. Ed. John Mark Terry, Ebbie Smith, and Justice Anderson. Broadman & Holman, Publishers.
2002 "Evangelical Approach to the Theology of Religions," Southwestern Journal of Theology XLIV, 2 (Spring 2002).

SMITH, William Cantwell
1972 The Faith of Other Men. Harper Torchbooks.

STEFFIN, Thomas
1993 *Passing the Baton: Church Planting that Enables*. Center for Organizational & Ministry Development.

STEINKE, Peter L.
1996 *Healthy Congregations: A Systems Approach*. Alban Institute.

SUBBAMMA,
1970 *New Patterns for Discipling Hindus*. William Carey Library.

SWEET, Leonard
1999 *SoulTsuami.* Zondervan. 1999 Aqua Church Group.

SWINDOLL, Charles R.
1981 *Improving Your Serve.* Word.

TERRY, John Mark
1997 *Church Evangelism.* Broadman & Holman. TERRY, John Mark,

TERRY, John Mark, SMITH, Ebbie, and ANDERSON, Justice Editors
    1998   *Missiology: An Introduction to the Foundations, History, and Strategies of World Missions*. Ed. John Mark Terry, Ebbie Smith, and Justice Anderson. Broadman & Holman, Publishers.

THOMPSON, Oscar
    1981   *Concentric Circles of Concern*. Broadman.

TOWNS, Elmer, WAGNER, C. Peter, RAINER, Thom S.
    1998   *The Every church Guide to Growth*. Broadman & Holman.

TIPPETT, Alan
    1968   "Anthropology: Luxury or Necessity for Christian Missions, *Evangelical Quarterly of Missions*, (1968)
    1967   *Solomon Island Christianity*. Lutterworth Press.
    1969   *Verdict Theology and Missionary Theory*. Lincoln College Press.
    1970   *Church Growth and the Word of God*. Eerdmans. 1975 " *Christiopaganism or Indigenous Christianity*, " in Christopaganism or Indigenous Christianity?, ed. Yammaori and Taber. William Carey Library.
    1987   *Introduction to Missiology*. William Carey Library.

TURNER, Elijah and SMITH, Ebbie
    2000   *Balanced Spiritual Warfare: Neither a Materialist Nor a Magician Be* Unpublished manuscript.

VISSER'HOOFT, W.A.
    1963   *No Other Name: The Choice Between Syncretism and Christian Universalism*. Westminster Press.

WAFFORD, Jerry and KILINSKI, Kenneth
    1973   *Organization and Leadership in the Local Church*. Zondervan

WAGNER, C. Peter
    1971   Frontiers of Missionary Strategy. Moody Press.
    1976   *Your Church Can be Healthy*. [republished as The Healthy Church. in 1996]. Regal.
    1979   *Our Kind of People*. John Knox Press.
    1980   Church Growth and the Whole Gospel. Harper & Row.
    1983   Leading Your Church to Grow. Regal.
    1989   Planting for a Greater Harvest. Regal.
    1998   The New Apostolic Churches. Regal
    1999   *ChurchQuake*. Regal.

WAGNER, C. Peter and DAYTON, Edward
    1981   *Unreached Peoples '80*. David Cook.

WARREN, Rick
    1996   *The Purpose Driven Church*. Eerdmans.

WAYMIRE, Bob and WAGNER, C. Peter
    1981   *Church Growth Survey Handbook*. The Global Church Growth Bulletin.

WERNING, Waldo J.
    2001   *12 Pillars of a Healthy Church.* St. Charles, IL: ChurchSmart Resources.

WILLIS, Avery
    1977   *Why Two Million Came to Christ*. William Carey Library.

YEAKLEY, Flavil, Jr.
    1979   *Why Churches Grow*. Christian Communications.

YAMAMORI, Tetsunao and TABOR, Charles ed.
    1975   *Christopaganism or Indigenous Christianity*? William Carey Library.

YODER, John H.
    1973   "Church Growth Issues in Theological Perspective," in *The Challenge of Church Growth: A Symposium,* ed. Wilbert R. Shenk. Herald Press.

ENDNOTES

[1] Los lectores familiarizados con la literatura del crecimiento de la iglesia reconocerán estos términos en las tres ediciones del libro de Donald McGavran *Understanding Church Growth* (Eerdmans, 1970, 1980, 1990).

[2] El asunto de Christian A. Schwarz en cuanto al énfasis apropiado del crecimiento de la iglesia en crecimiento de calidad se afirma, como se vio en un capítulo anterior. El crecimiento de la iglesia jamás intentó descontar el crecimiento de calidad sino sólo hablar de lo que los pensadores del crecimiento de la iglesia percibieron como el mayor problema entre los años 1950-1970. Ganar almas, más que ningún otro factor en el vivir cristiano, contribuye al desarrollo espiritual del que testifica. Cada esfuerzo para proveer el desarrollo espiritual de los cristianos debe incluir entrenamiento, motivación y participación en las oportunidades de compartir el mensaje de Jesucristo.

[3] Gary McIntosh & Glen Martin, *Finding Them, Keeping Them: Effective Strategies for Evangelism and Assimilation in the Local Church* (Nashville: Broadman Press, 1992) sugiere otra clasificación para las facetas propias de la evangelización: Presencia, Proclamación, Persuasión, Progresión y Producción. Estas categorías son similares a las presentadas en este capítulo.

[4] Gene Getz y Joe Walls en *Effective Church Growth Strategies* discuten y responden a muchas de estas objeciones contra las iglesias nuevas (2000:132-33). Daniel R. Sánchez, Ebbie C. Smith, y Curtis E. Watke en *Starting Reproducing Congregations* también mencionan y responden a las objeciones de empezar congregaciones nuevas y ofrecen razones tanto bíblicas como de la experiencia para empezar iglesias a pesar de las objeciones (2001:18-23).

[5] En la mayoría de los países, la fuente de información demográfica es el gobierno. La presente información demográfica se puede encontrar al visitar: www.statscanada.ca (Canadá); www.census.gov (USA); www.statistics.gov.uk (United Kingdom); www.abs.gov.au (Australia); www.stats.govt.nz (New Zealand); y www.statssa.gov.za (South Africa). Fuentes profesionales de información sicográfica incluye VALS2 de SRI (future.sri.com/VALS/VALSindex.shtml); Monitor Mindbase de Yankelovich (secure.yankelovich.com/solutions/mindbase.asp); 3SC Social Values Monitor from Environics Research Group in Canada (3sc.environics.net); Needscope System from Taylor Nelson Sofres (www.tnsofres.com/needscope/chart_a.cfm); y Consumer Valuescope de Valuescope AB (valuescope.com/Basics/frames1.htm). Las fuentes mayores de investigación geodemográfica incluye: PRIZM y MICROVISION de Claritas (www.claritas.com); MOSAIC por Experian (www.experian.com/ catalog_us/direct/segmentation.html); ACORN by CACI (demographics.caci.com/ products/life_seg.htm); y PSYTE USA y PSYTE CANADA by MapInfo

(www.mapinfo.com). Para una discusión de la segmentación demográfica y socioeconómica vea Weinstein, Art. *Market Segmentation*. Edición revisada. (Chicago: Irwin Professional Publishing, 1994); y Weiss, Michael. *The Clustered World*. (Boston: Little, Brown and Company, 2000).

[6] Para los lectores interesados en los debates de las teorías de la amplia esperanza y los que sostienen las posiciones bíblicas recomendamos breves vistazos tales como el capítulo en James F. Lewis y William G. Travis, *Religious Traditions of the World* (Zondervan), Ebbie C. Smith, "Contemporary Theology of Religions," in *Missiology: An Introduction to the Foundations, History, and Strategies of World Missions*, ed. John Mark Terry, Ebbie Smith, y Justice Anderson (Broadman & Holman), y Ebbie C. Smith, "Evangelical Approach to the Theology of Religions," *Southwestern Journal of Theology* Vol. XLIV, no. 2 (Spring 2002):6-23). Los más completos, de longitud de libros son John Sanders, *No Other Name: An Investigation into the Destiny of the Unevangelized* (Eerdmans) and Ronald H. Nash, *Is Jesus the Only Savior?* (Zondervan). Varios libros editados les presentan a los lectores debates de parte de personas que sostienen diversidad de puntos de vista. Estos incluyen: John Sanders, ed. *What About Those Who Have Never Heard?* (IVP); y William V. Crockett y James G. Sigountos eds. *Through No Fault of their Own* (Baker).

[7] Carl F. H. Henry, *The Uneasy Conscience of Modern Fundamentalism* (Eerdmans), *A Plea for Evangelical Demonstration* (Eerdmans), David Moberg, *The Great Reversal* (Holman), *Inasmuch* (Eerdmans).

[8] Entre estos libros recientes que enfatizan la siembra de iglesias: C. Peter Wagner, *Church Planting for a Greater Harvest* (Regal, 1990), Robert E. Logan and Steve L. Ogne, *The Church Planter's Tool Kit* (CRM, 1991), Aubrey Malphurs, *Planting Growing Churches for the 21st Century* (Baker, 1992), Lyle E. Schaller, *44 Questions for Church Planters* (Abingdon, 1992), Tom A. Steffin, *Passing the Baton: Church Planting that Empowers* (Center for Organizational & Ministry Development, 1993), J Timothy Ahlen and J. V. Thomas, *One Church, Many Congregations* (Abingdon, 1999), David Garrison, *Church Planting Movements* (International Mission Board, Southern Baptist Convention, 2000), Gene Getz and Joe Wall, *Effective Church Growth Strategies* (Word 2000), Daniel R. Sanchez, Ebbie C. Smith, Curtis E. Watke, *Starting Reproducing Congregations: A Guidebook for Contextual New Church Development* (ChurchStarting.net Publications 2001).

[9] Jack Redford, *Planting New Churches* (Nashville: Broadman, 1978), 34-45; Charles Chaney, *Church Planting at the End of the Twentieth Century* (Wheaton, IL: Tyndale House, 1982), 39-58; Daniel Sanchez, Ebbie Smith and Curtis Watke, *Starting Reproducing Churches* (ChurchStarting.net Publications, 2001), 187-204.

[10] Entre muchos recursos excelentes están Stephen Macchia, *Becoming a Healthy Church* (Baker Books, 1999) Ken Hemphill, *The Antioch Effect* (Broadman, 1994), Christian A. Schwarz, *Natural Church Development* (ChurchSmart Resources, 1996), C Peter Wagner, *Your Church Can Grow* (Regal, 1976, republished 1996 as *Your Church can be Healthy*), Daniel Sanchez y Ebbie Smith, *Cómo Sembrar Iglesias en el Siglo XXI*, ChurchStarting.net Publications 2001, capitol 25).

[11] Por ejemplo, Harvie M. Conn & Manuel Ortiz, *Urban Ministry: The Kingdom, the City & the People of God* (Downers Grove, IVP, 2001) proveen una discusión comprensiva de las necesidades y métodos para el ministerio urbano con fuerte énfasis en el entrenamiento de los laicos.

[12] El libro editado de Lyle W. Schaller, *Center City Churches: the New Urban Frontier* (Abingdon, 1994), no solamente provee casos de iglesias eficaces en las áreas urbanas sino que contiene el propio resumen de Schaller que presenta 30 temas recurrentes en estas iglesias. El libro editado de Harvey M. Conn, *Planting and Growing Urban Churches: From Dream to Reality* (Baker, 1977), provee descripciones excelentes de ministerios urbanos eficaces y de desarrollo de la iglesia tanto como materiales que ayudarán en la teoría del crecimiento de la iglesia urbana.

www.ingramcontent.com/pod-product-compliance
Lightning Source LLC
Chambersburg PA
CBHW052047230426
43671CB00011B/1822